긍정심리학 • 인간의 최고 상태에 대한 탐구 • 4

인간의 번영 추구하기

Shane J. Lopez 편
권석만 · 임영진 · 신우승 공역

학지사

Positive Psychology: Exploring the Best in People, Four Volumes
by Shane J. Lopez

궁정심리학을 선물로 주신

세 분을 기리며

Chip Anderson(1942~2005)[1]

Don Clifton(1924~2003)[2]

C. R. Snyder(1944~2006)[3]

1 역자 주: 인간의 강점을 연구하고 그에 초점을 맞춘 교육에 학술적 업적을 남긴 미국의 저명한 심리학자.

2 역자 주: 인간의 강점 연구를 본격적으로 시작한 선구자이자 갤럽(Gallup)사의 회장이었던 미국의 심리학자.

3 역자 주: 희망에 대한 연구로 커다란 학술적 업적을 남긴 미국의 심리학자.

추천사

1980년에 David Burns는 대단한 베스트셀러가 된 『우울한 현대인에게 주는 번즈 박사의 충고(*Feeling Good: The New Mood Therapy*)』를 출간했다. 이 책에서 그는 우울하고 불안한 기분을 끌어올리도록 과학적으로 개발된 인지행동적 치료기법을 소개했다. 이 책은 미국의 정신건강 전문가들이 우울증 환자에게 가장 자주 추천하는 도서가 되었다. 무려 400만 명 이상이 그 책을 구입했으니 말이다. 이 책은 우울과 불안 그리고 낮은 자존감으로 괴로워하는 사람들에게 기분이 좋아지는 방법들을 제시했다. 연구에 따르면, 이 책의 독자 중 70%는 증상이 현저하게 호전되었으며 그 효과가 3년 동안 지속되었다. 전반적인 기분 상태 검사에서 −8점이었던 것이 0점으로 증가했으며 심지어 +2점까지 증가하기도 했다.

이후 많은 시간이 흘렀다. 오늘날의 심리학자들이 추구하는 목표는 보다 더 높고, 야심 차다. 지난 10여 년 동안, 긍정심리학이라는 새로운 분야의 연구자들은 사람들이 괴로운 기분을 좋은 기분으로 바꿀 뿐만 아니라 최고의 기분으로 높이는 방법, 즉 그들의 강점, 재능, 능력을 최대한 발휘하여 번영하는 삶을 살 수 있게 하는 방법에 대한 놀라운 학술적 진전을 이루었다. 간략히 말하면, 긍정심리학은 삶을 살 만한 가치가 있는 것으로 만들어주는 심리학이라고 할 수 있다. 긍정심리학은 심리적 행복의 원천들, 예컨대 긍정 정서, 긍정 경험, 긍정 환경, 인간의 강점과 미덕에 대한 집중적인 연구관심을 뜻한다. 긍정심리학은 사람들로 하여금 가장 가치 있고 생산적이며 행복한 삶을 누릴 수 있도록 긍정적인 마음 상태를 만들어내도록 돕는 것이 결점을 고치고 고통과 장애를 치유해온 심리학의 전통적인 관심만큼이나 중요하다는 믿음에 뿌리를 두고 있다.

긍정심리학이 강점, 번영, 성취에 초점을 맞추게 된 것은 현명한 동시에 뚜렷한 전환이라고 할 수 있다. 1950년대부터 심리학은 질환, 장애, 그리고 삶의 어두운 부분에 고착되어 있었으나 다행스럽게도 우리는 행복을 이루고 유지하는 방법, 좀 더 생산적이고 즐거운 삶을 영위하는 방법, 강점을 함양하고 역경 극복 능력을 육성하는 방법 등에 대한 최신의 과학적 연구결과를 쉽게 접할 수 있는 새로운 시대에 살고 있다. 그러나 중요한 연구결과들은 대학교에서 주로 구독하는 전문학술지에만 소개되고 있을 뿐 일반 학생이나 비전문가들이 쉽게 접하기 어려웠다. 긍정심리학을 통해 밝혀진 다양한 연구성과들이 쉽게 접할 수 있고 이해하기 쉬운 책자로 통합되어 제시되지 못했다. 이 네 권의 책은 좀 더 행복해지고 잠재력을 더 잘 실현하는 방법, 인간의 강점을 이해하고 계발하는 방법, 고통스러운 시기의 역경을 극복하는 방법, 그리고 이 밖의 많은 것에 대한 연구성과를 처음으로 종합하여 제시하고 있다.

그러나 아마도 당신은 자기계발 서적, 즉문즉답을 해주는 라디오 프로그램, 무수한 신문기사, 잡지, 블로그를 통해서 이러한 주제들에 대한 해답을 접했으리라 짐작된다. 그렇다면 이 네 권의 책은 어떤 의미를 지니는 것일까? 기존 자기계발 서적의 저자에 의해서 제시되거나 미디어에 의해서 나름대로 또는 흔히 잘못 풀이되는 해답, 설명, 처방들은 대부분 과학적 이론과 실증적 검증의 근거가 부족한 것이었다. 오늘날 미디어를 통해서 흔히 접하게 되는 정보와는 달리, 이 네 권의 책에서 소개하는 설명, 이론, 제안들은 모두 최신의 과학적 연구에 근거하고 있다.

이 책들의 내용에서는 순전히 저자의 개인적 경험이나 그들의 조부모, 지인들 또는 우울한 내담자의 경험, 그리고 일부 사람들에 대한 인터뷰 결과에 근거한 결론을 발견하기 어려울 것이다. 실증적 연구는 이러한 개인적 또는 임상적 경험에 비해서 다양한 강점을 지니고 있다. 과학적 방법을 사용한 실증적 연구는 어떤 현상과 그 원인을 체계적이고 편견 없이 밝혀낼 수 있다. 물론 과학은 불완전하며 나름대로의 한계를 지니고 있다. 그러나 한 개인이 자신의 신념, 편견, 제한된 경험에 근거하여 제시하는 주장에 비해서 과학적 연구에 의해 도출된 결론은 훨씬 더 믿을 만한 것이다.

내가 항상 읽기를 좋아하는 편지 중 하나는 한 신문의 독자가 편집장에게 보낸 것인데, 그 편지는 과학이라는 주제에 관해 언급하고 있다.

> "과연 신은 존재하는가?" 와 같은 신앙에 관한 질문들이 있다. "역사상 최고의 야구 선수는 누구인가?" 와 같은 견해에 대한 질문들이 있다. "낙태는 합법화되어야 하는가?" 와 같은 논란거리의 질문들도 있다. 그리고 과학적 방법을 적용하여 좀 더 확실하게 대답할 수 있는 질문들도 있다. 이것은 실증적인

물음들이라고 할 수 있는데, 대부분 증거에 의해서 해결될 수 있는 것이다(Ivins, 2000).

인간의 강점에 대한 질문들, 긍정 정서의 이점에 대한 질문들, 스트레스와 외상 경험 이후의 성장에 대한 질문들, 행복과 번영의 추구에 대한 질문들은 바로 그러한 실증적인 물음이다. 긍정심리학 분야의 과학적 진전은 매우 확고한 것이어서 과학자가 아닌 사람들을 위한 기술, 설명, 처방으로 풀어서 제시될 수 있다. 최선의 삶을 위한 이 네 권의 책은 긍정심리학의 엄격한 연구와 최신의 지식을 반영하는 기념비적 서적이 될 것으로 기대한다. 또한 이 책들은 이해하기 쉽고 희망을 고취하는 방식으로 쓰여 있어서 독자들이 자신과 인간의 본성에 대한 새로운 인식을 얻게 될 뿐만 아니라 자신의 삶을 어떻게 변화시킬 것인지에 대한 분명한 인식을 얻을 수 있을 것이다.

Sonja Lyubomirsky[4]

참고문헌

Ivins, M. (2000, September 22). The manufactured public schools crisis. *The Fort Worth Star Telegram*.

4 미국 University of California(Riverside) 심리학과 교수이며 긍정심리학의 주요한 연구자 중 한 명이다. 학술지 *Journal of Positive Psychology*의 부편집장이며 『How to be happy(행복도 연습이 필요하다)』를 비롯한 다수의 저서와 연구논문을 발간하였다.

머리말

내가 새로 전학간 학교에 가려고 학교버스를 처음 탔을 때, 밝은 표정의 아이들이 뛰어다니며 장난을 치고 있었다. 나는 전학온 학생이었기 때문에 조용히 앉아서 아이들이 놀며 웃고 뛰어다니는 모습을 가만히 지켜보고 있었다. 그중 가장 행복해 보이는 여자 아이가 있었는데, 그 아이의 이름은 디아나(Deana)였다. 얼굴 가득 미소를 띠고 있었는데, 그런 그 아이의 모습이 나의 관심을 끌었다. 그 아이는 너무나 편안하고 즐거워 보였다. 나는 그 아이가 아마도 버스에 타고 있는 모든 아이를 잘 알고 있을 정도로 매우 인기 있는 아이라고 추측했다. 그러나 나의 추측은 완전히 빗나갔다. 그 아이 역시 새로 전학온 학생이었다. 게다가, 여러 해 동안 옆 동네에 살면서 학교만 옮긴 나와는 달리, 디아나는 완전히 새로운 주(State)의 새로운 동네로 이사를 온 것이었다. 도대체 그 아이는 어떻게 새로운 환경에 자신 있게 걸어들어가서 자신의 빛을 발하는 법을 배웠을까? 바로 이러한 물음에 답할 수 있는 심리학이 나의 관심을 끌었다. 수십 년이 지난 후에야, 이러한 분야의 심리학이 긍정심리학으로 알려지게 되었다. 이 네 권의 책은 바로 긍정심리학에 관한 것이다.

지난 10년 동안 나는 대학에서 인간의 고통을 완화시키는 데 필요한 소중한 지식과 기술을 배웠다. 심리적 장애로 인해서 고통 받는 사람들을 치료하면서 큰 보람을 느껴왔다. 그러나 긍정심리학에 관한 것, 즉 무엇이 인간을 최고의 상태로 만드는지에 대해서는 배우지 못했다. 디아나와 같은 사람들에 대해서는 배우지 못했다. 나는 당신이 나와는 다른 교육적 경험을 쌓길 바란다. 모든 사람의 고통뿐 아니라 번영에도 주목하는 좀 더 균형 잡힌 공부를 하기 바란다. 네 권으로 구성된 〈긍정심리학: 인간의 최고 상태에 대한 탐구〉를 통해서 당신은 디아나와 같은 사람들을 많이 접할 수 있고 긍정심리학과 인간이 누릴 수 있는 최선의 삶에 대해서 배울 수 있을 것이다. 아울러 자신과 주변 사람들의 삶을 행복하게 하기 위해서 자신의 강점과 정서를 어떻게 활용해야 하는지를 배울 수 있을 것이다.

이 책의 편집자로서 나는 세계적으로 가장 탁월한 긍정심리학자와 활동가들에게 인간의 최고 상태에 대한 연구와 견해를 써달라고 요청했다. 각자 한 장(章)씩 쓰되, 동료 학자들이 읽는 '학술적' 인 글이 아니라 일반인도 읽기 쉽게 쓰도록 권장했다. 이 책의 필자들은 사람들이 어떻게 순탄한 시기뿐만 아니라 역경의 시기에서도 강인하고 행복하며 활기찰 수 있는지에 대한 자신의 연구를 읽기 쉽게 서술하고 설명하는 놀라운 일을 해주었다. 우리는 한 팀이 되어 긍정심리학의 주요한 발견들, 즉 인간의 강점들은 실재하며 강력하다는 점과 긍정 정서는 인간의 발달에 매우 중요하다는 점을 설명할 뿐만 아니라 사람들이 어떻게 역경을 극복하고 최고의 상태로 성장하게 되었는지를 명료하게 밝히고자 한다. 우리는 긍정심리학의 연구와 실제에 관한 이야기를 네 권의 책으로 나누어 공유하고자 했다.

1권: 인간의 강점 발견하기
2권: 정서적 경험 활용하기
3권: 역경을 통해 성장하기
4권: 인간의 번영 추구하기

궁정심리학이 현실 세계에 시사하는 바는 구체적인 사건과 사례연구를 통해 전달될 수 있다. 독자들이 긍정심리학의 원리를 일상생활에 적용해볼 수 있도록 각 장의 마지막에는 '개인적인 작은 실험들(personal mini-experiments)' 을 제시하였다.

1권(인간의 강점 발견하기)은 인간의 강점을 어떻게 발견하고 계발하여 여러 영역의 삶에서 성공을 거둘 수 있는지를 살펴본다. 이 책에서는 교육자, 심리학자, 철학자로 구성된 필진들이 우리 자신과 사람들에게서 어떻게 최선의 것을 이끌어낼 수 있는지를 소개한다. 2권(정서적 경험 활용하기)의 필진들은 긍정 정서에 관한 연구와 긍정 정서를 최대화하는 방법을 포함하여 20세기 후반에 이루어진 심리학의 주요한 발견을 소개하고 있다. 아마도 독자들은 감사와 정서 지능처럼 이 책에서 소개하는 많은 개념을 이미 알고 있을 수도 있지만, 긍정적인 정서 경험에 대한 기본적 지식 이상의 내용을 접할 수 있을 것이며, 긍정 정서를 효과적으로 활용하는 방법을 배울 수 있을 것이다. 3권(역경을 통해 성장하기)은 인간 영혼이 펼치는 일상적인 마술로 여겨왔던 역경 극복력에 초점을 맞추고 있다. 이 책에서 독자들은 하나의 일관된 주제, 즉 고난의 시기를 통한 개인적 성장이 매우 사회적인 과정이라는 것을 충격적으로 접하게 될 것이다. 마지막으로, 4권(인간의 번영 추구하기)에서는 학교 심리학자, 가족문제 전문가, 대학 행정가 그리고 경영 전문가가 우리가 가정과 직장, 학교에서 성공하고 웰빙을 증진할 수 있는 방법에 관한 새로운 연구결과들을 소개할 것이다.

긍정심리학은 인간에게 있어서 무엇이 올바른 것인지를 연구하는 학문으로서 심리학의 연구와 실제에 관한 학술적 · 대중적 관점을 재정립하고 있으며, 우리 안에 깃들어 있는 긍정적인 측면에 초점을 맞추고 있다. 〈긍정심리학: 인간의 최고 상태에 대한 탐구〉는 이 학문분야의 이론과 실제를 종합적이면서도 간결하게 요약하고 있을 뿐만 아니라 풍부한 연습과제를 제시함으로써 강점, 긍정 정서, 역경 극복력, 번영에 대한 독자들의 관심을 불러일으킬 것으로 믿는다.

나는 각 장의 원고를 수합하여 편집하면서 이 책의 발간에 기여한 동료들이 지니고 있는 탁월함을 발견할 수 있었다. 진심을 다해 이분들께 감사드리며 특히 이 출간사업에 생명을 불어넣어 준 Jeff Rettew(편집국장), Rhea Owens(부편집국장), Allison Rose Lopez(특별 편집위원), Neil Salkind(스튜디오 B), Elizabeth Potenza(Praeger 출판사)에게 고마움을 전한다.

1권: 인간의 강점 발견하기

사람들마다 지니고 있는 최선의 것을 밝힌다면 어떤 일이 벌어질까? 이 물음은 심리학 교수이자 갤럽(Gallup)[5]의 전 대표인

5 미국의 저명한 여론조사 기관.

Donald Clifton이 제기하였으며 많은 긍정심리학자가 풀어야 할 사명이 되었다. 이 물음에 대한 학자들의 반응은 두 개의 강점 척도 개발로 이어져 200만 이상의 사람들이 이 검사를 이용하였으며 그 결과 강점개발 프로그램이 대다수의 회사, 학교, 교회 등에서 실시되고 있다. 확신하건대, 이 책을 읽는 독자들도 5년 이내에 학교나 직장에서 강점 척도를 시행하게 될 것이다.

이 책에서는 인간의 강점을 측정하는 두 척도, 즉 Clifton의 강점 발견하기(Clifton StrengthsFinder)와 VIA 강점 척도(Values in Action Inventory of Strengths)가 소개되고 있는데, 이 척도들은 심리측정 전문가와 일반인으로부터 호평을 받은 바 있다. 이 책에서 Rettew, Lopez, Bowers와 Cantwell은 강점이 왜 중요한지를 보여주는 개인적, 철학적 그리고 증거 기반적인 사례를 제시하고 있다. Sparks와 Baumeister는 "나쁜 것이 좋은 것보다 강하다."는 자신들의 고전적인 연구를 확장하면서 우리가 약점과의 균형을 이루기 위해서 왜 강점에 주목해야 하는지를 보여주고 있다.

또한 세 장에 걸쳐서 특정 강점들, 즉 지혜(Ardelt), 용기(Pury), 낙관성(Rasmussen과 Wallio)이 주는 여러 가지 이득이 소개되고 있다. 지혜와 용기에 관한 장에서는 이러한 강점들이 학습될 수 있다는 점을 제시하고 있다. 낙관성에 관한 장에서는 미래에 대한 긍정적 기대가 건강과 밀접하게 관련되어 있음을 보여주는 연구들을 요약하여 제시하고 있다.

역사적 인물인 Martin Luther King Jr.의 강점은 그의 글을 통해서 발견할 수 있다. Rice가 쓴 장에서는 감화적인 인물들의 강점이 어떻게 우리의 삶에 빛을 비추고 있는지를 보여주고 있다.

마지막으로, 가장 저명한 20세기 심리학자 중 한 사람인 Albert Bandura는 우리가 긍정심리학이라는 선물을 어떻게 전 세계로 전달할 수 있을지를 제시하고 있다.

2권: 정서적 경험 활용하기

대부분의 사람은 긍정적인 정서 경험에 어떻게 대응해야 하는지 잘 알지 못한다. 그저 자연스럽게 느끼는 대로 반응할 뿐이다. 최근까지도, 사회과학자와 정신건강 전문가들은 부정 정서(예: 분노, 공포)의 관리방법에 대해서는 많은 것을 알고 있지만 긍정 정서(예: 기쁨, 만족감)를 최대한 활용하는 방법에 대해서는 거의 알지 못했다. 최근에야 긍정심리학자들에 의해서 사람들이 정서 경험을 어떻게 생산적인 방식으로 활용하는지가 밝혀지기 시작했다. 이 책에서는 긍정 정서가 개인의 내면과 대인관계에서 처리되는 과정, 감사라는 긍정적인 도덕적 정서, 나눔이라는 행위, 정서 지능, 그리고 타인애(allophilia)라는 새로운 과학, 남성성에 대한 새로운 관점에 초점이 맞춰지고 있다.

첫 번째 장에서, Kok과 동료들은 긍정 정서의 확장 및 축적 이론을 설명하고 있다. 요약하면, 긍정 정서는 자신과 세상에 대한 개인적 관점을 확장시키고, 개인적 자원을 계발하는 데 도움을 주며, 성장의 상향적 선순환을 만들어낸다. 이 장에서 소개하고 있는 연구결과들을 통해서 개인의 성장과 인간의 번영에 대한 우리의 인식이 상당 부분 향상될 것이다.

Danner와 동료들은 수녀 연구(the Nun study)라고 알려져 있는 기념비적인 연구를 통해 밝혀진 사실들을 소개하고 있다. 독자의 관심을 위해서 요지를 소개하면, 수녀원에 들어온 젊은 여자들의 자전적 에세이에 반영되어 있는 긍정 정서는 더 오래 사는 것과 관련이 있다는 것이다. 친밀한 관계에 대한 연구자인 Impett과 Gordon은 긍정 정서에 관한 개인적인 자료의 짧은 사례를 통해 긍정 정서를 대인관계 상황에서 어떻게 활용할 수 있는지를 알려주고 있다.

감사하기(Tsang와 동료들; Froh와 Bono)와 나눔(Dillard와 동료들), 그리고 정서 지능(David와 Ebrahimi)이 어떤 이득을 주는지가 네 개 장에 걸쳐서 소개되고 있다. 우리는 다른 사람에게 감사하는 것과 선행하는 것이 우리 자신에게 얼마나 좋은 일인지를 잘 알지 못했었다.

마지막으로, 두 집단의 연구자들이 다소 새로운 분야를 소개하고 있다. Pittinsky와 Maruskin은 '타인애(allophilia)' 라는 새로운 용어를 통해서 대인관계의 새로운 과학을 소개하고 있다. Wong과 Rochlen은 남자의 정서적 측면을 논의하고 아울러 정서 경험에 주목하는 것이 어떻게 남자와 그들의 대인관계를 변화시키는지에 대해서 소개하고 있다.

3권: 역경을 통해 성장하기

당신이 루이지애나 남부에서 성장했다면, 물과 날씨가 얼마나 대단한지를 배웠을 것이다. 2005년에 물과 날씨가 힘을 합쳐 역사상 가장 강력하고 파괴적인 허리케인으로 기록된 카트리나와 리타를 만들어냈다. 당신은 뉴올리언스를 완전히 폐허로 만들어 버린 카트리나에 대해서 들어봤을 것이다. 그러나 나의 고향인

아카디아나에 몰아닥쳤던 카트리나에 버금가는 리타에 대해서는 아마도 기억하지 못할 것이다. 그 폭풍우가 몰아치고 나서 이틀 뒤에, 나는 폭풍우로 집을 잃어버린 어머니를 돕기 위해 고향으로 향했다. 그때 나는 내가 어떤 것을 목격하게 될지, 즉 인간이 지니는 최악과 최선의 모습을 예상하지 못했다. 그래서 나는 사람들이 그토록 빨리 회복하는 것에 대해서도 놀라지 않을 수 없었다. 집과 삶을 재건하는 노력은 모든 곳에서 일어나고 있었다. 내가 고향에 내려가 있는 동안 발견한 두 가지 사실은 이 책의 여러 장에서도 지지되고 있다. 첫째, 사람들은 그 어떤 것에 대해서도 곧바로 회복할 수 있으며, 결심과 희망에 의해서 그렇게 될 수 있다. 둘째, 회복하는 것은 사회적 현상이다. 혼자서 회복하는 일은 매우 드물기 때문이다.

이 책에서 Fazio와 동료들은 상실과 역경을 통해서 성장했던 자신들의 흥미진진한 경험을 들려준다. 아울러 우리가 인생 최악의 시기를 경험한 후에 우리의 삶을 앞으로 나아가게 하는 방법을 모색하는 데 도움이 되는 설명체계를 제시하고 있다.

두 개의 장(Berman과 동료들; Zacchilli와 동료들)에서는 우리 모두가 경험하게 될 경험, 즉 낭만적 사랑의 갈등과 실연에 어떻게 대응해야 하는지를 설명하고 있다. 대부분의 사람은 연애를 시작하기 전에 친밀한 관계에 대한 연구자료를 잘 숙지하기를 원할 것이다. 나 역시 그렇다. 선택의 문제이기도 한 용서(Holter와 동료들에 의하면)는 심지어 어린 시기부터 갈등적 관계를 해결하려는 시도와 밀접하게 관련되어 있다.

일련의 장을 통해서 특수한 갈등과 이를 극복하기 위한 방법이 소개되고 있다. 특히 Wehmeyer와 Shogren은 경미한 인지장애를 지닌 학생들이 어떻게 자기주도적인 학습자가 되는지를 설명하고 있다. Aronson과 Rogers는 고정관념에 의한 위협이 지니는 악영향과 이를 예방하고 극복하는 방법을 소개하고 있다. 다음으로, Ebberwein은 노동자들이 직업 장면에서 좀 더 유연하게 적응할 수 있는 다양한 기술을 제시하고 있다.

마지막 장에서, Greenberg는 역경으로부터 의미를 발견하는 가장 고전적인 방법 중 하나인 스토리텔링 기법을 소개하고 있다. 정서적인 스토리텔링의 강력한 긍정적 효과를 매우 자세하게 설명하고 있다.

4권: 인간의 번영 추구하기

당신 앞에 사다리가 있다고 상상해보라. 사다리의 가장 아랫단은 0이고, 가장 윗단은 10이다. 현재 당신은 어느 단계에 있는가? 5년 후에는 어느 단계에 있을 것인가?

이 물음은 지난 50여 년 동안 여론조사자와 연구자들이 자주 사용했던 것이다. 이 물음에 대한 당신의 응답은 당신의 희망과 웰빙에 관해 많은 것을 알려주고 있다. 5년 후에 펼쳐질 당신의 삶에 대해 생각하면서 떠오르는 심상은 아마도 번영 또는 좋은 삶과 관련되어 있을 것이다. 번영은 바로 이 책의 초점이다.

첫 번째 장에서, Ambler는 인간의 번영을 완전한 정신건강으로 정의하고 있다. 긍정 정서가 존재하고 정신질환 증상이나 고통이 부재한 상태에서, 우리는 인생 사다리의 최고 단계를 향해 나아갈 수 있다.

두 개의 장(Kurtz와 Lyubomirsky; Myers)은 행복에 기여하는 요인과 행복의 지속 가능성을 다루고 있다. 아마도 당신은 유전과 돈이 인간의 행복이라는 복잡한 이야기의 일부라는 것을 알고 놀라게 될지 모른다. Vansteenkiste와 동료들은 웰빙 상태를 이루는 데에 물질주의가 지니는 부정적인 역할을 밝힘으로써 웰빙 상태에 이르는 경로를 논의하고 있다.

다음의 세 장(Gilman과 동료들; Harter; Eagle)은 모범사례를 통해서 사람들이 어떻게 학교와 직장에서 잘(매우 잘) 기능하는지 그리고 좋은 가족의 구성원이 되는지를 소개하고 있다. 그리고 다른 한 장(Kerr와 Larson)에서는 똑똑한 소녀들이 어떻게 재능 있고 유능한 여성으로 성장하는지를 보여주고 있다.

마지막의 세 장은 우리가 리더로서(Avolio와 Wernsing), 시민적 참여를 통해서(Sherrod와 Lauckhardt), 그리고 우리를 힘겹게 하는 우울증상의 극복을 통해서(Rashid) 어떻게 최적의 기능 상태를 적극적으로 추구할 수 있는지를 제시하고 있다.

차례

1

어떤 사람들이 번영하는가

완전한 정신건강의 기준

• Virginia Miller Ambler

1

어떤 사람들이 번영하는가
완전한 정신건강의 기준

Virginia Miller Ambler

친절한 해변 구조요원, 학부 과정의 대학생, 석사 2년차의 명석하고 젊은 물리학도, 부모님 댁에 가까이 사는 야심 찬 음악가, 수녀 그리고 나의 어머니. 이 여섯 명의 양극성 장애 환자들은 1990년대 초에 매사추세츠의 한 의학 연구원과 함께 양극성 장애를 지니고 살아가는 것이 어떠한 것인지에 대해서 2년 동안 생각을 나누었다. 6명 모두 조증 삽화와 우울증 삽화를 교대로 체험하는 심각한 수준의 정신증으로 진단받았다. 그들 중 다수가 자살하고 싶은 생각을 경험해왔고, 대부분은 한 번 이상 입원한 적이 있었으며, 그들 모두는 정신장애에 대한 치료를 받고 있었다.

6명의 구성원은 연구 프로젝트가 종료된 이후 단 한 번도 다시 만나지 못했다. 그러나 그곳에서의 경험은 나의 어머니에게 무척 중요한 체험이었으며, 그녀는 자신의 삶이 다른 양극성 장애 환자들의 삶과는 질적으로 다르다는 것을 인정할 수밖에 없었다. 어머니를 제외한 5명의 동료들은 모두 20대였다. 반면, 어머니는 40세까지는 양극성 장애 없이 살아왔다. “아주머니는 참 운이 좋아요.”라고 사람들은 어머니에게 부러운 듯 말하곤 했다. “아주머니의 인생은 어느 정도 자리를 잡았잖아요. Berkeley 대학을 졸업했고 훌륭한 결혼생활을 했으며 3명의 아이들을 잘 키웠어요.” 모임의 구성원들이 바라보는 어머니의 모습은 다양하였지만 그 모습 모두 ‘괜찮은 삶’의 본보기가 되었다(Keys & Haidt, 2003). Ryff와 Singer(2003)가 언급한 “도전받은 번성(challenged thriving)”의 측면에서 볼 때, 어머니가 보여준 긍정적 기능은 주요한 삶의 도전과 난관을 극복하고 이룩한 성과이기에 더욱 두드러지는 것이다.

어머니는 이제 60줄에 들어섰지만 어머니의 삶은 여전히 풍요롭다. 어머니는 교회에서 적극적인 봉사자이고, 자식과 손자들과 함께 여행을 하며, 43년간 꾸준히 남편과 데이트를 즐겼다. 심지어 만성 질환을 치료하고 있을 때에도 어머니는 현재의 온전한 삶에 대해 깊은 감사를 표했다. 어느 누구도 조증 삽화가 또 찾아오게 될지, 만약 온다면 언제 오게 될지 알지 못한다. 그러나 어머니의 이야기는 정신건강을 긍정심리학적 관점에서 보고자 하는 근본적 이유를 깨닫게 한다. 우리는 임상적 진단의 여부를 넘어서서 질병과 건강에 대해 생각할 필요가 있는 것이다(Peterson, 2006).

이번 장에서는 정신건강에 대한 연구가 지금까지 어떻게 진행되어왔으며 어떻게 긍정심리학의 폭넓은 주제를 반영하고 있는지에 대해 설명할 것이다. 그리고 정신건강을 측정하는 Corey L. M.

Keyes(2002, 2005, 2007)의 기준에 대한 논의를 한 후, "정신건강으로서 번영"의 개념을 대학생의 교육 경험에 적용한 나의 박사학위 연구의 결과를 공유할 것이다. "긍정심리학의 철학적 기반 위에는 이미 학습한 것을 공고히 만드는 체험의 요소가 필요하기" 때문에(Peterson, 2006, p. 21), 이 장의 마지막에서는 개인적인 작은 실험을 통해 자신의 정서적 · 심리적 · 사회적 차원의 안녕을 탐색하고 이에 더해 정신건강에 결정적으로 중요한 역할을 담당하는 인간관계의 질에 대해 살펴보도록 할 것이다.

긍정심리학의 초점으로서 정신건강

Martin Seligman(1998a)은 인간의 강점을 증진하는 것이 그동안 심리학의 영역에서 간과하고 있던 사명이라고 주장하였다. 2차 세계 대전이 끝난 이후 심리학은 심리학 원근(原根)으로부터 너무 멀리 떨어져 버렸다."라는 것이 Seligman과 그의 동료들의 생각이었다. 그 뿌리는 모든 사람의 삶을 더욱 충만하고 생산적으로 만드는 것임에도 지금까지 심리학은 정신 질환을 치료하는 데에만 중점을 둔 것이 사실이다. 정신건강에 대한 연구 역시, 정신 질환에 대한 관심에만 국한되지 말고 영역을 보다 확장하여 긍정심리학적 요소가 포함되는 것이 마땅하다는 견해가 속속 답지되었다(Keyes & Lopez, 2002).

불행하게도 '정신건강'에 대한 연구는 종종 '정신 질환'에 대한 연구로 번역되곤 하였다. 예를 들어, 미 국립정신보건원

(National Institute of Mental Health: NIMH, 2004)에서 언급한 다음과 같은 사명에 주목해보자. "NIMH의 사명은 정신, 뇌 그리고 행동을 이해하고, 연구를 통해 정신 질환의 부담을 줄이는 것이다." 다행히도 NIMH가 처음 설립된 이후 몇십 년이 지나면서 우리는 정신 질환에 대해 많은 것을 알게 되었다. "정신 질환을 경험하는 사람은 지속적으로 정상 기능을 발휘하지 못하고 사회적 역할을 수행하는 능력이 손상되며 고통을 경험하게 된다." (Spitzer & Wilson, 1975) 그러나 여전히 실망스러운 것은 긍정 정서, 긍정 상태, 긍정 특질에 대해서는 거의 알지 못한다는 점이다. 이에 Peterson과 Park(2003)은 심리학의 관심이 정신 질환에 편중된 것이 지니는 문제점을 다음과 같이 지적하였다.

> 우리는 표준화된 우울 척도를 통해 우울을 연구해왔는데, 이 척도에서는 최고 점수가 0점이고 이는 우울증상이 없음을 나타낸다. 그러나 모든 0점이 다 똑같은 것은 아니다. 자살하지 않고 무기력하지 않으며 자기비난을 하지 않는 사람들과 밝은 얼굴과 반짝이는 눈망울을 한 채 이른 아침 침대에서 벌떡 일어나는 사람들 사이에는 큰 차이가 있다(p. 146).

연구나 국가 시책에 투영된 보편적 가정에 따르면 정신건강은 정신 질환의 부재(不在)로 정의되어온 것으로 보인다. 그러나 긍정이 단지 부정의 부재만을 의미한다면, 긍정심리학은 시대에 뒤떨어진, '부정적 상태를 경감시키는 심리학' 만을 필요로 할 것이다(Seligman & Pawelski, 2003, p. 159). 세계 보건 기구(World Health

Organization, 2004)의 보다 포괄적인 정신건강에 대한 정의에 따르면, "개인이 자신의 능력을 발휘하고, 일상의 스트레스에 대처할 수 있으며, 생산적으로 일할 수 있고, 공동체에 기여할 수 있는 웰빙 상태"다. 이 정의는 정신건강이 정신 질환의 부재가 아니라, 긍정적인 무엇이 있는 상태라는 긍정심리학자의 신념을 지지한다.

정신건강에 대한 Keyes의 정의: 번영

정신 질환과 대별되는 정신건강의 성격과 현황을 경험적으로 측정하기 위한 노력의 일환으로 Keyes(2002)는 '번영(flourishing)'이라는 개념을 소개하였다. 이 개념은 "정신건강을 이해하고 증진시키기 위한 첫 번째 균형 잡힌 틀"이다(C. R. Snyder, 2003). Keyes의 모델에 따르면, 정신건강은 정신 질환과 마찬가지로 "증후군(syndrome)의 개념에 바탕을 둔 겉으로 드러난 상태"라고 정의된다(Keyes, 2002). 다시 말해, 정신적으로 건강하다는 것은 '인지적 · 사회적 기능을 반영하는 증상들이 일정 수준에 도달한 채, 일정 기간 동안 지속되는 것'을 말한다. 정신건강을 정하는 데 있어 Keyes가 고려하는 증상은 정서적 안녕(긍정적 감정)과 기능적 안녕(심리적 안녕과 사회적 안녕)을 포함한 개인의 주관적 안녕의 증상들이다.

정신건강의 증상으로서 주관적 안녕

Keyes, Schmotkin과 Ryff(2002)에 의하면, 주관적 안녕이라는 개념은 1950년대 말에 개인의 주관적 지각을 통해 삶의 질을 측정하는 지표로서 등장하였다. 넓은 의미로서 주관적 안녕은 "삶에 대한 개인의 인지적 평가, 긍정적 혹은 즐거운 정서의 실재, 부정적 혹은 불쾌한 정서의 부재"로 구성된다(Emmons, 2003). 이러한 정의에서 강조하는 바는 사람들이 다양한 가치, 목표 및 강점을 지니고 있다는 점이다(Diener, Sapyta, & Suh, 1998). 따라서 타인이 아닌 개인이 스스로 안녕을 규정하도록 하여 얻어진 주관적 측정치는 개인마다 상이한 가치, 목표 및 생활환경을 바탕으로 자신의 삶이 만족스러운지를 정확하게 반영하게 된다. 개념적으로 그리고 경험적으로, 주관적 안녕은 자신의 정서적 상태(행복, 만족), 심리적 기능(개인적 성장, 목표 의식, 자율성), 사회적 기능(사회적 수용, 공동체 의식, 소속감)을 측정한다(Keyes, 2002, Keyes, Hysom, & Lupo, 2000; Keyes & Waterman, 2003).

Keyes(2002, 2003, 2005)가 설명하였듯이, 주관적 안녕은 정신건강을 이해하는 데 결정적인 심리학적 구성개념이다. 정서적 안녕은 자신의 삶에 대한 긍정적 감정의 유무를 반영하는 일군(一群)의 증상들이다. 이 증상들은 긍정 정서의 실재와 부정 정서의 부재를 측정하는 구조화된 척도에 대해 개인이 보고한 것이다. 한편, Ryff(1989)는 주관적 안녕이 삶에 대한 행복 감정을 상회하는 개념이라고 주장하였다. 주관적 안녕에는 긍정적인 심리사회적 기능에 대한 측정이 포함되는 것이다. Keyes(2003)에 의하면, 심리적 안녕은 보다 사적이고 개인적인 평가 기준을 반영한다. 그 기준은 6가지 차원(자기수용, 타인과의 긍정적 인간관계, 개인적 성장, 인생의 목적, 환경의 통제, 자율성)의 척도를 사용하여 신뢰롭고 타당하게 측정되어왔다. Keyes(1998)는 이에 더 나아가 사회적 안녕을 긍정적 기능의 목록에 포함하였다. 사회적 안녕은 개인이 사회적 삶을 의미 있다고 생각하고, 성장에 대한 잠재력을 사회가 지닌 것으로 여기고, 공동체에 대한 소속감을 느껴 사회의 모든 부분을 수용할 수 있으며, 자신의 삶이 사회에 기여하고 있다고 생각하는 것이다.

정신건강 연속성: 쇠약에서 번영까지

건강하다는 것이 '질병의 부재 이상'이라는 주장은 생리학적, 심리학적 건강을 연구하는 많은 사람에게 새로운 것은 아니지만(Jahoda, 1958), 과학 분야나 실용 분야에서 지난 50년간 이러한 관점을 반영하는 분야는 미발달의 영역이었다(Ryff & Singer, 1998). 정신건강과 정신 질환이 단일한 구성개념의 반대 차원이 아니라는 경험적인 인식하에서, Keyes(2002)는 정신건강의 연속성 개념을 소개하였다. 그의 모델에서 정신건강은 '긍정적 감정과 긍정적 기능의 증상들로 이루어진 증후군' 으로 정의된다. 이와 관련하여 Keyes(2002)는 다음과 같이 주장한다.

> 정신건강 연속성은 완전한 정신건강(complete mental health)과 불완전한 정신건강으로 구성된다. 완전한 정신건강을 가진

> 성인은 높은 수준의 안녕을 가지고 삶에서 번영(flourishing)한다. 번영한다는 것은 긍정 정서로 충만하고, 심리적 · 사회적으로 잘 기능한다는 의미다. 불완전한 정신건강을 지닌 성인은 낮은 안녕을 가진 채 쇠약한(languishing) 삶을 사는 것이다. 따라서 쇠약한 상태는 공허감(空虛感)과 정체감(停滯感)으로 표현되며, 이는 절망적인 침묵의 삶을 구성한다.

정신건강에 대해 Keyes(2002)가 사용한 진단 방식은 미국 정신의학회(2000)에서 주요 우울장애를 진단하기 위해 사용한 방법(전체 증상들 중 절반 이상이 해당될 때 우울증으로 진단하는 것)과 유사하다. 정신건강 연속성상에서 쇠약 상태에 해당하는 경우, 개인은 정서적/기능적 안녕의 측정치에서 낮은 수준을 보인다. 그 개인들은 불완전한 정신건강을 보이나 임상적인 우울증을 경험할 수도, 경험하지 않을 수도 있다. 마찬가지로, 번영 상태에 속하는 사람들은 정서적/기능적 안녕 척도로 측정했을 때 높은 수준의 안녕을 보여야 한다. 이러한 사람들은 "정신적으로 건강하다고 할 수 있다. 왜냐하면 정신건강의 진단 기준에 부합하기 때문이다."(Keyes, 2003) 양호(moderate)의 정신건강을 지닌 성인들은 쇠약 상태에 있지도, 번영 상태에 있지도 않다.

정신건강에 대한 '완전한 건강'의 관점

2002년, Keyes는 25세에서 74세의 성인 3,032명을 대상으로 한 미국의 중년 연구(1995)에서 수집한 자료에 정신건강 연속성 모델을 적용하였다. 연구결과, 대부분의 성인(89.5%)은 이전 12개월 동안 우울 삽화를 경험하지 않았고, 오직 비(非)우울집단의 17.2%만이 번영 진단을 충족하였다. 표본의 절반 이상(58.7%)이 양호의 정신건강을 보였고, 거의 20%는 쇠약 상태의 기준에 부합하였다(Keyes, 2003). 이 연구의 결과들은 비록 많은 사람이 매년 정신 질환이 없는 것으로 나타나더라도, 전 생애에 걸쳐 정신 질환이 없다는 것이 진정한 정신건강, 즉 번영을 의미하는 것은 아니라는 점을 시사한다.

따라서 정신 질환의 존재 여부뿐만 아니라 정신건강의 수준 정도를 평가하는 것이 중요하다. Keyes(2002, 2003)는 우울증에 쏟는 관심만큼 쇠약 상태에 대해서도 관심을 가져야 하는 중요한 이유를 다음과 같이 설명하였다. 순수 쇠약(pure languishing) 상태의 사람(정신 질환에 이환되지 않은 동시에 쇠약 상태에 속하는 사람)은 주요 우울 삽화(major depressive episode)를 경험하는 사람들과 기능적 손상 면에서 유사하다. 또한 쇠약 상태는 주요 우울 삽화와 유사한 수준의 유병률(prevalence)을 보인다. 이에 반해서, 양호 혹은 번영의 정신건강을 보이는 성인들은 현저히 우수한 기능을 보였다. '완전한 정신건강' 상태로 진단된 성인은 신체적 활동(예: 일상적 활동, 업무 수행)과 심리/사회적 영역(목표 설정, 친밀감) 양자에서 타인보다 우월한 기능을 발휘하였다.

정신건강을 온전히 이해하기 위해서는 정신건강과 정신 질환 양자를 모두 고려해야 한다(Keyes, 2007). 표 1.1은 완전 정신건강 모델의 진단적 범주를 제시하고 있다.

|표 1.1| 완전 정신건강 모델의 진단적 범주

정신 질환 진단 (지난 12개월 이내)	정신 질환 진단		
	쇠약	양호	번영
아니요	쇠약 상태	양호 상태	번영: 완전한 정신건강
예	정신 질환을 동반한 쇠약 상태	정신 질환을 동반한 양호 상태	정신 질환을 동반한 번영 상태

완전 정신건강의 진단적 범주 연구에서 제공한 경험적 증거는 정신 질환의 부재가 정신건강의 실재를 의미하지 않는다는 사실을 지지한다(Keyes, 2007). 이는 마치 나의 어머니가 양극성 장애로 진단 받았기 때문에 그녀의 삶을 정서적/기능적 안녕의 삶이 아니라고 할 수 없는 것과 유사하다. 학자들과 임상가들이 정신건강에 대한 이해의 중요성을 지속적으로 연구하고 있는 가운데, Keyes(2003)는 단순히 정신 질환의 치료와 예방만이 아니라, 번영의 증진 역시 목표가 되어야 한다고 주장하였다. "지금은 정신건강에 대한 연구를 수행하고 정신건강 함양을 진정으로 추구해야 할 때이며 이 목표는 전체 긍정심리학의 흐름과 함께 달성될 수 있는 부분이다."(p. 309)

대학에서 어떤 사람이 번영하는가? 대학생에게 완전 정신건강 모델 적용하기

오늘날 심리적 질환이 대학생들 사이에서 증가하고 있고 대학 캠퍼스에서 주요한 관심의 대상이 되고 있다. 주요 언론에서는 우울증, 자살, 알코올중독, 섭식장애, 그리고 여타 심리적 장애와 관련된 사안에 대해서 깊은 관심을 보이고 있다(Crouse, 2003; Ellen, 2002; Franey, 2002; Hallett, 2003; Kelly, 2001; Knight, Wechsler, Kuo, Seibring, Weitzman, & Schukit, 2002; Lamas, 2004; Lite, 2003; Marano, 2002; O' Connor, 2001; K. S. Peterson, 2002; Rimer, 2004; Schwartz, 2003; Shy, 2001). 2007년 4월 16일 Virginia 공대에서 정신 질환을 앓고 있던 학생에 의해서 발생한 총기 난사 사건을 최근에 일어난 가장 끔직한 사건 중 하나로서 언론에서는 다루고 있다(Shapira & Jackman, 2007). 13년 동안 진행된 종단연구의 결과, 대학의 상담 센터를 방문하는 학생의 수가 점차 증가해온 동시에 방문의 사안도 보다 복잡해지고 있음을 확인하였다(Benton, Robertson, Tseng, Newton, & Benton, 2003). 나는 학생을 관리하는 담당자로서 현 대학 캠퍼스가 직면하고 있는 중요한 문제 중 하나가 학생의 정신건강이며(Kadison & DiGeronimo, 2004; M. B. Snyder, 2004), 이에 대해 고등 교육 기관이 강한 부담을 느끼고 있음을 인식하고 있다. "왜냐하면 대학은 미국의 미래 정신을 구할 수 있는 최선의 희망이기 때문이다."(Marano, 2002)

학생들의 정신건강을 함양하고 개인의 긍정적 성장을 도모하는 것이 학생 관리를 맡고 있는 우리에게 최우선 과제였다. 그러나 다수의 임상가들과 학자들이 주된 초점을 둔 분야는 학생을 대상으로 한 정신병리의 발병률과 특성, 상담에 대한 요구를 관리하는 전략, 정신 질환에 대한 치료 선택, 최악의 결과(자살, 자해, 중독)를 방지하기 위한 체계적인 접근법 등이었다. 학생의 정신건강에 대한 현재의 연구들은 실제로 정신적으로 건강한 학생들, 즉 높은 수준의 안녕과 기능을 보이고 캠퍼스에서 번영하는 학생들에게 거의 관심을 두지 않았다.

긍정심리학과 대학생에 관한 연구

캠퍼스 내 정신건강에 대한 우리의 이해가 부족하다는 것은 긍정심리학 운동이 채우고자 하는 넓은 심리학적 영역에 광범위한 빈공간이 있음을 반증한다. 만약 캠퍼스 내에서 정신건강을 더욱 증진시키고자 할 때, 우리의 연구와 관심을 심리적 장애가 있는 학생이나 개인적 혹은 적응 문제로 힘들어하는 학생의 성향과 치료에 우선적으로 초점을 두는 것으로 충분한가? 긍정심리학자들은 긍정적이고 건강하며 적응적 기능을 보이는 사람들을 연구함으로써 정신건강에 대해 많은 것을 배울 수 있다고 주장한다(Csikszentmihalyi, 2003; Diener, 2003; Harvey & Pauwels, 2003; Keyes, 2002, 2003; Keyes & Haidt, 2003; Keyes & Lopez, 2002; King, 2003; Lyubomirsky & Abbe, 2003; C. Peterson & Park, 2003; Ryff, 2003; Seligman, 1998a, 1998b; Seligman & Pawelski, 2003; C. R. Snyder & Lopez, 2002). 긍정심리학자들은 고등 교육 전문가들의 학생에 대한 연구가 치료적 문화에서만 제한적으로 이루어져서는 안 되며, 정신 병리에 대한 기존 연구와 더불어 '번영 상태에 있고 최적으로 기능하는 학생들과 제한된 기능을 보이는 학생들을 구분하는 요인'에 대한 경험적 연구가 존재해야 한다고 주장한다(Lyubomirsky & Abbe, 2003). 나의 박사학위 연구에서는 긍정심리학을 훈육의 기반으로 사용하여 바로 이러한 연구를 진행하고자 하였다.

✣ 애나 이야기: 실제 삶에서 나의 연구가 지니는 의미

대학생인 애나(Anna)는 우리 캠퍼스에서 뛰어난 리더였다. 4년간 골수기증협회(William and Mary's national-award-winning Bone Marrow Drive)에서 일을 하였고, 4학년 때는 그 협회의 회장을 맡았으며, 학부 명예 협의회(Undergraduate Honor Council)와 사법항소위원회(Judicial Appeals Committee)에서 봉사 활동을 담당하였고, 미술 전시회인 세기의 프로젝트(The Century Project)를 캠퍼스에 유치하기 위한 기금을 모았으며, 가족 주말(Family Weekend)의 사회자로 두 번이나 봉사할 기회를 가졌다. 그녀는 졸업논문을 쓰기 위해 쉴 새 없이 일하는 강한 학생이었다. 애나는 나와 다른 동료들에게 멋진 친구이기도 했다.

애나에 대해 대부분의 사람이 잘 알지 못하는 부분은 그녀가 1학년 여름에 아프리카에서 자원봉사를 하고 돌아온 후 체중이 감소하고 자주 피곤함을 느꼈다는 것이다. 병원에 가봤지만 정확한 병명을 알지 못했다. 그녀의 삶은 전문의조차도 진단하지 못한 희귀한 병으로 인해 금세 피폐해졌다. 무릎이 붓고 아파서 걷거나 앉는 것조차 어려웠다. 그녀는 여러 증상들을 겪었고 많은 치료를 감내했다. 의료 상담 끝에 휴학을 하게 되었고 집에서 휴식을 취했다. 이후, 애나와 그녀의 가족들은 학생과에 연락을 취하였다. 가족들은 애나가 윌리엄즈버그로 돌아가서 대학생활을 계속할 수 있도록 돕고 싶어 했고 그 방법을 찾고자 했다. 그녀와 그녀의 부모는 그녀의 힘이 닿는 한 적극적으로 참여할 수 있는 활동을 찾을 것이라고 확신하였다. 왜 그러한 활동이 그녀의 주관적 안녕에 필수적이라고 그녀와 그녀의 부모를 굳게 믿게끔 한 캠퍼스 환경은 어떤 것이었을까?

연구에 대한 소개

국가에서 가장 능력 있고 적극적인 남녀와 매일 함께하는 대학 교수와 교직원들에게 "천재를 양육하기(nurturing genius; Seligman, 2003)"가 무엇인지에 대해서 배운다는 점은 가장 큰 직업적 열망이다. 고등 교육 기관에서의 경험은 학생들에게 어떠한 방식으로 번영을 가져올 수 있을 것인가. 결국 긍정심리학은 긍정 감정에 대한 연구뿐만이 아니라 긍정 기관에 대한 연구를 포함하는 것이다(Seligman & Pawelski, 2003). 심리학의 새로운 비전을 원칙적으로 주장하는 긍정심리학 역시 학생 관리가 교수와 교직원에게 핵심적인 직업 의무와 직업 가치에 해당한다는 점에 생각을 같이한다. 미국 대학 인사 협회가 주창하는 올바른 실행 원리(Principles of Good Practice, 1996)에 의하면, 학생 관리는 "고등 교육의 의무는 학생들이 잠재력을 충분히 발휘하도록 돕는 것"이란 생각에 기반을 두고 있다. 나의 논문은 긍정심리학, 고등 교육, 그리고 학생 관리가 관련을 맺고 있는 교차점에 위치한다.

고등 교육에서의 학생 발달: 긍정심리학의 메아리

긍정심리학자인 Carol Ryff(2003)는 다음과 같이 제안하였다. "임상 · 이상 심리학에서는 긍정적인 면에 초점을 두는 것이 새로운 시도이겠지만, 발달 및 성격 심리학의 경우에는 건강한 기능과 최적의 기능에 대한 관심이 지금까지 항상 존재해왔다." 고등 교육 분야 전문가들의 주요 연구 분야인 학생 발달에 대한 문헌을 검토해보면 Ryff의 주장이 사실인 것을 알 수 있다(Evans, Forney, & Guido-DiBrito, 1998). 1960년대에 사회학자 혹은 심리학자를 비롯한 사회과학자들은 학생들이 대학에서 어떻게 변모하고 성장하는지에 대해 이론화를 꾀하기 시작했다. 고등 교육기관의 학생 관리 전문가들은 학생들이 대학에서 어떻게 발전할 수 있는지, 기관의 구조, 프로그램 및 서비스가 학생들의 최적 기능을 어떻게 증진시킬 수 있는지에 대한 지속적 관심을 이론과 실제 양자에서 보여왔다. 학생 발달의 이론은 미국 고등 교육의 환경에서 비교적 새롭지만, 발달에 대한 관심은 오래전부터 존재해온 것이다.

> 1936년에 Harvard 대학교 학생들을 수련 감독했던 권위적인 교직원들부터, 발달 이론을 이용해 학생의 잠재력을 연구하고자 하는 현대 학생 담당 전문가들에 이르기까지, 학생 발달은 처음부터 어떤 형태로든 존재하였다(Evans, Forney, & Guido-DiBrito, 1998).

대학이 학생들에게 미치는 영향

대학이 학습, 도덕적 추론, 정체감 발달, 인지적 성장과 같은 학생들의 성과에 어떻게 영향을 미칠 수 있는지에 대해 연구가 진행되어왔다(예: Astin, 1993; Pascarella & Terenzini, 1991, 2005). 연구결과, 대학은 학생들의 발달에 영향력을 가지며 학생들은 고등교육을 통해서 성장하고 변화한다(Boyer, 1987; Hernandez, Hogan, Hathaway, & Lovell, 1999; Hood, 1984; Kuh et al., 1991; Moore, Lovell, McGann, & Wyrick, 1998; Pascarella & Terenzini, 1991, 2005). 심리사회적 틀 안에서 세워진 이론이 변화의 과정을 중시한 데 비해서 대학 영향력 모델들(college impact models)은 변화의 기원, 즉 기관 프로그램, 정책, 고등 교육 환경 안에서 이루어지는 학생들의 독특한 경험을 강조한다.

관여 이론(Involvement Theory)에 의하면, 학생들은 관여함으로써 학습한다(Astin, 1985). 관여는 "학생들이 대학 경험에 쏟는 물리적; 심리적 에너지의 양"을 의미한다(Astin, 1984). 많이 관여하는 학생은 학업에 상당한 에너지를 쏟고, 캠퍼스에서 많은 시간을 보내며, 학생회에 적극적으로 참여하고, 교수나 동료들과 빈번히 교류할 것이다. 반면, 비관여적인 학생은 학업을 경시하고, 캠퍼스에서 시간을 거의 보내지 않으며, 과외 활동을 삼가고, 교수나 다른 학생들과 접촉을 피할 것이다(Astin, 1984). Astin(1984)은 비록 동기가 인간 행동과 관련하여 상존하는 요인이기는 하나, 관여 이론은 학생이 경험하는 행동과 밀접하게 관련되어 있음을 강조하였다. 이 이론에 의하면, 관여를 정의하는 데 있어 중요한 것은 학생들이 무엇을 느끼고 생각하는지가 아니라 실제로 어떤 행동을 하는가다.

학생 관여의 측정

경험적 기초하에 이루어진 교육 프로그램에 학생들이 관여하는 정도를 측정하기 위해 몇 해 전 학생 참여 전국 설문조사(National Survey of Student Engagement: NSSE)가 퓨 자선재단(Pew Charitable Trusts)의 보조금을 받아 이루어졌다(Kuh, 2002). 이 조사에서는 대학생을 대상으로 학부 교육의 질에 대해 연간 설문 연구를 실시하였다. 이 조사의 결과는 단대, 대학 및 여타 기관에 보고되어 각 기관이 학생의 학습을 증진하도록 돕는 데 사용되었다. NSSE에서는 대학생 보고(The College Student Report)를 통하여 대학생 발달에 대한 풍부한 연구 성과를 거두었으며, 학생들이 교육적인 목적을 지닌 활동에 투자하는 시간과 투입하는 에너지가 학생들의 학업 성취와 개인적 발달을 예언하는 요인임을 밝혔다. 따라서 대학생 보고는 이 연구에서 학생 관여를 측정하기 위한 도구로 선택되었다.

NSSE(2005)의 결과는 대학에서의 바람직한 성과와 관련된 활동과 관여 변인들을 5개의 핵심 군집으로 묶었다.

- 학문적 도전의 수준: 지적이고 창조적인 과제에 도전하는 것은 학생의 학습과 대학의 질에 핵심적인 요인이다. 학문적 노력의 중요성과 학생의 수행에 대한 높은 기대의 설정이 강조된다.

- 교수와 학생의 상호작용: 학생들은 교실 안팎에서 일차적으로 교수와 상호작용함으로써 학습한다. 선생님은 역할 모델이자, 멘토이며 인생의 길잡이다.
- 적극적이고 협동적인 학습: 학생들은 교육에 강하게 관여되어 있으며 다양한 장면에서 그들이 배우고 있는 것에 대해 생각해 보고 적용하도록 요구된다.
- 교육적 체험을 풍부하게 하기: 학문적 프로그램은 교실 안팎의 보충 학습과 접합될 수 있다. 역경을 경험하고, 기술을 사용하며, 여러 활동에 참여하는 것은 학생들이 지식을 통합하고 응용하도록 돕는다.
- 지지적인 캠퍼스 환경: 대학은 학생들이 목표를 이룰 수 있도록 최선의 노력을 아끼지 않으며, 캠퍼스 내에 있는 다양한 집단들 간의 긍정적인 관계를 장려한다.

나의 연구 목적

미국 고등 교육의 우수성에 대한 연구 모임(the Study Group on the Condition of Excellence in American Higher Education; Schroeder, 1996)은 다음과 같이 보고하였다.

> 학생들이 학습 과정에 더 많은 시간과 노력을 투자하면 할수록, 그리고 자신의 교육에 더 강하게 관여되어 있을수록, 그들의 성장과 성취, 교육적 체험에 대한 만족도, 대학에서의 인내의 미덕이 더욱 높아질 것이라고 제안하는 연구 증거가 적지

않다(p. 17).

선행 연구에서 관여가 여러 긍정적인 대학 성과를 유의미하게 예언하였으므로 나의 연구 프로젝트는 학생의 관여가 정신건강을 예언하는 정도를 탐색하였다. 이때의 정신건강은 Keyes (2002, 2005)의 정신건강 연속성에 의해 정의된 개념이다. 즉, 나는 대학 캠퍼스에서 번영하는 사람이 과연 누구인지 알고 싶었다.

자료 수집

본 연구는 미국의 중부 대서양 연안에 있는 중간 규모의 한 국공립 대학에서 학부 학생(평균 학부 학생 나이에 해당되는 18~23세)의 정신건강, 관여 및 성취의 관계를 조사하였다. Keyes(2002, 2005)의 정신건강 연속성 모델을 사용하여 쇠약, 양호, 번영 학생들을 구분하였다. 세 수준의 정신건강이 어떤 비율로 나타나는지를 조사한 다음, 학생의 관여가 정신건강을 예측하는 정도를 탐색하였다. 관여는 Astin(1984, 1985, 1993)에 의해 정의되었고, 학생 참여 전국 설문조사의 대학생 보고를 사용하여 측정하였다(NSSE, 2005). 나는 애나와 나의 관계에서 영감을 받아 학생들이 대학 교육에 참여하는 방식과 그들의 정신건강 간의 관계에 대해 더욱 알고 싶었다.

534명의 학부 신입생(연구 참여를 요청받은 1,206명의 학생 중 44%가 실제 연구에 참여하였다)으로부터 자료를 수집하였고, 그중 68.4%가 여성, 31.6%가 남성이었다. Keyes(2002, 2005)의 정신건강 연속성 모델에 기초하여, 참가자 2/3 이상이 양호 정신건강(67.2%)으로 분류되었고, 15.4%가 번영, 17.4%가 쇠약으로 분류되었다. 성차와 함께 학생들의 사회경제적 지위와 학문적 성취 수준(학점)을 분석하였다. 인종과 민족은 참가자의 동질성 때문에 고려하지 않았다(연구 참여자의 83%가 백인이었다.). 자료 분석에 대한 구체적인 사항들(모든 표와 통계적 측정치를 포함)은 나의 논문 4장에 자세히 설명되어 있다(Ambler, 2006). 이 장에서는 다음의 주요 결과들을 강조하고자 한다.

- 정신건강 범주(번영, 쇠약, 양호)는 학생의 성별과는 관련이 없다. 즉, 정신건강의 세 범주에 있어서 여성과 남성의 비율은 유의미한 차이가 없다.
- 학생의 정신건강 범주는 사회경제적 지위와 관련이 없다. 세 가지 정신건강 범주에 대한 높은/중간의/낮은 사회경제적 지위의 비율은 유의미한 차이가 없다.
- 학생의 정신건강 범주는 학문적 성취 수준과 관련이 없다. 번영, 양호 및 쇠약의 정신건강에 해당하는 학생들 간에 학점 차는 없었다.
- 가장 주목해야 하는 결과 중 하나는 학생의 관여 측정치와 정신건강 범주의 관련성이다. 다섯 가지 관여 변인들(학문적 도전, 적극적/협동적 학습, 학생/교수 상호작용, 풍부한 교육적 체험, 지지적 캠퍼스 환경)을 합한 관여의 평균치에 있어서 번영집단의 점수가 양호집단보다 유의미하게 높았고, 양호집단의 관여 평균은 쇠약집단의 점수보다 유의미하게 높았다.

- 남학생과 여학생 모두에게 있어 5가지 관여 변인들 중 하나인 지지적 캠퍼스 환경이 정신건강과 안녕을 가장 잘 예언한다.
- 지지적 캠퍼스 환경의 역할에 대한 심층 분석 결과, 지지적 대인관계를 갖는 것이 모든 학생의 정신건강 점수를 가장 잘 예언하는 것으로 나타났다. 남학생의 경우, 교수와의 지지적인 관계가 가장 중요하고 다음이 동료와의 관계인 반면, 여학생은 동료와의 지지적 관계가 가장 중요하고 다음은 대학 행정 직원들과의 관계였다.

대학 캠퍼스에 대한 함의

어떤 사람이 대학에서 번영하는가? 이 연구에서 정신건강을 가장 유의미하게 예측하였던 교육 실제에 대한 기준점들(학문적 도전, 적극적/협동적 학습, 학생/교수 상호작용, 풍부한 교육적 체험, 지지적 캠퍼스 환경)은 결과를 해석하는 데 유용한 틀을 제공한다.

높은 수준의 학문적 도전

번영 수준에 해당하는 학생들은 교수의 기대를 충족시킬 것이라고 생각한 것보다 더 열심히 공부해온 것으로 보고하였다. 그들은 규칙적으로 수업 준비를 하였고, 단순한 암기를 넘어 개념과 경험을 분석하고, 종합하고, 평가하고, 적용하려는 시도를 하였다. 또한 그들은 공부와 학업에 중요성을 부여하는 캠퍼스 환경을 체험하였다. 지적이고 창의적인 일을 시도하는 것도 학생의 학습에 있어 중요하였다(NSSE, 2005). 이러한 결과는 Boyer(1990)의 이상적 캠퍼스 공동체의 첫 번째 차원인 목적의식(purposefulness)을 반영한다. 교육적인 목적의식을 지닌 캠퍼스 공동체에서 "학습은 보편적인 것이다." 번영 수준에 해당하는 학생들에 의해 보고된 인지적 체험은 교육 목표에 대한 Bloom의 분류 체계에서 가장 높은 단계(적용, 분석, 종합, 평가)에 해당한다.

적극적/협동적 학습에 참여하기

번영 수준에 해당하는 학생들은 수업시간에 질문을 던지거나 토론에 나서는 등 보다 적극적인 참여의 모습을 보인다. 그들은 발표를 하거나 학우들과 함께 프로젝트에 참가하거나 타인들을 가르침으로써 학문적 서비스를 제공하기도 하며 교과학습의 일부로서 지역 단위의 프로젝트에 참여하기도 한다. 이에 더해 그들은 교과 과정 밖에서 독서 모임이나 공부 모임에 참여하여 자신의 생각을 타인과 공유하는 기회를 갖는다. 번영 단계에 속하는 학생들은 타인과 협동적으로 일하고 "지금 배우고 있는 것을 다른 장면에서 적용해보도록 요구된다."(NSSE, 2005) 이러한 참여가 지니는 이점은 Baxter-Magolda(1992)가 주장한 바와 일치한다. 즉, 학생에게 있어 최적의 학습이란 비판적으로 사고하고, 동료와 협력하며, 학습을 실제 생활과 연결시키고, 교실에서 적극적으로 참여하는 관계적 활동이라 할 수 있다.

풍부한 교육적 체험

번영 수준에 속하는 학생들은 교실 안팎에서 학습 기회를 찾고 경험한다고 보고한다(NSSE, 2005). 그들은 학습을 촉진하기 위한 기술을 사용할 뿐만 아니라 인턴제도, 지역 서비스, 유학, 자율학습, 정규 과목과 병행하는 활동과 같은 기회를 보다 많이 이용한다. 그러한 풍부한 활동들은 '학습을 학생의 경험 속에 녹아들게 함으로써' 폭넓은 교육적 체험에 기여한다(Baxter-Magolda, 1992). 이러한 결과들은 학생의 학습이 교실 안팎에서 모두 일어난다는, 학생의 전인 발달에 대한 학생 담당자들의 믿음과도 일치한다(Astin, 1984, 1993; Chickering & Reisser, 1993; Komives & Woodward, 1996; Kuh, Schuh, Whitt et al., 1991; Pascarella & Terenzini, 1991, 2005).

번영 단계에 해당하는 학생들은 사회적 배경, 종교, 정치적 성향 등에 있어 자신과 차이를 보이는 사람들과 함께하는 경향이 높았다. 그들은 학교 분위기(institutional climate)가 "경제적, 사회적, 인종적 및 민족적 배경이 다른 학생들과 접촉하는 것을 장려한다."고 생각한다(NSSE, 2005). Gurin(1999)은 교실 장면이나 동료와의 사적인 관계에서 다양한 경험을 하는 학생들이 적극적 사고 과정에 가장 많이 참여하며, 지적 · 학문적 기술에서 가장 큰 성장을 보일 것이라는 가설을 제시하였다. 본 연구의 결과, 최적의 정신건강이 대학에서의 다양성과 관련된 또 다른 이점임이 확인되었다.

지지적인 캠퍼스 환경 경험하기

여러 변인 중에서 지지적인 캠퍼스 환경에 대한 경험은 연구에 참여한 학생들의 정신건강과 가장 유의미하게 관련되어 있다. 번영 수준에 속하는 학생들은 "친밀하고, 도움이 되며, 인정이 많은" 훌륭한 교수들과 관계를 맺고 있다고 보고하였다(NSSE, 2005). 남학생의 정신건강과 유의미한 관련을 보이는 것은 "친근하고 지지적이며 소속감을 느끼게 해주는" 동료와의 관계다(NSSE, 2005). 여학생에게 가장 중요한 관계는 지지적이고 친근한 동료와의 관계뿐만이 아니라 도움을 주는 행정직원들과의 관계다(NSSE, 2005). 번영 단계에 해당하는 학생들은 양호 · 쇠약 수준의 학생들에 비해서 캠퍼스 환경이 교실 안팎에서의 성취에 보다 큰 도움을 주는 것으로 인식하였다.

연구의 제한점

이 연구는 정신건강과 학생 관여의 관계에 초점을 두었다. 연구결과 학생들의 정신건강은 실제로 교육 과정에 참여하는 수준과 유의미한 관련성이 있음을 보였다. 그러나 인과관계를 보여주지는 못하고 있다. 다시 말하자면, 학생들이 관여의 결과로서 번영의 정신건강을 구가하는 것인지, 아니면 번영의 학생들이 보다 적극적인 관여하기를 선택한 것인지 확인할 수 없다.

내 연구의 추가적인 제한점은 참여자와 교육기관의 특성에 있다. 연구의 결과는 인종별 · 민족별 정신건강의 차이에 대해 정보를 제공할 수 없다. 왜냐하면 다양한 표집이 충분히 이루어지지 않았기 때문이다. 더구나 선택입학제로 학생을 선발하고 학문적으로 엄격하며 지역거주민 비율이 높은 공립 대학교의 학생들은 타 대학의 학생들과 정신건강의 수준이나 관여 패턴에 있어 차이를 보일 수 있다.

연구의 결론

Astin(1985)은 "어떤 교육 정책의 실효성은 그 정책이 학생의 관여를 증진시킬 수 있는 역량과 직접적으로 관련되어 있다."고 주장한다. 이 연구의 결과에 의하면, 학생 관여의 증가는 학생의 증가된 안녕 혹은 정신건강의 결과일 수 있다. 고등 교육 문헌에는 학생의 교육적 체험에 있어 적극적 참여 혹은 관여의 이점을 밝힌 연구들이 많이 존재한다(Astin, 1984, 1993; Chickering & Reisser, 1993; Goodsell, Maher, & Tinto, 1992; Kuh, Schuh, Whitt et al., 1991; Pascarella & Terenzini, 1991, 2005; Sorcinelli, 1991; Tinto, 1993). 그러나 정신 질환의 개념과 구별되는 정신건강의 개념은 상대적으로 새로운 것이다(Keyes, 2002, 2005, 2007; Keyes & Haidt, 2003). 왜냐하면 관련 문헌이 많지 않으며 18~23세의 연령대에 있어서는 더욱 그러하기 때문이다. 이번 연구에서는 두 가지 개념을 접목시켰다. 하나는 대학이 대학생에게 미치는 영향이며, 다른 하나는 정신건강에 대한 새로운 개념이다. 이것은 지금까지는 정신건강의 새 모형을 대학생에게 적용한 적이 없으나, 최근 부각되고 있는 긍정심리학의 학문적 흐름을 반영하는 것이다(Fish,

2005; Goldberg, 2006; Seligman, Steen, Park, & Peterson, 2005).

학생들이 폭넓은 교육적 체험에 참여하는 정도와 정신건강 사이에 유의미한 관련성이 있다는 사실은 실로 주목할 만한 결과다. 특히 이러한 관계가 학생들의 성별, 사회경제적 지위, 학문적 성취 수준 등과 무관하게 존재하기에 더욱 가치가 높다. 이 연구는 번영 수준에 속하는 학생들이 가장 관여를 많이 한다는 점과 아울러 학생들이 폭넓은 교육적 경험에 대한 관여와 참여 덕분에 번영에 이를 수도 있음을 보여준다. 향후 연구에서는 캠퍼스에서 학생들에게 최적의 정신건강을 제공할 수 있는 요인들을 더 면밀히 조사해야 한다.

✤ 애나 – 나머지 이야기

애나와 그녀의 어머니는 역사적인 William and Mary 캠퍼스에 있는 총장 관저 옆의 작은 건물인 총장 별관으로 이사하게 되었다. 그녀는 계속 수업을 들을 수 있었고, 그녀가 속한 조직에서도 리더십을 발휘할 수 있었다(그녀가 거주하는 별관에서 가끔 회의가 열리기는 했지만). 그녀는 졸업 논문을 쓰지 않기로 결정했지만 좋은 학점으로 졸업하였고 그 해 졸업식에서 가장 명예로운 상 중 하나를 수상했다. 애나는 시련 속에서 가장 큰 도움을 얻었고, 이는 그녀가 충실하게 학부 과정을 마칠 수 있도록 이끌어준 힘이 되었다. 그녀의 병에 대한 의문은 아직 풀리지 않았지만, 빈민층을 위한 의사가 되고자 하는 꿈을 실현하기 위해 그녀는 한 아이비리그 기관에서 의료보조자 프로그램을 시작하였다. 그녀는 계속 번영 상태에 있다.

| 개인적인 작은 실험들 |

번영에 이르는 네 가지 길

이 장에서 우리는 완전한 정신건강, 즉 번영의 기준에 대해 논의하였다. Keyes(2002)에 따르면 인간의 정신건강은 정서적 안녕, 심리적 안녕, 그리고 사회적 안녕의 복합적 측정치로 가장 잘 표현될 수 있다. 대학생을 대상으로 한 최근 연구(Ambler, 2006)는 긍정심리학을 세 단어 'other people matter'로 요약하여 제시한 것(Peterson, 2006)을 다시금 확인하였다. 우리는 당신이 자신의 주관적 안녕에 대해 살펴보고 삶에서 긍정적 인간관계를 증진시킬 수 있는 방법들을 강구할 것을 권장한다.

정서적 안녕　삶에서 긍정 경험을 향유할 수 있는 능력을 함양하는 전략은 다음과 같다. (1) 우리의 긍정 경험을 다른 사람들에게 이야기하기. (2) 스스로를 축하해주고 성취한 바를 자랑스럽게 여기는 시간 갖기. (3) 긍정 경험이 일어날 때 구체적이고 의미 있는 요소들에 초점을 맞추도록 지각적으로 예민해지기(Peterson, 2006; Pleasure and Positive Experience, pp. 69-72).

심리적 안녕　심리적 안녕에 주의를 기울이는 방법은 개인적인 목표 설정에 초점을 맞추는 것이다. 반성적인 글쓰기를 통해 다음의 주제에 대해 탐색하도록 노력하자. (1) 당신이 스스로 설정한 목표를 성취했던 순간에 대해 기술하자. 당시의 상황과 목표에 도달하기까지의 과정에 대해 쓰자. 목표를 성취하기 위한 여정에서 당신에게 도움이 되었거나 방해가 된 것은 무엇이었는가? 마침내 목표를 달성하였을 때 어떤 느낌이 들었는가? (2) 가까운 친구가 개인적인 목표를 달성하기 위해 노력하며 고군분투하고 있다고 상상해보자. 그리고 그 친구에게 목표를 설정하고 달성하는 데 있어 가장 좋은 조언을 담은 격려의 편지를 쓰자. 당신 자신의 경험에서 나온 예를 포함시키자.

사회적 안녕 사회적 안녕을 증진시키는 자연스러운 방법은 자원봉사 활동이나 서비스 활동에 참여하는 것이다. 당신이 사는 지역에서 이루어지는 각종 사회 운동에 참여하여 변화를 만들어내자. "선행을 하는 것은 심리적으로, 사회적으로, 심지어는 신체적으로 잘 살게 만들어준다."는 믿을 만한 학문적 증거(Piliavin, 2003)가 있다.

타인이 중요하다 John Gottman은 실제 대인관계에서 "부정적인 경험에 대한 긍정적인 경험의 비율이 5:1 이상" 이어야 한다고 제안하였다(Peterson, 2006). 즉, 파트너에게 1번의 불만과 비판을 행하였다면 이를 만회하기 위해서는 적어도 5번의 칭찬이 필요하다는 것이다. 중요한 한 사람을 선택하고 그 사람에게 한 주 동안 긍정적인 반응과 부정적인 반응을 5:1의 비율 이상으로 행하도록 한다.

참고문헌

Ambler, V. M. (2006). *Who flourishes in college? Using positive psychology and student involvement theory to explore mental health among traditionally aged undergraduates*. Ph. D. dissertation, The College of William and Mary, Williamsburg, Virginia.

American College Personnel Association. (1996). *Principles of good practice*. Alexandria, VA: Author.

American Psychiatric Association. (2000). *Diagnostic and statistical manual of mental disorders* (4th ed., text rev.). Washington, DC: Author.

Astin, A. W. (1984). Student involvement: A developmental theory for higher education. *Journal of College Student Personnel, 25*, 297-308.

Astin, A. W. (1985). *Achieving educational excellence*. San Francisco: Jossey-Bass.

Astin, A. W. (1993). *What matters in college: Four critical years revisited*. San Francisco: Jossey-Bass.

Baxter-Magolda, M. B. (1992). *Knowing, and reasoning in college: Gender-related patterns in students' intellectual development*. San Francisco: Jossey-Bass.

Benton, S. A., Roberton, J. M., Tseng, W. C., Newton, F. B., & Benton, S. L. (2003). Changes in counseling center client problems across 13 years. *Professional psychology: Research and Practice, 34*, 66-72.

Bloom, B. S. (1956). *Taxonomy of educational objectives, handbook. I: The cognitive domain*. New York: McKay.

Boyer, E. L. (1987). *College: The undergraduate experience in America*. New York: Harper and Row.

Chickering, A. W., & Reisser, L. (1993). *Education and identity* (2nd ed.). San Francisco: Jossey-Bass.

Crouse, J. S. (2003, February 5). Psychological problems skyrocket among college students. Retrieved April 14, 2004, from http://www.cwfa.-org/articles/3241/BLI/reports.

Csikszentmihalyi, M. (2003). Legs or wings? A reply to R. S. Lazarus. *Psychological Inquiry, 14,* 113-115.

Diener, E. (2003). What is positive about positive psychology: The curmudgeon and Pollyanna. *Psychological Inquiry, 14,* 115-120.

Diener, E., Sapyta, J. J., & Suh, E. (1998). Subjective well-being is essential to well-being, *Psychological Inquiry, 9,* 33-37.

Ellen, E. F. (2002, August). Identifying and treating suicidal college students. *Psychiatric Times, 19.* Retrieved April 14, 2004, from http://www.psychiatrictimes.com/p020801.html.

Emmons, R. A. (2003). Personal goals, life meaning, and virtue: Wellsprings of a positive life. In C. L. M. Keyes & J. Haidt (Eds.), *Flourishing: Positive psychology and the life well-lived.* Washington, DC: American Psychological Association.

Evan, N. J., Forney, D. S., & Guido-DiBrito, F. (1998). *Student development in college: Theory, research, and practice.* San Francisco: Jossey-Bass.

Fish, T. (2005, July 4). A positive first: Master's program in positive psychology. *Science and theology news.* Retrieved April 13, 2006, from http://www.stnews.org/news-1009.htm.

Franey, L. (2002, November 27). Colleges try to help mentally ill students. *The Northerner.* Retrieved April 14, 2004, from http://www.thenor-therner.com/glob al_user_elements/printpage.cfm?storyid-333883.

Goldberg, C. (2006). Harvard's crowded course to happiness: Positive psychology draws student in droves. [Electronic version] *The Boston Globe.* Retrieved April 13, 2006, from http://www.boston.com/news/education/higher/articles/2006/03/10/harvards_crowded_course_to_happiness.

Goodsell, A. H., Maher, M., & Tinto, V. (Eds.) (1992). *Collaborative learning: A sourcebook for higher education.* University Park:

National Center on Post-Secondary Teaching, Learning, and Assessment, The Pennsylvania State University.

Gurin, P. (1999). The compelling need for diversity in higher education. Expert reports in defense of the University of Michigan. *Equity and Excellence in Education, 32,* 36-62.

Hallett, V. (2003, August 22). When to say "help!" [Electronic version] *U.S. News and World Report.* Retrieved April 14, 2004 from http://www.usnews.com/usnews/edu/college/articles/brief/04mental_brief.pfp.

Harvey, J. H., & Pauwels, B. G. (2003). The ironies of positive psychology. *Psychological Inquiry, 14,* 125-128.

Hernandez, K., Hogan, S., Hathaway, C., & Lovell, C. D. (1999). Analysis of the literature on the impact of student involvement on student development and learning: More questions than answers. *NASPA Journal, 36,* 184-197.

Hood, A. B. (1984). *Student development: Does participation affect growth?* Bloomington: Association of College Unions International.

Jahoda, M. (1958). *Current concepts of positive mental health.* New York: Basic Books.

Kadison, R., & DiGeronimo, T. F. (2004). *College of the overwhelmed: The campus mental health crisis and what to do about it.* San Francisco: Jossey-Bass.

Kelly, K. (2001, January 15). Lost on the campus. *Time Reports: Understanding Psychology.* Retrieved April 14, 2004, from http:/www.time.com/time/claassroom/psych/unit6_article5.html.

Keyes, C. L. M. (1998). Social well-being. *Social Psychology Quarterly, 61,* 121-140.

Keyes, C. L. M. (2002). The mental health continuum: From languishing to flourishing in life. *Journal of Health and Social Behavior, 43,* 204-222.

Keyes, C. L. M. (2003). Complete mental health: An agenda for the 21st century. In C. L. M. Keyes & J. Haidt (Eds.), *Flourishing: Positive psychology and the life well-lived* (pp. 293-312). Washington, DC: American Psychological Association.

Keyes, C. L. M. (2005). Mental illness and/or complete mental health? Investigating axioms of the complete state model of health. *Journal of Consulting and Clinical Psychology, 73,* 539-548.

Keyes, C. L. M. (2007). Promoting and protecting mental health as flourishing: A complementary strategy for improving national mental health. *American Psychologist, 62,* 95-108.

Keyes, C. L. M., & Haidt, J. (Eds.). (2003). *Flourishing: Positive psychology and the life well-lived.* Washington, DC: American Psychological Association.

Keyes, C. L. M., Hysom, S. J., & Lupo. (2000). The positive organization: Leadership legitimacy, employee well-being, and the bottom line. *The Psychologist Manager, 4,* 143-153.

Keyes, C. L. M., & Lopez, S. J. (2002). Toward a science of mental health. In C. R. Snyder & S. J. Lopez (Eds.), *Handbook of Positive Psychology* (pp. 45-59). New York: Oxford University Press.

Keyes, C. L. M., Schmotkin, D., & Ryff, C. D. (2002). Optimizing well-being: The empirical encounter of two traditions. *Journal of Personality and Social Psychology, 82,* 1007-1022.

Keyes, C. L. M., & Waterman, M. B. (2003). Dimensions of well-being and mental health in adulthood. In M. Bornstein, L. Davidson, C. L. M. Keyes, & K. A. Moore (Eds.), *Well-being: Positive development through the life course* (pp. 481-501). Mahwah, NJ: Erlbaum.

King, L. A. (2003). Some truth behind the trombones. *Psychological Inquiry, 14,* 128-131.

Knight, J. R., Wechsler, H., Kuo, M., Seibring, M., Weitzman, E. R., & Schukit, M. A. (2002). Alcohol abuse and dependence among U. S. college students. *Journal of Studies on Alcohol, 63,* 263-270.

Komives, S. R., & Woodward, D. B. (1996). *Student services: A handbook for the profession.* San Francisco: Jossey-Bass.

Kuh, G. D. (2002). The National Survey of Student Engagement:

Conceptual Framwork and Overview of Psychometric Properties. Retrieved April 1, 2004, from http://www.iub.edu/~nsse/html/psychometric_framework_2002.htm.

Kuh, G. D., & Schuh, J. H., Whitt, E. J., Andreas, R. E., Lyons, J. W., Strange, C. C., et al. (1991). *Involving colleges: Successful approaches to student learning and development outside the classroom*. San Francisco: Jossey-Bass.

Lamas, D. (2004, January 5). The dark side of college life: Students cope with academic pressure, depression and suicide. *Columbia Chronicle*. Retrieved April 14, 2004, from http://www.ccchronicle.-com/back/2004-01-05/campus7.html.Lite, J. (2003, September 22). Lifeline for those who need one. *Wired News*. Retrieved April 14, 2004, from http://www.wired.com/news/print/0,1294,60418,00.html.

Lyubomirsky, S., & Abbe, A. (2003). Positive psychology's legs. *Psychological Inquiry, 14,* 132-136.

Marano, H. E. (2002, May). Crisis on the campus. [Electronic version]. *Psychology Today*. Retrieved April 17, 2004, from http://www.psychologytoday.com/htdocs/prod/ptoarticle/pto-20030501-C93505.asp.

Moore, J., Lovell, C. D., McGann, T., & Wyrick, J. (1998). Why involvement matters: A review of research on student involvement in the *collegiate setting. College Student Affairs Journal, 17,* 4-17.

National Institute of Mental Health (2004). *Mission Statement*. Retrieved April 18, 2004, from http://www.nih.gov/about/almanac/organization-/NIMH.htm.

National Survey of Student Engagement. (2005). Exploring Different Dimensions of Student Engagement: 2005 Annual Survey Results. Retrieved November 13, 2005, fromhttp://nsse.iub.edu/pdf/NSSE2005_annual_report.pdf.

O'Connor, E. M. (2001). Student mental health: Secondary education no more. [Electronic version]. *Monitor on Psychology, 32.*

Pascarella, E. T., & Terenzini, P. T. (1991). *How college affects students*. San Francisco: Jossey-Bass.

Pascarella, E. T., & Terenzini, P. T. (2005). *How college affects students: A third decade of research*. San Francisco: Jossey-Bass.

Peterson, C. (2006). *A Primer in Positive Psychology*. New York: Oxford University Press.

Peterson, C., & Park, N. (2003). Positive psychology as the evenhanded positive psychologist views it. *Psychological Inquiry, 14*, 141-146.

Peterson, K. S. (2002, May 21). Depression among college students rising. [Electronic version]. *USA Today*. Retrieved April 14, 2004, from http://www.usatoday.com/news/health/mental/2002-05-22-college-depression.htm.

Piliavin, J. A. (2003). Doing well by doing good: Benefits for the benefactor. In C. L. M. Keyes & J. Haidt (Eds.), *Flourishing: Positive Psychology and the Life Well-Lived*. Washington DC: American Psychological Association.

Rimer, S. (2004, April 6). Today' s lesson for college students: Lighten up. *The New York Times*, p. A1.

Ryff, C. D. (1989). Happiness is everything, or is it? Explorations on the meaning of psychological well-being. *Journal of Personality and Social Psychology, 57*, 1069-1081.

Ryff, C. D. (2003). Corners of myopia in the positive psychology parade. *Psychological Inquiry, 14*, 153-159.

Ryff, C. D., & Singer, B. (1998). The contours of positive human health. *Psychological Inquiry, 9*, 1-28.

Ryff, C. D., & Singer, B. (2003). Flourishing under fire: Resilience as a prototype of challenged thriving. In C. L. M. Keyes & J. Haidt (Eds.), *Flourishing: Positive psychology and the life well-lived* (pp. 15-36). Washington, DC: American Psychological Association.

Schroeder, C. C. (Ed.) (1996). The student learning imperative. [Special issue]. *Journal of College Student Development, 37*(2).

Schwartz, K. (2003, May 27). Handling stress on campus. *The Christian*

Science Monitor. Retrieved April 14, 2004, from http://www.csmonitor.com/2003/0527/p20s01-lehl.html.

Seligman, M. E. P. (1998a). President's address from the American Psychological Association's annual report. Retrieved on November 5, 2003, from http://www.psych.upenn.edu/seligman/aparep98.htm.

Seligman, M. E. P. (1998b). Positive psychology network concept paper. Retrieved on November 5, 2003, from http://www.psych.upenn.edu/seligman/aparep98.htm.

Seligman, M. E. P., & Pawelski, J. O. (2003). Positive psychology: FAQs. *Psychological Inquiry, 14,* 159-163.

Seligman, M. E. P., Steen, T. A., Park, N., & Peterson, C. (2005). Positive psychology progress: Empirical validation of interventions. American *Psychologist, 60,* 410-421.

Shapira, I., & Jackman, T. (2007). Gunman kills 32 at Virginia Tech in deadliest shooting in U.S. history. Retrieved July 11, 2007, from http://www.washingtonpost.com/wp-dyn/content/article/2007/04/16/AR20070416 0533.html.

Shy, L. (2001, September 11). Psychological illness rise among freshmen. Retrieved April 14, 2004, from http://www.dailyillini.com/sep01/sep11/news/stories/campu s02.shtml.

Snyder, C. R. (2003). [Review of the book *Flourishing: Positive psychology and the life well-lived*]. *Journal of Social and Personal Relationships, 20,* 702-703.

Snyder, C. R., & Lopez, S. J. (Eds.). (2002). *Handbook of positive psychology*. New York: Oxford University Press.

Snyder, M. B. (2004, March). *Senior student affairs officer round table: Hottest topics in student affairs*. Session held at the annual meeting of the National Association of Student Personnel Administrators, Denver, Colorado.

Sorcinelli, M. D. (1991). Research findings on the seven priciples. In A. W. Chickering & Z. F. Gamson (Eds.), *Applying the seven principles for good practice in undergraduate education: New directions for teaching and learning* (pp. 13-25). San Francisco: Jossey-Bass.

Tinto, V. (1993). *Leaving college: Rethinking the causes and cures of student attrition* (2nd ed.). Chicago: University of Chicago press.

World Health Organization. (2004). *Promoting mental health: Concepts, energing evidence, practice* (Summary report). Geneva: Author.

2

지속 가능한 행복을 위하여

• Jaime L. Kurtz와 Sonja Lyubomirsky

2

지속 가능한 행복을 위하여

Jaime L. Kurtz와 Sonja Lyubomirsky

행복한 하루 혹은 행복한 삶을 머릿속에 생각해볼 때 어떤 이미지가 떠오르는가? 어떤 사람에게는 친한 친구들이나 가족들과 함께 음식을 먹으면서 함께 웃고 이야기를 나누며 사랑의 감정을 느끼는 장면이 떠오를 수 있다. 또 다른 사람은 중요한 목표를 이루고 스스로에게 따뜻한 축하와 칭찬을 하는 모습을 떠올릴 수도 있다. 또 어떤 사람은 선행을 베풀고 타인을 도와줌으로써 이 세상이 살 만한 곳이라고 느낄 수도 있다. 사람들마다 행복한 삶에 대한 생각은 이와 같이 다르지만 미국인들의 상당수는 삶의 주요한 목표 중에서 '행복을 찾는 것'을 중요하게 여긴다(Diener, Suh, Smith, & Shao, 1995).

행복을 얻기 위해서는 어떻게 해야 하나? 이 질문은 수천 년 동안 계속되어왔다. 많은 자기계발서가 이 질문에 대한 해답을 내어놓으려고 노력을 해왔지만, 그 해답은 아쉽게도 저자들의 개인

특유적인 경험에 근거한 것들이었다가 최근에서야 대다수의 사람에게 효과적인 행복 증진의 방법들이 과학적으로 연구되었다. '과학적'이라고 하는 것의 의미는 엄밀한 실험 연구를 통해서 특정 전략이 실제 지속적인 행복을 얻는 데 도움을 주는지를 살펴보는 것이다. 이 장에서는 이러한 연구결과들을 소개하고 당신의 지속적인 행복을 증진시키는 데 도움이 될 수 있는 기법들을 제안하고자 한다.

행복은 가치 있는 목표인가

보다 행복한 사람이 되는 방법을 제안하기에 앞서 행복이 과연 가치 있는 목표인지의 여부부터 살펴보자. 물론 모든 사람에게 행복이란 기분 좋은 경험이다. 그러나 어떤 이들은 행복한 사람을 게으르고, 경박하며, 동기가 낮은 사람이라고 생각하기도 한다. 그렇지만 최근의 연구들은 정확히 반대의 결과를 내어놓고 있다. 행복한 사람은 단순하고 자기만족적이라기보다는, 활력이 넘치고 직장에서는 생산적이고 협력적이며 타인을 기꺼이 도우려 한다는 사실을 밝혀내었다. 행복한 사람은 보다 친구가 많고 만족스러운 인간관계를 영위하며 이혼율이 더 낮다. 신체적 혹은 정신적 건강과 관련하여, 행복한 사람은 보다 강한 면역 체계를 소유하고 있고 스트레스에 보다 효과적으로 대처하며, 무엇보다 더 오래 산다(Fredrickson, 2001; Lyubomirsky, King, & Diener, 2005). 종합하자면 행복한 사람은 그냥 단순히 '기분이 좋은 것'

을 의미하는 것이 아니다. 개인뿐 아니라 가족, 직장 그리고 지역 사회 모두에게 행복은 다양한 종류의 혜택을 가져다준다.

행복의 정의

행복을 어떻게 증진시킬 것인지를 이야기할 때 우리는 당신이 응원하는 팀이 중요한 경기에 승리했을 때 혹은 길거리에서 1달러를 발견했을 때 얻을 수 있는 순간의 즐거움을 만들어내는 것이라고 말하지 않는다. 심리학자들은 짧은 순간의 기분을 증진시키는 데 익숙하다. 사탕을 주거나 즐거운 음악을 들려주거나 혹은 긍정적인 피드백을 주는 것 모두 긍정 정서를 증진시킨다(Schwarz & Strack, 1999). 문제는 이렇게 증진된 긍정 기분이 그리 오래가지 않는다는 점이다. 다음에 소개하는 것처럼 사람들의 기분은 환경의 변화에 따라서 변화무쌍하다. 멋진 일이 발생하면 행복한 기분을 보고하고, 불행한 일이 생기면 기분이 우울해진다. 그러나 이러한 변화는 대체로 지속되지 않고 금세 원래의 상태로 돌아가고 만다(Brickman & Campbell, 1971). 이 장에서 소개되는 연구들은 대부분 특성(trait) 수준의 행복의 지속 가능한 변화를 유발하기 위한 것들이다. 이는 상당히 오랜 기간 동안 평균적으로 사람들이 얼마나 행복감을 느끼는지를 의미한다.

대부분의 연구자는 행복을 긍정 정서를 빈번히 경험하는 것, 부정 정서를 보다 덜 경험하는 것, 그리고 높은 수준의 삶에 대한 만족도를 경험하는 것으로 정의한다(Diener et al., 1995). 간단히 말하자면, 긍정 정서를 경험하는 것은 좋은 기분(신나는, 기쁜, 즐거운)을 느끼는 것이고, 반면 부정 정서를 경험하는 것은 안 좋은 기분(화가 난, 슬픈, 긴장된)을 느끼는 것이다. 삶의 만족도는 자신의 삶에 대해서 스스로 만족하는 정도를 의미하며, 보다 포괄적인 인지적인 평가에 해당한다. 삶의 만족도가 높은 사람은 "내 삶의 조건은 훌륭하다."와 같은 진술에 동의하는 사람이다(Dinenr, Emmons, Larsen, & Griffin, 1985).

행복에 대한 정의에 덧붙일 점은 행복은 '주관적' 상태라는 점이며, 이는 행복을 측정하는 표준적인 방법이 자기보고를 통한 것이라는 점을 의미한다. 비록 일부 연구자들이 가족이나 친구들의 보고를 통해 행복 점수를 측정하기도 하였지만(예: Sandvik, Diener, & Seidlitz, 1993), 마지막 결론은 "누구나 자신의 피부 안에서 산다."는 것이다(Myers & Diener, 1995, p. 11). 따라서 '주관적 안녕(subjective well-being)' 혹은 줄여서 '안녕(well-being)'이란 개념이 행복과 동의어로 사용되고 있으며 이 장에서도 이와 같이 사용될 것이다.

행복은 증진될 수 있을까? 비관주의의 몇 가지 이유들

실제로 행복해지는 것이 가능할까? 최근까지 지속적인 행복이 증진될 수 있을지에 대한 과학적인 연구가 이루어지지 않았다는 사실은 놀랄 만하다. 실제로 많은 연구자가 행복의 증진 가능성에 대해서 의구심을 가졌다. 이러한 비관주의는 크게 두 가지 이유에 근거한다. 첫 번째 이유는 행복이 부분적으로 유전에 의해서 결정되기 때문이다. 두 번째 이유는 사람들은 긍정적인 삶의 경험에 쉽게 익숙해지는 경향이 있어서 이전에 큰 즐거움을 주었던 것이 점차 그러지 못하게 된다는 점 때문이다. 따라서 긍정적 경험을 겪고 난 뒤에 원래 유전적으로 설정된 값으로 되돌아가 버리기 때문에 어떤 사람은 행복을 증진시키려는 노력이 헛된 것이라고 이야기하였다. 다음에 이와 같은 주장의 근거를 소개하겠다.

유전과 성격의 역할

행복의 기준점 혹은 설정값에 있어 어떤 사람은 높고 다른 사람은 낮다. 다시 말하자면 여러분 중 일부는 자연적으로 혹은 선천적으로 다른 사람보다 행복하다. 쌍생아 연구의 결과들은 이와 같은 설정값이 유전에 의해서 형성된다는 것을 보였다(Lykken & Tellegen, 1996). 즉, 만약 여러분이 쌍둥이 중 한 명이라면 여러분의 쌍둥이 형제 혹은 자매는 여러분과 키, 지능, 고혈압의 소인 등과 아울러 행복 점수에서도 유사한 값을 보일 것이다.

행복이 강력한 유전적 소인을 지닌 것이라는 사실은 개인의 행복 지수가 여러 성격 특질과 강하게 관련되어 있다는 점과 일치한다(Diener & Lucas, 1999). 예를 들어, 신경증 특질을 지닌 사람은 덜 행복하고 외향적인 사람은 내향적인 사람보다 행복하다. 이와 같은 특질은 대체로 고정되어 있어 어떤 사람의 외향적인 정도 혹은 신경증적인 정도는 일생 동안 별로 변하지 않는다(McCrae & Costa, 1994). 연구자들은 이러한 사실을 바탕으로 행복은 안정적이고 삶의 변화에 저항하는 또 다른 성격 특질이라고 주장하였다(Costa, McCrae, & Zonderman, 1987).

쾌락 적응

지속적 행복이 가능하지 않다는 주장에 대한 또 다른 근거는 쾌락 적응 이론에서 찾을 수 있다. 쾌락 적응이란 시간이 흘러감에 따라 긍정적 혹은 부정적 사건이 주는 정서적 영향력이 점점 줄어드는 것을 의미한다(Brickman & Campbell, 1971; Diener, Lucas, & Napa Scollon, 2006). 살아가면서 극적으로 좋았던 일이 일어난 때를 한 번 생각해보자. 대학에 입학하는 것, 데이트 허락을 받아낸 것, 중요한 경주에서 승리한 것 등과 같이 오랜 시간 꿈꾸어오고 노력해왔던 일일 것이다. 그때 기분이 어떠했는가? 대부분은 붕 뜬 것 같은 기분이었을 것이다. 여러분은 아마도 그 일을 반복해서 마음속에 떠올리고, 친구들에게 그 이야기를 하며, 그리고 당신이 경험하고 있는 이 즐거움이 지속될 것이라고 느끼면서 그 사건을 계속 생각하였을 것이다. 물론 여러분의 즐거움은 지속되지 않을 것이다. 대학생으로서의 새로운 생활, 운동선수의 무용(武勇), 혹은 다가올 데이트에 대해서 생각하는 것은 즐거움을 제공하겠지만, 나중에 그 사건을 다시 떠올린다고 해도 맨 처음에 느꼈던 즐거움이 재현되지는 않을 것이다. 이는 시간이 갈수록 정서의 강도를 잃어버리는 쾌락 적응의 과정이 작용하기 때문이다(Brickman & Campbell, 1971). 인생을 변화시키는 사건에서 일상적인 사건에 이르기까지 사람이 다양한 사건에 적응하게 되는 수많은 증거가 존재한다. 예를 들어, 대선과 스포츠 경기의 결과, 연인과의 이별, 승진에서의 실패, 모욕 경험, 복권 당첨, 신체마비, 사별, 중대 질환 등이 이에 해당한다(Brickman, Coates, & Janoff-Bulman, 1978; Gilbert, Pinel, Wilson, Blumberg, & Wheatley, 1997; Sieff, Dawes, & Loewenstein, 1999; Wortman, Silver, & Kessler, 1993). Suh, Diener와 Fujita(1996)는 대학생들에게 지난 4년간 경험했던 긍정적 혹은 부정적 사건과 주관적 안녕 수준의 정도를 물었다. 비록 많은 학생이 가족구성원의 사망, 교제의 시작과 끝, 약혼이나 결혼, 대학원 진학, 취업 등의 주요한 삶의 사건들을 경험하였지만, 경험한 긍정적 혹은 부정적 사건의 수와 학생들이 보고한 행복 수준과는 별 관련성이 없었다. 이 연구들이 시사하는 바는 어떤 사건이 발생한 시점에서 경험할 수 있는 고양감 · 상심과는 무관하게 정서적 반응의 지속 기간은 놀라울 정도로 짧다는 점이다. 다시 말하자면 대인관계, 직업, 건강, 학업 등과 같이 여러분의 삶이 놓여 있는 환경을 변화시키려는 노력은 장기적인 성공을 보장하는 전략이 되기 어렵다.

의식적으로 추구될 수 없는 행복

사람들이 자신을 보다 행복하게 하기 위해 의식적이고 외현적인 노력을 하는 것은 때때로 역효과를 낸다. Schooler, Ariely와 Loewenstein(2003)의 연구에 의하면, 사람들에게 가능한 행복 기분을 지금 느껴보라고 지시를 하였을 때 아무런 지시를 받지 않았던 사람들에 비해 순간의 행복 기분을 보고하는 정도가 오히려 감소하였다. 지속적으로 행복 수준을 평가하고 모니터하는 것 또한 마찬가지로 역효과를 낼 수 있다. 행복은 즐거운 경험의 부산물일 수는 있지만 그 자체로 목적이 되기는 어려운 일인 것 같다. 혹은 Nathaniel Hawthorne이 이야기한 대로 행복은 잡으려고 하면 잡히지 않지만 가만히 앉아서 쉴 때 어깨 위로 살포시 앉는 나비와 같을지도 모른다.

낙관주의의 이유들: 지속적 행복 모형

연구자들은 방금 전에 우리가 소개한 여러 증거들을 행복을 증진하기 위한 노력이 무용하다는 것을 주장하는 근거로 삼았다(Lykken & Tellegen, 1996). 다행스럽게도 행복이 유전적 소인을 지닌다는 점과 우리가 쉽게 긍정적인 삶의 경험에 익숙해진다는 사실이 행복해지는 것이 불가능하다는 것을 의미하는 것은 아니다. 최근의 연구들은 행복의 수준이 고정되어 있지 않고 의지적 활동을 통해서 증진시킬 수 있는 것이라는 점을 시사한다.

지속적 행복 모형(Lyubomirsky, Sheldon, & Schkade, 2005)은 행복은 세 가지 요인(행복 기준점, 삶의 상황, 의지적 활동)들에 의해서 결정된다고 제안한다. 이 모형은 여러분의 행복이 상당부분 여러분의 의식적인 노력과 활동에 의해 결정되고 행복 증진이 성공적으로 달성될 수 있다는 점을 시사한다.

기준점

행복 파이의 가장 큰 부분은 그 수준이 정해져 있는 기준점으로 알려져 있다. 사람들은 중요한 사건을 경험한 뒤 돌아가는 원래의 행복 수준이 존재하며, 이 기준점은 사람마다 차이를 보인다. 즉, 어떤 사람은 태어날 때부터 다른 사람보다 행복하다. 여러분은 항상 다른 사람보다 기분이 좋아 보이고 밝은 면만 주목하는 사람을 알고 있을 것이다. 속담이 이야기하듯, 삶이 그들에게 레몬을 주면 그들은 레모네이드를 만들어낸다. 반면, 일반적으로 행복하지 않은 사람 또한 잘 알고 있을 것이다. 그들은 반쯤 채워진 잔을 보면 항상 비워져 있는 부분을 쳐다보고, 일상생활에서 즐거움을 찾는 데 어려움을 느낀다. 심리학자들은 이 두 종류의 사람들이 행복에 있어 서로 다른 기준점을 가지고 있다고 이야기한다. 행동 유전학의 연구결과, 심리학자들은 이러한 행복의 기준점이 유전에 의해 결정된다는 사실을 믿게 되었다(Lykken & Tellegen, 1996). 예를 들어, 일란성 쌍생아는 그들이 아무리 먼 곳에서 따로 양육되더라도 행복 정도가 유사하고, 이란성 쌍생아는 함께 양육되든 아니면 따로 양육되든 일반적인 형제와 유사하다. 하지만 유전자를 바꾸어서 기준점을 올리려고 하는 시도는 현재로서는 불가능하다. 분명히 지속되는 행복 증진의 열쇠는 다른 곳에 있다.

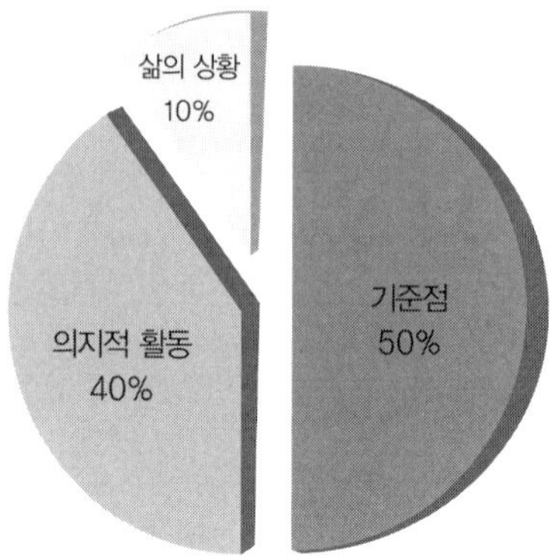

|그림 2.1| 무엇이 행복을 결정하나?

삶의 상황

여러분은 행복에서 삶의 상황이 차지하는 비중이 10%에 불과하다는 사실에 크게 놀랐을 것이다(Argyle, 1999; Diener et al., 1999). 삶의 상황이란 여러분의 삶의 배경을 구성하는 요소들을 의미한다. 예를 들어, 만약 여러분이 짧은 자서전을 쓰고 있다면, 여러분의 삶의 상황들에 대한 수많은 정보가 포함될 것이다. 이 정보는 인구학적 정보(성별, 인종), 개인적 경험(지난 외상과 성취 경험), 사회경제학적 정보(결혼 여부, 교육 수준, 건강, 임금), 외모, 거주지 등이 포함된다.

연구자들은 삶의 환경을 변화시키려는 것은 행복을 증진시키는 데 있어 유망한 방법이 아니라고 주장한다. 보다 부유해지고, 따뜻한 기후의 지역에서 살며, 근사한 외모를 지니는 것은 별로 중요하지 않다. 연구에 따르면, 사람들은 임금 상승과 결혼 등 삶의 환경 변화에 쉽게 적응한다(Diener & Oishi, 2000; Lucas, Clark,

Georgellis, & Diener, 2003). 또한 보다 매력적인 사람이 보다 행복하지는 않고(Diener, Wolsic, & Fujita, 1995), 기본적 욕구가 충족된다면 부자는 가난한 사람에 비해 겨우 조금 더 행복할 따름이다(예: Diener, Horwitz, & Emmons, 1985). 우리의 직관과 어긋나는 이와 같은 연구결과의 원인은 무엇일까? 행복이 삶의 상황들과 밀접하게 관련되어 있지 않은 까닭은 임금, 외모, 결혼 여부 등의 삶의 상황이 쉽게 적응되며 일상생활 속에서 사람들은 그러한 삶의 상황을 크게 생각하지 않기 때문이다. 이러한 상황 요인들은 우리의 정서적 삶의 전경(前景)이 아닌 배경(背景)에서 존재하는 경향이 있다.

이것은 정말 좋은 소식이다. 만약 행복의 열쇠가 여러분의 상황의 영역에 존재한다고 상상해보라. 이러한 상황들 중 많은 부분은 상당히 지속적이고 변화되기 어렵기 때문에 성공적으로 행복을 변화시키려는 노력은 매우 비용이 많이 드는 작업일 것이다. 다행히도 여러분은 행복하기 위해 성형 수술을 하거나, 캘리포니아 해변으로 이사를 하거나, 배우자를 찾아 나서거나, 당장 임금이 오를 필요가 없다. 다음에서 설명하듯 지속적인 행복의 열쇠는 여러분이 상상하는 것보다 훨씬 비용이 덜 들고, 보다 접근 가능한 것이다.

의지적 활동

오랜 기간 동안 행복하게 만들지 못하는 유전(기준점)과 삶의 상황의 효과를 제하더라도 파이의 40%에 해당하는 부분은 여전히 남아 있다. 지속적 행복 모형 중에서 사람의 의지적 활동으로 이루어진 이 부분은 연구자들로 하여금 지속적인 행복 증진의 가능성에 대한 희망을 고취시킨다. 의지적 활동은 한 사람이 관여하는 행동을 의미한다. 보다 구체적으로는, 이 활동은 여러분 자신, 여러분의 삶, 그리고 세상에 대한 여러분의 관점을 변화시키는 생각(예: 축복 헤아리기)이거나 행동(예: 친절한 행동 하기)일 수 있다. 심리학자들은 어떤 의지적 활동에 참여하도록 함으로써 지속적으로 보다 행복하게 할 수 있다는 사실을 밝혀내었다. 이것은 여러분이 행복을 유발하는 활동에 전념함으로써 보다 더 행복해질 수 있다는 것을 의미하므로 좋은 소식이 아닐 수 없다. 그리고 다행스럽게도 어떤 종류의 활동이 가장 효과적인지를 알려주는 심리학 연구들이 축적되고 있다. 다음은 행복을 증진시키는 효과적 방법으로 연구를 통해서 밝혀진 몇몇 활동을 소개한다.

감사를 표현하기

고마워하는 마음을 갖는 것은 "경이감, 감사함, 삶에 대한 감상(感想)"을 의미하고(Emmons & Shelton, 2002, p. 460), 지속적인 행복을 유발하는 것으로 나타났다. 그러나 행복 증진의 전략으로 감사를 이용하는 것은 반사적으로 "고맙습니다."라고 말하는 것 이상을 포함한다. 감사가 주는 이득을 얻기 위해서는 삶의 긍정적인 면에 주의를 기울이고 진정으로 그것을 음미하는 것이 필요하다.

경험적 증거

삶의 긍정적인 면에 초점을 맞추는 '축복 헤아리기'가 신체적 건강과 행복을 가져온다는 몇몇의 연구가 최근 발표되었다(Emmons & McCullough, 2003; Sheldon & Lyubomirsky, 2006). 감사에 대한 초기 연구 중 하나(Emmons & McCullough, 2003)에서 참가자들은 10주 동안 한 주에 한 번씩 고마운 일 5가지를 나열하도록 하였다. 축복 헤아리기의 주제는 가족, 건강, 롤링 스톤즈[6] 등 다양하였다. 다른 참가자들은 두 집단으로 나뉘어 한 집단에서는 한 주 동안에 있었던 힘들었던 일들을 기술해보도록 지시를 받았으며, 다른 한 집단에서는 한 주 동안에 있었던 주요 사건들을 나열하도록 지시를 받았다. 후자의 두 집단에 비해서 축복 헤아리기에 참여한 참가자들이 보다 낙관적이라고 보고하였으며 삶에 대한 만족도도 더 높았다. 또한 두통, 기침, 구역질 등과 같은 신체적 증상들도 더 적게 보고하였으며 운동에 소요한 시간은 더 많이 보고하였다.

후속 연구들에서는 감사를 표현하는 것이 행복에 가져다주는 긍정적 효과를 검증하였다. Lyubomirsky 등(2005)은 감사 일기에 그들의 축복들을 기입하도록 하였다. 한 집단은 한 주에 한 번 작성하도록 하였고, 다른 집단은 한 주에 세 번 기입토록 지시하였다. 통제집단은 아무런 연습도 하지 않도록 하였다. 통제집단에 비해서 감사 표현 집단이 6주간의 연습을 통해서 행복의 증진

6 역자 주: 영국 출신의 록그룹.

을 보였지만, 흥미롭게도 매주 한 번씩 감사 일기를 작성한 집단만이 행복 증진의 효과를 나타내었다. 일주일에 세 번 일기를 작성한 참가자들은 행복 수준이 증가하지 못하였는데 이는 아마도 연습이 일상이 되어서 지겨움을 유발했기 때문일 것이다.

감사를 표현하기 위해서 편지를 쓰는 것은 고마운 마음을 불러일으키고 행복을 증진시키는 또 다른 방법이다. 한 연구(Dickerhoof, Lyubomirsky, & Sheldon, 2007)에서는 8주 동안 한 주에 15분씩 어떤 한 사람에게 감사 편지를 쓰는 것이 행복을 증진시키며 그 효과가 연구가 진행되는 기간과 연구가 종료된 이후 9개월 동안 지속된다는 것을 보여주었다. 이 효과는 편지를 전달하지 않는 사람에게도 나타났다. 그러나 실제 삶에서는 많은 사람이 고마운 대상에게 실제로 감사를 표현하고 싶어 한다. 이는 또한 인간관계를 긍정적으로 만들게도 한다. 웹상에서 이루어진 연구(Seligman, Steen, Park, & Peterson, 2005)에서 참가자들에게 감사한 마음을 지녔지만 아직까지 제대로 감사함을 표현하지 않은 사람들을 생각해보도록 지시하였다. 그러고 나서 감사 편지를 쓰는 것에 그치지 않고 이 편지를 전달하도록 지시하였다. 그 결과, 통제집단에 비해서 참가자들에게 있어 행복 증진 효과가 한 달 동안이나 지속되었다.

왜 효과가 있을까

감사 표현을 하는 것이 왜 행복을 증진시키는 것일까? 몇 가지 가능한 이유가 존재한다. 첫째, 여러분이 가지고 있는 것에 대해서 고마움의 마음을 갖는 것은 앞에서 언급한 쾌락 적응을 막고 여러분이 삶을 바라보는 방식을 바꾸는 효과를 지닌다. 예를 들면, 창밖의 아름다운 나무, 좋은 성격의 이타적인 동료, 여러분이 좋아하는 동네 식당, 여러분의 절친한 친구 등 일상생활에서 접하면 즐거운 항상 존재하는 것을 생각해보자. 이러한 것들이 아무리 즐거움을 준다고 하더라도 시간이 지나면 이것들을 감상하기를 중단하거나 이것들에 익숙해지는 경향이 있다(Brickman & Campbell, 1971). 그러나 여러분이 여러분의 동료나 친구에게 감사를 표현하거나 여러분이 좋아하는 식당에 대해서 좋은 점을 자세히 적는다거나 여러분을 둘러싼 상황이 지니는 긍정적 면모들에 대해서 꼼꼼히 언급하다 보면, 여러분은 이 모든 것을 여러분의 주의 안에 가져오게 되고, 이것들을 음미하게 되며, 보다 깊이 그 가치에 대해서 알게 된다. 즉, 이러한 활동들은 향유를 돕게 되고, 현 경험에 대한 긍정적 초점을 형성하게 된다.

가장 행복한 사람은 굳건한 사회적 지지와 친밀한 관계를 보고하는 사람들이다(Myers, 2000). 감사 표현이 혜택을 주는 또 다른 이유는 중요한 사회적 관계를 증진하도록 돕기 때문이다. 삶에서 고마움을 느끼게 되는 사람이 있을 때, 여러분은 그들과 함께 있는 시간을 늘리고 싶거나 그들에게 잘해주고 싶은 생각이 들 것이다(Emmons & Shelton, 2002). Seligman 등(2005)이 개발한 "감사 방문" 연습은 편지의 작성자와 편지의 수령자 사이의 관계를 굳건하게 함으로써 사회적 혜택을 가져다준다. 한 학생은 감사 편지를 그녀의 가장 친한 친구에게 가져다주었다. 그녀는 다음과 같이 소감을 이야기하였다. "제가 전달한 편지를 읽자마자 그녀는 눈물을 흘렸어요. 그녀의 반응은 또한 저를 울게 만들었지요. 그녀는 저를 안았어요. 저는 확실히 그녀에게 있어 생애 최고의 날을 만들어준 것 같아요. 이 일을 떠올릴 때마다 제 입가에는 미소가 지어져요. 이틀이 지난 후 그녀와 전화통화를 할 때에도 여전히 그 일을 이야기하곤 했어요."

미래에 도달할 수 있는 최고의 자기 상태 그려보기

행복 증진을 위한 두 번째 활동은 낙관성을 형성하는 것이다. 그것은 여러분의 미래 삶을 생각하고 "최고의 자기 상태(best possible self: BPS; King, 2001)"로서 살아가는 자신의 모습을 시각화하는 것이다. 예를 들어, 대학생인 여성은 10년 후 기자로서 놀라운 성공을 거두고, 헌신적이며 지적인 남성과 결혼하여 2명의 건강한 아이를 낳고, 교외의 집에서 거주하며 말을 키우고, 매해 여름 이국적인 곳으로 여행을 떠나는 자신의 모습을 기술하였다.

최고의 자기 상태에 대해서 떠올리는 것이 단순한 환상이나 백일몽이 아니라는 점을 강조하여야 한다. 또한 이 연습은 자기기만이 아니어야 한다. 목표와 꿈을 가지는 것이 중요하지만 동시에 이 목표는 달성 가능하고 현실적이어야 한다(Diener & Fujita, 1995). 만약 그렇지 않으면 여러분은 자신을 실패할 사람으로 정해놓는 꼴이 된다. 예를 들어, 차세대 빌 게이츠가 될 것을 꿈꾸거나, 신장이 162cm인 사람이 NBA[7]에서 성공할 것을 꿈꾸어서는 안 된다. 이 활동의 목적은 삶의 목표를 설정하고 그것이 어떻게 이루어질지를 낭만적이 아니라 낙관적으로 생각해보는 것이다.

경험적 증거

한 연구(King, 2001)에서 참가자들은 하루에 20분씩 4일 동안 미래에 어떠한 삶을 살기를 원하는지 글로 표현하는 연습을 하였다. 중립적 주제에 대해서 작성한 집단에 비하여 최고의 자기 상태에 대해서 작성한 집단이 연습이 끝난 바로 다음, 그리고 이후 몇 주가 지난 후에도 증가된 긍정 정서를 보고하였다.

이 결과는 참가 기간을 4주로 늘인 연구(Sheldon & Lyubomirsky, 2006)와 8주로 늘인 연구(Dickerhoof et al., 2007)에서도 반복 검증되었다. 예를 들어, 4주 기간의 연구에서 BPS 조건의 참가자들은 미래 이상적인 자신의 모습을 작성하도록 하였고, 통제집단에서는 일상 사건에 대해 떠올리도록 지시를 받았다. 통제집단에 비해 실험집단에서 증가된 긍정 정서를 보고하였다(Dickerhoof et al., 2007). 분명 최고의 자기 상태를 떠올리는 것은 행복 증진의 효과적인 방법이다.

왜 효과가 있을까

본질적으로 BPS 활동은 낙관적 마음 상태를 지니도록 한다.

---

7 역자 주: 미국의 프로농구협회.

왜냐하면 BPS 활동은 가장 소중한 미래 목표를 성취할 것이라는 가정하에 미래 모습에 대한 긍정적 상을 형성하도록 하며, 효능감, 목적 의식, 의미감을 증진시키기 때문이다. 예를 들어, 한 여대생이 글쓰기 연습을 끝마치면서 다음과 같은 생각을 할지 모른다. "저는 훌륭한 기자가 될 수 있을 거예요. 언론학 교수님이 말씀하시길 제가 재능이 있고 성공할 수 있는 추진력이 있다고 하셨거든요. 저는 제 목표를 이룰 수 있을 거예요." 글쓰기 연습은 자신의 목표가 보다 달성 가능한 것으로 만들어주고 자기결정감을 제공하며 동기를 부여한다. 실제로 낙관적인 사람은 역경에 처했을 때도 꾸준히 자신이 하는 일을 지속할 가능성이 크다. 왜냐하면 그들은 자신의 목표가 달성 가능한 범위에 있다고 생각하기 때문이다. 또한 만약 중장기 목표가 실현 가능하다고 진심으로 믿는다면 사소한 실패에 대처하기도 보다 쉬울 것이다(Scheier & Carver, 1993). 앞서 예로 든 여학생이 기자직 인턴채용 공고에 지원하였지만 낙방했을 경우, 비록 실망은 피할 수 없겠지만 그것을 작은 걸림돌로 여기며 계속 노력할 경우 결국에는 기회를 얻을 것이라는 믿음은 유지될 것이다.

이에 더해 이 연습은 글쓰기를 통해서 삶의 목표를 표현하고 공고화하도록 돕는다. 단순히 머릿속에 미래의 모습을 그려보는 것은 모호하고 체계적이지 않은 생각의 흐름을 만들어낼 뿐이지만, 손을 사용하여 미래의 꿈을 직접 적어보는 행위는 미래 목표에 구조를 제공하고 보다 체계적인 이야기가 되도록 한다(Lyubomirsky, Sousa, & Dickerhoof, 2006; Pennebaker & Graybeal, 2001). 이상적인 미래 모습이 체계와 구조를 갖춘다면, 목표 달성을 위해 내딛어야 할 단계가 보다 선명해지고 통제력을 지닐 수 있다.

친절한 행동 하기

지속적인 행복을 유발하는 세 번째 전략은 친절한 행동을 하는 것이다. 일반적으로 타인에게 도움이 되거나 이타적인 행동들은 자기희생 행동으로 생각되기 쉽기 때문에 이러한 주장은 다소 놀랄 만하다. 개인적 차원에서 행해진 것이든, 아니면 공식적인 자원봉사든 타인을 돕는 것은 시간을 허비하게 하고 피곤하며 고마움의 인사를 받지 못하는 일로 생각된다. 그렇지만 도움의 수혜자뿐 아니라 친절 행동을 하는 사람에게까지 이타적인 행동은 긍정적인 결과를 가져다준다는 연구결과가 축적되고 있다(Piliavin, 2003).

경험적 증거

최근 연구(Tkach, 2005)에서는 수주에 걸쳐 실시한 친절 연습의 효과를 체계적으로 검증하였다. 한 연구에서 참가자들은 룸메이트 대신 설거지를 하거나 친구의 숙제를 돕거나 모르는 사람을 위해서 문을 잡아주는 것과 같은 친절 행동을 선택하였다. 대체로 통제집단에 비해서 친절을 행한 참가자들의 행복 증가 수준이 더 높았다. 그렇지만 그렇게 간단한 문제는 아니다. 연구자들은 참가자들이 친절 행위를 하는 빈도(일주일에 3번 혹은 9번)와 친절 행동의 다양성(동일한 친절 행동과 매번 다른 친절 행동)을 조작하였다. 통제집단에 포함된 참가자들은 단순히 중립적인 일상의 사건들만 열거하도록 하였고, 어떠한 종류의 친사회적인 행동에 참가하도록 지시받지 않았다.

연구결과, 친절한 행위의 빈도는 행복에 그다지 영향을 미치지 못하였지만 친절 행동의 다양성은 효과가 있어, 보다 다양한 방식으로 친절한 행동을 하도록 지시받은 참가자들의 행복 수준이 보다 증가되었으며, 이러한 효과는 1개월 이후에 측정하였을 때에도 유지되었다. 친절 연습을 다양하게 행하지 않은 참가자들은 첫 번째 측정에서는 오히려 행복 수준이 다소 감소하였고 종결시점에서는 처음의 행복 수준으로 회복하는 정도였다. 이런 다양성의 효과는 쾌락 적응의 개념을 통해서 부분적으로 설명이 가능하다. 만약 다른 사람에게 문을 열어주는 친절 행위를 몇 주 동안 반복한다고 생각해보라. 처음에는 이러한 행동에 대해서 다른 사람이 놀라거나 고마움을 표현하는 것을 반길지도 모른다. 그렇지만 시간이 좀 지나게 되면 타인의 이와 같은 반응들이 예측 가능해지고, 타인의 반응에 무뎌지게 되며, 친절 행동은 금세 성가신 일의 하나로 바뀌어버린다. 이 경우 친절 행동은 여러분에게 행복을 가져다주는 것을 중단하게 된다. 그렇지만 친절한 행동을 다양하게 한다면 수혜자들이 보이는 새롭고 예측할 수 없는 반응에 행복감은 계속 유지될 수 있을 것이다.

왜 효과가 있을까

친절한 행동을 하는 것이 행복을 가져다주는 이유는 그 행동이 자기지각을 변화시키기 때문이다. 친절한 행동을 하게 되면 자신을 친절하고, 호의적이며, 유능한 사람이라고 생각하게 된다(Bem, 1972). 예를 들어, 주말에 수학 야학 선생님으로 자원하게 되면, 토요일에는 정오가 될 때까지 잠자리에서 일어나지 않는 게으른 사람으로 자신을 생각하는 것을 중단하게 되고, 추운 주말 아침에 자발적으로 침대에서 나와서 수학 때문에 고생하고 있는 학생들을 도와주는 사람으로 자신을 인식하기 시작한다. 이 인식이 보다 긍정적인 자기관일 것이다.

또한 친절한 행동을 하는 것은 개인의 잠재력과 능력을 인식하고 활용하는 방법을 일깨워줄 수도 있다(Seligman, 2002). 수학 야학 선생님은 추상적인 개념을 단순화하여 설명하는 재능을 가지고 있다고 깨달을 것이다. '해비타트 사랑의 집짓기'의 참가자들은 자신의 손재주를 발견할 것이다. Seligman(2002)이 언급하였듯이, 강점과 기술을 충분히 사용하는 것은 행복과 밀접하게 관련된 진정한 나의 모습(authenticity)을 느끼게 만들어준다.

또한 관대한 행동의 긍정적 성과를 단순히 목도하는 것만으로도 기분이 좋아진다. 과외 학생의 성적이 향상되고 빈민을 위한 무료식당에서 음식을 제공할 때 진심이 담긴 고마움의 인사를 받는 것은 정말로 기분 좋게 한다. 그러나 이에 더해서 친절한 행동은 굳건한 인간관계를 형성하는 데 도움을 주고 도움 행동의 사회적 파급효과를 지닌다. Algoe와 Haidt(2005)가 언급하였듯이 친절한 행동의 수혜자들은 긍정적 기분을 느끼는 동시에 도움을 준 사람과의 일체감과 연결감을 경험하게 된다. 게다가 다른 사람을 도와주는 행위는 일종의 사회 참여 행동이다. 친절 행위는 때때로 이전에 만난 적이 없거나 잘 알지 못했던 사람과의 직접적 상호작용을 가능하게 한다. 너싱홈(nursing home)의 자원봉사자들은 환자들이 겪어온 삶의 경험들에 대해서 알게 되며, 야학 선생님은 학생들이 얼마나 열심히 공부하는지를 인정하게 되고 학생이 수학이 아닌 예능 쪽에 재능이 있음을 깨닫게 되기도 한다. 노숙자 쉼터에서 일하게 되면 우리 주변의 사람들이 경험하는 삶의 고난들에 대해서 깨닫게 된다. 이런 식으로 친사회적 행동은 수혜자들을 향한 공감을 형성하게 된다. 이러하니 자원봉사자들이 도움을 받은 지역사회와 긴밀한 연대의식을 형성하는 것은 놀랄 만한 일이 아닌 것이다(Putnam, 2000).

행복 증진 활동을 선택하기

이제 여러분은 이 연습들을 일상에 적용하고 싶은 마음이 생길 것이다. 이 장의 마지막에 이 연습을 실행할 수 있는 구체적인 지침을 제시하였다. 추가적으로 이 장에서는 이 행복 연습들이 여러분에게 최상의 도움이 될 수 있는 비법을 소개하고자 한다.

지금까지 언급한 것을 요약하자면 여러 활동을 통해서 많은 긍정적 효과를 얻을 수 있다. 중요한 것은 그 활동들을 새롭고 의미있으며 재미있도록 유지하는 것이다. 따라서 그 활동들을 행할 때 언제나 빈도에 주의해야 한다. 일주일에 한 번 시행하는 것이 대체적으로 적당한 빈도이며 위에서 언급한 연구결과와도 부합한다(예: Lyubomirsky, Sheldon et al., 2005). 보다 빈번하게 행하는 것은 이 활동들을 예측할 수 있고 일상적이며 지루한 일과로 바꿔버릴 수 있다. 또한 선택한 행동들을 다양화할 수 있는 방법을 고려해야 한다. 예를 들어, 감사를 표현하는 활동을 선호한다면 이 감정을 신선하게 유지하기 위한 방법을 생각해보는 것이다. 매주 삶의 다양한 영역에 감사 표현을 적용해보는 것도 하나의 방법이다. 예를 들어, 이 주에는 자연이 주는 고마움에 대해서 글을 써보고 내주에는 건강에 대한 감사 일기를 작성하는 식이다. 이상적으로는 매번 이 연습을 할 때마다 감사를 표현하는 대상을 바꾸는 것이 바람직하며, 이런 방식으로 감사할 만한 보다 많은 것을 찾아낼 수 있다.

체중 감량에 성공하거나 우수한 학점을 얻거나 마라톤 구간을 종주하는 것처럼 삶에서 의미 있는 성공은 쉽게 오거나 빨리 얻어지는 것이 아니다. 이와 마찬가지로 행복을 추구하는 것도 각고의 노력이 요구되는 일이다. 연구결과들에 의하면 보다 성공적으로 행복을 얻은 사람들은 대부분 수주 혹은 수개월에 걸쳐 의지적 활동들을 꾸준히 실천한 사람이었다(Dickerhoof et al., 2007; Sheldon & Lyubomirsky, 2006). 이는 행복 활동을 처음 시작한 뒤 장기간에 걸쳐 지속하는 것을 의미한다. 어떤 목표와 마찬가지로 오랜 기간 투신하는 것은 성공을 위한 필수 조건이라 할 수 있다.

위에서 소개한 활동들이 어떤 사람에게는 잘 맞지 않을 수도 있다. 따라서 각자의 성격과 나름의 목표에 어울리는 활동을 선택하는 것이 중요하다. '어울리는 활동'이란 그 활동이 자신에게 자연스럽게 느껴지고 그것을 추구하겠다는 동기에 거짓이 없다는 뜻이다. 예를 들어, 위의 연습에 대한 여러 소개 글을 읽을 때, 어떤 연습은 가능하고 진실된 것이라 여겨지며 크게 부각될 것이다. 반면, 어떤 연습은 다소 비현실적이고 자연스럽지 못하며 어색하게 느껴질 수 있을 것이다. 이는 각자의 성격, 강점, 흥미, 가치 등이 어떤 활동들이 다른 활동들보다 더 즐겁고 더 많은 도움을 제공하게끔 미리 정해놓기 때문이다. 예를 들어, 수줍음이 아주 많은 사람에게는 다른 사람과의 어색한 상호작용이 필요한 친절 행동을 하는 것보다는 감사 일기를 쓰는 것이 보다 편할 것이다. 즉, 행복 활동들은 적합성(sense of fit)이 존재할 때만 작용할 수 있다(Lyubomirsky, Sheldon et al., 2005).

요약과 결론

상반되는 주장(Brickman & Campbell, 1971; Lykken & Tellegen, 1996)에도 불구하고, 이 장에서는 각 개인이 행복 수준에 영향을 미칠 수 있다는 증거를 소개하였다. 감사 표현, BPS 연습, 친절 행동하기 등의 의지적 활동에 참여함으로써 수주 혹은 수개월 동안 행복 증진 효과를 보고하였다. 지속적이고 적절하게(즉, 타이밍, 다양성, 적합성 등을 고려하여) 실천한다면 이 활동들은 일상생활에서 생각하고 행동하는 방법을 변화시키는 데 도움을 줄 수 있다. 놀랍게도 우리가 제안하는 것은 지속적인 행복을 증진하기 위해서 삶의 조건에서의 거대한 변화보다는 일상적인 사고와 행동에 대한 수고스럽고 습관적인 재구성이 필요하다는 점이다. 즉, 최근 연구들은 행복으로 가는 길이 대부분의 사람이 생각하는 것보다 훨씬 가까워졌다는 것을 발견하였다.

| 개인적인 작은 실험들 |

이 장에서 우리는 지속적 감사 일지 쓰기 행복 수준을 증진시킬 수 있는 몇 가지 활동들에 대해서 논의하였다. 아래에 이 활동들에 대해서 보다 자세하게 묘사한다. 여러분에게 적합한 활동들을 선택하여 일상생활에서 정기적으로 그리고 습관적으로 적용해보기를 권한다.

감사 일지 쓰기　삶에서 한 걸음 뒤로 물러나서 생각해볼 수 있는 시간을 선택한다. 아침시간이 될 수도 있고 점심시간 혹은 잠자기 전일 수도 있다. 지금 고마움을 느끼는 일을 세 가지에서 다섯 가지 정도 생각해본다. 아침에 항상 웃음을 보내는 동료들 혹은 쓰레기통을 비워준 방 짝같이 사소한 사건일 수도 있고 광의의 생활 특성들(건강, 재능, 절친한 친구의 긍정적 성격 등)일 수도 있다. 보다 자주 일지를 쓰고 싶다면 그것도 좋다. 다만 자신에게 맞도록 활동을 조정하는 것이 중요하다. 연구들은 매번 똑같은 활동을 하는 것은 당사자를 쉽게 질리게 만든다는 사실을 보고하였으므로 감사를 표현하는 방법에 있어서도 다양성을 부여하는 것이 바람직할 것이다. 어제는 축복 받은 것의 목록을 나열하는 방법을 사용하였다면, 오늘은 한 걸음 더 나아가 축복 받은 것에 대해 고마움을 느끼는 이유에 대해서 적어볼 수도 있다. 또한 감사하는 영역을 다양화할 수도 있다. 오늘은 사람에 대해서 감사함을 표현할 수도 있고, 내일은 감사의 대상을 자연으로 변경할 수도 있다. 때로는 고마운 사람에게 얼마나 그 사람이 고마운지를 직접 표현하는 것도 좋은 방법이다.

'미래에 도달할 수 있는 최선의 나의 모습' 생각하기 미래에 도달할 수 있는 최고의 자신을 생각한다는 것은 모든 일이 다 잘 풀렸을 때 여러분의 미래 모습이 어떨지 상상하는 것이다. 여러분이 열심히 일해서 삶의 모든 목표를 다 이루었다고 가정하자. 인생의 모든 꿈을 성취하고 자신의 잠재력을 최고로 실현한 모습, 바로 그러한 자신을 생각해보자.

일주일에 한 번, 20분의 시간을 할애하여 가만히 앉은 채 미래에 도달할 수 있는 최선의 모습을 생각하자. 미래의 모습이 어떨지에 대해서 자세하게 기술하도록 하자. 개인적 삶과 직업적 삶의 영역에 주목하고 이성적 관계, 직업적 목표, 건강 등으로 생각하는 영역을 다양화하자.

친절한 행동 하기 일상생활에서 우리는 타인을 위해 친절한 행위를 행한다. 이러한 행동들은 클 수도 있고 작을 수도 있으며, 수혜자가 우리의 친절을 알 수도 있고 모를 수도 있다. 모르는 사람의 주차 미터에 동전을 넣어주거나, 헌혈을 하거나, 친구의 숙제를 도와주거나, 고령의 친척을 방문하거나, 감사 편지를 쓰는 것이 그런 예가 될 것이다. 이 연습을 위해서 매주 다섯 가지의 친절한 행동을 하고 원하는 만큼 다양한 방식으로 행한다. 꼭 한 사람을 정해서 그 사람에게만 친절한 행동을 해야 하는 것은 아니며, 위에 열거한 행동과 비슷해도 좋고 달라도 좋다. 자신이나 다른 사람을 위험하게 하는 행동은 하지 말기 바란다.

일주일 내내 저녁마다 자신이 언제, 누구에게, 어떤 친절 행위를 했는지 그리고 수혜자의 반응은 어떠했는지 묘사하는 친절 일지를 작성하라. 또한 친절행위를 하기 전, 하는 동안 그리고 한 뒤의 기분에 대해서 적도록 하라.

참고문헌

Algoe, S., & Haidt, J. (2006). *Witnessing excellence in action: The "other-praising" emotions of elevation, gratitude, and admiration*. Manuscript submitted for publication.

Argyle, M. (1999). Causes and correlates of happiness. In D. Kahneman, E. Diener, & N. Schwarz (Eds.), *Well-being: The foundations of hedonic psychology* (pp. 353-373). New York: Russell Sage Foundation.

Bem, D. J. (1972). Self-perception theory. In L. Berkowitz (Ed.), *Advances in experimental social psychology* (Vol. 6, pp. 1-62). New York: Academic Press.

Brickman, P., & Campbell, D. T. (1971). Hedonic relativism and planning the good society. In M. H. Appley (Ed.), *Adaptation-level theory* (pp. 287-302). New York: Academic Press.

Brickman, P., Coates, D., & Janoff-Bulman, R. (1978). Lottery winners and accident victims: Is happiness relative? *Journal of Personality and Social Psychology, 36,* 917-927.

Costa, P. T., McCrae, R. R., & Zonderman, A. B. (1987). Environmental and dispositional influences on well-being: Longitudinal follow-up of an American national sample. *British Journal of Psychology, 78,* 299-306.

Diener, E., Emmons, R. A., Larsen, R. J., & Griffin, S. (1985). The satisfaction with life scale. *Journal of Personality Assessment, 49,* 71-75.

Diener, E., & Fujita, F. (1995). Resources, personal strivings, and subjective well-being: A nomothetic and idiographic approach. *Journal of Personality and Social Psychology, 68,* 926-935.

Diener, E., Horwitz, J., & Emmons, R. A. (1985). Happiness of the very wealthy. *Social Indicators Research, 16,* 263-274.

Diener, E., & Lucas, R. E. (1999). Personality and subjective well-being. In D. Kahneman, E. Diener, N. Schwarz (Eds.), *Well-being: The foundations of hedonic psychology* (pp. 213-229). Cambridge, MA: MIT Press.

Diener, E., Lucas, R. E., & Napa Scollon, C. (2006). Beyond the hedonic treadmill: Revising the adaptation theory of well-being. *American Psychologist, 61,* 305-314.

Diener, E., & Oishi, S. (2000). Money and happiness: Income and subjective well-being across nations. In E. Diener & E. Suh (Eds.), *Culture and subjective well-being* (pp. 185-218). Cambridge, MA: MIT Press.

Diener, E., Suh, E. M., Lucas, R. E., & Smith, H. L. (1999). Subjective well-being: Three decades of progress. *Psychological Bulletin, 125,* 276-302.

Diener, E., Suh, E. M., Smith, H., & Shao, L. (1995). National differences in reported well-being: Why do they occur? *Social Indicators Research, 34,* 7-32.

Diener, E., Wolsic, B., & Fujita, F. (1995). Physical attractiveness and subjective well-being. *Journal of Personality and Social Psychology, 69,* 120-129.

Emmons, R. A., & McCullough, M. E. (2003). Counting blessing versus burdens: An experimental investigation of gratitude and subjective well-being in daily life. *Journal of Personality and Social Psychology, 84*(2), 377-389.

Emmons, R. A., & Shelton, C. M. (2002). Gratitude and the science of positive psychology. In C. R. Snyder & S. J. Lopez (Eds.), *Handbook of positive psychology* (pp. 459-471). Oxford: Oxford University Press.

Fredrickson, B. L. (2001). The role of positive emotions in positive psychology: The broaden-and build theory of positive emotions. *American Psychologist, 56,* 218-226.

Gilbert, D. T., Pinel, E. C., Wilson, T. D., Blumberg, S. J., & Wheatley, T. P. (1998). Immune neglect: A source of durability bias in affective forecasting. *Journal of Personality and Social Psychology, 75*(3), 617-638.

King, L. A. (2001). The health benefits of writing about life goals. *Personality and Social Psychology Bulletin, 27,* 798-807.

Lucas, R. E., Clark, A. E., Georgellis, Y., & Diener, E. (2003). Reexamining adaptation and the set point model of happiness: Reactions to changes in marital status. *Journal of Personality and Social Psychology, 84,* 527-539.

Lyubomirsky, S., Dickerhoof, R., Boehm, J. K., & Sheldon, K. M. (2007). *How and Why do positive activities work to boost well-being?: Two experimental longitudinal investigations of regularly practicing optimism and gratitude.* Manuscript under review.

Lyubomirsky, S., King, L., & Diener, D. (2005). The benefits of frequent positive affect: Does happiness lead to success? *Psychological Bulletin, 131,* 803-855.

Lyubomirsky, S., Sheldon, K. M., & Schkade, D. (2005). Pursuing happiness: The architecture of sustainable change. *Review of General Psychology, 9,* 111-131.

Lyubomirsky, S., Sousa, L., & Dickerhoof, R. (2006). The costs and benefits of writing, talking, and thinking about life's triumphs and defeats. *Journal of Personality and Social Psychology, 90,* 692-708.

Lykken, D., & Tellegen, A. (1996). Happiness is a stochastic phenomenon. *Psychological Science, 7,* 186-189.

McCrae, R. R., & Costa, P. T. (1994). The stability of personality: Observations and evaluations. *Current Directions in Psychological Science, 3,* 173-175.

Myers, D. G. (2000). The funds, friends, and faith of happy people. *American Psychologist, 55,* 56-67.

Myers, D. G., & Diener, E. (1995). Who is happy? *Psychological Science, 6,* 10-19.

Pennebaker, J. W., & Graybeal, A. (2001). Patterns of natural language use: Disclosure, personality, and social integration. *Current Directions in Psychological Science, 10,* 90-93.

Piliavin, J. A. (2003). Doing well by doing good: Benefits for the benefactor. In C. L. M. Keyes & J. Haidt (Eds.), *Flourishing: Positive psychology and the life well-lived* (pp. 227-247). Washington, DC: American Psycological Association.

Putnam, R. D. (2000). *Bowling alone: The collapse and revival of American community.* New York: Simon & Schuster.

Sandvik, E., Diener, E., & Seidlitz, L. (1993). Subjective well-being: The convergence and stability of self-report and non-self-report measures. *Journal of Personality, 61,* 317-342.

Scheier, M. F., & Carver, C. S. (1993). On the power of positive thinking: The benefits of being optimistic. *Current Directions in*

Psychological Science, 2, 26-30.

Schooler, J. W., Ariely, D., & Loewenstein, G. (2003). The pursuit and assessment of happiness can be self-defeating. In I. Brocas & J. D. Carrillo (Eds.), *The psychology of economic decisions. Vol. 1: Rationality and well being* (pp, 41-70). New York: Oxford University Press.

Schwarz, N., & Strack, F. (1999). Reports of subjective well-being: Judgment processes and their methodological implications. In D. Kahneman, E. Diener, & N. Schwarz (Eds.), *Well-being: The foundations of hedomic psychology* (pp. 61-84). New York: Russell Sage Foundation.

Seligman, M. E. P. (2002). *Authentic happiness: Using the new positive psychology to realize your potential for lasting fulfillment.* New York: Free Press.

Seligman, M. E. P., Steen, T. A., Park, N., & Peterson, C. (2005). Positive psychology progress: Empirical validation of interventions. *American Psychologist, 60,* 410-421.

Sheldon, K. M., & Lyubomirsky, S. (2006). How to increase and sustain positive emotion: The effects of expressing gratitude and visualizing best possible selves. *Journal of Positive Psychology, 1,* 73-82.

Sieff, E. M., Dawes, R. M., & Loewenstein, G. (1999). Anticipated versus actual reaction to HIV test results. *American Journal of Psychology, 112,* 297-311.

Suh, E., Diener, E., & Fujita, F. (1996). Events and subjective well-being: Only recent events matter. *Journal of Personality and Social Psychology, 70,* 1091-1102.

Tkach, C. (2005). *Unlocking the treasury of human kindness: Enduring improvements in mood, happiness, and self-evaluations.* Unpublished doctoral dissertation, University of California, Riverside.

Wortman, C. B., Silver, R. C., & Kessler, R. C. (1993). The meaning of loss and adjustment to bereavement. In M. S. Stroebe, W. Stroebe, & R.

O. Hansson (Eds.), *Handbook of bereavement: Theory, research, and intervention* (pp. 349-366). New York: Cambridge University Press.

3

돈으로 행복을 살 수 있을까

• David G. Myers

3

돈으로 행복을 살 수 있을까

David G. Myers

부는 행복을 증진하는가? 당신은 돈으로 행복을 살 수 있을까? 이 질문이 너무 거칠다면 조금 순화하도록 하자. 수입이 조금 증가하면 행복도 그만큼 증가하는가?

돈은 중요하다

돈을 많이 가질 수만 있다면! 25년 전 Michigan 대학교에서 이루어진 연구에 의하면, "괜찮은 삶을 방해하는 것이 무엇이냐?"는 질문에 가장 많은 사람이 "돈이 부족해요."라고 응답하였다(A. Campbell, 1981, p. 41). 아울러 "무엇이 삶의 질을 고양시킬 수 있겠는가?"라고 물었을 때 가장 빈번한 대답은 "많은 돈."이었다.

2006년 갤럽이 "당신이 지금보다 돈을 많이 번다면 더 행복할 것 같으신가요?"라는 질문을 던졌을 때 4명 중 3명이 "그렇다."고 응답하였다. 사실상 돈은 더 많을수록 더 좋은 것이다. 그보다 이전에 이루어진 조사(Gallup & Newport, 1990)에서는 연소득이 7만 5,000달러 이상의 응답자 5명 중 4명, 연소득 7만 5,000달러 이상의 남성 3명 중 2명, 연소득 7만 5,000달러 이상의 여성 3명 중 1명이 "더 부자가 되고 싶다."고 털어놓았다.

UCLA와 미(美) 의회 주관하에 1,300만 명의 대학 신입생을 대상으로 1966년부터 2007년 사이에 행해진 조사는 보다 많은 증거를 내어놓았다(그림 3.1). 1970년부터 1980년대 중반까지의 추세를 살펴볼 때, 학생들은 의미 있는 삶의 철학을 계발시키는 것에 중요성을 점점 더 낮게 부과하였고 경제적으로 부유하게 사는 것에 중요도를 점점 더 높게 부여하는 것으로 나타났다. 지난 10년간 경제적 부는 20가지 삶의 목표에서 최상위를 차지하였으며 어려움에 처한 사람을 돕는 일과 가족을 부양하는 일보다 더 소중한 삶의 목표가 되었다. 삶, 자유 그리고 행복의 구매가 현 미국인의 꿈인 셈이다.

경제학자 Thomas Naylor(1990)는 Duke 대학교에서 기업 전략을 6년간 강의하면서 강력한 물질주의를 감지하였다고 한다. 그는 학생들에게 개인적 전략 계획을 써보도록 요청하였고 그 응답에 대한 Naylor의 소감은 다음과 같다. "일부 학생을 제외하고 학생들의 미래 계획은 크게 세 가지로 나뉠 수 있었다. 돈, 권력 그리고 물건이 바로 그것이다. 물건은 아주 큰 것들을 의미하는데, 휴가철 별장, 비싼 외제 자동차, 요트, 심지어 비행기까지 그 물건의 목록에 포함된다. 그들이 학교에 원하는 것은 돈을 버는

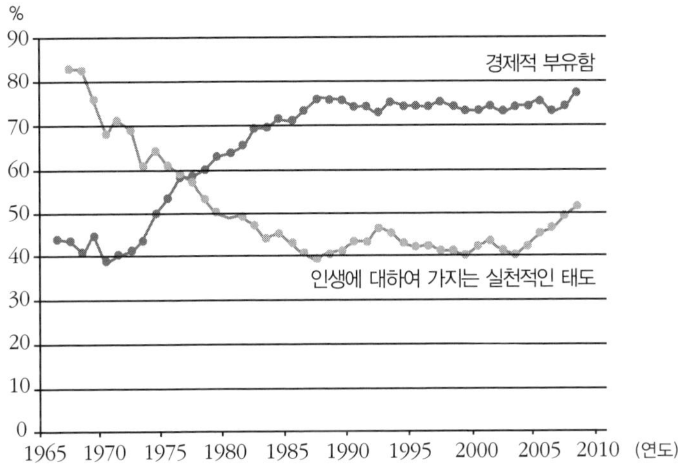

|그림 3.1| 미국 대학 신입생들이 꼽은 '매우 중요하고 필수적인 것'의 비율

기계가 되는 방법이다." 윤리, 가족, 영성, 사회적 책임감에 대한 관심은 전혀 없었다.

Cornell 대학교의 경제학자인 Robert Frank(1999)는 그의 저서 『사치 열병(*Luxury Fever*)』에서 사치품의 소비 증가율이 일반 소비 증가율의 4배에 해당한다고 밝혔다. 고가 자동차, 개인 제트기, 유람 비행기, 대형 요트의 소비가 급증하였다. 최고급 호텔 Aspen 스위트룸은 예약이 한 달 전에 완료된 상태다. 〈포브스〉의 사장 Malcolm Forbes가 〈포브스〉에 다음과 같이 현대 정신을 일갈하였다. "〈포브스〉에 대해서 분명한 한 가지를 이야기하겠다. 우리는 모두 돈 아니면 성공에 대한 것이다. 이것이 전부다."

갤럽의 조사 대상인 미국인, 오늘날의 대학생, Naylor의 경영대 학생, 그리고 〈포브스〉의 독자는 진실을 이야기하고 있는 것인가? 경제적 부가 심리적 웰빙을 양산하거나 그렇지 않더라도 최소한 심리적 웰빙과 관련성을 지니고 있는가? 발버둥치며 살아가는 중류 계층의 삶에서, Aspen에서의 스키 휴가, 중역급 여행, 호화로운 주변 환경을 누리는 삶으로 전환된다면 우리는 모두 행복할 것인가? 내기경마에서 당첨되어 12미터 길이의 요트, 호화 캠핑카, 디자이너가 제작한 정장, 고급 승용차, 가정부를 얻을 수 있다면 우리는 좀 더 행복해질 것인가? 부유함에 동반되는 권력과 존경을 가질 수 있다면 우리는 보다 행복할까? "돈으로 행복을 살 수 없다고 말하는 사람들 모두가 그 돈을 제대로 쓰고 있지 않다." 렉서스 광고의 멘트다.

부와 웰빙

사람들의 소득 수준이 증가하면 불행은 줄어드는가? 돈은 '괜찮은 삶'을 가능하게 만드는가? 이 점에 대해서 3가지 질문을 던져본다.

- 부자 나라의 국민은 보다 행복한가?
- 어느 나라건, 부자는 보다 행복한가?
- 경제성장은 행복증가를 동반하는가?

부자 나라의 국민은 보다 행복한가

16개국을 대상으로 1980년대 행해진 조사부터 최근 82개국을 대상으로 한 세계 가치관 조사(World Values Survey)까지, 총합 수십만 명이 참여한 연구에서 국가 간 차이가 현저하게 드러났다. 16개국의 17만 명이 참여한 조사에서 포르투갈인 10명 중 1명만이 "매우 행복하다."고 응답한 반면, 네덜란드인은 10명 중 4명이 "매우 행복하다."고 답하였다(Inglehart, 1990). 이러한 결과는 번역의 문제는 아닌 것 같다. 왜냐하면 독일어, 프랑스어, 이탈리아어 등 3개 국어를 사용하는 스위스인은 어느 언어로 조사에 참여하든 독일인, 프랑스인, 이탈리아인보다 높은 웰빙 값을 보고하였기 때문이다.

그림 3.2에서 살펴볼 수 있듯 국가의 부(개인별 GNP 수치)와 웰빙(행복과 삶의 만족도의 통합 수치)이 정적이지만 동시에 곡선형(curvilinear) 관계를 보인다(R. Inglehart, 개인적 교신, 2006년 4월 13일). 곡선형 관계는 40개국을 대상으로 한 세계 가치관 조사의 결과와 일치한다. 양 연구 자료에서 공통적으로 나타난 결과는 스칸디나비아반도에 속한 국가의 웰빙이 상대적으로 높다는 점이다. 아울러 양 연구에서는 웰빙에 미치는 부의 영향력이 부가 증가할수록 상대적으로 감소한다는 점도 밝혀졌다. 매우 가난한 동유럽 국가와 중간 수준의 부를 지닌 국가와 비교할 때 웰빙 수준의 차이는 상당히 크다. Ronald Inglehart(1997, p. 64)는 이 현상에 대해서 "빈곤의 국가에서 안전의 국가로 이전할 때 주관적 안녕의 급격한 변화가 동반된다."고 설명하였다.

그러나 경제적 부가 보다 증가할 때 그에 대한 배당금은 크지 않은 것 같다. Inglehart(1997, p. 64)는 "이 수준에서 굶주림은 더 이상 사람들의 관심사가 아니며 생존은 당연한 것으로 치부된

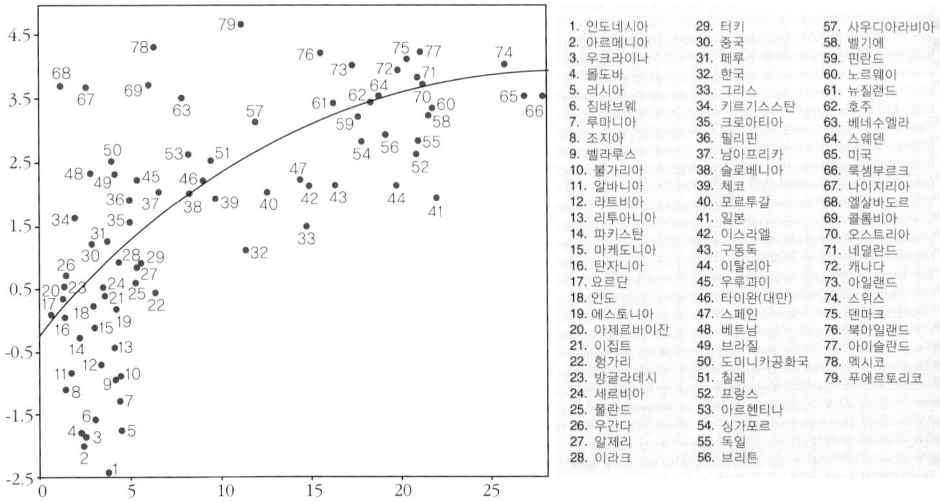

|그림 3.2| 국부(國富)와 웰빙(Ronald Inglehart, 2006)

다."라고 추론했다. 두 연구 모두에서 전반적 경향과는 정반대의 흥미로운 결과도 발견되었다. 예를 들어, 아일랜드인은 경제적으로 그들보다 부유한 독일인에 비해 행복감과 삶의 만족도가 더 높았다. 게다가 멕시코나 푸에르토리코와 같은 라틴 아메리카 국민들은 조사 대상인 82개국 중에서 최상위를 차지하여 '기대 이상의 성과'를 내었다(Inglehart, 2008).

물론 국가의 부가 행복을 설명할 때에는 시민권, 민주주의 지속 기간, 문맹률 등과 같은 다른 지표가 영향을 미칠 수 있다. 스칸디나비아반도의 국민들과 스위스 국민들은 경제적 부를 구가할 뿐만 아니라 안정된 자유의 역사를 지니고 있다.

국가적 빈곤과 불안정성이 웰빙에 부정적 영향을 미치지만 경제적 부가 어느 수준에 도달하면 더 이상 경제적 부가 웰빙에 큰 영향을 주지 못한다는 결론을 나 자신도 경험한 바 있다. 나는 1980년대 중반 스코틀랜드의 세인트 앤드루스에서 가족과 함께 머물렀다. 대부분의 미국인에게 스코틀랜드인의 생활은 검소하게 여겨질 것이다. 스코틀랜드인의 소득은 미국인의 절반 수준이고, 스코틀랜드인 44%는 차를 보유하고 있지 않으며, 우리는 두 대의 차를 가진 스코틀랜드인을 만난 적이 없다. 남부 아이슬란드에서 그리 멀지 않은 스코틀랜드에서 중앙난방은 사치품이었다.

그곳에서 머무르는 동안 대학 학과의 커피 모임에서, 교회 모임에서, 그리고 가정집의 차 모임에서 현지인과 수많은 대화를 나누었다. 그들은 소박한 생활을 함에도 미국의 이웃들과 비교할 때 그들이 덜 즐거워 보이는 증거를 찾을 수 없었다. Margaret Hilda Thatcher에 대한 불평이 없는 것은 아니었지만 낮은 급여에 대한 불만이나 자신의 욕구를 충족하지 못하는 것에 대한 원성을 접할 수는 없었다. 돈이 부족하고 소비는 적었지만 생활의 만족, 영혼의 온기, 모임의 즐거움에 있어 조금의 부족함도 발견할 수 없었다.

어느 나라든, 부자는 더 행복한가

우리는 국가의 부와 웰빙이 어느 정도 상관관계를 지니고 있다는 것을 목도해왔다. 그렇지만 그 상관관계는 안정된 민주주의와 개인적 자유라는 여타 설명변인과 복잡하게 얽혀 있다. 따라서 이제 다른 질문을 던져보자. 한 국가 내에서 높은 수준의 임금은 사람을 더 행복하게 하나?

방글라데시나 인도와 같이 역사적으로 빈곤한 국가에서 어떤 개인이 타인보다 상대적으로 부유하다는 것은 큰 웰빙을 가져다준다(Argyle, 1999). 상대적으로 빈곤하다는 말의 의미는 식량, 깨끗한 물, 안전한 숙소, 난방 시설 등이 욕구에 미치지 못한다는 뜻이다.

Inglehart(1990, p. 242)가 지적하였듯이, 경제적으로 보다 발달한 서구 국가에서는 임금과 행복의 상관관계가 놀라우리만큼 약하다. 그림 3.3과 그림 3.4에서 볼 수 있듯이 행복과 삶의 만족도는 가난한 사람에게 낮은 값을 보인다. 그렇지만 경제적 성장이 국가의 웰빙에 미치는 영향력이 점차 줄어들듯이, 일단 불편감이 사라지면 개인적 소득이 개인의 웰빙에 미치는 영향력도 차츰 감소하는 것 같다. 파이의 두 번째 조각이 그렇듯 두 번째 5만 달러의 맛은 첫 5만 달러의 맛보다 덜하게 마련이다. "빵만으로 살 수 없다."라는 말이 의미하듯이 우리는 빵을 원하지만 일단 빵을 가졌다면 또 다른 욕구가 빵의 자리를 대신하게 되는 것이다(Abraham Maslow의 욕구 위계 이론과 일치한다.). 누군가의 임금 수준에 대한 정보를 얻는다고 해도 결혼, 가족, 교우관계, 자기자신 등에 관한 만족에 대한 정보는 우리에게 없다. 후자의 정보는 모두 행복을 예측하는 변인이다. David Lykken(1999, p. 17)이 그의 행복 연구에서 언급한 대로 "작업복을 입고 직장에 나서는 사람은 양복을 차려 입고 직장 생활을 하는 사람만큼 평균적으로 행복하다."

심지어 콜카타나 파키스탄의 슬럼가에서 사는 사람도 "우리가 예상하는 것에 비해 훨씬 더 만족한 삶을 산다."(Biswas-Diener &

Diener, 2001; Suhail & Chaudhry, 2003) 비록 가난한 지역에서 아이를 키우는 것이 사회 병리에 취약하게 만들기는 하지만, 부유하게 성장하는 것은 또 다른 병리에 처할 위험을 크게 한다. 부유한 아동들은 물질남용, 섭식장애, 불안 및 우울 등에 보다 취약한 것으로 알려져 있다(Luthar & Latendresse, 2005). Mihaly

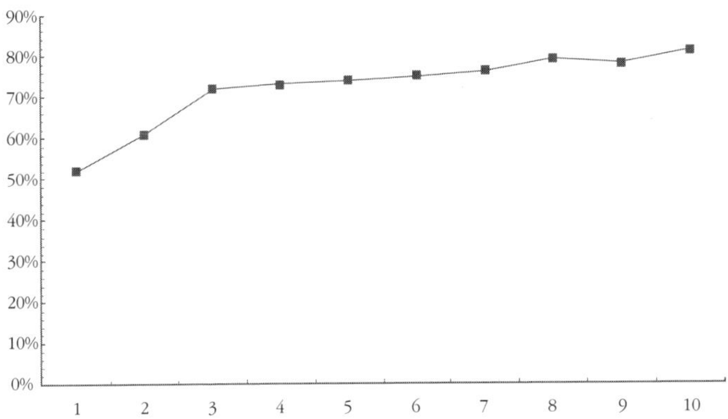

|그림 3.3| 개인 소득 수준과 삶의 만족도의 관계(호주, 1991~1992)

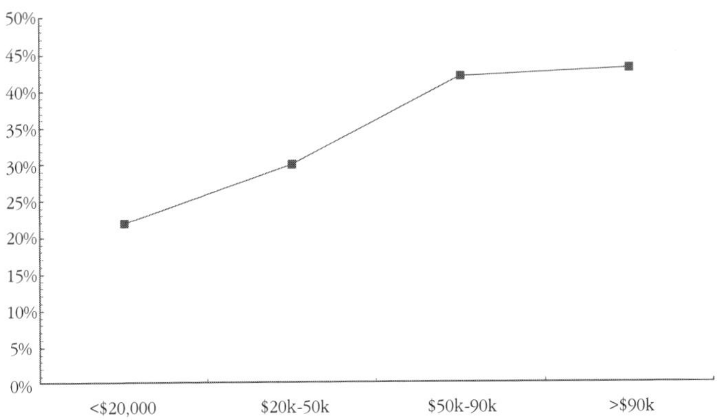

|그림 3.4| 개인 소득과 행복의 관계(미국, 2004)

Csikszentmihalyi(1999)가 정기적으로 선별한 미국 10대 청소년 1,000명 중에서 중상계급 출신이 최하층 출신에 비해 행복을 보다 덜 보고하였다. Csikszentmihalyi는 이 결과에 대해서 전문직 부모가 노동 계급 출신 부모보다 자녀와 함께 보내는 시간이 적기 때문이라고 추론하였다.

따라서 부는 건강과 같다. 부의 완전한 부재가 불행을 낳지만 부를 가지고 있다는 점이 행복을 보증하는 것은 아니다. 삶에서 꼭 필요한 것을 이미 가지고 있을 때, 돈보다 더 중요한 것은 우리가 가진 것에 대해서 어떻게 생각하느냐 하는 것이다. 감사의 마음을 지니고 있거나 매일 감사 일기를 작성하는 사람은 커다란 행복을 누릴 것이다(McCullough, Tsang, & Emmons, 2004; Watkins, 2004).

Ed Diener와 그의 동료들(1985)이 〈포브스〉가 선정한 미국 내 100대 부호들을 연구한 바에 의하면 그들 역시 일반인보다 아주 조금 더 행복할 따름이었다. 필요하지 않고 전혀 관심이 없는 물건을 사는 데 충분한 순 자산을 지닌 그들 5명 중 4명은 "돈은 어떻게 사용하느냐에 따라서 행복을 증가시킬 수도 있고 감소시킬 수도 있다."고 응답한다. 그리고 일부는 불행했다. 굉장한 부호 한 명은 행복했던 적을 기억하지도 못한다고 했다. 한 여성은 돈이 자녀에게 발생한 불행을 보상할 수는 없다고 했다. 타이타닉호의 일등칸에 머물렀던 사람일지라도 그가 가고 싶은 곳으로 갈 수는 없었다.

Warren Buffett(1997)은 억만장자에 대한 그의 관찰이 Diener의 발견과 일치한다고 보고하였다. Howard Hughs, Christina

Onassis, J. Paul Getty, 그리고 그의 상속인 등 사실 불행한 갑부의 예를 들기는 어렵지 않다(Pearson, 1995). Buffett은 다음과 같이 덧붙였다. "만약 당신이 이전에 바보였다면 당신은 억만장자가 된 더 큰 바보가 될 것입니다."

Robert Cummins(2006)는 고소득층 호주인을 대상으로 한 연구에서 임금의 효용이 점차 감소한다는 결과를 반복 검증하였다. 어떤 지점을 지나치면 추가적 임금은 행복을 증가시키는 힘을 잃어버리는 것이다. 달리 말하자면 돈으로 행복을 살 수 있는 사람은 부자가 아니라 빈민이다. 이는 "최저 임금 계층에게 추가적인 재정적 자원을 제공함으로써" 행복은 효과적으로 증가될 수 있다는 점을 시사한다(p. 9).

비극적 사건을 겪은 사람들이 있다. 사랑하는 사람을 떠나보내고 긴 슬픔에 빠져 있거나 아동 학대, 강간, 전쟁 등의 외상 후에 불안을 경험하는 사람을 제외하면 심지어 비극도 영원히 우울하게 만들지는 않는다. HIV 검사에서 양성 진단을 통보받은 사람은 처참한 지경에 도달한다. 그렇지만 그에게 슬픈 소식이 전달된 이후 5주가 지나면 예상했던 것보다 그의 심리적 고통감이 훨씬 덜한 것을 알 수 있다(Sieff, Dawes, & Loewenstein, 1999). 신장투석 환자들은 그들의 건강이 비교적 좋지 않다는 것을 잘 알지만 매 순간 경험하는 행복 수준은 환자가 아닌 정상인들과 큰 차이를 보이지 않는다(Riis et al., 2005). 갑자기 시력을 잃었거나 신체가 마비된 사람일지라도 일상생활에서 경험하는 행복 수준은 거의 평균에 가까웠다(Gerhart, Koziol-McLain, Loewenstein, & Whiteneck, 1994; Myers, 1993).

루게릭병을 앓고 있는 독일인을 조사하였을 때, 85%의 환자들이 자신의 삶의 질에 대해서 '만족스럽다' '좋다' '매우 좋다' 라고 응답하였다. 인공호흡기를 사용하든 튜브에 의지하든 응답 내용의 차이는 없었다(Kübler, Winter, Ludolph, Hautzinger, & Birbaumer, 2005). Daniel Kahneman(2005)은 이를 다음과 같이 설명했다. "만약 당신이 하반신 불구가 된다면 당신은 점차 다른 어떤 것을 생각하게 될 것입니다. 여러 가지를 생각하다보면 당신은 점점 덜 비참해지지요." 따라서 대부분의 루게릭병 환자는 비극적 질병에도 불구하고 마비된 신체에 점점 적응해간다. 평균적인 사람보다 다소 덜 행복하기는 하지만 신체적으로 정상이나 우울증에 이환된 사람보다는 행복감을 훨씬 더 많이 표현한다.

이러한 결과는 행복의 과학적 추구에 있어 놀랄 만한 결론을 제공해준다. 뉴질랜드 연구자 Richard Kammann(1983)이 이야기하였듯이 "객관적 삶의 여건이 행복 이론에 기여하는 바는 무척 적다."

경제성장은 행복증가를 동반하는가

부국과 빈국, 그리고 부자와 가난한 자를 비교하면서 우리는 세 번째 질문에 도달하게 된다. 수십 년간 우리의 행복은 우리의 봉급과 함께 증가하였는가? 예를 들어, 다섯 집 중 두 집만이 욕조가 있던 시절, 손으로 불을 지피던 화로에 난방을 의존하던 시절, 1/3 이상의 가정이 화장실이 없던 시절인 1940년대에 비해서 현재 미국인은 행복한가? 아니면 경제학자 John Galbraith가 바

야흐로 미국을 '풍요의 사회' 라 일컫던 1957년에 비해 현재 미국인은 행복한 것일까?

1957년 이래로 인플레이션과 세금 인상률을 조정한 개인당 소득 수준은 두 배로 증가했다. 이는 1957년 이후 15년 동안 임금이 상당히 인상되었기 때문이다. 즉, 1957년과 비교할 때 우리는 두 배로 풍요로운 사회에서 생활하고 있다.

하지만 주의할 점이 있다. 경제성장은 요트가 소선(小船)에 비해 빨리 달릴 수 있도록 하였다. 고정 달러의 견지에서 계산하면 제조업 노동자의 시간별 수입은 1973년부터 2006년까지 조금도 상승하지 않았다(Bureau of Labor Statistics, 2007). 비임금 소득 증가, 업무시간 증가, 기혼자 취업 2배 증가와 발맞추어 대부분의 선박 가격도 증가하였다. 우리의 외식 횟수는 두 배 반이 증가하였다. 우리는 매우 큰 집을 건축한다. 우리는 에어컨을 다섯 배나 많이 사용한다. 매우 낮은 소득 수준의 사람일지라도 노트북 컴퓨터, 아이팟, 플레이스테이션, 휴대폰 사진기 등의 첨단 기술을 향유한다.

조금 더 많은 돈을 갖는 것이 우리를 조금 더 행복하게 한다고 믿는다면 지난 50년간 조금씩 보다 풍요로워졌으니 우리는 조금 더 행복해져야 한다. 손가락으로 방안에서 온도를 올릴 수 있고, 겨울에도 신선한 과일을 먹을 수 있으며, 카페라테를 마실 수 있고, 작은 손가방을 들고 비행기를 탄 채 여행을 할 수 있으니 우리는 조금 더 행복해야 한다. 경제적 부의 증가와 그것이 가져온 온갖 혜택으로 말미암아 우리는 좀 더 행복해야 할 것이다.

그렇지만 사실은 그렇지 않다. 1957년 이래, 그러니까 National

Opinion Research Center가 미국인을 대상으로 한 인터뷰를 시작한 이래, "매우 행복하다."고 응답한 미국인의 수는 다소 감소하였다. "매우 행복하다."고 답한 미국인의 비율은 1957년에는 35%였지만 1988년에는 32%였다(그림 3.5). 부는 두 배로 증가했으나 다소 덜 행복해진 것이다. 1956년에 "경제적 상황에 매우 만족한다."고 응답한 미국인의 비율은 42%였지만 1988년에는 30%로 급감하였다(Niemi, Mueller, & Smith, 1989).

그 와중에 1960년 이래로 다양한 종류의 불행 지수가 증가했다. 이혼율이 두 배로 뛰었고, 10대 자살률은 2배 이상 증가했으며, 그 어느 때보다 많은 사람이 우울해졌고, 특히 청소년과 젊은 성인에게서 우울증은 더욱 극심해졌다(Myers, 2000a). "신경쇠약에 걸릴 것 같은 느낌을 받으신 적이 있나요?" 1957년, 이 질문을 받은 미국인의 17%가 "그렇다."라고 응답하였다. 그 숫자는 증가하여 1996년에는 24%의 미국인이 "그렇다."고 대답하였다(Swindle, Heller, Bescosolido, & Kikuzawa, 2000). 캐나다, 스웨덴, 독일, 뉴질랜드에서도 우울증의 증가가 관찰되었다(Cross-National Collaborative Group, 1992; Klerman & Weissman, 1989). 신체적으로는 평안해졌지만 심리적 평안은 그것에 동반되지는 못한 것 같다.

부의 증가와 정신의 쇠락은 이른바 '미국인의 패러독스'라고 불린다. 우리는 큰 집과 부서진 가정을, 높은 수입과 낮은 도덕을, 보다 편안한 자동차와 보다 심각한 난폭운전을 함께 지니고 있다. 우리는 생계를 꾸려나가는 데 속도를 내었지만 정작 삶을 만들어나가는 데에는 실패했다. 우리는 우리의 번영을 축하하였지만 목적과 의미를 갈구하고 있다. 우리는 우리의 자유를 소중

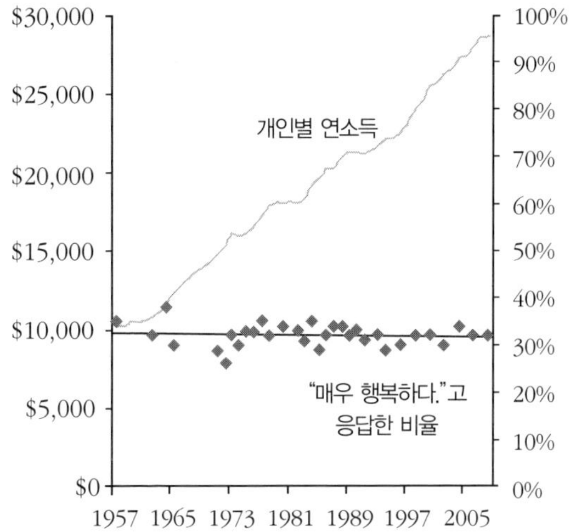

|그림 3.5| 경제 성장과 행복

하게 생각하고 있지만 사람들과의 연결감을 고대하고 있다. 우리는 풍요의 시대에 정신적 배고픔을 경험하고 있는 것이다(Myers, 2000a).

경천동지할 결론을 피하기 어려울 것 같다. 우리는 지난 50년간 무척 부유해졌지만 일말의 주관적 안녕도 함께 증가하지는 못했다. 유럽의 수많은 국가, 호주 그리고 일본도 사정은 마찬가지다(Diener & Biswas-Diener, 2002; Easterlin, 1995; Eckersley, 2000). 위의 국민들은 보다 나은 영양, 건강관리, 교육 그리고 과학 수준을 누리고 있고 최빈국에 비해 다소 행복하다. 그러나 실제 수입의 증가는 증가된 행복을 양산하지는 못했다. 예를 들어, 영국은 차량을 보유하고 중앙난방에 전화를 갖춘 가정의 비율이 크게 증가하였으나 웰빙의 증가가 뒤따르지 않았다. 10년간 놀랄 만한 경제적 성장을 보인 중국의 경우, 10년 전에는 오직 40%만이 컬러 TV를 가졌고 소수만이 전화기를 보유하였지만 지금 대부분의 중국인은 TV 수상기와 전화기를 가지게 되었다. 반면, 갤럽의 조사 결과에 의하면 '지금 현재 자신의 삶이 진행되는 방식' 에 만족하는 사람의 비율은 줄어들었다고 한다(Burkholder, 2005).

결국 경제적 성장은 인간 정신의 고양에 기여하지 못했다. 이러한 발견은 근대 물질주의에 반하기 때문에 놀랄 만하다. "모든 게 다 경제야."라는 이야기를 수없이 들어왔고, 그것이 '괜찮은 삶' 의 미국 판이라 믿어왔기에 이러한 결과는 충격으로 다가올 수밖에 없다. 연구마다, 그 연구가 행해진 국가마다, 모두 동일한 결과를 보여준다. 만약 우리의 욕구를 만족시키기에 충분한 소득을 가지고 있고 우리의 삶에 대해 통제감을 느낀다고 하자. 그러면 보다 많은 돈을 축적하고 보다 많은 소비를 행한다 하더라도 행복의 증가량은 아주 미미할 것이다. 근대 물질주의자에게 이러한 결론은 충격적이겠으나 전혀 새로운 것만은 아니다. Seneca(c. 4 B.C. to A.D. 65)는 2000년 전에 다음과 같이 이야기하였다.

> 우리 선조들은 한때 그들의 손으로 고기를 잡아 손질하고, 맨땅에 거처를 마련하며, 금과 보석으로 치장하지 않았다. 이는 우리에게 사람을 부유하게 만드는 것은 금액이 아니라 정신이라는 것을 말해준다. 지닌 것이 충분하다고 여기는 사람이 가난한 경우도 없고 가진 것보다 더 많이 원하는 사람이 부자인 경우도 없다.

Seneca는 가난과 압제로 인하여 발생하는 분투를 미화하지 않았다. 대신 그는 부자가 되는 것이 은행 잔고가 넘쳐나는 데 있지 않고 마음 상태에 존재한다고 이야기하였다. 부자가 되는 것은 우리의 수입이 감당할 수 있는 것보다 조금 소박한 욕심을 갖는 것이다.

부, 소비, 물질주의는 왜 만족하지 못하는가

호주의 연구자인 Richard Eckersley(2001)는 다음과 같이 이야기하였다. "만약 정부가 예상된 4% 경제 성장률에 도달한다면 호주인은 20년 전보다 두 배 부유해지는 것이고 100년 전보다는 10배 부유해지는 것이다. 그런데 그러한 성장이 개인의 혹은 사회의 웰빙에 과연 도움이 될 것인가?" 지금까지 보아왔듯이 심리적 혜택의 수준은 제한이 있을 것이다. 특히 높은 소득 수준에 이미 도달한 사람에게 있어서는 더욱 그러할 것이다. 왜 그럴까?

물질주의

물질주의는 사기를 최소화시킨다. Richard Ryan(1999)은 부를 위해서 열심히 노력하는 사람들이 매우 낮은 웰빙 수준을 보인다는 연구결과가 대부분의 문화에서 발견되는 것이라고 주장했다. 부, 외모, 인기와 같은 외재적 목표를 추구하는 것은 불안, 우울, 그리고 심인성 신체 질환을 유발할 것이다(Eckersley, 2005;

Sheldon, Ryan, Deci, & Kasser, 2004). 반면, Tim Kasser(2000, 2002)는 친밀감, 개인적 성장, 공동체에 대한 기여 등과 같은 내재적 목표를 추구하는 것은 삶을 더욱 풍요롭게 할 것이라고 주장했다. Ryan과 Kasser의 주장은 Perkins(1991)의 발견과 일맥상통한다. Perkins는 800명의 대학 졸업생 중에서 여피족의 가치관을 지닌 사람들을 중점적으로 살펴보았다. 여피족의 가치관이란 높은 수준의 소득과 함께 직업적 성공을 거두며 사회적 광장보다는 개인적 밀실에 가치를 두는 것을 의미한다. 연구결과, 여피족의 가치관을 지닌 사람들이 그렇지 않은 동료에 비해서 '상당히' 혹은 '매우' 불행하다고 응답한 비율이 2배가량 더 높았다.

Sheldon, Elliot, Kim과 Kasser(2001)의 연구에 참여했다고 상상해보자. "지난주에 가장 만족할 만한 일이 무엇이었나요? 그리고 그 일이 당신이 지니고 있는 자긍심, 타인과의 관계, 그리고 자율성의 욕구를 충족하였는지요? 동시에 그 일은 돈과 귀중품에 대한 당신의 욕구를 얼마나 만족시켰나요?" 대부분의 사람은 가장 만족할 만한 일에서 돈이나 귀중품에 대한 욕구보다는 자긍심, 타인과의 관계, 자율성에 대한 욕구를 충족하였다고 응답하였다. 이후 이루어진 Ed Diener와 Martin Seligman(2002)의 연구는 이 결과를 확증하였다. 매우 행복한 대학생의 특징은 그들의 재산에 있지 않고 '풍부하고 만족스러우며 친밀한 인간관계'에 있다는 것이 그들의 연구결과다.

또한 자신을 자신이 소유한 값비싼 물건과 동일시하는 물질주의자들은 긍정 기분을 보다 적게 경험하는 것으로 드러났다(Solberg, Diener, & Robinson, 2003). 이뿐만 아니라, 물질주의자는 원하는 바와 실제 지닌 것 사이의 간극이 상당히 크고, 가깝고 충만한 인간관계를 영위하지 못하는 것 같다. 일반인이 돈에 대한 생각을 하는 것만으로도 자원봉사, 관용, 연결감이 상당히 줄어드는 것 같다. Kathleen Vohs, Nicole Mead, Miranda Goode (2006)의 연구결과, 돈과 관련된 질문('높은 임금')을 통해 활성화시킨 집단이 돈과 무관한 질문('차가운 바깥 날씨')을 제시받은 집단에 비해 타인의 과제 수행을 도우려는 행동, 바닥에 떨어진 연필을 주우려는 행동, 돈을 기부하려는 행동을 덜 보였다.

경제학자 Robert Frank와 그의 Cornell 대학교 동료인 Thomas Gilovich, Dennis Regan(1993)이 함께 돈 중심의 경제학 교수를 연구하였다. 그들은 다른 학과의 교수에 비해서 상대적으로 높은 임금을 받고 있었지만 민간 봉사단체에 기부하지 않는 교수의 비율은 2배가량 높았다. TV 방송을 통한 호소에도 그들은 아무런 선물을 제공하지 않았다. 게다가 경제학 수업을 수강한 학생은 실험실에서 행해진 금융게임에서 가장 이기적으로 행동하기까지 했다.

연구들(Myers, 1993, 2000b)에서 입증하듯, 행복이라는 것이 대부분 긍정적 특질, 친밀한 인간관계, 직업과 여가에의 몰입, 그리고 의미, 희망, 사회적 지지에 대한 신념과 관련되는 문제라면 보다 많은 돈을 버는 것이 왜 우리의 욕구가 되는 것일까? 왜 과거의 귀중품이 그토록 빨리 현재의 필수품이 되는 것일까? 이러한 부와 소비의 심리를 이끄는 두 가지 원리가 존재한다.

적응: 행복과 사전 경험

아마도 당신은 눈치챘을 것이다. 논쟁, 거부, 좌절과 같은 나쁜 사건이 당신을 힘들게 하고, 큰 경기의 승리, A학점, 사랑에 빠지는 것과 같은 좋은 사건이 당신을 행복하게 한다는 것을. 그리고 아주 잠깐 동안 그 기분이 지속된다는 점을. "우리는 천일 동안 행복하지는 않으며 꽃은 백일 동안 피어 있지는 않다."라는 중국 속담이 있다. 하루 혹은 이틀이 지나면 우리의 기분은 제자리를 찾고 우리의 기분은 하루하루 발생하는 사건에 의해 좌우된다.

낙담과 의기양양은 지속되기가 쉽지 않다. 의기소침할 때 우리는 곧 반등될 것이라는 점을 잘 안다. 우리는 비난을 받고서는 음울해지지만 그렇게 길지는 않을 것이다. 갈채를 받고선 기뻐하며 성공을 즐기지만 곧 Seneca가 옳았다는 것을 깨달을 것이다. "영원히 지속되는 행복은 없다."

우리의 정서적 탄력성은 '적응 수준' 현상을 보여준다. 새로운 경험이 주어지면 금세 적응하여 그 적응 수준을 회복한다. 경험에 근거하여 우리는 중성적 수준을 조정한다. 그 수준의 소리는 너무 시끄럽지도 조용하지도 않고, 그 수준의 온도는 너무 뜨겁지도 차갑지도 않다. 그 수준에서 우리는 변화에 반응한다. 내가 살고 있는 미시건에서 아침에 화씨 50도의 온도는 7월에는 너무 차가울 것이며 1월에는 너무 뜨거울 것이다.

따라서 우리가 성취를 할 때, 그러니까 임금, 명성, 기술 등이 상승할 때, 우리는 성공했다고 느끼고 만족한다. 그러나 머지않아 우리는 적응한다. 내가 기억하기로, 컬러 TV가 등장하기 전에 존재했던 흑백 TV는 한때 중성적 자극이었으나 곧 컬러 TV에게 그 자리를 양보하게 되고 흑백 TV는 무엇인가 결핍된 것처럼 느껴졌다. 위쪽 방향으로 적응하게 되면 과거에는 좋게 여겨지던 것들이 나쁜 것으로 느껴진다. Richard Ryan(1999)이 이야기하듯, 만족은 반감기가 너무 짧다. 그리고 네덜란드 심리학자인 Nic Frijda(1988)는 다음과 같이 지속적인 즐거움에 대해 이야기했다. "지속적인 즐거움은 닳게 된다. 즐거움이란 변화에 따르는 것이어서 지속적인 만족과 함께 사라지게 된다."

Donald Campbell(1975)에 따르면 지구상에서 영원한 낙원은 불가능하다. 만약 유토피아에서 아침을 맞았다고 하자. 그곳에는 병도 없고 고지서도 없으며 사랑의 즐거움만 가득하다. 당신은 얼마간 황홀경에 빠질 것이다. 그렇지만 당신은 곧 당신의 적응 수준을 재조정하게 되고 얼마 지나지 않아 당신의 감정은 만족감(성취가 기대보다 나을 때)과 좌절감(성취가 기대에 못 미칠 때)이 혼합된 상태가 될 것이다.

Richard Solomon(1980)은 대립과정(opponent-process) 이론을 창안했다. 즉, 하나의 정서는 또 다른 반대 정서를 유발한다는 것이다. 따라서 우리가 누리는 기쁨은 나중에 그 값을 치르게 되고 우리가 겪는 고통은 나중에 그에 대한 보상을 얻게 된다. 예를 들어, 약물이 주는 즐거움은 대단하지만 그 약물의 효과가 떨어지면 금세 금단 증상과 우울증이 우리를 괴롭히게 된다. 힘든 운동과 고통스러운 산고를 경험한 뒤에 우리는 희열을 즐길 수 있다.

Solomon의 대립과정 이론은 쾌락주의자에게 그다지 좋은 소식이라 할 수 없다. 의도적인 즐거움을 구하는 사람은 나중에 그에 대한 대가를 치르게 되고 즐거움의 강도는 점점 더 약해지기 때문이다. 공짜 점심이란 애초에 존재하지 않고 발길로 걷어차면 언젠가 걷어차이는 일이 올 것이다. 스페인 속담의 신은 이렇게 말했다. "가지고 싶은 대로 가져라. 가진 뒤 그것에 대해서 값을 치르리라."

반면, 좋은 소식도 있다. 고통스럽고 단조로운 일상을 사는 사람에게 적응 수준은 분명 낮을 것이며 조만간 정서적 반등이 기다리고 있을 것이다. 성경에 담긴 지혜는 바로 그 점을 언급하고 있다. "저녁에는 울음이 기숙할지라도 아침에는 기쁨이 오리로다."(시편 30:5) "애통하는 자는 복이 있나니, 저희가 위로를 받을 것임이요."(마태복음 5:4) 견디어낸 고통을 다시 기억할 때 우리는 더 달콤한 즐거움을 얻는다.

우리는 직관적으로 적응이 존재한다는 것을 무시하는 경향이 있다. 우리는 다음과 같이 일련의 순서를 가정한다. 우리는 원한다. 우리는 갖는다. 우리는 행복하다. 그렇지만 Daniel Gilbert와 Timothy Wilson(2000, p. 182)이 주장하듯이, 실제로 우리는 때때로 "다르게 원한다." 섬에서의 휴일을 기대한 사람이면 당연히 태양과 서핑, 그리고 모래해변을 떠올릴 테지만, 실제 우리가 그 섬에 간다면 잘 짜여진 일과, 지적인 자극, 그리고 팝 타트 과자를 원하게 된다. 우리 모두는 임팩트 편향(Impact bias), 그러니까 우리의 정서가 꽤 오래 지속될 것이라는 착각을 하게 마련이다. 하지만 실제 정서는 우리를 위아래로 흔드는 고무밴드에 연결되어 있는 것이다.

임팩트 편향은 중요하다. 왜냐하면 Wilson과 Gilbert(2005)가 주장하듯 미래 정서에 대한 우리의 예측이 결정에 영향을 주기 때문이다. 신차 구입이나 성형 수술을 통해 얻는 즐거움의 강도와 지속기간에 대해 과대예측을 한다면 우리는 새 SUV 차량이나 전신 성형에 너무 많은 투자를 할지 모른다.

하지만 우리에게 야망을 불러일으키기 위해서는 적응 수준이 존재하는 것이 낫다. 만약 적응 수준이 없다면 우리는 작은 성공을 거둔 뒤 조금의 노력도 기울이지 않을 것이다. 열정적인 사랑이나 새로운 물건에서 얻는 즐거움은 모두 일시적인 것이다. 실제 성취가 행복으로 이어지기 위해서는 등정 이후 보다 높은 봉우리가 눈앞에 나타나야 한다.

C. S. Lewis(1956/1984, p. 228)는 그의 작품 『나니아(Narnia) 나라 이야기』에서 이 점을 인식하였다. 이 동화의 마지막은 사라지는 세계로 마무리되지만 이후 끝없이 지속되는 이야기로 이어진다. "이 세상에서의 모든 삶과 나니아에서의 모든 모험은 단지 표지와 제목 페이지일 따름이다. 말하자면 이 거대한 이야기의 첫 장을 이제 겨우 시작한 것이다. 이 거대한 이야기의 전편을 읽은 사람은 아무도 존재하지 않는다. 영원히 계속 진행될 이야기이기 때문이다. 각각의 장은 이전의 장보다 한 걸음 더 진보한 장이다."

사회적 비교: 행복과 타인의 성취

행복은 이미 적응한 과거 경험에 대한 것만이 아니라 다른 사람의 경험을 관찰하는 것과도 관련된다. 우리는 우리 자신 혹은 우리의 성취를 타인과 비교한다. 우리는 누구와 비교하는지에 따라서 기분이 좋기도 나쁘기도 하다. 굼뜬 타인을 보면 우리 자신이 민첩하다고 느끼고 둔한 타인을 보면 우리 자신이 영리하다고 느끼기도 한다. 그리고 가난해 보이는 사람을 보면 우리가 부유하다고 느낄 수도 있다. Karl Marx는 『임금, 노동 그리고 자본(*Wage-Labor and Capital*)』(1847/1976)에서 다음과 같이 기술하였다. "집은 작을 수도 클 수도 있다. 만약 주위 가옥들이 모두 작다면 거주지에 대한 모든 욕구는 충족되는 것이다. 반면, 작은 집 곁에 궁전 같은 집들이 가득하다면 그 집은 헛간이나 다름없을 것이다." *Brother to a Dragonfly*에서 Campbell(1980)은 다음과 같은 기억을 불러내었다. "우리의 가난은 어느 날 현실이 되었다. 우리가 적게 가져서가 아니라 우리의 이웃이 많이 가지게 되었기 때문이다."

2차 세계 대전 당시 공군은 상대적 박탈감의 고전적인 예를 보여준다. 상대적 박탈감이란 타인과의 비교로 인하여 가난하다고 느끼는 것을 의미한다. 공군 사병들의 진급 속도는 빠른 편이었지만 그들은 자주 진급과 관련하여 좌절감을 경험하였다(Merton & Kitt, 1950). 타인이 진급하는 것을 보게 되면 당사자들의 기대도 커지게 마련이다. 그리고 그 기대가 실제 진급 수준을 훨씬 상회하였을 때 결과는 좌절감이었다.

불만족을 부추기는 것은 상향 비교의 경향이다. 성공의 사다리를 오르거나 부를 축적하는 데 있어 자신의 현재 수준보다 조금 더 앞서 있는 동료와 비교하게 된다. "나폴레옹은 시저를, 시저는 알렉산더를 부러워하지 않았을까. 그리고 감히 말하건대 알렉산더는 존재하지도 않는 헤라클레스를 선망하지 않았을까. 따라서 성공을 이야기할 때 부러움을 따로 분리할 수는 없다. 왜냐하면 우리는 항상 역사나 전설에서 우리보다 성공한 사람을 찾을 수 있기 때문이다."

실리콘 밸리의 사업가들이 그보다 조금 앞선 상대방에 대해서 부러움을 가진다는 이야기는 사회적 비교의 현대적 표현일 것이다(Hafner, 2006). 페이팔의 초기 경영자가 유투브 창업자를 부러워하는 그 순간에 인터넷 데이트 사이트를 개설한 사람은 그의 친구이기도 한 페이팔의 창업자를 부러워할 것이다. 그리고 그때 부유하다고 느끼기보다는 애석함을 경험할 것이다.

불평등이 존재하는 곳에서 비교는 쉽게 불만족을 양산할 것이다. 요트가 딩기의 속도를 앞지르기 시작하였던 지난 30년 동안 미국인의 불평등은 가중되었다. 예를 들어, U.S. Census Bureau는 상위 5%의 고소득자의 재산이 차지하는 비율이 43%에서 50%로 상승하였다. 이 결과 보다 많은 사람이 부유한 이웃을 갖게 되고 자신의 존재에 대한 만족감이 더 줄어들게 될 것이다(Hagerty, 2000). TV에서 만나게 되는 부유한 사람의 존재는 상대적 박탈감을 더 가중시킨다(Schor, 1998). 이러한 요인들은 왜 지난 10년간 가시적인 부의 증가에도 중국인의 행복이 전혀 향상되지 않았는지를 잘 보여준다.

지속 가능한 세계에서 적응과 비교를 관리하는 것

행복과 삶의 만족도가 변화 가능한 것이라는 점이 가지는 긍정적 측면이 존재한다. 지구의 보유 수준 이상으로 소비와 인구가 증가할 때 기술적 진보가 이를 해결할 수도 있지만 동시에 삶을 단순하게 사는 것이 문제 해결의 방법이 될 수도 있다. 원유값이 상승함에 따라 미국은 유럽 국가를 따라서 연비가 좋은 차량을 개발하기 시작하였다. 이러한 단순화는 처음에는 불만족감을 야기할 수도 있다. 하지만 희생이 공유된다면 우리는 적응할 것이다. 그리고 얼마 지나지 않아 불만족감과 즐거움이 적당히 섞여 중화될 것이다.

지속 가능한 미래를 위해서 긍정심리학자가 공헌할 수 있는 부분은 정말로 괜찮은 삶이 무엇인지에 대한 의식 전환을 유발하는 통찰을 제공하는 것이다. 구약성서 이사야(55:2)의 다음의 내용처럼 긍정심리학은 우리에게 생각하도록 이끈다. "너희가 어찌하여 양식 아닌 것을 위하여 은을 달아주며 배부르게 못할 것을 위하여 수고하느냐?" 듣지 않는 CD를 사모으는 것이, 입지 않는 옷으로 가득 찬 옷장이, 고급 차 3대가 들어가는 차고가 무슨 소용인가? 이 모든 것이 찾기 힘든 즐거움을 위한 헛된 추구의 산물일 것이다. 물려받은 재산을 상속인에게 다시 물려주는 것이 무슨 소용인가? 그 재산이 그들의 행복에 기여할지, 아니면 세상에 상처를 입히는 데 사용될지 모르지 않는가.

세계 가치관 조사를 추적 연구하였던 사회과학자 Ronald Inglehart는 물질주의가 점점 힘을 잃고 인간관계, 자연보전, 삶의 의미에 대한 가치를 중요시하는 새로운 세대가 등장하고 있음을 목도하였다. 행복하게도, 친밀한 관계, 희망 가득한 신념, 긍정적 특질, 몰입하는 활동과 같이 진정으로 괜찮은 삶을 만드는 데 기여하는 요소는 지속 가능한 것이다. 부탄 국왕인 Jigme Singye Wangchuk(인용: Mancall, 2004)은 국내총생산보다 국민총행복이 더욱 중요하다고 주장했다.

새로운 아메리카 드림을 구축하는 데 있어 가난을 미화하거나 시장경제체제를 파괴하지 않아도 된다. 이를 위해서는 목적을 지닌 성장, 동정을 갖춘 자본, 형평을 유지하는 사업이 필요하다. 이러한 의식의 전환이 이미 일어났다. 오늘날 인종, 성 그리고 환경에 대한 인식은 50여 년 전의 인식과는 차원이 다르다. 물질주의의 사슬로부터 벗어난 새로운 종류의 만족이 새로이 시작된다면 이 실용적 원리들이 도움이 될 것이다.

향수로 키운 기대를 억누르기

Sydney Smith는 2세기 전 왕립 기관 강연에서 다음과 같이 충고하였다. "우리가 지금 행복하다면 과거 행복한 시절을 지내왔기 때문이다. 만약 지금 어떤 사람을 행복하도록 만들기 위해서는 20년 전에 그 사람을 행복하도록 만들고 그 사람이 행복한 기억을 갖도록 해야 한다." 사실상, 행복한 기억은 즐겁기는 하나 매혹적이었던 순간을 생각하는 것은 현재를 보잘것없게 만들게도 한다. 만약 현재를 가늠하는 잣대로 과거 행복했던 시간들과 황홀한 사랑의 이미지를 사용한다면 우리 스스로를 실망을 피할 수 없는 처지에 처하게 하는 것이다. 독일에서 행해진 실험에서 과거 행복했던 기억을 떠올렸을 때보다 불행했던 순간을 기억했을 때 기분이 더 좋아진다는 사실을 발견했다(Strack, Schwartz, &

Gschneidinger, 1985). 비록 멋진 기억이 즐겁기는 하지만 향수는 불만족을 낳는다.

Allen Parducci(1984)는 기억된 황홀경은 대가를 요구한다고 했다. 이전 경험의 영향력은 현재 경험에 대한 평가의 색깔을 결정짓기 때문에 어제의 영광이 일상의 즐거움을 무디게 만드는 것 같다. 일상의 가난에서 벗어나 맞이한 목가적인 휴일, 이전보다 배나 오른 수입, 격정적인 성관계에서 지금의 현실로 돌아온다면 평범한 주말, 여느 때와 다름없는 수입, 특별하지 않은 성교 등은 이제 별 재미를 주지 못할 것이다. 만약 최고 정점의 순간이 드물다면, 우리는 그것 없이도 잘 살 것이다. 만약 호화로움이 드물게 발생하여 우리의 일상에서 경험하는 조용한 즐거움을 감소시키지 않는다면, 호화로움에 노출되지 않는 편이 더 낫다. Ed Diener와 그의 동료들(Diener, Colvin, Pavot, & Allman, 1991; Smith, Diener, & Wedell, 1989)의 교훈이다.

얼마나 상황이 악화될 수 있는지를 일깨워주는 것

질병으로 인해 입원을 한 뒤 완쾌된 다음에, 사람들은 큰 행복을 보고한다(Schwarz & Strack, 1990). 대조를 통해서 만족은 쉽게 정의될 수 있다. 허기의 고통은 음식을 달콤하게 만든다. 피곤할 때 침대는 천국과도 같다. 외로움에 쩔쩔 맨 다음 친구들이 더욱 소중해진다.

우리가 얼마나 축복받은 사람인지 일깨워줄 수 있는 간단한 방법은 적지 않다. 침낭에서 며칠 밤을 지낸 뒤 돌아와 누운 침대는 너무나 부드럽다. 고기 없는 깔깔한 식단 이후 맛보게 되는 구운 쇠고기의 맛은 일품이다. 일상적 만남으로 당연히 옆에 있는 사람이 되어 버린 연인과 며칠 떨어져 지낸 후 맞게 되는 해후는 더욱 달콤하다. 이런 경험은 우리의 태도를 바꿔주고 새롭게 감사하는 마음을 갖게 해준다.

Shelley Taylor(1989, pp. 167-168)는 유대인의 우화에 담긴 원칙에 대해서 이야기하였다. 우화의 주인공인 농부는 아내가 그를 귀찮게 하고 아이들은 항상 다투며 그의 주변은 엉망진창이라면서 랍비의 조언을 구하였다. 랍비는 당장 집으로 돌아가서 닭을 방안으로 들어오도록 제안했다. "안방으로요!" 농부는 깜짝 놀라 소리쳤다. "그게 무슨 소용이 있는 것인가요?" 그러나 그 농부는 랍비의 충고를 잘 따랐다. 이틀이 지난 뒤 더욱더 흥분된 농부는 다시 랍비를 찾아왔다. "제 아내는 저를 귀찮게 하고 아이들은 항상 다투며 닭은 사방에 알을 놓고 날개를 퍼덕거리며 우리 음식을 먹어치우고 있어요. 저는 어떻게 해야 하나요?" 랍비는 다시금 농부에게 이제는 소를 방으로 들어오도록 충고했다. "소를 안으로요?" 불쌍한 농부는 다시 비명을 질렀다. "그러면 상황이 더욱 악화될 텐데요?" 하지만 농부는 이번에도 랍비의 말에 순종했다. 며칠 뒤 더더욱 낭패가 된 표정을 한 채 농부는 다시금 랍비를 방문했다. "아무것도 도움이 된 것은 없어요. 이제 방 곳곳에는 닭들이 살고요, 소는 제 가구들을 망가뜨리고 있어요. 랍비 당신은 상황을 더욱 악화시켰어요." 랍비는 화가 잔뜩 나 있는 농부를 다시 되돌려 보내고서는 이번에는 말을 집 안으로 들이도록 제안했다. 다음 날 농부는 절망 가득한 얼굴로 다시 랍비를 찾았다. "모든 것이 엉망이 되었어요. 우리 가족을 위한 공간은 전혀 없어요. 우리 집은 이제 정육점이 되어버린 것 같아요. 어떻게 하면 좋죠?" 그때 랍비는 다음과 같이 지시하였다. "집에 가서 말과 소와 그리고 닭을 밖으로 옮기세요." 농부는 다음 날 웃음을 만면에 머금고 랍비를 방문했다. "랍비, 우리의 삶은 너무나 조용하고 평온합니다. 동물들이 사라지고 난 뒤 우리는 가족을 다시 찾았어요. 어떻게 감사를 표현해야 할지 모르겠네요." 랍비는 조용히 미소를 지을 뿐이었다.

감사를 만들어낼 수 있도록 비교를 선택하기

내 아이들은 경제적 측면에서 정반대의 삶을 살고 있다. 한 아이는 세계적 갑부의 요트나 집안에 개인 기술 서비스를 제공하는 일을 하고 있다. 다른 아이는 지금 남아프리카에 거주하면서 가난으로 고통 받는 주민을 돕는 자원봉사 일을 담당하고 있다. 이 아이가 경제적으로는 훨씬 가난하지만 자매에 비해서 조금도 부유하지 않다고 느끼지 않는 것 같다. Maslow(1972, p. 108)는 이에 대해 다음과 같이 이야기하였다. "우리가 지금 해야 할 것은 즉시 병원으로 달려가서 사람들이 예전에는 단 한 번도 축복으로 여기지 않았던 축복들을 기원하는 것을 목도하는 것이다. '소변을 보게 해주시고, 원하는 쪽으로 잠을 잘 수 있게 해주시고, 삼킬 수 있게 해주시고, 가려운 곳을 긁을 수 있게 해주세요.' 결핍과 탈핍의 상황에 놓이는 것은 우리로 하여금 축복이 무엇인지 빠르게 가르쳐준다."

가난이나 질병을 직접 체험하지 않고서도 간접적으로 그 상황을 생각하는 것으로도 우리 자신의 상황에 대해서 만족감을 느낄 수 있다. Dermer, Cohen, Jacobson과 Anderson(1979)은 미국 Wisconsin 대학교 밀워키 캠퍼스에서 여성들을 대상으로 1900년경 밀워키의 삶이 어떠했는지를 떠올려보도록 했다. 위생은 엉망이고, 배고픔, 실업, 범죄, 절망 등으로 가득 찬 당시의 삶을 묘사해보도록 했다. 또한 화상을 입었거나 얼굴이 변형되는 개인적 체험을 떠올려보도록 했다. 연구결과, 연구에 참여한 여성들은 지금 삶에 대해서 만족한다고 보고하였고 지금의 삶이 그렇게 나쁘지 않다고 느끼게 되었다.

또 다른 연구결과가 보고되었다. Jennifer Crocker와 Lisa Gallo(1985)는 오래된 노래에 담긴 지혜를 검증하였다. 그 노래의 제목은 다음과 같다. "축복을 헤아려보세요. 하나씩 이름을 불러보세요." 참가자들에게 다음의 빈칸을 5회에 걸쳐 채우도록 하였다. "나는 행복합니다. 나는 ______ 이 아니니까요." 상기의 실험 이후 참가자들은 보다 행복해졌고 삶에 대해 보다 만족하게 되었다. 다른 조건의 참가자들은 다음의 빈칸을 5번에 걸쳐서 완성하도록 지시를 받았다. "나는 ______ 하기를 희망합니다." 이 실험 이후에는 오히려 삶에 대해서 부정적으로 느끼게 되었다. 페르시아의 속담에서는 다음과 같이 이야기한다. "다리가 없는 사람을 만나기 전까지 저는 신발이 없다고 울고 있었습니다."

| 개인적인 작은 실험들 |

돈에 대해 생각하는 것은 중요하다

이 장에서는 국가의 소득이 국가의 주관적 안녕과 관련되어 있음을 살펴보았다. 물론 이는 어느 수준까지다. 그리고 이 장에서는 개인의 소득이 개인의 웰빙과도 연관되어 있음을 살펴보았다. 물론 이것도 어느 수준까지 그렇다는 것이다. 또한 이 장에서는 경제적 성장은 웰빙의 증가를 동반하지 않는다는 사실에 대해서 이야기하였다. 우리는 전 미국 사회에 물질주의가 만연해 있으며 이것은 행복과 전혀 무관하다는 사실을 보고하였다. 부, 그리고 물질주의가 행복과 그다지 관련이 없다는 사실에 대해 두 가지 원칙을 내세워서 설명하였다. 그중 하나는 적응 수준 현상이고 다른 하나는 사회적 비교의 원칙이다. 소득과 소비가 증가함에 따라, 즉각적으로 기분이 좋아지기는 하나 얼마 지나지 않아 그에 적응하기 마련이다. 다른 사람과 비교를 할라치면 우리의 기분은 상대적으로 박탈감을 느끼게 마련이다.

귀하는 다음과 같은 질문에 어떻게 대답할 것인가? 아니면 앞으로 어떤 식으로 대답하려고 하는가?

- 귀하의 가슴속 깊은 열망은 무엇인가? 많은 돈을 버는 것은 얼마나 중요한 일인가? 만약 그것이 귀하에게 있어 중요한 목표라면 어떤 것을 바라고 돈을 벌려고 하는 것인가? 보다 많은 재산 혹은 편안함이 목표인가? 지위가 목표인가? 후손

에게 유산을 남기려고 하는 것인가?

- 만약 귀하에게 현재 큰 재산이 있다면, 혹은 미래에 큰 재산이 주어진다면, 살아있는 동안 그 돈으로 무엇을 할 것인가? 상속인에게 그 재산을 모두 남긴 채 이 세상을 떠날 것인가? 만약 그렇지 않다면 어떻게 배분할 계획인가?
- 귀하의 생활 스타일은 어느 정도의 생태발자국지수(ecological footprint)[8]를 필요로 하는가? 이것은 귀하가 의도한 것인가?
- 현재의 제도를 바꾸어서 소비에 영향을 줄 수 있는 시책에 대해 귀하는 어떤 입장을 가지고 있나? 예를 들어, 귀하는 자동차 혹은 트럭에 대한 높은 수준의 연료 효율제를 찬성하는가? 높은 유류세가 책정된다면 귀하는 소형차 혹은 환경보호 자동차를 구입할 것인가?

참고문헌

Argyle, M. (1999). Causes and correlates of happiness. In D. Kahneman, E. Diener, & N. Schwarz (Eds.), *Well-being: The foundations of hedonic psychology*. New York: Russell Sage Foundation.

Biswas-Diener, R., & Diener, E. (2001). Making the best of a bad situation: Satisfaction in the slums of Calcutta. *Social Indicators Research, 55*, 329-352.

8 역자 주: 인간이 소비하는 에너지, 식량, 주택, 도로 등을 만들기 위해 자원을 생산하고 폐기물을 처리하는 데 드는 비용을 토지로 환산한 것.

Buffett, W. (1997, April 21). Does money buy happiness? *Forbes, 394.*

Bureau of Labor Statistics (2007). Seasonally adjusted average hourly earnings, 1982 dollars. Retrieved April 10, 2007, from www.data.bls.gov.

Burkholder, R. (2005, January 11). Chinese far wealthier than a decade ago-but are they happier? *Gallup Poll News Service*. Retrieved August 7, 2006, from www.galluppoll.com.

Campbell, A. (1981). *The sense of well-being in America.* New York: McGraw-Hill.

Campbell, D. T. (1975). On the conflicts between biological and social evolution and between psychology and moral tradition. *American Psychologist, 30,* 1103-1126.

Campbell, W. (1980). *Brother to a dragonfly.* New York: Continuum.

Carroll, J. (2006, August 7). American workers would be happier in same job with higher pay. *Gallup Poll News Service.* Retrieved August 7, 2006, from www.galluppoll.com.

Crocker, J., & Gallo, L. (1985, August). The self-enhancing effect of downward comparison. Paper presented at the American Psychological Association Convention, Los Angeles, CA.

Cross-National Collaborative Group (1992). The changing rate of major depression. *Journal of the American Medical Association, 268,* 3098-3105.

Csikszentmihalyi, M. (1999). If we are so rich, why aren' t we happy? *American Psychologist, 54,* 821-828.

Cummins, R. A. (2006, April 4). Australian unity wellbeing index Survey 14.1. Australian Centre on Quality of Life, Deakin University.

Dermer, M., Cohen, S. J., Jacobson, E. A. (1979). Evaluative judgments of aspects of life as a function of vicarious exposure of hedonic extremes. *Journal of Personality and Social Psychology, 37,* 247-260.

Diener, E., & Biswas-Diener, R. (2002). Will money increase subjective well-being? A literature review and guide to needed research.

Social Indicators Research, 57, 119-169.

Diener, E., Colvin, C. R., Pavot, W., & Allman, A. (1991). The psychic costs of intense positive affect. *Journal of Personality and Social Psychology, 61,* 492-503.

Diener, E., Horwitz, J., & Emmons, R. A. (1985). Happiness of the very wealthy. *Social Indicators, 16,* 263-274.

Diener, E., & Seligman, M. E. P. (2002). Very happy people. *Psychological Science, 13,* 81-84.

Easterlin, R. (1995). Will raising the incomes of all increase the happiness of all? *Journal of Economic Behavior and Organization, 27,* 35ff.

Eckersley, R. (2000). The mixed blessings of material progress: Diminishing returns in the pursuit of happiness. *Journal of Happiness Studies, 1,* 267-292.

Eckersley, R. (2001, March 23). Wealthier, but poorer for all that. *The Australian* (p. 13).

Eckersley, R. (2005). Is modern Western culture a health hazard? *International Journal of Epidemiology, 35,* 252-258.

Frank, R. H. (1999). *Luxury fever: Why money fails to satisfy in an era of excess.* New York: Free Press.

Frank, R. H., Gilovich, T., & Regan, D. T. (1993). Does studying economics inhibit cooperation? *Journal of Economic Perspectives, 7,* 159-171.

Frijda, N. H. (1988). The laws of emotion. *American Psychologist, 43,* 349-358.

Gallup, G., Jr., & Newport, F. (1990, July). Americans widely disagree on what constitutes *'rich.' Gallup Poll Monthly,* 28-36.

Gerhart, K. A., Koziol-McLain, J., Lowenstein, S. R., & Whiteneck, G. G. (1994). Quality of life following spinal cord injury: Knowledge and attitudes of emergency care providers. *Annals of Emergency Medicine, 23,* 807-812.

Gilbert, D. T., & Wilson, T. D. (2000). Miswanting: Some problems in the forecasting of future affective states. In J. Forgas (Ed.), *Feeling and thinking: The role of affect in social cognition*. Cambridge: Cambridge University Press.

Hafner, K. (2006, November 21). In web world, rich now envy the superrich. *New York Times*. Retrieved November 21. 2006, from www.nytimes.com.

Hagerty, M. R. (2000). Social comparisons of income in one' s community: Evidence from national surveys of income and happiness. *Journal of Personality and Social Psychology, 78,* 764-771.

Inglehart, R. (1990). *Culture shift in advanced industrial society*. Princeton: Princeton University Press.

Inglehart, R. (1997). *Modernization and postmodernization*. Princeton: Princeton University Press.

Inglehart, R. (2008). Cultural change and democracy in Latin America. In F. Hagopian (Ed.), *Contemporary Catholicism, religious pluralism, and democracy in Latin America*. South Bend, IN: Notre Dame University Press.

Kahneman, D. (2005, February 10). Are you happy now? *Gallup Management Journal*. Retrieved February 10, 2005, www.gmj.gallup.com.

Kammann, R. (1983). Objective circumstances, life satisfactions, and sense of well-being: Consistencies across time and place. *New Zealand Journal of Psychology, 12,* 14-22.

Kasser, T. (2000). Two versions of the American dream: Which goals and values make for a high quality of life? In E. Diener (Ed.), *Advances in quality of life theory and research*. Dordrecht, Netherlands: Kluwer.

Kasser, T. (2002). *The high price of materialism*. Cambridge, MA: MIT Press.

Klerman, G. L., & Weissman, M. M. (1989). Increasing rates of depression. *Journal of the American Medical Association, 261,* 2229-2235.

Kübler, A., Winter, S., Ludolph, A. C., Hautzinger, M., & Birbaumer, N. (2005). Severity of depressive symptoms and quality of life in patients with amyotrophic lateral sclerosis. *Neurorehabilitation and Neural Repair, 19*(3), 182-193.

Lewis, C. S. (1984). *The last battle.* New York: Collier Books. (Originally published 1956)

Luthar, S. S., & Latendresse, S. J. (2005). Children of the affluent: Challenges to well-being. *Current Directions in Psychological Science, 14,* 49-53.

Lykken, D. T. (1999). *Happiness.* New York: Golden Books.

Mancall, M. (2004). Gross national happiness and development: An essay. In K. Ura & K. Galay (Eds.), *Gross national happiness and development.* Thimphu, Bhutan: The Centre for Bhutan Studies.

Marx, K. (1976). *Wage-labour and capital and value, price and profit.* New York: International Publishers. (Originally published 1847)

Maslow, B. G. (1972). *Abraham H. Maslow: A memorial volume.* Monterey, CA: Brooks/Cole.

McCullough, M. E., Tsang, J.-A., & Emmons, R. A. (2004). Gratitude in intermediate affective terrain: Links of grateful moods to individual differences and daily emotional experience. *Journal of Personality and Social Psychology, 86,* 295-309.

Merton, R. K., & Kitt, A. A. (1950). Contributions to the theory of reference group behavior. In R. K. Merton & P. E. Lazarsfeld (Eds.), *Continuities in social research: Studies in the scope and method of the American soldier.* Glencoe, IL: Free Press.

Myers, D. G. (1993). *The pursuit of happiness.* New York: Avon Books.

Myers, D. G. (2000a). *The American paradox: Spiritual hunger in an age or plenty.* New Haven: Yale University Press.

Myers, D. G. (2000b). The funds, friends, and faith of happy people. *American Psychologist, 55,* 56-67.

National Opinion Research Center (2004). General social survey. Accessed via sda. Berkeley.edu.

Naylor, T. H. (1990). Redefining corporate motivation, Swedish style. *Christian Century, 107,* 566-570.

Niemi, R. G., Mueller, J., & Smith, T. W. (1989). *Trends in public opinion: A compendium of survey data.* New York: Greenwood Press.

Parducci, A. (1984). Value judgments: Toward a relational theory of happiness. In J. R. Eiser (Ed.), *Attitudinal judgment.* New York: Springer-Verlag.

Pearson, J. (1995). *Painfully rich: The outrageous fortune and misfortunes of the heirs of J. Paul Getty.* New York: St. Martins.

Perkins, H. W. (1991). Religious commitment, Yuppie values, and well-being in post-collegiate life. *Review of Religious Research, 32,* 244-251.

Riis, J., Loewenstein, G., Baron, J., Jepson, C., Fagerlin, A., & Ubel, P. A. (2005). Ignorance of hedonic adaptation of hemodialysis: A study using ecological momentary assessment. *Journal of Experimental Psychology: General, 134,* 3-9.

Russel, B. (1985). *The conquest of happiness.* London: Unwin Paperbacks. (Originally published 1930)

Ryan, R. (1999, February 2). Quoted by Alfie Kohn. In pursuit of affluence, at a high price. *New York Times.* Retreived February 2, 1999, from www.nytimes.com.

Schor, J. B. (1998). *The overworked American.* New York: Basic Books.

Schwartz, J., & Estrin, J. (2004, November 7). Living for today, locked in a paralyzed body. *New York Times.* Retrieved November 7, 2004, from www.nytimes.com.

Schwartz, N., & Strack, F. (1990). Evaluating one's life: A judgment model of subjective well-being. In F. Strack, M. Argyle, & N. Schwarz (Eds.), *The social psychology of well-being.* Oxford: Pergamon.

Seneca, L. A. (1928-1935). Morals of a happy life. In J. W. Basore (Trans.) *Moral essays* (Vol. 3). London: W. Heinemann.

Sheldon, K. M., Elliot, A. J., Kim, Y., & Kasser, T. (2001). What is satisfying about satisfying events? Testing 10 candidate psychological needs. *Journal of Personality and Social*

Psychology, 80, 325-339.

Sheldon, K. M., Ryan, R. M., Deci, E. L., & Kasser, T. (2004). The *indepen-dent* effects of goal contents and motives on well-being: It' s both what you pursue and why you pursue it. *Personality and Social Psychology Bulletin, 30,* 475-486.

Sieff, E. M., Dawes, R. M., & Loewestein, G. (1999). Anticipated versus actual reaction to HIV test results. *The American Journal of Psychology, 112,* 297-313.

Smith, R. H., Diener, E., & Wedell, D. H. (1989). Intrapersonal and social comparison determinants of happiness: A range-frequency analysis. *Journal of Personality and Social Psychology, 56,* 317-325.

Solberg, E. C., Diener, E., & Robinson, M. D. (2003). Why are materialists less satisfied? In T. Kasser & A. D. Kanner (Eds.), *Psychology and consumer culture: The struggle for a good life in a materialistic world.* Washington, DC: American Psychological Association.

Solomon, R. L. (1980). The opponent-process theory of acquired motivation: The costs of pleasure and the benefits of pain. *American Psychologist, 35,* 691-712.

Strack, S., Schwarz, S., & Gschneidinger, E. (1985). Happiness and reminiscing: The role of time perspective, affect, and mode of thinking. *Journal of Personality and Social Psychology, 49,* 1460-1469.

Suhail, K., & Chaudhry, H. R. (2004). Predictors of subjective well-being in an eastern Muslim culture. *Journal of Social and Clinical Psychology, 23,* 359.

Swindle, R., Jr., Heller, K., Bescosolido, B., & Kikuzawa, S. (2000). Responses to nervous breakdowns in America over a 40-year period: Mental health policy implications. *American Psychologist, 55,* 740-749.

Taylor, S. E. (1989). *Positive illusions.* New York: Basic Books.

Vohs, K. D., Mead, N. L., & Goode, M. R. (2006). The psychological consequences of money. *Science, 314,* 1154-1156.

Watkins, P. C. (2004). Gratitude and subjective well-being. In R. A. Emmons & M. E. McCullough (Eds.), *The psychology of gratitude*. New York: Oxford University Press.

Wilson, T. D., & Gilbert, D. T. (2005). Affective forecasting: Knowing what to want. *Current Directions in Psychological Science, 14,* 131-134.

4

물질적 성공과 날씬한 몸매 추구에 대한 긍정적 대안

외재적 목표와 내재적 목표의 효과에 대한 이해

• Maarten Vansteenkiste, Bart Soenens와 Bart Duriez

4

물질적 성공과 날씬한 몸매 추구에 대한 긍정적 대안

외재적 목표와 내재적 목표의 효과에 대한 이해

Maarten Vansteenkiste, Bart Soenens와 Bart Duriez

현대의 소비문화는 만족스럽고 행복한 삶으로 가는 확실한 길을 제시하는 것처럼 보인다. 수많은 광고에서 좋은 삶이란 "좋은 물건을 소유하는 삶"(Kasser, 2002), 혹은 "완벽한 신체"를 갖는 것(Dittmar, 2007)과 같다고 말하고 있다. 대중매체는 만약 우리가 TV와 패션 잡지에 나오는 물건들을 많이 소유하고, 모델 같은 이상적인 몸매가 되면, 자신과 전반적인 삶에 대해 보다 만족하게 될 것이라고 말한다. 대중매체는 이러한 메시지를 통해서 행복과 성공의 지표로서 부와 아름다운 외모가 찬미되는 꿈의 세상을 그리고 있다(Kasser, Cohn, Kanner, & Ryan, 2007).

수십 년간 소비문화가 기하급수적으로 성장함에 따라, 심리학자들은 "아메리칸 드림"(Kasser & Ryan, 1993)이 약속하는 바가 무언가 진실을 담고 있는지, 아니면 사람들을 오도하는 근거 없는 믿음은 아닌지를 검증하는 데 점점 더 많은 관심을 보이고 있다

(Dittmar, 2007). 이 장의 목적은 탄탄한 토대를 지닌 동기이론인 자기결정이론(SDT; Deci & Ryan, 2000; Ryan & Deci, 2000) 및 이 이론에 따른 내재적 목표(예: 자기발달, 지역사회 기여)와 외재적 목표(예: 경제적 성공, 지위) 간의 질적 차이를 살펴봄으로써 소비주의와 좋은 삶에 대한 논의를 정리해보고자 하는 데 있다. 이 과정에서 외재적 목표 추구의 의미뿐만 아니라, 긍정심리학의 관점(Seligman & Csikszentmihalyi, 2000)에 따라서 긍정적인 대안, 즉 내재적 목표 추구에 대해서도 살펴볼 것이다. 또한 사람들이 추구하는 목표와 개인적 안녕감 및 사회적 안녕감 간의 상관관계(개관을 위해 Kasser, 2002 참조)에 대해 살펴볼 뿐만 아니라, 도덕적 · 생태적 집단 간 태도, 수행 및 지속성 영역에서 내재적 및 외재적 목표를 추구한 결과에도 초점을 맞출 것이다.

이 장은 크게 네 부분으로 나누어져 있다. 전반부에서는 개인이 내재적 목표와 외재적 목표를 추구하는 것의 의미를 살펴보고, 내재적 목표와 외재적 목표를 장려하는 환경에 노출된 결과를 알아볼 것이다. 다음 부분에서는 외재적 목표와 내재적 목표의 구분을 반박하는 여러 이론들을 개관할 것이다. 마지막으로 내재적 목표보다 외재적 목표를 장려하는 환경에 노출, 동화됨에 따라 자율성, 유능감, 관계성에 대한 기본적 · 심리적 욕구가 결핍되며(Ryan, 1995), 이를 통해 두 목표가 개인의 기능에 서로 다른 영향을 미치는 것을 설명할 수 있음을 살펴볼 것이다(Kasser, 2002).

기본적 욕구 충족의 메커니즘에 더해, 목표 추구와 기본적 욕구 충족 사이에서 조정 역할을 할지도 모르는 미시적-매개 메커니

즘에 대해서 자세히 살펴보도록 하겠다. 이 과정에서 신체상, 소비심리학, 사회심리학 분야에서 진행된 연구들을 개관할 것이다.

내재적 목표 대 외재적 목표 추구

SDT에 따르면, 목표 중에는 개인의 사적 안녕감과 사회적 안녕감에 더 많은 영향을 미치는 것이 있다(Ryan, Sheldon, Kasser, & Deci, 1996). 특히 SDT 연구자들(Kasser & Ryan, 1996; Vansteenkiste, Lens, & Deci, 2006)은 목표의 내용이나 유형을 두 가지로 나누고 있다. (1) 사회적 인기나 명성, 경제적 성공, 타인에 대한 영향력과 권력, 매력적인 외모를 추구하는 외재적 목표, (2) 의미 있는 관계 형성, 재능 계발, 신체적 건강, 지역사회에 의미 있는 공헌하기와 같은 내재적 목표가 그것이다.

외재적 목표는 명성, 돈, 용모가 성공의 지표가 되는 소비문화를 단적으로 보여준다(Kasser, Cohn et al., 2007). 이러한 목표는 권력, 사람들의 존경, 그리고 이들을 실감하는 데에서 오는 가치감을 진작시킨다는 점에서 호소력을 지닌다(Kasser, Ryan, Couchman, & Sheldon, 2004). 이러한 목표는 다른 사람에게 좋은 인상을 주려 애쓰는 데에 초점을 맞추므로, '외부지향성' (Williams, Cox, Hedberg, & Deci, 2000) 또는 '소유지향성' (Fromm, 1976)을 강화시키므로 외재적인 것이라 할 수 있다. 그런데 이러한 목표 추구는 기본적 욕구 충족에 있어 '외생적(exogenous)' 인 것일 수 있는데, 이를 통해서는 만족이 어렵고, 이는 자율성, 유능감, 관계성의 욕구를 좌절시키기 때문이다(Deci & Ryan, 2000).

이에 반해, 내재적 목표를 추구하는 것은 본질적으로 만족감을 느끼게 하고 건강을 증진시키기 때문에 가치 있게 여겨진다. 내재적 목표는 자신의 관심, 가치, 잠재력을 실현하는 것에 초점을 두는 내부지향적인 틀 또는 '존재지향성'을 반영한다(Fromm, 1976; Van Boven & Gilovich, 2003). 내재적 목표는 인본주의적 생각과 마찬가지로 의미를 찾고, 인간적으로 성숙해지고자 하며, 그리고 타인과 유대를 맺으려는 개인의 성향을 반영하는 것으로 생각된다(Sheldon & Kasser, 2001). 고로, 내재적 목표는 인간이라는 존재에 공통적인 유기체적 성장 경향성이 발현된 것이라 할 수 있다. 충분히 지지적인 환경에서, 사람은 외재적 목표에서 벗어나 내재적 목표를 향해서 가고자 하는 선천적인 경향성을 갖고 있다(Sheldon, Arndt, & Houser-Marco, 2003). 내재적 목표를 추구함으로써 자율성, 유능성, 관계성에 대한 타고난 심리적 욕구를 충족시킬 수 있기 때문에, 보다 '내생적'인 것일뿐더러 기본적 욕구 충족과 보다 본질적인 관계를 맺고 있다고 할 수 있다.

인간의 가능한 모든 가치를 도표화하고자 하는 연구자들(예: Schwartz, 1992)과 달리, 내재적 목표와 외재적 목표를 철저히 구분해야 하는 것은 아니다. 모든 목표가 기본적으로 두 가지 목표 중 하나로 분류될 수 있는 것이 아니며, 목표 중에는 타인에게 좋은 인상을 주려는 것도 아니고 성숙 추구와도 관련되지 않아(예: 쾌락주의) 어느 분류에도 속하지 않는 경우도 있다. 또한 외재적 목표를 다룬 연구가 유일하게 SDT만은 아니라는 점을 주목해야 한다. 비록 명칭은 다르지만, 외재적 목표라는 개념은 소비심리학(예: Belk, 1985; Richins & Dawson, 1992), 정치사회학(예: Inglehart, 1990), 조직심리학(예: Elizur, 1984)과 같은 영역에서도 상당한 관심을 받고 있으며, 이상의 분야들은 모두 본래 한 가지 외재적 목표, 즉 부의 추구에 초점을 맞추고 있다. 신체상 및 섭식장애 연구에서(예: Stice & Shaw, 1994), 연구자들은 또 다른 외재적 목표, 즉 이상적인 날씬한 몸매에 초점을 맞추고 있다. 물질적 성공과 신체적 매력 각각을 연구하는 것이 서로 다른 현상을 이해하는 데 중요할 수도 있겠으나(예: 윤리적 기능 대 섭식장애의 원인), SDT의 시각에서 보면 두 가지가 외적인 특징을 공유하므로 외재적 목표라는 개념하에서 함께 연구될 수 있다.

더욱이, SDT는 외재적 목표를 다른 목표와 '분리' 하여 연구하기보다, 그것의 긍정적인 대안, 즉 내재적 목표와 비교해서 연구해야 한다고 주장한다. 이에 따라, SDT에 기반을 둔 경험적 연구들은 개인이 외재적 목표와 내재적 목표에 부여하는 상대적 중요성을 반영하는 결합점수를 자주 사용한다. 고로, 점수가 높을수록 외재적 목표보다 내재적 목표에 더 많은 가치를 두는 경향을 반영한다.

내재적 목표와 외재적 목표에 대한 첫 번째 연구에서, Kasser와 Ryan(1993, 1996)은 개인이 내재적 혹은 외재적 열망 추구에 부여하는 중요성을 측정하는 열망지수를 개발하였다. 미국인 집단을 대상으로 요인분석을 했을 때, 이들 두 종류의 목표는 내재적 요인과 외재적 요인으로 구분되는 것으로 나타났다. 보다 최근에, 좀 더 정교한 분석 기법(즉, multidimensional scaling)을 사용한 결과, Grouzet과 Kasser 등(2006)은 문화의 초점과 국민총생산이 서로 다른 15개 국가에서 내재적-외재적 목표 구분이 일관되게 나타난다는 것을 보임으로써 이러한 구분의 일반화 가능성을 보여주었고, 내재적-외재적 차원의 일반화 가능성에 대한 후속 증거들을 제공하였다. 내재적 목표와 외재적 목표는 각각 질적으로 다른 기능 형태를 야기한다는 점에서, 외재적 목표보다 내재적 목표 추구를 보다 강하게 지향하는 삶을 사는 것이 개인의 적응과 관련이 있는지 여부가 중요한 문제가 된다. 외재적 목표에 부여한 절대적인 중요성보다는 개인의 총체적인 가치 구조에서 이러한 목표가 차지하는 상대적인 비중이 문제가 될 수 있다는 점을 알아야 한다.

개인의 안녕감과 건강

한국, 러시아, 벨기에, 독일, 영국과 같은 다양한 국가에서 시행된 다수의 연구에서 내재적 목표보다 외재적 목표를 추구하는 것은 낮은 심리적 안녕감(예: 자기실현, 활력), 낮은 주관적 안녕감(예: 행복감, 삶의 만족), 불안녕감의 강력한 지표(예: 우울, 부정적 정서, 불행하고 불안했던 시간의 비율; 개관을 위해 Kasser, 2002 참조)와 관련이 있는 것으로 나타났다. 여러 소비심리학 연구에서 물질주의는 자존감(예: Richins & Dawson, 1992), 삶의 질(예: Roberts & Clement, 2007)과 부적 상관을, 사회 불안, 나르시시즘, 품행장애(Cohen & Cohen, 1996)와는 정적 상관을 보임으로써 이들 결과를 뒷받침해왔다.

같은 맥락에서 Van Boven과 Gilovich(2003)는 사람들이 물질적 구매(즉, 보석 같은 구체적인 대상 구매)보다 체험적 구매(즉, 여행과 같은 일련의 이벤트 구매)가 '더 좋은 소비'라고 믿고 있으며, 물질적 구매보다 체험적 구매가 보다 긍정적인 감정을 일으킨다는 것을 확인하였다. 이러한 결과는 Kasser와 Sheldon(2002)의 연구에서도 추가적으로 확인되었는데, 이들의 연구에서 행복하고 만족스러운 크리스마스는 종교의식, 가족 행사에 보다 자주 참여하는 것과 정적인 상관을 보인 반면, 물질주의적 경험(예: 돈 쓰기)과는 부적인 상관을 보였다. 또한 Kasser(2005)는 10~11세의 물질주의적 아동들이 훨씬 우울하고 안녕감이 저하되는 경향을 발견하였다. Dohnt와 Tiggeman(2006a)에 따르면 6세만 되도 상당수의 여아들이 날씬한 몸매를 원하는 것으로 나타났다. 동시에 여성지를 본 여자아이들이 자신의 외모에 대한 불만감이 더 컸으며, 또한 외모 관련 TV 프로그램을 보는 여자아이들이 외모 불만족감을 경험할 위험이 더 높은 것으로 나타났다(Dohnt & Tiggeman, 2006b). 어린 아동들마저도 외재적 목표의 악영향에 이미 취약해져 있다는 사실은, 이상적 신체상과 물건이 행복을 보장한다는 메시지를 아이들이 받아들이도록 유혹하는 시도가 점점 늘어나고 있는 광고 산업에 경종을 울린다.

끝으로, 운동(Sebire, Standage, & Vansteenkiste, 인쇄 중), 스포츠(Vansteenkiste, 2007), 그리고 업무(Vansteenkiste, Neyrinck et al., 2007) 등의 다른 연구 분야에서도 외재적 목표보다 내재적 목표를 가치 있게 여기고 추구하는 것이 해당 영역의 보다 나은 적응과 관련된다는 점을 보여주기 시작하고 있다. 적응과 안녕감에 대한 연구뿐만 아니라, 다른 연구들에서는 목표와 건강 행동의 자기보고 측정치의 관계를 연구하였다. 예를 들면, 외부지향적 사람은 TV를 더 많이 보고, 흡연, 음주, 약물 사용이 더 많은 것으로 나타났다(예: Williams, Cox, Hedberg, & Deci, 2000). 게다가 물질주의적 사람들은 '쇼핑중독'(Dittmar, 2005)이 될 가능성이 높았다. 이러한 행동은 일종의 자가치료로 간주되기도 하는데, 외부지향적 사람들에게 쇼핑중독이 매일의 욕구 불만족을 보상하는 데 도움이 될 수 있기 때문이다. 연구결과들을 종합하면, 외재적 목표는 낮은 수준의 안녕감과 관련될 뿐만 아니라, 괴로움을 극복하고 보상하는 역할을 할 수도 있다(Kasser, 2002).

사회적 · 윤리적 기능

외재적 목표 추구는 안녕감과 건강을 증진시키지 못할뿐더러 개인 간, 그룹 간 수준에서 여러 가지 사회적 함의를 갖는다. 예를 들어, 외부지향적 사람들은 갈등을 경험하기 쉬운 반면, 사랑과 신뢰가 부족한 관계를 맺으며(Kasser & Ryan, 2001), 물질주의자들은 가족과 친구에 대해서 만족감이 낮은 것으로 드러났다(예: Richins & Dawson, 1992). 내재적 목표나 외재적 목표를 추구하는 정도는 친밀한 관계나 가족 관계의 질적 측면뿐 아니라, 스포츠 경기 중에 일어나는 상대편과의 상호작용에도 영향을 미쳤다. 예를 들어, 외재적 목표 지향적인 축구 선수들은 태클과 같은 공격적 행동을 더 많이 보였다(Vansteenkiste, 2007). 비록 이들은 페어플레이에서 어긋난 이 같은 행동이 외재적 목표(즉, 승리와 더 많은 수입)를 성취하는 데 필요하고 또 유용하다고 보고 있지만, 상대편 선수와 서로 존중하는 관계를 맺기는 어려울 것이다.

조직학 분야 연구에서 위와 유사한 도덕적 기능의 결여가 관찰되었다. Tang과 Chiu(2003)는 물질주의적인 사무직 종사자들에게서 소비자에게 바가지를 씌우거나, 경비를 부적절하게 사용하고, 상품을 훔치는 행동이 더 빈번한 것으로 드러났다. 이 결과는 외재적 목표를 추구하는 것이 도덕적 기능의 부족과 관련된다는 것을 보여준다(Kasser, Vansteenkiste, & Deckop, 2006).

내재적 목표보다 외재적 목표를 지향하는 것은 개인의 사회적 관계(즉, 대인 간 수준)의 질뿐만 아니라 사회적 집단에 대한 태도(즉, 집단 간 수준)에도 문제가 된다. 예를 들어, Duriez, Vansteenkiste, Soenens와 De Witte(2007)에 따르면 외재적 목표 지향은 소수민족에 대한 편견과 관련이 있었다(Roets, Van Hiel, & Cornelis, 2006 참조).

이러한 효과는 사회적 지배 경향성이 내재적 목표보다는 외재적 목표 지향과 더 많이 관련되기 때문에 발생한다고 설명될 수 있다. 특히 외재적 목표를 지향하는 사람들은 사회적 지배 경향성을 보다 많이 받아들이는 경향이 있는데, 즉 그들은 자신의 집단이 다른 사회적 집단에 비해 더 우월한 지위를 유지하기를 원한다(Pratto, Sidanius, Stallworth, & Malle, 1994). 사회적 지배 경향성은 외부지향적인 사람들이 갖는 믿음, 즉 부족한 재화를 두고 타인과 경쟁해야 하는 동족상잔의 세계에 살고 있다는 생각에 뿌리를 두고 있는 것 같다. 따라서 사회적 지배 태도를 취하는 것은 이러한 사람들의 세계관과 일치하며, 외재적 야망을 성취하는 도구가 될 것이다.

역으로, 물질적 재화를 추구하는 것은 사회적 지배성이 높은 사람들이 스스로 우월한 지위를 갖고 있다는 것을 확인시켜주는 도구라고 할 수 있다. 이러한 생각과 일치하게 Duriez, Vansteenkiste 등(2007)에 의하면, 사회적 지배 태도와 외재적 목표 지향성은 시간이 경과하면서 상호 예측 가능한 것으로 드러났으며, 이는 두 가지가 각각의 안정성에 기여할 수 있는 상호 강화 군집을 형성하고 있고, 시간이 지나면서 편견으로 발전될 수 있다는 점을 시사한다.

마지막으로, 외재적 목표와 내재적 목표를 추구하는 정도는 타인을 대하는 방식뿐만 아니라 지구 및 환경 전체에 대한 태도에도 영향을 미친다. 예를 들어, Brown과 Kasser(2005)는 외재적 목표 지향성이 친생태적 행동과 부적 상관을, 생태발자국지수와 정적 상관을 보이는 것으로 드러났다. 유사하게 Richins와 Dawson(1992)은 적은 소비량과 높은 생태적 책임감으로 특징지어지는 삶의 방식인 자발적 단순함(voluntary simplicity)과 물질주의가 부적 상관을 보인다는 점을 발견했다(Kilbourne & Pickett, 인쇄 중). 끝으로, Sheldon과 McGregor(2000)는 실험적 역할극 연구를 통해 내재적 목표보다 외재적 목표를 지향하는 사람들은 희귀천연자원을 자신들이 보다 많이 확보하려 한다고 보고했다.

내재적 목표 대 외재적 목표를 장려하는 상황

앞 절에서는 개인이 내재적 목표 또는 외재적 목표를 추구하는지 여부에 따라 나타나는 결과의 차이를 살펴보았다. 이상의 SDT 계열 연구들은 개인이 각 목표 달성에 초점을 두는 정도인 '개인차'의 관점에서 목표의 영향을 살펴보고 있다. 한편, 부모, 교사, 상사, 의사와 같은 권위적 존재 및 문화가 이러한 목표들을 확산, 장려, 강화하는 데 중요한 역할을 하고 있다. SDT의 관점에서, 내재적-외재적 목표를 지니고 있는 것이 차별적인 영향을 미치는 것과 마찬가지로, 이들 목표의 내용들을 장려하는 상황 또한 개인에게 여러 가지 심리적 역동을 일으킨다. 최근에 수행된 실험 연구와 상관 연구들이 이러한 의견에 대한 근거를 제시하고 있다.

일련의 실험 연구에서(Vansteenkiste, Simons, Lens, Sheldon, & Deci, 2004), 학습과제를 제시하고 내재적 목표와 외재적 목표 추구가 학습의 질, 수행, 지속성에 미치는 영향을 조사했다. 첫 번째 연구에서, 학생들에게 재활용에 대한 글을 읽도록 하고, 재활용이 지역사회 기여라는 내재적 목표의 성취 또는 금전적 이득이라는 외재적 목표의 성취에 도움이 된다고 설명하였다. 다음으로 참가자들이 자료에서 얻은 지식수준을 검사했고, 심층적 학습과 기계적 학습을 측정하는 질문지를 실시하였다. 마지막으로, 실험이 끝나고 수일 내에 어떤 학생들이 재활용에 대한 추가 지식을 얻기 위해 도서관을 방문했는지, 어떤 학생이 방과 후에 재활용 공장을 방문하기로 결정했는지를 기록하였다.

개인의 본질적 성장 경향성과 깊이 관련되는 내재적 목표는 학습 활동에 보다 깊은 참여를 촉진한다고 추론할 수 있다. 반면, 외재적 목표는 학습자의 주의를 학습에서 외부적 가치 지표로 돌리기 때문에 학습 활동에 대한 참여 및 학습 정도가 저조할 것이다. 이와 마찬가지로, 자기보고형 질문지의 결과에서 내재적 목표는 외재적 목표보다 자료의 심층적 처리를 촉진하는 것으로 드러났으며, 높은 수행과 지속성을 이끌어냈다. 이러한 결과는 다른 활동(즉, 읽기가 아닌 운동), 다른 내재적 목표(즉, 자기계발과 건강), 다른 외재적 목표(즉, 신체적 매력), 다른 연령집단(즉, 청소년 대신 아동; Vansteenkiste, Simons, Lens, Soenens, & Matos, 2005)에서 반복 검증되었다.

다른 일련의 연구 중, Vansteenkiste, Simons, Braet, Bachman과 Deci(2007)는 내재적 목표와 외재적 목표가 고도 비만 아동에 미치는 영향을 조사하였다. 연구자들은 네잎 클로버(음식 피라미드의 단순한 버전)에 대한 학습 자료를 하나는 신체적 건강이라는 내재적 목표와 관련 지어 제시하고, 또 다른 하나는 신체적 매력과 관련 지어 제시할 때, 각각의 자료가 (1) 건강한 삶의 방식 채택 및 유지, (2) 식이조절 프로그램에 대한 지속적인 참여, (3) 오랜 기간 동안 지속적으로 운동하기, (4) 체중감량에 미치는 영향을 실험 참여 후 2년까지 측정하였다.

비록 외재적 목표가 어느 정도의 행동 변화를 야기하기는 하지만, 새로 채택된 행동은 신체적 매력이라는 외재적 목표를 얻기 위해서 전략적이고 조건적으로 행해지는 것이기 때문에 초반의 변화가 지속되기는 어려울 것이라고 예상되었다. 이와 마찬가지로 내재적 목표와 외재적 목표 조건 모두 건강한 삶의 방식을 택하는 것으로 드러났으나, 이러한 변화는 내재적 목표 조건의 참가자들에게만 유지되는 것으로 나타났다. 더욱이 내재적 목표를 추구하는 집단이 지속적으로 식이조절 프로그램에 참여하였고, 6주, 14주, 1년, 2년 후의 추후 평가에서 체중 감소 정도가 더 컸다.

이후의 연구에서 부모가 외재적 목표보다 내재적 목표를 장려할 때, 아동이 타 사회집단에 대해 보이는 사회적 공격성과 지배적 태도의 수준, 즉 아동의 사회적 기능에 어떤 영향을 미치는지 알아보았다(Duriez, Soenens, & Vansteenkiste, 2007). 따라서 내재적 목표와 외재적 목표의 영향을 상황 수준(즉, 특정한 활동)에서 연구하기보다는, 양육이 아동의 전반적인 기능에 영향을 미치는 것과 같은 포괄적인 수준에서 목표의 장려가 미치는 영향을 알아보고자 했다. 실험 연구결과를 보충하자면, 부모가 외재적 목표와 내재적 목표를 장려하는 정도는 인종차별적 편견의 예언 변인인 청소년의 사회적 재배 경향성(예: Pratto et al., 1994)을 횡단적 및 종단적으로 예측하는 것으로 드러났다. 주목할 점은 부모의 목표 장려 효과는 양육 방식(즉, 부모가 자녀와 어떻게 상호작용하는가)의 질에 따른 효과와 같거나 그 이상이었다는 점이다. 이상의 결과는, 사회화 주도자(예: 부모, 코치, 상사 등)의 영향을 평가하기 위해서는 타인과의 상호작용 방식, 정서적 분위기의 종류뿐만 아니라, 전달하고자 하는 목표의 유형을 고려하는 것도 중요하다는 점을 보여준다.

끝으로, Schwartz(2006)는 국가 경제의 외재적이자 자본주의적 특성 대 내재적인 특성이 그 사회의 문화적 지향성 및 특정 가치에 국민들이 부여하는 중요성 정도와 어떻게 관련되고 또 드러나는지에 대한 흥미로운 연구결과를 발표하였다. Hall과 Gingerich(2004)는 전략적 시장 원칙과 경쟁적인 시장 원칙에 의해 한 나라의 경제가 조율되는 범위를 반영하는 지표를 개발하였는데, Schwartz(2006)는 이 지표를 사용하여, 전략적 대 경쟁적 조율 지표가 (1) 조화(즉, 자연과 세계 평화에 대해 관심), (2) 평등주의(평등, 사회적 정의, 정직에 대한 강조) (3) 지적인 자율성(즉, 관대함, 호기심, 창의성에 초점) 등의 내재적 이상과 관련된 문화를 강조하는 것과 강한 정적 상관임을 보였고, (1) 숙달(야망과 성공에 대한 강조) (2) 계급(권위, 사회적인 힘, 부에 대한 강조) (3) 착근성(전통, 사회적 계급, 복종에 대한 강조)과 같이 보다 외부지향적인 시도와는 부적 상관임을 보였다. 같은 맥락에서 자본주의 사회에 사는 사람들은 보통 성취나 권력과 같은 외재적 가치에 더 강한 중요성을 두며, 보편주의나 자율성과 같은 내재적 가치에는 상대적으로 적은 비중을 두는 것으로 드러났다.

내재적 목표와 외재적 목표의 구분에 대한 대안적 설명

SDT의 내재적 목표 대 외재적 목표의 개념화는 다양한 각도에서 비판을 받아왔다. 이 구분이 비판받는 이유 중 하나는 SDT의 입장이 지나치게 '가치 판단적'이라는 것이다. 실제로 앞서 개관했던 연구들은 내재적 목표가 외재적 목표보다 좋은 것이며, 외재적 목표를 희생해서라도 장려되어야 한다고 제안하고 있다. 하지만 많은 학자가 실제로 이와 같이 지시적으로 제안하는 것을 주저하고 있는 것이 사실이다. 내재적 목표의 바람직성에 대한 회의주의는 일부 학자들로 하여금 내재적-외재적 목표 구분에 대한 심한 비판을 하게 만들었다.

특히 세 가지 종류의 비난이 제기되어왔다. 첫째, 이러한 구분은 '잘못된' 것이라는 주장인데, 이러한 구분은 자율적 대 통제적 조절을 다르게 표현하는 것일 뿐이라는 주장이다. 둘째, 동기의 양적 이론에 따르면, 내재적 목표가 외재적 동기보다 적응적인 학습을 보여주는 것은 질적으로 다른 동기를 유발하기 때문이 아니라 양적으로 더 많은 동기를 유발하기 때문에 나타난 결과라는 주장이다. 셋째, 내재적 목표에 비해 외재적 목표의 부정적 영향은 (1) 내재적 목표를 장려하는 환경에 살고 있는 사람과 (2) 외재적 야망을 성취하지 못한 사람(예: 수입이 많지 않은 사람)의 경우에 제한적이라는 주장이 제기되어 왔다. 마찬가지로 내재적 목표 성향을 가진 사람이라면 설사 외재적 목표를 추구한다 해도 부정적 영향이 크지 않을 것이다. 이번에는 이 세 가지 비난에 대해서 자세히 살펴보도록 하겠다.

내재적 목표 대 외재적 목표: 잘못된 구분

SDT의 '자기실현 모델'에 대해서 많은 이론가가 지적하고 있는 문제 중 하나는 진정한 자기를 구성하는 선험 명제를 정의하기가 어렵다는 것이다(예: Carver & Scheir, 2000). 예를 들어, 만일 어떤 사람이 부를 축적하는 데 진정으로 관심을 보인다면, 이것이 그 사람에게 진정한 자기실현이 안 된다고 말할 수 있을까? 노인이 노화의 흔적을 감추기 위해서 새 옷을 사고, 미장원에 가고, 최근에 나온 주름방지 크림을 샀다고 하면, 이런 노력이 그에게 핵심적 목표가 아니라고 할 수 있을까? Carver와 동료들은 어떤 목표가 다른 목표보다 본질적으로 보다 욕구 충족적이고, 자기와 더 일치된다고 하는 주장에 회의를 표하고 있다. 같은 맥락에서 이들은 내재적-외재적 목표의 구분은 잘못된 것이며, 이 구분은 개념적으로 자율적 조절과 통제적 조절로 환원될 수 있다고 본다(Carver & Baird, 1998; Srivastava, Locke, & Barthol, 2001). Carver와 Baird(1998)은 내재적 목표 대 외재적 목표의 영향은 목표 추구 기저의 이유 또는 동기로 완전히 설명될 수 있다고 주장한다. 특히 이들은 외재적 지향을 가진 개인들이 더 많은 불행감을 보이는 것은 이들이 목표를 추구하는 동안 억압되고 구속받았다고(즉, 통제받았다고) 느끼기 때문이라고 하였다. 반면, 내재적 지향을 가진 사람들은 더 행복하고 충만해 보이는데, 이는 이러한 목표를 보다 자발적인(즉, 자율적인) 방식으로 추구하기 때문이다. 달리 말하면, 내재적 목표 대 외재적 목표 추구의 영향 정도는 통제적 동기보다는 자율적 동기에 의해 목표 추구가 이루어지는 정도에 따라 결정된다고 할 수 있다. 이것이 사실이라면, 안녕감에 대한 목표 추구의 영향은 조절의 유형을 통제하면 사라질 것이며, 내재적 목표 대 외재적 목표의 영향은 기저의 자율적 조절 대 통제적 조절에 의해서 전적으로 설명될 것이다.

이러한 비판에도 불구하고, Carver와 Baird(1998)는 이상의 주장에 대한 강력한 증거를 제시하지 못했다. 다른 연구와 마찬가지로(예: Kasser & Ryan, 1996), Carver와 Baird(1998)가 실시한 위계적 회귀 분석 결과에서, 목표 기저의 자율적 동기 대 통제적 동기를 통제한 후에도 외재적-내재적 목표는 안녕감을 정적으로 예언하였다. 하지만 Srivastava 등(2001)은 경영학과 학생들과 기업가를 대상으로 한 연구에서 재정적인 성공을 추구하게 하는 세 가지 종류의 동기, 즉 긍정적인 동기(예: 가족을 돕기), 행위의 자유 동기(예: 자선), 부정적인 동기(예: 가치 있게 보이고자 함)를 집어넣자 재정적 성공이 안녕감에 미치는 부정적 영향이 사라졌다고 보고하였다. 한편, 긍정적인 동기는 안녕감과 정적으로 상관을 보인 반면, 부정적인 동기는 부적인 관계를 보였다.

Srivastava 등(2001)의 연구는 Sheldon, Ryan, Deci와 Kasser(2004)에 의해 비판받았는데, 이들은 일부 동기 척도(예: 자선)는 목표 추구의 동기보다 상위의 목표를 반영한다고 주장하였다. 동기 측정 도구상에서 동기와 목표가 혼합되어 있기 때문에, 재정적 성공이 추가적인 변량을 설명할 수 없었다 해도 놀랄 일이 아닐 것이다.

Sheldon, Ryan 등(2004)이 Carver와 Baird(1998)의 비판에 반박하긴 했으나, 그들도 내재적 목표와 외재적 목표 및 자율적 조절과 통제적 조절 간에 상관관계가 있다는 사실은 인정하였다. 특히 이전 연구들(예: Sheldon & Kasser, 1995)에서 내재적 목표 추구는 자율적 조절과 정적 상관관계를 보였고(.30), 외재적 목표 추구는 통제적 조절과 정적 상관을 보였다(.30). 이들 상관계수의 크기는 Carver와 Baird(1998)가 주장하듯 목표와 조절이 실제로 관련이 있다는 것을 보여주고 있다. 하지만 동시에 목표와 조절이 경험적으로 구분될 수 있다는 점 역시 보여주고 있다.

사실, 어떤 사람이 자신의 재능(즉, 내재적 목표)을 개발하기 위한 언어 강좌를 듣는데, 그것이 상사에 의한 것(즉, 통제적 조절)일 수도 있고, 언어에 대한 흥미(즉, 자율적 조절) 때문일 수도 있다. 반대로 어떤 사람이 매력적이고 멋진 외모를 가꾸려 노력하는 데(즉, 외재적 목표), 그렇게 해야만 한다는 내적 의무감(즉, 통제적 조절) 때문일 수도 있고, 아름다움이나 매력을 가치 있게 여기기 때문(즉, 자율적 조절)일 수도 있다. 목표와 동기 사이에 이러한 관계가 있음에도 불구하고, 과거의 연구들은 이 둘 모두가 안녕감과 적응의 독립 변량을 예언한다는 점을 보여왔으며(Sheldon & Kasser, 1995; Sheldon, Ryan et al., 2004), 운동 분야에서도 유사한 결과가 보고되었다(Sebire et al., 인쇄 중).

만일 내재적–외재적 목표의 내용이 자율적–통제적 조절과 개념적으로 동일한 것이라면, 내재적 목표 대 외재적 목표의 성취의 관점에서 본 학습 활동은 활동 참여 기저에 있는 자율적 동기 대 통제적 동기에 의해서 완전히(부분적으로가 아니라) 설명되어야 한다. 목표에 대한 실험 연구들은 이러한 비판을 검증할 새로운 방법을 찾았다. 자율적 동기는 목표 효과에 대한 11개 결과 중 5개를 완전히 설명하였지만, 6개의 연구결과에서는 효과가 부분적으로만 설명되었는데(Vansteenkiste, Simons et al., 2004), 이는 내재적 목표 대 외재적 목표 효과가 그로 인해 야기되는 기저의 조절로 바꾸어 설명될 수 없다는 주장에 합리적인 증거를 제공한다.

비록 지금까지의 연구들은 목표가 기저의 동기를 넘어서는 것이라고 시사하고 있지만, 내재적 목표 대 외재적 목표의 효과에 대한 대안적 설명들을 좀 더 검증하기 위해서는 보다 많은 연구가 필요하다. 만일 Carver와 Baird의 비판이 사실이라면, 여러 가지 결과(예: 안녕감, 윤리적인 기능, 수행)에 대한 내재적 목표 대 외재적 목표의 관찰된 효과는 동기를 통제하면 사라져야 할 것이다. 이러한 점에서 목표가 일부 영역이나 일부 결과에 대해 독립적인 효과만을 보였다는 점을 주목해야 할 것이다. 목표가 조절이나 동기(보다 정서적인)보다 인지적이라는 점을 감안할 때, 목표는 인지적 · 태도적 결과(예: 편견, 정정당당한 경기 태도)에서 독특한 효과를 나타내고, 동기는 정서적 · 안녕감 결과와 보다 강한 관련성을 가진다. 우리가 아는 한, 아직까지 개인의 목표와 동기의 특화된 효과에 대한 가설을 검증한 연구는 없다.

동기의 질적 측면이 아닌 양적 측면

목표 관련 실험연구는 외재적 목표가 개념적 학습을 방해한다는 결과를 보여왔는데, 주의를 현재의 활동에서 가치감의 외적인 지표로 전환시키기 때문이라 가정할 수 있다(Vansteenkiste, Lens & Deci, 2000). 반대로, 내재적 목표는 학습과 성취를 촉진시키는데, 학습 활동에 접근하고 참여하는 방식이 질적으로 다르기 때문이라 할 수 있다. 그러나 동기의 양적 개념화를 토대로 기대-가치 이론(Eccles & Wigfield, 2002)과 수단성 모델(Husman & Lens, 1999)을 통해 표현한다면, 학습에 대한 목표 효과는 다른 방식으로 설명될 수 있다. 내재적 목표가 일반적으로 외재적 목표보다 높은 가치를 가진 것으로 간주된다고 했을 때(Kasser, 2002), 특정한 학습행동을 보다 가치 있는 내재적 목표를 성취하는 것으로서 제시하면, 이것은 학습행동의 지각된 이용 가치(Eccles & Wigfield, 2002)를 증가시킬 것이다. 증가된 유용성은 학습자의 동기를 양적으로 증가시켜 보다 향상된 수행과 지속성을 야기할 것이다.

이러한 대안적 설명은 몇몇 연구에서 검증되었다. 첫 번째 연구(Vansteenkiste, Simons, Soenens, Lens, Matos, & Lacante, 2004)에서는, 학습활동이 내재적 목표, 외재적 목표, 또는 두 가지 목표 모두를 성취하는 것으로 나타났다. 이 설계는 학습 및 성취에 대한 두 가지 목표 대 한 가지 목표의 효과를 검증할 수 있다. 양적 동기 관점에서 볼 때, 두 가지 목표 조건에서의 지각된 이용 가치는 한 가지 목표 조건보다 높다. 그러므로 두 가지 목표를 제시하면 한 가지 목표를 제시하는 경우보다 학습이 더 잘 일어나야 한다. 그러나 목표의 질적 관점에 따르자면 목표의 수뿐만 아니라 질이 고려되어야 한다(Vansteenkiste, Lens, & Deci, 2006). 이미 제시된 내재적 목표에다 외재적 목표를 추가로 제시하면 오히려 주의를 학습 활동이 아닌 가치의 외적 지표로 돌리기 때문에 학습 과정을 방해할 수 있다. 반면, 외재적 목표를 제시한 후에 내재적 목표를 제시하게 되면 사려 깊고 과제-초점적으로 활동을 수행하게 될 수 있으므로, 두 가지 목표를 지닌 사람들이 활동에 보다 완전히 참여하게 될 것이다. SDT의 예언은 지지되었는데, 내재적 목표 조건은 외재적 목표 조건과 두 가지 목표 조건에 비해 수행과 지속성을 향상시켰다. 하지만 지각된 이용가치는 두 가지 목표 조건에서보다 더 컸다.

내재적 목표 대 외재적 목표의 효과를 비교하는 것은 외재적 목표 그 자체의 효과에 대한 엄밀한 결론을 이끌어낼 수 없다. 아무런 목표도 제시하지 않은 통제집단에 비해 외재적 목표 조건에서 보다 나은 학습 결과를 이끌어낼 수 있음을 보여주는 것은 분명

가능하다. 사실상, 동기의 양적이론에 근거할 때, 외재적 목표는 활동의 지각된 유용성을 증가시킴으로써, 아무런 목표를 제시하지 않는 조건보다 더 나은 결과를 보일 것이라 가정할 수 있다. 하지만 이러한 관점과 달리, SDT는 외재적 목표 집단이 목표가 없는 통제집단에 비해서 질적으로 저조한 학습을 보일 것이라고 주장한다. Vansteenkiste, Simons, Soenenes와 Lens(2004)의 실험 연구결과는 SDT를 기반으로 하는 가설과 일치했다. 내재적 목표 조건에서는 목표가 없는 조건보다 더 나은 수행과 지속성을 보인 반면, 외재적 목표 조건에서는 수행과 지속성이 저하되었다.

외재적 목표 추구로 인한 부정적 효과의 한계

일치적 관점

최적의 기능과 안녕감은 개인의 목표가 환경에서 장려하는 목표와 일치할 때 일어난다는 일치적 관점(match perspective)은 사회심리학(예: Sagiv & Schwartz, 2000), 교육심리학(Harackiewicz & Elliot, 1998), 조직심리학(예: Edwards, 1991), 발달심리학(Eccles, Lord, & Midgley, 1991), 스포츠 심리학(예: Amiot, Vallerand, & Blanchard, 2006)과 같은 여러 분야에서 상당한 관심을 받아왔다.

일치적 관점의 한 가지 예로 조직에서 장려하는 가치와 자신의 가치가 불일치할 때 낮은 안녕감과 직업 만족도를 경험하는 피고용인을 들 수 있다. 그러므로 안녕감과 기능을 추구하려는 목표의 효과는 그러한 목표의 내용에 달려 있는 것이 아니라, 개인의 목표가 그 시대의 사회적 환경에서 장려하는 목표와 일치하거나 부합하는 정도에 달려 있다. 달리 말하면, 외재적 목표의 부정적 효과는 내재적 목표를 장려하는 환경에 사는 사람들에게는 제한적으로 나타날 것이다. 또한 내재적 목표보다 외재적 목표를 추구하는 경우에 나타날 수 있는 부정적인 효과는 앞서 제시되었던 연구에서 보듯이(예: Kasser & Ryan, 1996), 내재적 목표를 지향하는 환경에 있는 개인에게 주로 나타날 것이다. 외재적 목표 추구의 부정적 효과는 외재적 목표를 장려하는 환경에 있는 사람들에게서는 상쇄되거나 역전될 것이다.

전반적으로, 일치적 관점은 최소한 암묵적으로 어떤 종류의 목표도 개인의 자기감에 통합될 수 있다고 가정하고 있다. 이러한 입장에서 일치적 관점은 사회적-구성주의의 관점(Berzonsky, 1990; Markus & Ktayama, 2003)과 일치한다. 사회적-구성주의는 개인이 본질적으로 특정한 목표를 지향한다는 생각을 배격한다. 그 대신 개인의 목표와 정체감은 사회화 과정을 통해 부분적으로 획득되는 구성물로 간주된다.

내면화된 목표가 행동을 조율하는 데 성공하는 정도와 최적으로 기능하게 하는 정도는 어떤 목표가 사회적 맥락에서 받아들여지는 정도에 달려 있다. 고로 동일한 목표라 하더라도 어떤 환경에서는 안녕감과 부적 상관을 맺지만 다른 환경에서는 그렇지 않을 수 있다. 예를 들어, 경제적 성공이라는 외재적 목표의 추구는 경영조직이나 그러한 목표를 강조하는 문화에서는 안녕감과 정적인 관계를 맺겠지만, 내재적 목표의 성취를 강조하는 조직이나 구성원 간의 생산성이나 결속력을 강조하는 사회에서는 적응을 부적으로 예측할 것이다.

그러나 SDT와 같은 유기체적 이론이 그러하듯 인간 정신 기저의 근본적이고 심리적인 구성을 고려할 때, 개인의 목표 혹은 사회적 환경이 장려하는 목표가 인간 본성의 기본적인 요소와 일치하는지 살피는 것이 중요하다. SDT는 자율성, 유능성, 관계성에 대한 기본적인 심리적 욕구는 인간 유기체의 본질적인 부분을 이룬다고 가정한다. 그러므로 목표의 적응적인 가치에 대해 예측하기 위해, SDT는 목표가 이러한 보편적인 성향(즉, 기본적인 심리적 욕구)과 얼마나 일치하는지를 고려한다. 그런 까닭에 SDT는 외재적 목표보다 내재적 목표를 추구하는 것이 안녕감을 더 잘 예언할 것이며, 이는 기본적인 욕구 충족과 더 많이 관련되기 때문이라고 주장한다. 요약하면, SDT에 따르자면 목표가 안녕감을 촉진 또는 저해하는지를 평가하는 가장 중요한 기준은 그러한 목표가 인간의 기본적인 욕구를 충족시키는 데 기여하는지의 여부이지, 목표가 특정한 환경의 요구와 일치하는가 하는 것이 아니다(Vansteenkiste, Lens, & Deci, 2006).

일치적 관점과 같은 맥락에서, Sagiv와 Schwartz(2000)는 심리학과 학생과 경영학과 학생을 대상으로 하여 외재적 목표 추구가 안녕감에 미치는 영향은 참가자가 공부하고 있는 환경과 상호작용한다는 점을 보여주었다. 내재적 목표보다 외재적 목표를 중시하는 경영학과 학생들은 심리적 안녕감이 보다 높은 반면, 내재적 목표를 가치 있게 여긴 심리학과 학생들은 최적의 기능을 보고하였다. 하지만 이와 상반되게, 두 개의 후속 연구에서

(Kasser & Ahuvia, 2002; Vansteenkiste, Duriez, Simons, & Soenens, 2006) 내재적 목표보다 외재적 목표를 추구하는 것은 외재적 목표를 강조하는 환경에 있는 경영학과 학생들 사이에서도 낮은 안녕감 및 높은 내적 고통과 관련되는 것으로 드러났다(Strivastava et al., 2001 참조). 더욱이 Sheldon과 Krieger(2004)는 법대 학생들은 1학년 시기 동안 내재적 목표에서 외재적 목표를 추구하는 쪽으로 바뀐다고 보고하였다. 법대가 전형적으로 지위 상승, 경쟁, 이미지 구축을 중시하므로(Krieger, 1998), 일치적 관점에서는 이 같은 변화가 적응적일 것이라고 주장할 것이다. 그럼에도, 이러한 변화들은 심리적 안녕감의 감소와 정적인 상관을 보였다.

내재적 목표와 외재적 목표를 실험적으로 유도함으로써 서로 상충하는 이들 두 입장을 좀 더 검증할 새로운 방법이 생겼는데, 실험을 통해서 외재적 목표를 지향하는 개인들이 외재적 목표 조건에 처했을 때 이득을 얻게 되는지를 살펴볼 수 있다. 일치적 관점에 따르면, 외재적 목표의 부정적 효과는 내재적 목표를 보다 가치 있게 여기는 학습자에게 제한적으로 나타날 것이며, 앞에서 개관하였던 연구들의 내재적 목표 조건에서 학습 및 지속성이 전반적으로 증가한 것은 연구에 참여한 대상이 기본적으로 외재적 목표보다 내재적 목표를 지향하는 학습자였다고 주장한다. 그러나 경영학과 학생을 대상으로 한 연구결과에서는 이러한 관점에 반대되는 증거를 내놓았는데, 외재적 목표는 경영학과 학생들의 학습과 수행을 저해하였다(Vansteenkiste, Simons, Lens et al., 2004, 연구 2). 아쉽게도 이 연구에서 참가자들의 개인적인 목표 지향성은 목표 노출에 앞서 측정되지 않았다. 같은 결과가 5, 6학년 아동을 대상으로 한 연구에서도 확인되었다(Vansteenkiste, Timmermans, Lens, Soenens, & Van den Broeck, 2008). 결과는 SDT를 지지하였는데, 내재적 목표 또는 외재적 목표를 선호하는 학생들의 수행과 지속성은 외재적 목표보다는 내재적 목표 조건에 처해 있을 때 향상되었다. 본 쟁점과 관련하여 보다 많은 연구가 필요하지만, 현재까지의 경험적 증거에 따르면 외재적 목표의 부정적인 효과는 환경에서 장려하는 목표에 따라 변화하지 않는 것 같다.

열망이론

내재적 목표보다 외재적 목표에 높은 가치를 둘 때 낮은 안녕감을 경험하기는 하지만, 열망이론(예: Campbell, Converse, & Rodgers, 1967; McGill, 1967)에서는 외재적 목표를 성취하는 것이 개인에게 보상을 제공하거나 자기효능감을 높여주는 경우에는 안녕감으로 이어질 것이라고 보고 있다. 이 이론에 따르면, 안녕감이란 개인의 열망(목표)과 실제 성취 사이 간격의 함수이므로, 물질적 목표를 성취한다면 안녕감이 향상될 것이다. 예를 들어, 경제적 성공에 대한 열망으로 인한 부정적인 효과는 성공을 추구하는 것 자체에 국한된 것으로서 이러한 열망을 성취할 수 있다면 부정적인 효과는 사라지거나 역전될 것이다.

이러한 예측과 반대로, Kasser와 Ryan(2001)의 연구에서 내재적 목표의 성취는 심리적 안녕감에 기여하지만, 외재적 목표의 성취는 그렇지 않았다. 러시아 성인들을 대상으로 한 Ryan 등(1999)의 연구에서도 유사한 결과를 보여주었다. 또한 Sheldon과

Kasser(1998)의 종단 연구에 따르면 한 학기 동안 외재적 목표 추구에 있어 진전을 보였다 하더라도 이것이 안녕감 증가로 이어지지 못한 반면, 내재적 목표 추구에서의 진전은 안녕감을 정적으로 예측하였다. 최근, Van Hiel과 Vansteenkiste(2007)가 노인 집단(65세)을 대상으로 한 연구에서는, 평생에 걸친 내재적 목표의 획득은 자아통합감과 죽음에 대한 수용을 정적으로 예측하였지만, 외재적 목표의 성취는 이러한 효과를 보이지 않았다. 이러한 결과들은 만약 사람들이 자신 본연의 성장 궤적과 일치하는 목표를 성취할 수 있다면, 보다 많은 조화로움을 경험하고 '최후의 장막' 을 대면할 준비를 하게 된다는 견해와 일치한다.

경제적 성공을 실제로 획득하게 되면 경제적 성공을 추구하는 것의 부정적인 효과가 사라지는지에 대한 의문 역시 다른 연구에서 다루어져 왔다. 여러 연구에서 물질주의적 목표 추구가 안녕감에 미치는 효과가 임금 수준에 따라 다른지 검증되었다. LaBarbera와 Gürhan(1997)은 물질주의적 목표 추구는 소득이 높은 개인들의 안녕감을 정적으로 예측할 것이라고 가정하면서, 이것은 이들이 물질주의적 목표를 성취했기 때문이라고 주장하였다. LaBarbera와 Gürhan(1997)의 연구결과는 열망이론에서 비롯된 이러한 가설을 부분적으로 지지하였다. 물질주의 하위척도 중 비관용성과 소유욕(Belk, 1985) 두 가지가 전반적 정서를 예측하는데 있어 소득 수준과 상호작용 효과를 보였고, 물질주의는 소득 수준이 높은 사람들의 전반적 정서를 부적으로 예측하지 않았다. 마찬가지로 Nickerson, Schartz, Diener와 Kahneman(2003)의 종단연구에서 경제적인 성공 추구가 삶과 직업 만족도에 미치는 부정적인 효과는 소득 수준이 높은 사람들에서는 감소하는 것으로 드러났다. 이러한 조절 효과는 가정생활에 대한 만족도에서는 나타나지 않았다.

이러한 결과들과 상반되게, Kasser와 Ryan(1996)은 광범위한 종류의 자기보고 및 평정된 안녕감 결과치(즉, 자기실현, 활력, 우울, 불안 그리고 신체적 증상)에 미친 외재적 목표의 부정적인 효과는 소득 수준이 높은 사람들에게서 상쇄되지 않는다는 점을 발견하였다. 이와 유사하게 Vansteenkiste, Neyrinck 등(2007)은 삶과 직업 만족도에 대한 외재적 직업 가치 지향의 부정적인 효과는 임금에 의해서 조절되지 않는다는 점을 발견하였는데, 물질주의적 목표를 추구하는 데 따른 부정적인 안녕감 효과는 소득 수준이 낮거나 높은 사람 모두에게 동일하게 적용된다는 것을 시사한다.

그 대신, 객관적으로 소득이 많은 경우에 직업 및 삶의 만족도에서 작지만 정적인 효과를 갖는 것으로 보고되었고(Diener, Suh, Lucas, & Smith, 1999), 내재적 직업 목표보다 높은 임금에 개인적 가치를 두는 경우에는 안녕감과 부적인 상관을 보였다. 이를 '소득의 역설'이라 부른다. 객관적으로 많은 돈을 버는 것은 행복을 증가시키지만, 주관적으로 돈을 중시하는 것은 반대 효과를 갖는다.

이렇게 간단한 개관을 해본 결과, 이 분야에서 더 많은 연구가 이루어져야 한다는 것을 알 수 있다. 특히 의미 귀인(예: 자율적 대 통제적; Deci & Ryan, 2000)이 소득 수준에 따라 다르게 나타나는지 탐색해보는 것은 흥미로울 것이다. 이는 어떤 환경에서(즉, 소득 수준) 어떤 이유로 물질주의적 열망이 부정적인 안녕감을 만들어내는지에 대한 보다 깊이 있는 통찰을 얻는 데 도움이 될 것이다. 우리는 다음 절에서 이상의 쟁점을 보다 자세히 다룰 것이다. 다수의 거시적 및 미시적 매개 기제를 제시함으로써, 내재적-외재적 목표와 최적의 기능 간의 관련성을 이해해보도록 하겠다.

목표 효과 기저의 거시적 그리고 미시적 매개 기제

거시적 매개 기제: 기본적인 심리적 욕구의 충족

내재적-외재적 목표 추구와 최적의 기능 간의 관련성은 다양한 과정을 통해 설명된다. 예를 들면, 시간은 제한된 자원이기에 사람들은 삶의 내용과 질을 결정하는 선택을 하여야 하며, 외재적 목표에 너무 많은 시간을 사용하는 경우 내재적 목표에 쏟을 시간이 줄어들 것이다(예: Ryan et al., 1996; Sheldon, Ryan et al., 2004). Csikzsentmihalyi(1999, p. 823)가 언급했듯이 물질주의적 사람들은 “아이와 함께 놀고, 시를 읽고 가족 모임에 참석하는 데 따르는 기회비용이 너무 크다고 보기 때문에 이런 비합리적인 일을 하지 않는다.” 달리 말하면, 외재적 목표에 상당한 투자를 하고 있기에 내재적 활동이 밀려날 수 있다. 더욱이, SDT에 따르면 외재적 목표와 내재적 목표를 추구하는 정도에 따라 기본적 심리적 욕구 충족에 차별적 효과를 미치므로, 심리적 안녕감과도 차별적인 관계를 맺을 수 있다. SDT는 사람들이 기본적으로 세 가지 심리적 욕구(Ryan, 1995)를 갖고 태어난다고 보는데, (1) 자율성

(autonomy)에 대한 욕구 또는 자신의 행동에 대하여 자유의지를 가지고자 하는 욕구, (2) 소속(belonginess) 또는 관계에 대한 욕구 또는 돌보거나 돌봄 받는 것에 대한 욕구, (3) 유능감(competence)에 대한 욕구 또는 자신이 수행하는 일에서 효율성을 느끼고자 하는 욕구다.

이들 기본 욕구—세 기본 용어의 첫 글자를 따서 'ABC'로 기억하면 쉽다—는 다양한 맥락에서 다양한 인간의 행동을 일으키고 추진하며, 이들 욕구의 충족은 개인의 기본적인 성장 경향성 실현을 촉진한다고 한다. 실제로 이러한 심리적 욕구의 충족은 신체적 욕구(예: 배고픔과 갈증)의 충족이 신체적 생존과 성장에 기여하는 것과 마찬가지로 심리적 성숙, 통합, 안녕감에 기초가 되는 것으로 간주된다(Ryan, 1995)

기본적 욕구 충족은 고로 개인의 성장에 있어 동력원이자 추진력이라고 볼 수 있기에, 기본적 욕구 충족은 외재적 목표보다 내재적 목표 추구를 촉진시킨다. 하지만 성장 경향성과 기본적 욕구 충족 사이의 관계는 양방향적인 것 같다. 외재적 목표보다 내재적 목표를 추구하는 것은 최적의 기능으로 이어지는데, 이는 내재적 목표가 자율성, 유능성, 관계성의 욕구를 보다 크게 만족시키기 때문이다(Deci & Ryan, 2000; Kasser, 2002).

다양한 연구들이 이러한 주장에 대한 간접적인 증거를 제공해 왔지만(개관을 위해 Kasser, 2002 참조), 기본적 욕구 충족의 매개적 역할은 최근에 와서야 연구되었다. 예를 들어, 패션 모델—개인적으로도 이상적 용모를 중시하고, 신체적 매력에 높은 가치를 두는 사회적 환경에서 일하고 있는—들은 통제집단에 비해서 일상적인 욕구의 충족도가 낮은 것으로 나타났다(Meyer, Enstr, Harstveit, Bowles, & Beevers, 2007). 이러한 낮은 욕구 만족도는 반대로 모델과 모델이 아닌 사람 사이의 심리적 안녕감의 차이를 설명한다. 또한 Rijavec, Brdar 그리고 Miljikovic(2006)은 외재적 목표에 비해 내재적 목표를 추구하는 것은 욕구 충족과 정적인 상관을 보인다는 결과를 얻었다.

마찬가지로 조직심리학 분야인, Vansteenkiste, Neyrinck 등(2007)의 연구에서 내재적 직업 가치 지향성이 직업에서의 욕구 충족을 정적으로 예측하였고, 이것은 다시 직업 안녕감을 예측하였다. 끝으로 Sebire 등(2008)에 따르면, 운동을 할 때에 외재적 목표에 비해 내재적 목표를 추구하는 것은 기본적 욕구 충족과 보다 강한 관련성을 보였고, 기본적 욕구 충족은 다양한 안녕감 결과들을 예측하였다.

어떤 종류의 기제가 내재적-외재적 목표 추구와 기본적 욕구 충족의 관계를 설명하는가? 우리는 사람들이 각자의 우세한 목표 지향에 따라 활동이나 다른 사람들에게 차별적으로 접근하게 되며, 그 결과로 욕구 충족을 경험할 기회 역시 달라진다고 보고 있다. 다음 절에서는 세 가지 서로 다른 미시적 매개 기제가 논의될 것이며, 이는 내재적-외재적 목표를 추구하거나 내재적-외재적 목표 추구를 장려하는 상황에 처하는 것이 어떻게 그리고 왜 욕구 충족과 관련되는지 설명할 것이다. (1) 주의 전환, (2) 대인 간 비교, (3) 조건적 접근(Vansteenkiste, Soenens, & Lens, 2007 참조). 우리는 이러한 주의 및 인지 기제가 기본적 욕구 충족이라는 거시적 매개 기제를 더 낮은 수준의 과정으로 쪼개는 데 도움이 된다고 보고 있다.

미시적 매개 기제: 인지적 주의 과정

주의 전환

어떤 활동에 몰두하고 헌신적으로 참여하는 것이 자율성, 유능성, 관계성에 대한 기본적 욕구를 충족하는 최고의 방법이라고 가정해보자. 사람들은 어떤 활동에 완전히 몰두할 때, 자신의 관심과 가치(자율성)를 표현하려고 하며, 활동에서의 어려움을 보다 효과적으로 해결할 수 있다(유능성). 마찬가지로 대화에 완전히 몰두할 때, 대화로부터의 만족감을 얻고 타인과의 유대감을 경험할 가능성이 높아진다(관계성). 만일 어떤 활동에 몰두하는 것이 기본적 욕구 충족에 필요조건이라면, 그러한 참여를 방해하는 목표는 욕구 충족에 있어 최적의 효과를 내지 못할 것이라 결론내릴 수 있을 것이다. 우리는 외재적 목표가 주의를 현재의 활동으로부터 다른 곳으로 전환시키기 때문에 욕구 충족을 방해할 것이라 보고 있다(그림 4.1).

외재적 목표 지향적인 한 여성이 자신의 성적 매력을 높이려고 운동하는 경우를 생각해보자. 그녀는 운동을 하면서 운동 자체에 빠져들기보다는 '숫자 체크'(예: "지금까지 칼로리를 얼마나 태웠나?")를 더 열심히 할 수 있는데, 그런 정보는 열망하는 외재적 목표까지 얼마나 진전되었는지를 평가하는 데 도움이 되기 때문이다. 아니면, 높은 학문적 명성을 쌓는 데 집중하는 연구자를 생각해보자. 그 연구자는 콘퍼런스에서 발표를 할 때에 자신의 학문적 지위와 가치가 프레젠테이션의 질에 좌우된다고 생각하기에 발표 내용에 집중하기보다는 불안감과 압박감을 경험하기 쉽다.

이상의 일화는 외재적 목표를 지향하는 사람들의 주의는 활동의 내용 자체로부터 멀어지기 쉽다는 것을 보여준다. 이와 일치되게 실험 연구에서 내재적 목표에 비해 외재적 목표를 추구하는 경우에 학습에 대한 몰입과 과제지향적인 접근이 저해되므로 학습 자료를 개념적으로 통합하는 수준이 낮고 후속 성취도도 낮은 것으로 드러났다(예: Vansteenkiste, Simons, Lens et al., 2005; Vansteenkiste, Simons, Lens, Soenens et al., 2004). SDT에 기반하지 않는 다수의 여타 경험적 연구들 또한 외재적 목표의 주의 전환 역할에 대한 증거를 제공하였다. Quin, Kallen, Twenge와 Fredrickson(2006)에 의하면 여성의 주의가 자신의 외모에 가 있을 때, 스트룹 검사에서 저조한 수행을 보였는데, 이는 아마도 주의의 초점이 분산되어 있기 때문일 것이다. 더욱이, Kashdan과 Breen(2007)은 물질주의 추구는 부정적인 생각, 감정, 신체 감각과 접촉하려는 자발성의 결핍을 뜻하는 경험적 회피와 높은 상관을 보인다고 보고하였다. 물질주의를 추구하는 사람은 그 순간에 일어나는 감정에 대해서 수용적이지 않은데, 그들의 주의가 외부적 가치 지표를 획득하는 데 집중되어 있기 때문이다(Kasser, 2002).

현재의 활동에서 주의가 전환된 결과, 자신의 욕구를 충족시킬 가능성이 줄어들게 된다. 첫째, 활동에 전적으로 관여하지 않은 결과로 수행과 성취가 저조할 것이고, 이는 유능성에 대한 욕구를 저해하게 될 것이다. 둘째, 외부적 가치 지표에 초점을 두는 것은 자기가치에 대해 집착하게 만들기 때문에 스트레스를 유발하고 자율성을 제약한다. 셋째, 외재적 목표에 집중하는 것은 자아관여 및 이기주의를 일으킬 수 있기에, 외재적 목표 지향적인 사람은 타인의 욕구와 관심에 대해 적절히 대응하지 못할 수 있다.

대인 간 비교

어떤 여성이 운동을 할 때 자신의 신체적 매력에 대해 신경을 쓰게 되면, 운동을 마치고 거울을 보면서 자신의 몸매를 살펴보고 자신과 체육관의 다른 사람들이나 롤모델의 몸매가 어떻게 다른지 비교해보려 할 것이다. 마찬가지로 학문적 지위에 대한 걱정이 많은 연구자는 주변의 동료나 존경 받는 연구자와 출판 업적을 비교하려 들 것이다. 실제로, 소비심리학(Sirgy, 1998; Van Boven, 2005), 건강심리학(Dittmar, 2007) 등을 포함한 여러 분야의 심리학에서는 외재적 목표 추구에 집중할 때 타인과 비교하는 경향이 증가한다는 연구결과를 제시해왔다. 즉, 외부적 가치 지표에 눈을 돌리면, 자신의 외재적 목표의 실현 정도를 타인과 비교하기 시작할 것이다(그림 4.1 참조).

몇몇 연구들에서 이러한 주장에 대한 근거를 찾을 수 있다. 예를 들어, 신체상 관련 연구에서 여성들을 매력적인 비교 대상에 노출시키면 사회적 비교에 빠지게 된다는 결과를 보였다(예: Patrick, Neighbors, & Knee, 2004; Tiggeman & McGill, 2004). 또한 교육학 분야에서도 내재적 목표에 비해 외재적 목표를 추구하는 것은 강한 수행지향성을 이끌어낸다는 점이 확인되었다(Elliot, 1999). 여기서 수행지향성이란 타인보다 뛰어나 수행을 하려는

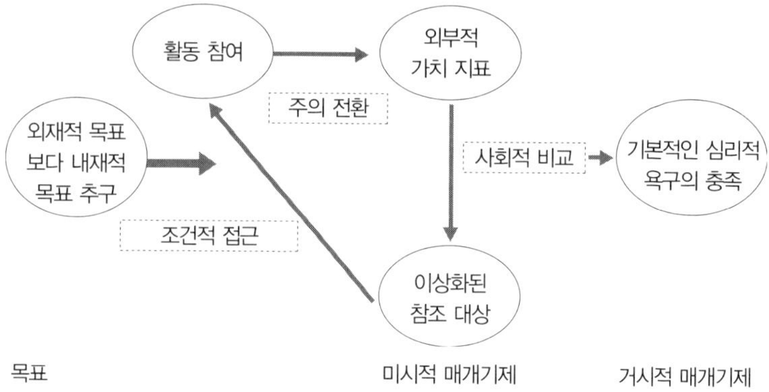

| 그림 4.1 |

바람을 말한다(예: Vansteenkiste, Matos, Lens, & Soenens, 2007). 정의에 의하면, 수행지향성은 타인의 성취와 자신의 성취를 비교하는 행위를 포함한다. 외재적 목표는 타인과의 비교뿐만 아니라 사회적 지배 태도에서 비롯되는 집단 간 비교와도 관련된다(Duriez, Vansteenkiste et al., 2007).

그러한 비교의 첫 번째 결과라고 할 수 있는 것은, 외재적 목표를 추구하거나 외재적 목표와 관련된 메시지에 노출되면 사람들은 비교 대상이 보여주는 높은 기준을 달성해야 할 것 같은 내적 압박을 경험하게 됨으로써 스트레스와 통제당하는 느낌을 경험하게 된다는 것이다. 마찬가지로 외재적 목표를 추구하게 되면 공부할 때보다 높은 스트레스와 통제당하는 느낌을 불러일으켜 자율성 충족을 저해하게 된다(Vansteenkiste, Simons, Lens, Sheldon et al., 2004; Vansteenkiste, Simons, Soenens et al., 2004).

둘째, 타인과의 비교는 자율성 충족을 저해함과 더불어 자신을 타인보다 열등하다고 느끼게 만드는데, 외재적 목표를 성취하는 데 있어 보다 뛰어난 사람들이 늘 있게 마련이기 때문이다. 더욱이 외재적 목표 지향적인 사람은 부와 신체적 외모를 지나치게 이상화하는 경향성이 있으며, 비록 멀지만 근사하게 묘사된 참조 대상(예: 모델, 성공적인 경영인; Kasser, 2002)의 성공과 자신의 성공을 비교해서 살펴볼 것이다. 그 결과, 외재적 목표 지향적인 사람들은 보다 상향 비교를 하는 경향이 있으며(Sirgy, 1998), 이러한 상향 비교는 좌절감, 불행감을 유발하며, 무능감과 불안정감을 부추긴다. 비록 일시적으로 외재적 야망을 충족하는 것이 가능할지라도, 외재적 목표 성취와 관련된 이득은 오래 지속되지 않는다. 이것은 외재적 목표 성취가 일종의 쾌락적 만족을 낳기는 하나, 행복감(eudaimonia)과 자기실현에 이르게 하지는 않는다(Ryan, Huta, & Deci, 2008). 그 결과, 새로운 외재적 야망은 금새 제자리로 돌아가서 외재적 목표 지향적인 사람들이 '쾌락적 방아(hedonic treadmill)' 라는 덫에 걸려들도록 만든다(Brickman & Campbell, 1977). 이 방아는 외재적 목표 지향적인 사람이 자신의 현재 상태와 외재적 야망 사이에서 경험하는 간극에서 동력을 계속 공급받는다(Solberg, Diener, & Robinson, 2004).

외재적 열망이 사회적 비교를 통해서 유능감의 충족을 저해한다는 것은 최근 연구를 통해서 확인되고 있다. Groesz, Levine과 Murnen(2002)의 메타 분석 연구에서, 실험을 통해 이상적인 날씬한 몸매에 노출시키면 신체적 만족감이 저하되는 결과가 나왔으며(d=−.31), 이러한 효과는 섭식장애나 신체적 불만족감 과거력를 지닌 여성에게서 더욱 두드러졌다.

마찬가지로, Gulas와 McKeage(2000)는 남성 표본을 대상으로 한 연구에서 신체적 매력이나 경제적 성공과 관련된 광고를 보여주면 자존감이 저하된다는 결과를 얻었는데, 참가자들이 이상화된 이미지에 예민할 경우에 더욱 그러했다. 주목할 만한 점은 매력적인 전문 모델뿐만 아니라 마른 동년배에 노출되어도 신체만족도가 감소하는 것으로 드러났다(예: Krones, Stice, Batres, & Orjada, 2005). 어떤 연구에서는 매력적인 동년배에게 노출되는 것이 모델에게 노출되는 것보다 더 부정적인 영향을 미치는 것으로 보고되었는데(예: Cash, Cash, & Butters, 1983), 이는 매력적인 동년배와 같은 몸매를 갖는 것은 보다 쉬운 일로 여겨지므로, 이에 대한 실패는 전문 모델과 비교했을 때보다 더 강한 무능감, 신체적 불만족감, 심리적 불안정감을 불러일으키기 때문인 것으로 보인다.

몇몇 연구들은 사회적 비교의 역할을 명확하게 설명하기 시작하고 있다. Strahan, Wilson, Cressman과 Buote(2006)의 연구에서 자신의 체중과 몸매를 자유롭게 이야기해보라고 하면, 여성은(남성 제외) 하향비교보다 상향비교를 하는 경향을 보였으며, 보다 중요한 것은, 자발적인 상향비교의 횟수는 신체적 외모에 대한 부정적인 자기말의 횟수와 정적인 상관을 보였다는 점이다.

Tiggeman과 McGill(2004)은 실험 설계를 통해서, 사회적 비교를 하는 횟수가 미디어 이미지에 대한 노출이 부정적인 정서 및 신체적 불만족감에 미치는 부정적인 영향을 매개한다고 보고하였다. (아마도) 도저히 성취할 수 없을 것 같은 매력적인 모델이 나오는 광고에 노출되고 나면 여성들은 자신의 신체에 대한 자신감과 가치감이 저하되는데, 이것은 자신의 외모를 성취할 수 없는 이상과 비판적이고 자기평가적인 방식으로 비교하기 때문이다(Martin & Gentry, 1997). 유사한 매개 효과는 Bessendorf(2006)에 의해서 보고되었는데, 현재 상태와 이상적인 상태의 차이를 크게 경험하는 여성들은 사회적 비교에 특히 취약하며, 그 결과, 이상적인 날씬한 몸매가 나오는 광고에 노출되고 나서 신체 불만족감과 우울감이 커질 위험이 더욱 큰 것으로 나타났다.

셋째, 타인과의 상향비교는 사회적으로 고립된 것처럼 느끼게 하여, 타인과 깊이 있는 관계를 형성하는 데 방해가 될 수 있다. 헬스장에 있는 어떤 여성이 타인과의 비교에 에너지와 주의를 집중하고 있다면, 그 여성은 친구와 운동의 즐거움을 나누기 어렵고 사람들과 유대감도 덜 느낄 것이다. 외재적 목표 지향적인 연구자가 타인의 출판 업적과 자신의 출판 업적을 비교한다면, 타인의 성공을 시기하게 될 것이며, 타인과 공동으로 연구하는 것을 원치 않을 것이다. 고로 타인과의 비교를 통해 경쟁적이고 수행지향적인 초점이 활성화되고 이것은 신뢰로운 관계의 발전에 도움이 되지 않을 것이다.

조건적 접근

주의 전환, 사회적 비교로 인해 욕구 충족이 결여되면 사람들은 자신의 능력, 관계, 가치에 대해서 불안정감을 경험할 것이다. 이와 같은 불안정감은 두 가지 반응을 불러일으킬 수 있다.

첫째, 불안정감과 불안은 이를 감소시키기 위한 여러 가지 방어적 행동을 유발할 수 있다. 예를 들어, 자신이 외재적 목표 성취를 충분히 이루지 못했다고 여길 때, 타인이 이러한 목표를 성취한 것을 평가절하하거나, 자신이 목표를 이루지 못한 것에 대해 자기보호적인 외부의 이유(즉, 귀인)를 들 것이다. 둘째, 불안정감이 증가됨에 따라 자신의 가치를 증명하고자 외재적 가치 지표를 보다 많이 획득함으로써 자신의 지위를 향상시키려고 할 것이다(그림 4.1 참조).

예를 들면, 외재적 목표를 추구하는 여성이 자신의 친구보다 자신이 더 뚱뚱하다는 것을 알게 되면, 친구들에게 외재적 이상에 따라 사는 것이 가능하다는 것을 보여주기 위해 헬스장에서 더 열심히 운동할 수 있다. 아니면, 친구를 깎아내리거나, 날씬한 몸매를 만들지 못한 것에 대해 자기보호적인 변명을 하게 되는데, 이러한 변명은 자신의 불안정감을 감소시키고 자신에 대해서 긍정적으로 느끼게 한다. 마찬가지로, 자신의 동료들이 더 성공적이라는 것을 알게 되었을 때, 외재적 지향을 가진 학자는 다른 프로젝트를 끝내기 위해 더 많이 노력하기로 결심하게 되고, 이에 의해 직장-가정 충돌이 증가될 수 있다(Vansteenkiste, Neyrinck et al., 2007). 그렇지 않으면, 동료의 출판 업적을 방어적으로 깎아내리거나 학문적 성공을 이루지 못한 것에 대해 외부 귀인을 할 수 있다.

이전 연구들은 이러한 가설을 지지하는 증거를 제시하고 있다. 예를 들어, Schimel, Arndt, Pyszczyinski와 Greenberg(2001)는 새로운 상황에서의 방어적인 행동은 내재적 목표보다 외재적 목표가 활성화될 때 일어난다는 것을 보여주었다. Duriez, Vansteenkiste 등(2007)에 의하면 외재적 목표를 지향하는 사람들은 보다 우파 권위주의자인 경우가 많다는 점을 발견하였는데, 이 같은 태도를 받아들이는 것이 그들로 하여금 외재적 목표 추구가 야기한 대인 간 불안정감을 완화시키는 데 도움이 되기 때문이라고 설명하였다. 마찬가지로, Duriez, Soenes 등(2007)의 연구에서, 아이들에게 내재적 목표보다 외재적 목표 추구를 강조하는 부모의 아이들은 보다 강한 우파 권위주의적 태도를 보였다고 한다.

이상의 방어적 반응과 더불어, 보다 외재적 목표를 지향하는 사람들은 자신이 바라는 외부 가치 지표 획득에 도움이 될 수 있는 사람이나 활동에 보다 많은 관심과 노력을 기울일 수 있다. 불행하게도 이들은 좋지 못한, 이른바 조건적인 방식으로 다른 사람이나 활동에 접근할 것이다. 특히 외재적 목표 지향적인 사람들은 자신의 성취에 도움이 되고 유용하다고 생각되는 사람들과 어울리고, 그러한 활동만을 택하려 할 수 있다. Kasser(2002)는 '객체화하는 자세' 라는 용어를 사용하여 이들이 다른 사람에게 보이는 조건적 관심을 표현하였다. 외재적 목표를 지향하는 사람들은 타인을 대할 때 자신의 목적을 효율적으로 성취하도록 돕는 데 사용하는 (혹은 학대하기도 하는) 물건처럼 지각한다.

이 같은 자기중심적인 접근은 내재적 목표 지향성을 특징짓는 공감적 자세와 정반대되는 것이다. 같은 맥락에서, 외재적 목표에 비해 내재적 목표를 지향하는 것은 마키아벨리아적 태도와 역상관을 보였으며(McHosky, 1999), 공감과 정적으로 상관을 보였다(Sheldon & Kasser, 1995). 관계에 대한 태도 차이로 인해, 관계에 대한 기본 욕구 충족이 충분할 수도 있고 부족할 수도 있다. 외재적 목표를 지향하는 사람들은 타인을 물건처럼 여길 뿐만 아니라 자신에 대해서도 자기객체화 자세를 취하는 경향이 있다는 점은 흥미롭다(Fredrickson & Roberts, 1997). 특히 자신을 객체화할 때 자신의 신체를 제삼자의 관점에서 보게 되므로, 당사자 관점에서 관찰할 수 없는 신체적 특징("내 느낌이 어떻지?")에 초점을 맞추는 것이 아니라 관찰되는 신체적 특징("내 엉덩이가 어떻게 보이지?")에 초점을 맞추게 된다. 이와 같은 자기객체화 자세는 유능감의 충족을 어렵게 만드는데, 자기객체화가 신체적 수치심을 예측하고, 신체적 수치심은 다시 신체적 불만족감을 예측한다는 결과로 설명된다(Noll & Fredrickson, 1988).

자신과 타인을 조건적인 방식으로 바라보는 것과 함께, 외재적 목표를 지향하는 사람들은 조건적인 방식으로 활동에 참여하는 경향이 있는데, 이러한 활동은 융통성 없고 협소한 방식으로 이루어지기 때문에 마찬가지로 욕구 충족을 어렵게 만든다. 같은 맥락에서, 외재적 목표 조건에 있는 사람들은 학습 활동에 참여하더라도 학습자료를 보다 피상적인 방식으로 처리하는 것으로 드러났다(Vansteenkiste, Simons, Lens et al., 2005).

이것은 외재적 지향을 가진 학생들이 시험 보는 데 도움이 되는 요소에만 집중한다는 것을 시사하며, 이러한 태도는 유능감을 경험하는 데 방해가 될 것이다. 더욱이, 이같이 융통성이 결여된 접근은 초반부에는 지속성을 촉진시키기도 했으나 장기적으로 지속되지 못했고(예: Vansteenkiste, Simons, Soenens et al., 2004), 필요한 행동을 지속하지 못한 것에 대해 무력감과 무능감을 남겼다.

요약하면, 외재적 목표 대 내재적 목표 추구 및 장려는 일련의 주의와 인지 과정에 영향을 미치며, 이는 목표의 차이가 기본 욕구 충족에 서로 다른 영향을 미치는 이유가 무엇인지 설명할 수 있다. 외재적 목표와 내재적 목표에 대한 연구결과를 통해 우리는 외재적 목표가 현재의 활동에서 외부적 가치 지표로 주의를 전환시킨다고 제안한다. 사람들이 외부적 지표에 맞추어 살아가고자 전전긍긍할 때, 자신의 목표 실현 수준을 타인과 비교하려고 한다. 이때 상상 속의 인물이나 잘 모르는 대상을 마치 자기 주변에 있는 사회적 동반자처럼 여기고 비교 대상으로 삼을 수도 있다. 이러한 상향비교는 보통 기본적인 욕구 충족을 방해하고, 불안정감과 개인 내의 위협감을 안겨준다. 이와 같은 불안정감과 위협감은 방어적인 행동이나 외부적 가치 지표를 획득하려는 경향성을 유발할 수 있다. 그 결과, 모순적이지만, 다시 현재의 과제로 주의가 돌아오게 되며, 유발된 불안정감을 해소하기 위해 외재적 이상을 획득하는 데 더욱 강하게 몰두하게 될 것이다 (Kasser et al., 2004). 그러나 외재적 목표를 지향하는 사람이 조건적으로, 그러니까 보다 경직되고 자기 중심적인 방식으로 현재의 과제와 주변 사람에게 다가갈수록, 이는 불행하게도 기본적 욕구 충족을 방해할 것이며, 이는 다시 불안정감을 키우는 악순환의 고리를 만들 것이다.

결 론

물질주의적 추구로 행복을 살 수 있는가 하는 질문은 지난 15년간 심리학자들의 많은 관심을 받아왔다. 자기결정이론은 물질주의적 추구와 사회적 지위나 신체적 매력과 같은 외재적 열망을 자기수용이나 정서적 친밀감과 같은 보다 유기체적이고 내재적인 추구와 구분하고 있다. 소비심리학 및 신체상과 관련된 분야의 연구자들은 외재적 목표보다 많은 보상을 가져다주는 성장 촉진적인 대안을 배제한 채 외재적 목표만을 연구해온 경향이 있기에, 외재적 목표 추구에 대한 긍정적 대안을 논하는 것이 매우 필요하다. 게다가 그러한 긍정적인 대안에 대한 연구는 개인의 잠재성을 발현하고 성장에 기여하는 사회적 조건과 개인적 특성에 관심을 갖는 현대 심리학의 시대정신과 매우 잘 들어맞는다.

이 장에서 개관한 연구들은 외재적 목표에 비해 내재적 목표를 추구하고 장려하는 것이 개인의 안녕감과 건강, 사회적 관계의 질, 도덕적 기능, 생태학적 복지에 대한 관심, 수행 등 광범위한 분야에 많은 영향을 미친다는 점을 보여준다. 더욱이 일련의 연구들은 이러한 결과가 일반적인 삶의 목표뿐만 아니라, 스포츠, 운동, 일, 교육, 건강과 같은 삶의 다른 영역에도 적용된다는 점을 보여준다. 미래의 연구는 이러한 효과가 왜 일어나는지에 대해서 좀 더 면밀히 밝혀낼 것이다. 여기서 제안된 기본적 욕구 충족의 거시적-미시적 과정과 세 가지 미시적 매개 기제는 아마도 이런 측면에서 영감을 주리라 믿는다.

| 개인적인 작은 실험들 |

일상에 내재한 외재적 목표와 내재적 목표의 중요성 발견하기

개인적 추구　잠시 동안 당신이 개인적으로 추구하는 바를 생각해보라. 이는 스스로에게 설정한 중간 수준의 목표들이다. 이는 당신이 매일 보통 하려고 하는 활동들로서 기타 배우기, 운동 좀 더 많이 하기, 좀 더 열심히 일하기, 아이들과 더 많은 시간 보내기, 집 청소하기 등을 예로 들 수 있다. 앞으로 3개월 동안 실천하기로 결심한 개인적 추구 세 가지를 적어보라.

내재적 및 외재적 목표의 중요성　이번에는 이러한 추구가 왜 중요한지 스스로에게 물어보라. 각 추구는 여러 가지 삶의 목표를 성취하는 데 있어서 어느 정도 도움이 되는가? 브레인스토밍에 도움이 되도록, 각각의 추구가 다음에 제시된 것을 성취하는 데 얼마나 도움이 되는 것인지 적어볼 수 있다.

(1) 인생에서의 경제적 성공
(2) 도움이 필요한 사람 돕기
(3) 타인에게 보이는 신체적 매력 증가
(4) 재능 계발
(5) 타인에게 사회적 존경받기
(6) 좀 더 나은 몸매 만들기
(7) 타인에게 보다 많은 영향력 행사
(8) 타인과 보다 강한 유대관계 맺기

당신이 현재 추구하는 것이 이 각각의 목표를 성취하는 데 얼마나 도움이 되는지 1점(전혀 도움이 되지 않음)에서 5점(매우 도움이 됨)까지 점수를 매긴다. 그런 다음 1, 3, 5, 7문항에 대한 3가지 추구의 점수를 더하고, 2, 4, 6, 8문항에 대한 3가지 추구의 점수를 더한다. 첫 번째가 외재적 목표의 중요성을 측정하며, 두 번째가 내재적 목표의 중요성을 측정한다.

결과를 살펴보라. 내재적 목표 점수가 외재적 목표 점수보다 훨씬 높다면 당신의 일상은 성장을 촉진하는 목표를 중심으로 운영되고 있다. 만일 외재적 목표 점수가 내재적 목표 점수보다 높다면 당신의 일상은 물질 획득에 초점이 맞추어져 있다. 당신의 목표를 반성할 시간을 잠시 가져본다. 무엇 때문에 당신에게 외재적 목표가 그렇게 중요하게 되었나? 그것을 추구하는 데 따르는 장점은 무엇인가? 대가는 무엇인가? 어떤 활동을 하면서 외재적 목표를 마음에 담고 있을 때 다른 사람에게 어떻게 대하는가? 외재적 목표를 성취했다면, 그 만족감이 얼마나 유지되는가?

이러한 종류의 질문은 외재적 목표와 내재적 목표의 추구와 관련된 역동적인 효과에 대하여 보다 깊은 통찰을 얻는 데 도움이 될 것이며, 아마도 궁극적으로는 목표에 대한 조망을 바꾸어 일부는 버리고 새로운 것을 선택하도록 이끌 것이다.

참고문헌

Amiot, C. E., Vallerand, R. J., & Blanchard, C. M. (2006). Passion and psychological adjustment: A test of the person-environment fit hypothesis. *Personality and Social Psychology Bulletin, 32*, 220-229.

Belk, R. W. (1985). Materialism: Trait aspects of living in the material world. *Journal of Consumer Research, 12*, 265-280.

Berzonsky, M. D. (1990). Self-construction over the life-span: A process perspective on identity formation. *Advances in Personal Construct Psychology, 1*, 155-186.

Bessendorf, G. R. (2006). Can the media affect us? Social comparison, self-discrepancy, and the thin ideal. *Psychology of Women Quarterly, 30*, 239-251.

Brickman, P., & Campbell, D. (1977). Hedonic relativism and planning the good society. In M. H. Appley (Ed.), *Social comparison processes: Theoretical and empirical perspectives*. New York: Wiley/Halsted.

Brown, K. W., & Kasser, T. (2005). Are psychological and ecological well-being compatible? The role of values, mindfulness, and lifestyle. *Social Indicators Research, 74*, 349-368.

Campbell, A., Converse, P. E., & Rodgers, W. L. (1967). *The quality of American life: Perceptions, evaluations, and satisfactions*. New York: Russell Sage.

Carver, C. S., & Baird, E. (1998). The American dream revisited: Is it what you want or why you want it that matters? *Psychological Science, 9*, 289-292.

Carver, C. S., & Scheier, M. F. (2000). Autonomy and self-regulation. *Psychological Inquiry, 11*, 284-290.

Cash, T. F., Cash, D. W., & Butters, J. W. (1983). "Mirror, mirror, on the wall?": Contrast effects and self-evaluations of physical attractiveness. *Personality and Social Psychology Bulletin, 9*, 351-358.

Csikszentmihalyi, M. (1999). If we are so rich, why aren't we happy? *American Psychologist, 54*, 821-827.

Cohen, P., & Cohen, J. (1996). *Life values and adolescent mental health.* NJ: Erlbaum.

Deci, E. L., & Ryan, R. M. (2000). The "what" and the "why" of goal pursuits: Human needs and the self-determination of behavior. *Psychological Inquiry, 11*, 227-268.

Diener, E., Suh, E. M., Luca, R. E., & Smith, H. L. (1999). Subjective well-being: Three decades of progress. *Psychological Bulletin, 125*, 276-302.

Dittmar, H. (2005). Compulsive buying—a growing concern? An examination of gender, age, and endorsement of materialistic values as predictors. *British Journal of Psychology, 96*, 467-491.

Dittmar, H. (2007). The costs of consumer culture and the "cage within": The impact of the material "good life" and "body perfect" ideals on individuals' identity and well-being. *Psychological Inquiry, 18*, 23-59.

Dohnt, H. K., & Tiggeman, M. (2006a). Body image concerns in young girls: The role of peers and media prior to adolescence. *Journal of Youth and Adolescence, 35*, 141-151.

Dohnt, H. K., & Tiggeman, M. (2006b). The contribution of peer and media influences on the development of body satisfaction and self-esteem in young girls: A prospective study. *Developmental Psychology, 42*, 929-936.

Duriez, B., Soenens, B., & Vansteenkiste, M. (2007). In search of the antecedents of adolescent authoritarianism: The relative contribution of parental goal promotion and parenting style dimensions. *European Journal of Personality, 21*, 507-527.

Duriez, B., Vansteenkiste, M., Soenens, B., & De Witte, H. (2007). The social costs of extrinsic relative to intrinsic goal pursuits: Their relation with social dominance and racial and ethnic prejudge. *Journal of Personality, 75*, 757-782.

Eccles, J. S., Lord, S., & Midgley, C. (1991). What are we doing to early adolescents? The impact of educational contexts on early adolescents. *American Journal of Education, 99*, 521-541.

Eccles, J. S., & Wigfield, A. (2002). Motivational beliefs, values, and goals. *Annual Review of Psychology, 53*, 109—132.

Edwards, J. R. (1991). Person-job fit: A conceptual integration, literature review, and methodological critique. In C. L. Cooper & I. T. Robertson (Eds.), *International review of industrial and organizational psychology* (pp. 283-357). Oxford: Wiley.

Elizur, D. (1984). Facets of work values: A structural analysis of work outcomes. *Journal of Applied Psychology, 69*, 379-389.

Elliot, A. J. (1999). Approach and avoidance motivation and achievement goals. *Educational Psychologist, 34*, 169-189.

Frederickson, B. L., & Roberts, T. A. (1997). Objectification theory: Toward understanding women's lived experiences and mental health risks. *Psychology of Women Quarterly, 21*, 173-206.

Fromm, E. (1976). *To have or to be?* New York: Continuum.

Groesz, L. M., Levine, M. P., Murnen, S. K. (2002). The effect of experimen-tal presentation of thin media images on body satisfaction: A meta-analytical review. *International Journal of Eating Disorders, 31*, 1-16.

Grouzet, F. M. E., Kasser, T., Ahuvia, A., Dols, J. M. F., Kim, Y., Lau, S., et al. (2006). The structure of goal contents across 15 cultures. *Journal of Personality and Social Psychology, 89*, 800-816.

Gulas, C. S., & McKeage, K. (2000). Extending social comparison: An examination of the unintended consequences of idealized advertising imagery. *Journal of Advertising, 2*, 17-28.

Hall, P. A., & Gingerich, D. W. (2004). Varietiess of capitalism and institutional complementarities in the macroeconomy: An empirical analysis. *Berliner Journal fur Soziologie, 14*, 5.

Harackiewicz, J. M., & Elliot, A. J. (1998). The joint effects of target and purpose goals on intrinsic motivation: A mediational analysis.

Personality and Social Psychology Bulletin, 24, 521-539.

Husman, J., & Lens, W. (1999). The role of the future in student motivation. *Educational Psychologist, 34*, 113-125.

Inglehart, R. (1990). *Culture shift in advanced industrial society.* Priceton, NJ: Princeton University Press.

Kashdan, T. B., & Breen, W. E. (2007). Materialism and diminished well-being: Experiential avoidance as a mediating mechanisms. *Journal of Social and Clinical Psychology, 26*, 521-539.

Kasser, T. (2002). *The high price of materialism.* London: MIT Press.

Kasser, T. (2005). Frugality, generosity, and materialism in children and adolescents. In K. A. Moore & L. H. Lippman (Eds.), *What do children need to flourish?: Conceptualizing and measuring indicators of positive development* (pp. 357-373). New York: Springer Science.

Kasser, T., & Ahuvia, A. (2002). Materialistic values and well-being in business students. *European Journal of Social Psychology, 32*, 137-146.

Kasser, T., Cohn, S., Kanner, A. D., & Ryan, R. M. (2007). Some costs of American corporate capitalism: A psychological exploration of value and goal conflicts. *Psychological Inquiry, 18*, 1-22.

Kasser, T., & Ryan, R. M. (1993). A dark side of the American dream: Correlates of financial success as central life aspiration. *Journal of Personality and Social Psychology, 65*, 410-422.

Kasser, T., & Ryan, R. M. (1996). Further examining the American dream: Differential correlates of intrinsic and extrinsic goals. *Personality and Social Psychology Bulletin, 22*, 280-287.

Kasser, T., & Ryan R. M. (2001). Be careful for what you wish: Optimal functioning and the relative attainment of intrinsic and extrinsic goals. In P. Schmuck & K. M. Sheldon (Eds.), *Life goals and well-being: Toward a positive psychology of human striving* (pp. 116-131). Goettingen, Germany: Hogrefe & Huber.

Kasser, T., Ryan, R. M., Couchman, C. E., & Sheldon, K. M. (2004).

Materialistic values: Their causes and consequences. In T. Kasser & A. D. Kanfer (Eds.), *Psychology and consumer cultures: The struggle for a good life in a materialistic world* (pp. 11-28). Washington, DC: American Psychological Association.

Kasser, T., & Sheldon, K. M. (2002). What makes for a merry Christmas? *Journal of Happiness Studies, 3*, 313-329.

Kasser, T., Vansteenkiste, M., & Deckop, J. R. (2006). The ethical problems of a materialist value orientation for business. In J. R. Deckop (Ed.), *Human resource management ethics.* Greenwich, CT: Information Age Publishers.

Kilbourne, W., & Pickette, G. (in press). How materialism affects environmental beliefs, concern, and environmentally responsible behavior. *Journal of Business Research.*

Krieger, L. S. (1998). What we're not telling law students-and lawyers-that they really need to know: Some thoughts-in-acting toward revitalizing the profession from its roots. *Journal of Law and Health, 13*, 1-48.

Krones, P., Stice, E., Batres, C., & Orjada, K. (2005). In vivo social comparison to a thin-deal peer promotes body dissatisfaction: A randomized experiment. *International Journal of Eating Disorders, 38*, 134-142.

LaBarbera, P., & Gürhan, Z. (1997). The role of materialism, religiosity, and demographics in subjective well-being. *Psychology and Marketing, 14*, 71-97.

Markus, H. R., & Kitayama, S. K. (2003). Models of agency: Socio-cultural diversity in the construction of action. In V. Murphy-Berman & J. J. Berman (Eds.), *Nebraska symposium on motivation: Vol. 49. Cross-cultural differences in perspectives on the self* (pp. 1-57). Lincoln, NE: University of Nebraska Press.

Martin, M. C., & Gentry, J. W. (1997). Stuck in the model trap: The effects of beautiful models in ads on female pre-adolescents. *The Journal of Advertising, 2*, 19-33.

McGill, V. J. (1967). *The idea of happiness.* New York: Praeger.

McHoskey, J. W. (1999). Machiavellianism, intrinsic versus extrinsic goals, and social interest: A self-determination theory analysis. *Motivation and Emotion, 23,* 267-283.

Meyer, B., Enström, M. K., Harstveit, M., Bowles, D. P., & Beevers, C. G. (2007). Happiness and despair on the catwalk: Need satisfaction, well—being, and personality adjustment among fashion models. *Journal of Positive Psychology, 2007,* 2-17.

Nickerson, C., Schartz, N., Diener, E., & Kahneman, D. (2003). Zeroing in on the dark side of the American dream: A closer look at the negative consequences of the goal for financial success. *Psychological Science, 14,* 531-536.

Noll, S. M., & Frederickson, B. L. (1998). A mediational model linking self—objectification, body shame and disorder eating. *Psychology of Women Quarterly, 22,* 623-636.

Patrick, H., Neighbors, C., & Knee, C. R. (2004). Appearance-related social comparisons: The role of contingent self-esteem and self-perceptions of attractiveness. *Personality and Social Psychology Bulletin, 30,* 501-514.

Pratto, F., Sidanius, J., Stallworth, L. M., & Malle, B. F. (1994). Social dominance orientation: A personality variable predicting social and political attitudes. *Journal of Personality and Social Psychology, 67,* 741-763.

Quin, D. M., Kallen, R. W., Twenge, J. M., & Frederickson, B. L. (2006). The disruptive effect of self-objectification on performance. *Psychology of Women Quarterly, 30,* 59-64.

Richins, M. L., & Dawson, S. (1992). A consumer value orientation for materialism and its measurement: Scale development and validation. *Journal of Consumer Research, 19,* 303-316.

Rijavec, M., Brdar, I., & Miljikovic, D. (2006). Extrinsic vs. intrinsic life goals, psychological needs and life satisfaction. In A. Delle Fave (Ed.), *Dimensions of well—being. Research and Intervention* (pp. 91-104). Milan: Franco Angeli.

Roberts, J. A., & Clement, A. (2007). Materialism and satisfaction with overall quality of life and eight life domains. *Social Indicators Research*, *82*, 79-92.

Roets, A., Van Hiel, A., & Cornelis, I. (2006). Does materialism predict racism? Materialism as a distinctive social attitude and a predictor of prejudice. *European Journal of Personality*, *20*, 155-168.

Ryan, R. M. (1995). Psychological needs and the facilitation of integrative processes. *Journal of Personality*, *63*, 397-427.

Ryan, R. M., Chirkov, V. I., Little, T. D., Sheldon, K. M., Timoshina, E., Deci, E. L. (1999). The American dream in Russia: Extrinsic aspirations and well-being in two cultures. *Personality and Social Psychology Bulletin*, *25*, 1509-1524.

Ryan, R. M., & Deci, E. L. (2000). Self-determination theory and the facilitation of intrinsic motivation, social development, and well-being. *American Psychologist*, *55*, 68-78.

Ryan, R. M., Huta, V., & Deci, E. L. (2008). Living well: A self-determination theory perspective on eudaimonia. *Journal of Happiness Studies*, *9*, 139-170.

Ryan, R. M., Sheldon, K. M., Kasser, T., & Deci, E. L. (1996). All goals were not created equal: An organismic perspective on the nature of goals and their regulation. In P. M. Gollwitzer & J. A. Bargh (Eds.), *The psychology of action: Linking motivation and cognition to behavior* (pp. 7-26). New York: Guilford.

Sagiv, L., & Schwartz, S. H. (2000). Value priorities and subjective well-being: Direct relations and congruity effects. *European Journal of Social Psychology*, *30*, 177-198.

Schimel, J., Arndt, J., Pyszczyinski, T., & Greenberg, J. (2001). Being accepted for who we are: Evidence that social validation of the intrinsic self reduces general defensiveness. *Journal of Personality and Social Psychology*, *80*, 35-52.

Schwartz, S. H. (1992). Universals in the content and structure of values:

Theoretical advances and empirical tests in 20 countries. In M. P. Zanna (Ed.), *Advances in experimental social psychology* (Vol. 25, pp. 1-65). San Diego, CA, and London: Academic Press.

Schwartz, S. H. (2006). Cultural and individual value correlates of capitalism: A comparative analysis. *Psychological Inquiry, 18*, 52-57.

Sebire, S., Standage, M., & Vansteenkiste, M. (2008). *Exploring exercise goal content: Intrinsic vs. extrinsic exercise goals, exercise outcomes, and psychological need satisfaction*. Manuscript submitted for publication.

Sebire, S., Standage, M., & Vansteenkiste, M. (in press). Development and validation of the Goal Content for Exercise Questionnaire. *Journal of Sport and Exercise Psychology*.

Seligman, M. E. P., & Csikszentminhalyi, M. (2000). Positive psychology: An introduction. *American Psychologist, 55*, 5-14.

Sheldon, K. M., Arndt, J., & Houser-Marko, L. (2003). In search of the organismic valuing process: The human tendency to move toward beneficial goal choices. *Journal of Personality, 71*, 835-886.

Sheldon, K. M., & Kasser, T. (1995). Coherence and congruence: Two aspects of personality integration. *Journal of Personality and Social Psychology, 68*, 531-543.

Sheldon, K. M., & Kasser, T. (1998). Pursuing personal goals: Skills enable progress, but not all progres is beneficial. *Personality and Social Psychology Bulletin, 24*, 1319-1331.

Sheldon, K. M., & Kasser, T. (2001). Goals, congruence, and positive well-being: New empirical support for humanistic theories. *Journal of Humanistic Psychology, 41*, 30-50.

Sheldon, K. M., & Krieger, L. S. (2004). Does legal education have undermining effects on law students? Evaluating changes in motivation, values, and well-being. *Behavioral Sciences and the Law, 22*, 261-286.

Sheldon, K. M., & McGregor, H. (2000). Extrinsic value orientation and the tragedy of the commons. *Journal of Personality, 68*, 383-411.

Sheldon, K. M., Ryan, R. M., Deci, E. L., & Kasser, T. (2004). The independent effects of goal contents and motives on well-being: It's both what you pursue and why you pursue it. *Personality and Social Psychology Bulletin, 30*, 475-486.

Sirgy, M. J. (1998). Materialism and quality of life. *Social Indicators Research, 43*, 227-260.

Solberg, E. G., Diener, E., & Robinson, M. D. (2004). Why are materialists less satisfied? In T. Kasser & A. D. Kanner (Eds.), Psychology and consumer culture: *The struggle for a good life in a materialistic world* (pp. 29-48). Washington, DC: American Psychological Association.

Srivastava, A., Locke, E. A., & Bartol, K. M. (2001). Money and subjective well-being: It's not the money, it's the motives. *Journal of Personality and Social Psychology, 80*, 959-971.

Stice, E., & Shaw, H. E. (1994). Adverse effects of the media portrayed thin-ideal on women and linkages to bulimic symptomatology. *Journal of Social and Clinical Psychology, 13*, 288-308.

Strahan, E. J., Wilson, A. E., Cressman, K. E., & Buoe, V. M. (2006). Comparing to prefection: How cultural norms for appearance affect social comparisons and self-image. *Body Image, 3*, 211-227.

Tang, T. L., & Chiu, R. K. (2003). Income, money ethic, pay satisfaction, and unethical behavior: Is the love of money the root of evil for Hong Kong employees? *Journal of Business Ethics, 46*, 13-30.

Tiggeman, M., & McGill, B. (2004). The role of social comparison in the effect of magazine advertisements on women's mood and body dissatisfaction. *Journal of Social and Clinical Psychology, 23*, 23-44.

Van Boven, L. (2005). Experientialism, materialism, and the hedonics of consumption. *Review of General Psychology, 9*, 132-142.

Van Boven, L., & Gilovich, T. (2003). To do or to have? That is the question. *Journal of Personality and Social Psychology, 85*, 1193-

1202.

Van Hiel, A., & Vansteenkiste, M. (2007). *"Ambitions fulfilled?" The effects of intrinsic versus extrinsic goal attainment on psychological well-being and ego-integrity, and death attitudes among the elderly.* Manuscript submitted for publication.

Vansteenkiste, M. (2007, September). *The effects of intrinsic vs. extrinsic goal pursuit on ethical functioning.* Paper presented to the British Association of Sport and Exercise Sciences Annual Conference, Bath, United Kingdom.

Vansteenkiste, M., Duriez, B., Simons, J., & Soenens, B. (2006). Materialistic values and well-being among business students: Further evidence for their detrimental effect. *Journal of Applied Social Psychology, 36*, 2892-2908.

Vansteenkiste, M., Lens, W., & Deci, E. L. (2006). Intrinsic vs. extrinsic goal contents in self-determination theory: Another look at the quality of academic motivation. *Educational Psychologist, 41*, 19-31.

Vansteenkiste, M., Matos, L., Lens, W., & Soenens, B. (2007). Understanding the impact of intrinsic versus extrinsic goal framing on exercise performance: The conflicting role of task and ego involvement. *Psychology of Sport and Exercise, 8*, 771-794.

Vansteenkiste, M., Neyrinck, B., Niemiec, C. P., Soenens, B., De Witte, H., & Van den Broeck, A. (2007). On the relations among work value orientations, psychological need satisfaction, and job outcomes: A self-determination theory approach. *Journal of Occupational and Organizational Psychology, 80*, 251-277.

Vansteenkiste, M., Simons, J., Braet, C., Bachman, C., & Deci, E. L. (2007). *Promoting maintained weight loss through healthy lifestyle changes among severely obese children: An experimental test of self-determination theory.* Manuscript submitted for publication.

Vansteenkiste, M., Simons, J., Lens, W., Sheldon, K. M., & Deci, E. L.

(2004). Motivation learning, performance and persistence: The synergistic effects of intrinsic goal contents and autonomy-supportive contexts. *Journal of Personality and Social Psychology, 87*, 246-260.

Vansteenkiste, M., Simons, J., Lens, W., Soenens, B., Matos, L., & Lacante, M. (2004). "Less is sometimes more": Goal-content matters. *Journal of Personality Psychology, 96*, 755-764.

Vansteenkiste, M., Simons, J., Lens, W., Soenens, B., & Matos, L. (2005). Examining the impact of extrinsic vs. intrinsic goal framing and internally controlling vs. autonomy-supportive communication style upon early adolescents' academic achievement. *Child Development, 76*, 483-501.

Vansteenkiste, M., Simons, J., Soenens, B., & Lens, W. (2004). How to become a persevering exerciser? Providing a clear, future intrinsic goal in an autonomy supportive way. *Journal of Sport and Exercise Psychology, 26*, 232-249.

Vansteenkiste, M., Soenens, B., & Lens, W. (2007). Intrinsic versus extrinsic goal promotion in sport and exercise: Understanding their differential impact on performance and persistence. In M. S. Hagger & N. Chatzisarantis (Eds.), *Self-Determination Theory in exercise and sport* (pp. 167-180). Champaign, IL: Human Kinetics.

Vansteenkiste, M., Timmermans, T., Lens, W., Soenens, B., & Van den Broeck, A. (2008). Does extrinsic goal framing enhance extrinsic goal oriented individuals' learning and performance? An experimental test of the match-perspective vs. self-determination theory. *Journal of Educational Psychology, 100*, 387-397.

Williams, G. C., Cox, E. M., Hedberg, V. A., & Deci, F. L. (2000). Extrinsic life goals and health-risk behaviours among adolescents. *Journal of Applied Social Psychology, 30*, 1756-1771.

5

긍정적인 학교생활

• Richard Gilman, E. Scott Huebner와 Matthew Buckman

5

긍정적인 학교생활

Richard Gilman, E. Scott Huebner와 Matthew Buckman

청소년 성장은 가족, 또래집단 및 가정 바깥 장면(예: 학교)의 세 가지 주요한 장면에서 일어난다(Cox & Harter, 2003). 그럼에도, 학교 내에서의 경험과 청소년의 긍정적 성장의 관계를 탐구하는 연구는 가족과 또래집단에 대한 연구에 비해서 뒤떨어졌다. 이 장의 목적은 긍정 학교 경험 혹은 학교 만족도에 기여하는 요인들에 초점을 맞춘 연구들을 요약하는 것이다. 이 장에서 학교 만족도의 정의와 학교 만족도를 측정하는 척도, 개인차, 환경과 학교 만족도의 관계에 대해서 살펴볼 것이다. 마지막으로 건전한 학교 환경을 지키는 것을 목적으로 한 연구가 지니는 의의를 논의할 것이다.

정의 및 이론적 개관

간단히 말하면, 긍정적 또는 '괜찮은' 학교란 학생들에 의해 긍정적으로 경험되는 학교다. 비록 학교의 일차 목표가 학생들로 하여금 졸업 이후의 삶을 준비시키는 것이기는 하지만, 정규 학교 과정 동안의 삶의 질은 일정 부분 고교 졸업 이후 생활로 이어진다. 사실상 긍정적 학교 경험을 보고하는 사람들은 긍정적인 '삶'의 경험을 보고하며(예: Mahoney, Cairns, & Farmer, 2003), 졸업 이후 만성적 알코올 사용과 심각한 정신장애와 같은 부정적인 삶의 경험을 보다 적게 보고하곤 한다(Locke & Newcomb, 2004). 학생들이 긍정적 학교 경험을 보고하는 것은 현재 그 학생이 행복한 생활을 영위하고 있다는 것을 말해줌과 아울러 미래에 건강한 성인으로 살아갈 가능성을 의미하는 것이다. 따라서 긍정적 학교생활을 설명하는 중요 요인들을 밝혀내는 것은 그 학교가 얼마나 효율적인지를 평가하는 중요한 잣대가 될 것이다(Hegarty, 1994).

이 점에서 삶의 만족도는 학교 효율성을 평가하는 유용한 개념적 틀을 제공한다. 삶의 만족도란 내적 요소(예: 자기신념)와 외적 요인을 고려하여 자신의 현재 삶의 상황에 대해 부여하는 인지적 평가를 의미한다(Diener, 2000). 청소년을 대상으로 한 연구에서는 주로 전반적 평가(예: "대체로 내 삶은 잘 진행되고 있다.")를 통해서 삶의 만족도가 측정되었다. 성인과 아동 그리고 청소에게 전반적 평가로서의 삶의 만족도가 지니는 중요성은 널리 알려진 바 있다(Gilman, Huebner, 2003; Hueber, 2004). 아울러 가족이나 또래집단에서의 만족도와 같은 영역 만족도 역시 성공적으로 연구되었다. 8세의 아동 역시 주요 인생 영역에 대한 의미 있는 평가를 할 수 있고, 삶의 만족도와 긍정·부정 정서 경험을 구별할 수 있다는 사실이 밝혀졌다. 삶의 만족도는 정서 경험과 긴밀히 연관되어 있기는 하나 정서 경험에 반드시 제한받지는 않는다. 즉, 자신의 삶에 대해서 만족하는 사람이 반드시 항상 정서적으로 행복할 필요는 없다.

학교는 대부분의 청소년에게 중요한 삶의 영역이며 청소년의 학교 만족도를 평가하기 위해서 연구자들이 많은 노력을 기울였다. 학교 만족도는 '전체' 학교 경험의 긍정성에 대한 학생의 평가로 정의된다(Huebner, 1994). 비록 '차별하지 않는' 교사나 적은 학생 수와 같은 긍정적 학교 경험의 기준에 대한 일치된 의견이 있기는 하지만 학생들은 개별 기준 각각에 부여하는 중요도가 다르며 그들 고유의 기준을 선정하기도 한다(Pavot & Diener, 1993). 따라서 일반적으로 학교 만족도를 측정하는 문항들은 '나는 우리 학교 건물이 좋아.'라든지 '나는 우리 학교 교육 과정이 맘에 들어.'와 같이 구체적 특성을 담지 않고, '나는 우리 학교를 좋아해.'와 같이 보다 포괄적인 내용으로 이루어진다. 이 도구들은 학생들로 하여금 독특한 기준에 가중치를 주거나 통합하도록 한다. 이 도구들은 학교 환경 척도들과 구별된다. 학교 환경 척도들은 응답자에게 중요할 것이라고 연구자가 미리 가정한 목록들로 이루어진다. 이 척도들의 유용성은 연구자의 목적에 의존한다.

비록 학교 만족도 관련 연구는 아직까지 걸음마 단계이기는 하나 학생들의 학교 만족도의 수준이 심리적/심리사회적/심리교육적 성과와 관련이 있는 것은 명백해 보인다. 예를 들어, Huebner와 Gilman(2006)은 '높은 수준'의 학교 만족도를 보이는 학생이 '평균' 혹은 '평균 이하' 수준의 학교 만족도를 나타내는 학생에 비해 학점, 동기 수준, 자기통제감 수준 등이 보다 높았으며 심리적 증상은 더 적은 것으로 나타났다고 보고했다. 또한 학교 만족도가 높은 학생이 현재 청소년 문제 행동도 더 적게 보였으며(DeSantis-King, Huebner, Suldo, & Valois, 2006), 현재 학교 만족도는 미래 청소년 문제 행동을 예측하기도 하였다(Elmore, 2006). 놀랍게도 유치원에 다니는 아동에게 있어서도 학교 만족도는 학업 성취와 학업 몰입 행동의 전조(前兆)가 되었다(Ladd, Buhs, & Seid, 2000). 따라서 학교 만족도는 학교 적응과 적응에 동반하는 긍정적 이익에 대한 임상적으로 유용하고 중요한 지표가 된다.

학교 만족도의 측정 도구

학교 만족도를 측정하는 도구는 특정 연구를 위해서 제작되었거나 단일 학년의 학교 만족도를 위해 만들어졌기 때문에 타 집단이나 타 연령에 적용하기 어려운 점이 많다. 그럼에도, 다양한 연구에서 사용되는 도구들이 존재하고, 이 도구들이 이 절에서 중점적으로 다루어질 것이다. 초기 척도인 Quality of School Life Scale(QSL; Epstein & McPartland, 1976)에는 학교에 대한 일반적 만족도, 학교생활에 헌신하는 정도, 교사에 대한 태도 등의 영역이 포함되었다. 문항 반응 양식은 진위를 묻는 이분 양식과 다중 반응 양식을 아우른다. QSL은 미국의 한 주에서 4,000개 학교에 걸쳐 실시되었다. 연구결과, 내적 일치도(.70~.85)와 1년 동안의 검사 재검사 신뢰도가 높아 각 영역의 심리학적 속성은 양호한 것으로 나타났다. 이 척도는 학교 수행도와 정적 상관을 보였고 학교 불안 수준 및 결석 횟수와 부적 상관을 보여 양호한 수렴타당도를 나타내었다. 마지막으로 QSL은 탐색적 요인분석 결과 양호한 구성타당도를 보였다. 추후 연구에서도 대체적으로 이상의 결과를 재검증하였다(Johnson & Johnson, 1993). 다른 척도들은 QSL을 변용하여 일부 영역을 첨가하였으며 다른 국적의 학생들에게 적용하였다(Karatzias, Power, & Swanson, 2001; Mok & Flynn, 2002).

여타 학교 만족도 척도는 다양한 영역의 소척도를 포함하여 학생들의 행복에 공헌하는 요인들에 대한 포괄적인 이해를 제공한다. 예를 들어, Multidimensional Students' Life Satisfaction Scale(MSLSS; Huebner, 1994)은 학교 만족도, 가족 만족도, 친구 만족도, 생활환경 만족도, 자기만족도 등을 포함한다. 이 척도의 학교 만족도 소검사는 교사·또래와의 관계, 학교환경에 대한 전반적 인상을 반영하는 7개의 문항으로 구성된다. 모든 문항은 6점 척도로 측정하도록 되어 있다. 이 척도는 .80 이상의 내적 일치도를 보였고, 다양한 연령과 학년의 청소년에게 실시했을 때에도 적절한 변별·수렴타당도를 나타냈다(Gilman & Huebner, 2003). 학교 만족도 소척도 또한 다양한 국적의 청소년을 대상으로 양호한 변별·수렴타당도를 보였다(Gilman et al., 2008).

일부 척도는 이전에 표준화된 척도와 결합하여 임상적 진단을 내리기 위해 광범위한 평가를 할 때 유용하게 사용된다. Behavioral Assessment System for Children(BASC-2; Reynolds & Kamphaus, 2004)이 이러한 도구의 한 종류이며 교사와 학교에 대한 태도를 측정하는 소검사를 포함한다. 이 척도는 양호한 심리측정적 속성을 지니고 있으며 최근 연구에서 사용되었다(Gilman & Anderman, 2006b).

현존하는 학교 만족도 척도들에 대한 연구들은 학교에 대한 긍정적인 지각이 신뢰할 만하고 타당하게 측정될 수 있다는 사실을 보여왔다. 대부분의 만족도 척도와 마찬가지로 학교 만족도 척도 역시 집단으로 수집되고 자필로 기입하는 자기보고식 방식을 따른다. 학교에 대한 긍정적 지각은 타인과 공유할 수 없는 내적 신념에 기반을 두기 때문에 이를 측정하는 데 있어 자기보고식 방식은 다른 어느 측정 방식에 비해서도 우위를 점할 것으로 여겨진다. 그럼에도, 자기보고식 방식은 사회적 바람직성, 긍정적 인상 형성, 왜곡 반응 등의 약점을 해결하지는 못한다. 이들 문제점을 해결하고 반응 편파를 줄이기 위해서 새로운 측정 방식이 최근에 도입되었다.

예를 들어, 학생들에게 호출기를 지급하고 무작위로 호출기가 울리는 시점에 자신의 지각을 보고하도록 하는 경험 표집법이 사용되어서 신뢰할 만한 결과를 얻었다(Shernoff, Csikszentmihalyi, Schneider, & Shernoff, 2003). 학생들로 하여금 실시간 일기를 작성하도록 하거나, 가정에서 컴퓨터를 사용하여 보고하도록 하는 방식 또한 도입되었다. 마지막으로 학생의 신상을 잘 파악하고 있는 교사, 부모, 또래 등의 주변인을 통해 정보를 수집하여 자기보고형 방식이 지니는 약점을 해결하고자 시도하였다.

학교 만족도에 대한 연구결과

선행 연구들은 정상적 교육 과정으로부터 이탈과 행동 문제의 증가와 같은 학교 불만족이 유발하는 결과들에 초점을 맞추어왔다. 그렇지만 최근의 연구 경향은 학교 만족도에 기여하는 선행 조건(인구사회학적 요인, 기질 요인)에 대한 이해에 관심을 두고 있다. 이러한 선행 조건은 인접 요인과 원격 요인으로 구분된다. 인접 요인으로는 학생과 교사와의 관계와 학교의 학업적 기대, 원격 요인은 부모와 학교의 관계와 문화적 기대가 해당된다.

대부분의 연구는 충분한 이론적 근거 없이 이루어져 왔지만, 최근에는 동기 이론 연구(Marchand & Skinner, 2007), 사회학 연구(Locke & Newcomb, 2004), 발달심리학(Baker, Daily, Aupperlee, & Patil, 2003) 및 인구 연구(Evans, 1994) 등이 학교 만족도에 영향을 미치는 선행 요인을 밝히는 데 이론적 틀로서 사용되었다. 연구의 결과, (1) 학교 만족도 보고와 같은 주관적 평가는 개인적 · 환경적 선행 요인과 행동 결과 사이를 매개하는 변인으로 기능하였다. (2) 주관적 평가와 행동 결과의 관계는 양(兩)방향적이어서, 환경 조건과 학생 행동의 변화가 학교 만족도에 영향을 줄 수 있는 동시에, 학교 만족도 역시 환경 조건과 학생 행동에 영향을 미칠 수 있었다. 그렇지만 아직 이와 관련하여 많은 연구가 이루어지지 않아 그 방향성을 밝혀내기 위해서는 추후 연구가 필요한 실정이다. 예를 들어, Ladd 등(2000)의 종단 연구에 의하면, 유치원 만족도가 적응과 성취에 영향을 줄 수 있었지만 그 반대 방향은 지지되지 못했다. 다만 이 연구의 참가자가 너무 어리므로, 이 모형이 일반화되기 위해서는 다양한 연령과 배경을 지닌 참가자들을 대상으로 검증되어야 할 것이다.

인접 요인들

연구들은 학교 만족도의 증진에 있어 인접 요인들의 중요성을 시사하였다. 연령, 성별, 인종과 같은 인구사회적 변인들은 학교 만족도에 커다란 영향을 미치지 못하였다. 사실상 대부분의 연구에서 인구사회적 변인들이 학교 만족도에 미치는 효과 크기는 2~7%에 불과하였다(Huebner, Gilman, Reschly, & Hall, 2009).

학교 만족도에 큰 영향을 미치는 것은 학생의 성격이나 특질이었다. 예를 들어, 자기존중감과 자기효능감, 특히 학업과 관련된 자기효능감이 학교 만족도를 크게 설명하였다(Verkuyten & Thijs, 2002). 다시 말해 학업 수행을 완수할 수 있다고 믿는 학생들이 학교 만족도를 높게 보고한 것이다.

다른 개인 변인 중의 하나는 통제 소재다. 즉, 학업적 성공의 원인이 운이나 외부 환경에 있지 않고 노력과 능력에 의해 좌우된다고 생각하는 학생들이 학교 만족도를 높게 보고하였다(Gilman & Anderman, 2006b). 통제 소재와 관련된 것이 희망(hope)이며, 이는 동기적 경향과 목표 전략을 포함한 복합적 개념이다. 대체로 원래 세웠던 목표가 좌절되었을 때 대안적 목표를 설정하고 이의 달성을 위해 노력하는 학생의 학교 만족도가 높았다(Valle, Huebner, & Suldo, 2006).

개인 내적 특성 이외의 인접 요인은 학생들의 활동 선택에 있다. 예를 들어, 학생들이 방과 이후 여가 시간을 보내는 활동 유형이 관심의 대상이 되어왔다. 학생들은 여가 시간의 40~50%를 텔레비전을 시청하거나 비디오 게임을 하는 것과 같이 비구조화된 활동에 소비한다고 알려졌다. 비록 이러한 활동들이 별 해가 없고 재미있기도 하지만, 연구에 따르면 이러한 활동에 과도하게 의존하는 것은 지루함과 의지 결여, 그리고 부적응적인 행동을 유발한다고 알려졌다.

이른바 구조화된 과외 활동(Structured Extracurricular Activities: SEAs)에 참여하는 것이 연구자들의 흥미를 끌었다. 예를 들어, SEAs는 그 활동에 능숙한 성인이 함께 참여한다는 점에서 휴식 위주의 여가 활동과는 차이를 보인다. 또한 SEAs는 기술 발달과 성장을 강조하여, 복잡함의 정도와 도전의 수준이 점차 증가하는 과정으로 구성된다. 마지막으로, SEAs는 참가자의 수행 수준에 대한 성인으로부터의 지속적 주의와 즉각적 피드백이 필요하다(Mahoney et al., 2003). SEAs에 참여한 학생들이 참여하지 않은 학생에 비해서 학교 만족도의 증가가 더 컸다. SEAs 참가와 학교 만족도 증가 사이를 매개하는 것은 동기적 요인인 것으로 보인다. Deci와 Ryan의 자기결정이론에 따라 Gilman과 Stacy(2007)가 SEAs 참가에 의해서 중간 이상의 효과를 얻은 참가자들을 조사하였을 때, 이들이 자율성, 유능성, 관계성의 욕구를 활동 중에 충족할 수 있었다고 보고하였다. 의무적으로 참여하였거나 부모의 요구에 의해서 참가하였거나 또래집단을 따라 덩달아 신청한 참가자들은 학교 만족도에 있어 큰 도움을 얻지 못했다.

개인적 특성과 선택과는 별도로 학교 만족도에 영향을 미치는 인접 요인들이 존재한다. 또래의 지지와 교사에 의한 사회적 수용 역시 학교 만족도와 긴밀히 관련되어 있다(Baker, 1998). 대체로 또래와 긴밀히 연결되어 있고 교사와 긍정적 관계를 유지하고 있는 학생들은 중등도 이상의 사회적 스트레스를 경험하고 있거나 교사와의 관계가 부정적인 학생들에 비해서 학교 만족도를 높게 보고하였다(Huebner & Gilman, 2006).

긍정적 관계는 외향적 성격이나 사회적 기술과 같이 학생이 보이는 행동과 태도에 의해서 부분적으로 설명될 수 있다. 외향성과 사회적 기술은 또래나 교사와의 긍정적 관계를 시작하고 유지하는 데 큰 도움이 되며 결국 학교 만족도에 긍정적 영향을 미치게 된다.

그럼에도, 학생의 통제 밖에 있는 인접 요인이 긍정적 상호작용을 촉진시키거나 부정적 영향을 미치기도 한다. 예를 들어, 교사가 공유 학습과제라든지 사회적 활동을 통해서 긍정적 또래관계를 촉진하기도 한다(Verkuyten & Thijs, 2002). 또한 교실 내 규율을 제정하고 이를 적용하거나 예측 가능한 교실 내 구조 등을 구축한 교사들이 긍정적 또래 관계와 학교 만족도를 증진시킨 것으로 알려졌다(Baker et al., 2003). 반면, 권위적인 교실 구조를 형성하였거나 옳은 행동에 대해서 적절한 칭찬을 아낀 교사들은 긍정적 또래 관계를 감소시켰으며 결국 학교 만족도의 저하로 나타났다(Baker, 1998; Carey & Bourbon, 2005).

교실 내 지시 방법의 적절성은 긍정적 학교 경험과 상관을 보이는 것으로 나타났다. 예를 들어, 학생들로 하여금 자신이 개발한 기술을 적극적으로 사용하도록 권유받는 경우(예를 들어, 집단 활동에 참여하거나 적극적 학습을 포함한 개인 활동) 수동적 활동(강의; Shernoff et al., 2003)이 주종을 이루는 학급에 비해서 학생의 만족도가 더 컸다. 마지막으로 학교의 보다 큰 목적이 학교 만족도에 영향을 주는 것으로 나타났다. 예를 들어, 연구에 따르면, 보다 긍정적인 심리학적 결과들(긍정적 학교 경험에 대한 지각)이 숙달 학습 전략을 사용하는 학교에서 얻어졌다. 이러한 전략은 학생들이 새로운 기술을 학습하도록 하는 것에 초점을 맞추며, 이 학교에서 학생들에 의해 보고되는 자기성장의 수준은 대체로 성공을 결정한다. 반면, 보다 덜 만족스러운 학교 경험은 수행 학습 전략을 사용하는 학교에서 발생한다. 이곳에서의 성공은 다른 학생의 수행이나 이미 정해진 수준과의 비교를 통해서 결정된다.

원격 요인들

인접 요인에 비해서 학교 만족도에 영향을 미치는 원격 요인들에 대한 연구는 드물었다. 학업 수행에 대한 문화적 기대는 학교 만족도를 평가할 때 고려할 한 요인이 될 수 있을 것이다. 최근 미국, 아일랜드, 중국, 한국의 청소년에 대한 한 연구에 의하면 미국과 아일랜드 청소년과 중국과 한국의 청소년 사이에 학교 만족도의 차이가 관찰되었다. 이 차이의 정도는 미미했는데 이는 학생들이 학교 만족도를 평가할 때 또래들과의 비교에 의존하며 문화적 차이는 그리 중요하지 않다는 점을 시사한다(Gilman et al., 2008).

학교 만족도를 평가할 때 고려해야 할 또 하나의 원격 요인들은 상급 학교로 진학할 때 경험하는 스트레스의 양이다. Akos와 Galassi(2004)가 지적하였듯이 상급 학교로의 진학은 많은 학생에게 어려움을 주며, 양가감정을 경험하게 한다. 새로운 친구를 만나고, 과목별로 다른 선생님을 만나며, 흥미를 유발하는 활동에 참여하는 기회가 더 많아지고, 심지어 개인 사물함을 갖게 되는 것은 긍정적 경험으로 인식되는 반면, 학업 부담이 증가하고, 학교 규칙이 덜 유연해지며, 왕따의 가능성이 커지는 것은 부정적인 면이 될 수 있다.

상급 학교로 진학하면서 학교 만족도가 더 커지게 만드는 요인들에 대한 연구의 결과, 성인과의 긍정적 관계와 교사에 의해서 채택되는 목표 전략의 형태들이 중요한 요인으로 밝혀졌다. 예를 들어, 학생의 연령과는 무관하게 부모(그리고 더 중요하게는 교사)가 학생들이 스스로의 학교 만족도를 평가하는 데 있어 중요한 기준으로 작용하며(Rosenfeld & Richman, 1999), 이러한 관계가 진학 이전 그리고 이후의 시간 동안 가장 중요한 것으로 나타났다. 또한 학교 만족도는 숙달지향 학습에 중점을 두는 대신, 수행지향 학습에 대해서는 초점을 줄인 교사들이 존재할 때 학생들에게 가장 크게 경험되었다(Kumar, 2006).

마지막으로 학교의 크기가 부분적으로 학교 만족도 보고에 영향을 미친다. 예를 들어, 학생 수에서 차이가 나는 학교들을 대상으로 한 연구에서, Bowen, Bowen과 Richman(2000)은 1,000명

이하의 작은 학교에 다니는 학생들의 학교 만족도가 높다는 것을 밝혀내었다. 그렇지만 다른 연구에서는 학교 크기가 별 다른 영향을 미치지 못한다는 결과가 보고되기도 하였다(Verkuyten & Thijs, 2002). 이렇게 상충되는 결과는 샘플의 차이일 수도 있고 학교 만족도를 측정하는 방법의 차이에 기인할 수도 있으므로 추후 연구가 요구된다.

결론: 긍정적 학교생활을 만들기 위하여 학교 만족도를 진작시키는 것의 중요성

다른 곳에서 언급하였듯이(Gilman & Anderson, 2006a), 만약 객관적인 지표를 통해서 바라본다면 미국 교육 제도에 대해서 긍정적 평가를 할 수 있을 것이다. 지난 20년 동안 학교에 등록하는 학생의 수는 점차 증가하였고, 중간에 학교를 그만 두는 학생의 수는 줄어들었으며, 기초 수학, 읽기, 쓰기 점수는 향상되었다. 그렇지만 이런 성과에도 학생들이 스스로 교과 과정에 대해서 의미 있다고 평가하거나 미래 자신의 목표 성취와 관련된다고 보고하는 학생의 수는 감소하였고, 수동적으로 교과 과정에 참여하거나 높은 수준의 분노감, 지겨움, 스트레스를 경험한다고 보고하는 학생 수는 오히려 증가하였다(Huebner, Drane, & Valois, 2000). 따라서 학업적 성취에도 불구하고 학생들이 직접 체험하는 학교 경험은 비관적이거나 재앙적이다.

Noddings(2003)는 현재 학교 체계에서 이룩한 학업적 성취는 중요한 정서적 · 경험적 요인의 희생으로 이루어진 것이라고 강하게 주장하였다. 학교 만족도를 비롯한 정서적 · 경험적 요인은 긍정적 학교 환경 형성에 필요하며, 이러한 학교는 학업을 통해 경험하는 즐거움을 유발할 수 있다. 그런 환경을 구축하기 위해서는 학교 만족도 연구로부터 도출된 긍정적 학교의 필수 특성들이 고려되어야 한다.

첫째, 학교 만족도와 성적과의 유의미한 관계를 지지하는 많은 연구가 존재하며(예: Huebner & Gilman, 2006), 이는 긍정적 학교 지각과 성취는 구별된 개념이 아니라 상호 관련된 것이라는 점을 시사한다. 개인별로 혹은 집단별로 측정한 학교 만족도의 평가는 학교 관계자가 그 학교의 전체 심리적 '건강'을 평가하는 유용한 정보를 제공한다. 이러한 정보는 학업적 성취에 도달하였는지를 평가하는 표준화된 점수인 기존 자료와 쉽게 통합될 수 있다. 그러나 이런 표준화된 점수치는 전 생애에 걸쳐 생산적이고 자기실현적인 졸업생을 배출하는 학교의 궁극적 목표를 달성하는 데 큰 도움이 되지 못한다. 학교 만족도를 평가하는 것은 증진 전략에 사용될 수 있는 핵심 정보를 제공하는 것이다.

둘째, 학교 만족도에 기여하는 선행요인들을 살펴보면, 지지적인 부모, 교사, 또래관계 등의 중요성을 깨닫게 된다. 이들과의 긍정적 관계는 학교 만족도에 유의미하고 개별적인 설명량을 지닌다(DeSantis-King et al., 2006; Rosenfeld & Richman, 1999). 즉, 만약 부모, 교사, 또래와의 관계 중 어느 하나라도 순탄치 않으면 학교 만족도는 떨어지게 된다. 불행하게도 학교와 부모 사이의 관계는 적절하지 못하다. 이와 같은 부정적 관계는 직간접적으로 학교에 대한 학생의 지각에 영향을 미치게 된다.

셋째, 아직 초보 단계이기는 하나 학생들의 학교 만족도를 증진시키는 방안과 방법들이 개발되었다. 이런 방법들은 대체로 흥미를 유발하고 도전적이며 여러 학생이 상호작용할 수 있도록 고안되었다. Csikszentmihalyi와 Schneider(2000)는 중등학교 대상의 교육 정책에 도움이 되는 조언을 제공하였다. 이들은 창의력과 정서지능을 강조하는 교육 과정, 지적인 면에서 적극적이고, 협업적이며, 내재적 동기를 부여하는 수업 활동을 강조하였다. 즉, 학생의 평생학습 강조, 시간 관리와 직업 준비의 관계 명확화, 자녀교육에 대한 부모의 높은 관여 등이 이들 주장의 요체였다.

넷째, 숙달 학습 목표를 설정하고 성격, 능력, 흥미 등의 개인차를 강조하는 학교는 긍정적 학교 경험을 촉진한다. 학교 만족도 수준을 증진시키는 학교는 학생에게 부족하고 빠져 있는 부분을 벌충하는 데만 관심을 두는 것이 아니라 이에 더해 학생이 지닌 개인적 강점과 환경적 자산들에 초점을 맞춘다. 이는 일반 학생이 아니라 특별히 도움이 필요하거나 위험한 상황에 놓여 있는 학생들에게도 적용될 수 있다. 이 경우 학생들에게 '병리'를 이름 붙이는 대신, 개인적 강점과 환경적 도움을 강조함으로써 보다 전인적으로 지각하고 교육할 수 있다. 이와 관련하여, 학생들은 단순히 '장애'가 있는 학생이 아니라 독특한 강점과 특성을 지닌 인간으로 대우받을 수 있다.

| 개인적인 작은 실험들 |

학생의 학교 만족도 증진시키기

이 장에서는 긍정적 학교 만족도가 다양한 학업적 · 행동적 측정치와 관련되는지를 살펴보았다. 당신의 학생들이 학교에 만족하는 정도를 모니터하기 위해서 관찰, 타인의 의견(부모, 학교 전문가), 자기보고형 측정치(학교 만족도, 학교 환경, 긍정 정서, 부정 정서)를 사용한다. 이러한 평가는 적어도 한 학기에 한 번 정도 실시되어야 한다. 결과가 나오면 학생들과 이 결과에 대해서 논의하고 개선 방안을 찾도록 한다. 개별 학생 점수를 사용하여 건강한 상태를 유지하고 문제 행동을 예방하는 데 사용한다.

학교와 가정에서 학생이 지닌 독특한 강점을 인식하기 학생이 지닌 강점을 발견하고 인식하기 위해서 부모와의 만남을 가진다. 학생이 지닌 강점을 학교와 가정에서 발휘할 수 있도록 방안을 마련한다. 학생의 노력에 상응하는 긍정적 보상(칭찬, 특권)을 고안한다. 예를 들어, 보상과 부정적 평가 사이에 5:1의 비율을 유지한다. 즉, 학생들이 어떤 부정적 행동으로 인해서 교정이 필요할 때마다 학생들이 지닌 개인적 강점들에 대해서 5번 칭찬한다. 최선의 학급은 5:1의 비율로 긍정적 피드백을 제공하지만, 그렇지 못한 학급에서는 긍정적 피드백의 비율이 5:1에 미치지 못한다는 결과가 보고되었다.

타인에 대한 친절 행동 제공　학급이나 학교에서 긍정적인 또래관계를 형성하기 위해서 매일 아침 모임을 가지고 오늘 친구들을 위해서 할 수 있는 친절 행동 한 가지를 머릿속에 떠올리도록 한다. 일과를 마칠 무렵 다시 한 번 모임을 열고, 하루 동안 행했던 친절 행동을 보고하게 하고 적절히 보상을 제공한다.

빈번한 몰입 활동 제공　학생들로 하여금 몰입 경험을 이해하도록 한다. 교실에서 '몰입 활동'을 경험할 수 있는 시간을 따로 배정한다. 교실 이외 다른 곳에서 개인적으로 몰입 경험을 할 수 있는 기회를 제공한다. 몰입 경험의 중요성과 몰입 경험이 적극적 관여, 행복, 학업 성취 등에 미치는 긍정적 영향을 논의한다. 이를 통해 학생들로 하여금 자신에게 적합한 방식으로 몰입 경험을 계획하고 관리하며 평가할 수 있는 역량을 기르도록 한다.

참고문헌

Akos, P., & Galassi, J. P. (2004). Middle and high school transitions as viewed by students, parents, and teachers. *Professional School Counseling, 7*, 212-221.

Baker, J. A. (1998). The social context of school satisfaction among urban, low-income, African-American students. *School Psychology Quarterly, 13*, 25-44.

Baker, J. A., Daily, L. J., Aupperlee, J. L., & Patil, S. A. (2003). The develop-mental context of school satisfaction: Schools as psychologically healthy environments. *School Psychology Quarterly, 18*, 206-221.

Bowen, G. L., Bowen, N. K., & Richman, J. M. (2000). School size and middle school students' perceptions of the school environment. *Social Work in Education, 22*, 69-82.

Carey, T. A., & Bourbon, W. T. (2005). Countercontrol: What do the children say? *School Psychology International, 26*, 595-615.

Cox, M. J., & Harter, K. S. M. (2003). Parent-child relationship. In M. H. Bornstein, L. Davidson, C. L. M. Keyes, & K. A. Moore (Eds.), *Well-being: Positive development across the life course* (pp. 191-204). Mahwah, NJ: Erlbaum.

Csikszentmihalyi, M., & Schneider, B. (2000). *Becoming adult: How teenager prepare for the world of work*. New York: Basic Books.

Deci, E. L., & Ryan, R. M. (1985). *Intrinsic motivation and self-determination in human behavior*. New York: Plenum Press.

DeSantis-King, A., Huebner, E. S., Suldo, S. M., & Valois, R. F. (2006). An ecological view of school satisfaction in adolescence: Linkages between social support and behavior problems. *Applied Research in Quality of Life, 1*, 279-295.

Diener, E. (2000). Subjective well-being: The science of happiness and a proposal for a national index. *American Psychologist, 55*, 34-43.

Elmore, G. (2006). *The role of school satisfaction in moderating and mediating the relationship between attachment relationships and negative school behavior in adolescents*. Unpublished doctoral dissertation, University of South Carolina.

Epstein, J. L., & McPartland, J. M. (1976). The concept and measurement of the quality of school life. *American Education Research Journal, 13*, 15-30.

Evans, D. R. (1994). Enhancing the quality of life of the population at large. *Social Indicators Research, 33*, 47-88.

Gilman, R. (2001). The relationship between life satisfaction, social interest, and frequency of extracurricular activities among adolescent student. *Journal of Youth and Adolescence, 30*, 749-767.

Gilman, R., & Anderman, E. M. (2006a). Motivation and its relevance to school psychology: An introduction to the special issue. *Journal of School Psychology, 44*, 325-329.

Gilman, R., & Anderman, E. M. (2006b). The relationship between relative levels of motivation and intrapersonal, interpersonal, and academic functioning among older adolescents. *Journal of School Psychology, 44*, 375-391.

Gilman, R., & Huebner, E. S. (2003). A review of life satisfaction research with children and adolescents. *School Psychology Quarterly, 18*, 192-205.

Gilman, R., & Stacy, C. (2007). *Are all structured extracurricular activities meaningful?* Unpublished manuscript. University of Kentucky.

Gilman, R., Huebner, E. S., Tian, L., Park, N., O' Byrne, J., Schiff, M., et al. (2008). Cross-national adolescent multidimensional life satisfaction reports: Analyses of mean scores and response style differences. *Journal of Youth and Adolescence. 37*, 142-154

Hegarty, S. (1994). Quality of school life. In D. Goode (Ed.), *Quality of life for persons with disabilities: International perspectives and issues* (pp. 241-250). Cambridge, MA: Brookline Books.

Huebner, E. S. (1991). Further validation of the Students' Life Satisfaction Scale: The independence of satisfaction and affect ratings. *Journal of Psychoeducational Assessment, 9*, 363-368.

Huebner, E. S. (1994). Preliminary development and validation of a multidimensional life satisfaction scale for children. *Psychological Assessment, 6*, 149-158.

Huebner, E. S. (2004). Research on assessment of life satisfaction of children and adolescents. *Social Indicators Research, 66*, 3-33.

Huebner, E. S., Drane, W., & Valois, R. F. (2000). Levels and demographic correlates of adolescent life satisfaction reports. *School Psychology*

International, 21, 281-292.

Huebner, E. S., & Gilman, R. (2006). Students who like and dislike school. *Applied Research in Quality of life, 1*, 139-150.

Huebner, E. S., Gilman, R., Reschly, A., & Hall, R. (2009). Positive schools. In S. Lopez (Ed.), *Handbook of positive psychology II*. Oxford: Oxford University Press.

Johnson, W. L., & Johnson, A. M. (1993). Validity of the Quality of School Life Scale: A primary and second-order factor analysis. *Educational and Psychological Measurement, 53*, 145-153.

Karatzias, A., Power, K. G., & Swanson, V. (2001). Quality of school life: Development and preliminary standardisation of an instrument based on performance indicators in Scottish secondary schools. *School Effectiveness and School Improvement, 12*, 265-284.

Kumar, R. (2006). Students' experience of home-school dissonance: The role of school academic culture and perceptions of classroom goal structures. *Contemporary Educational Psychology, 31*, 253-279.

Ladd, G. W., Buhs, E. S., & Seid, M. (2000). Children's initial sentiments about kindergarten: Is school liking an antecedent of early classroom participation and achievement? *Merrill-Palmer Quarterly, 46*, 255-279.

Larson, R. W., & Verma, S. (1999). How children and adolescents spend their time across the world: Work, play, and developmental opportu-nities. *Psychological Bulletin, 125*, 701-736.

Locke, T. F., & Newcomb, M. D. (2004). Adolescent predictors or young adult and adult alcohol involvement and dysphoria in a prospective community sample of women. *Prevention Science, 5*, 151-168.

Mahoney, J. L., Cairns, B. D., & Farmer, T. W. (2003). Promoting interpersonal competence and educational success through extracurricular activity participation. *Journal of Educational Psychology, 95*, 409-418.

Marchand, G., & Skinner, E. A. (2007). Motivational dynamics of children's academic help-seeking and concealment. *Journal of Educational*

Psychology, 99, 65-82.

Meece, J. L., Anderman, E. M., & Anderman, L. H. (2006). Classroom goal structure, student motivation, and academic achievement. *Annual Review of Psychology, 57*, 487-503.

Mok, M., & Flynn, M. (2002). Establishing longitudinal factorial construct validity of the Quality of School Life Scale for secondary students. *Journal of Applied Measurement, 3*, 400-420.

Noddings, N. (2003). *Happiness and education*. Cambridge: Cambridge University Press.

Pavot, W., & Diener, E. (1993). Review of the Satisfaction with Life Scale. *Psychological Assessment, 5*, 164-172.

Reynolds, C. R., & Kamphaus, R. W. (2004). *Manual for the Behavior Assessment System for Children* (2nd ed.). Circle Pines, MN: American Guidance Service.

Rosenfeld, L. B., & Richman, J. M. (1999). Supportive communication and school outcomes. Part II: Academically "at-risk" low income high school students. *Communication Education, 48*, 294-307.

Shernoff, D. J., Csikszentmihalyi, M., Schneider, B., & Shernoff, E. S. (2003). Student engagement in high school classrooms from the perspective of flow theory. *School Psychology Quarterly, 18*, 158-176.

Valle, M. F., Huebner, E. S., & Suldo, S. (2006). An analysis of hope as a psychological strength. *Journal of School Psychology, 44*, 393-406.

Verkuyten, M., & Thijs, J. (2002). School satisfaction of elementary school children: The role of performance, peer relations, ethnicity and gender. *Social Indicators Research, 59*, 203-228.

6

직원 참여

훌륭한 경영으로 성과 향상시키기

• James K. Harter

6

직원 참여

훌륭한 경영으로 성과 향상시키기

James K. Harter

✣ 밥(Bob)의 참여 경험에 대한 이야기

밥이 미시간의 배틀크리크에 위치한 맥도날드에서 패스트푸드 요리사 겸 웨이터로 일했던 1958년에는 메뉴가 매우 단순했다. 그와 동료들은 최저임금을 벌고자 15센트짜리 햄버거, 19센트짜리 치즈버거, 프라이, 셰이크, 콜라를 팔았다. 50여 년 동안 맥도날드의 규모는 크게 확장되었고 메뉴도 상당히 늘어났다. 그러나 오늘날의 고등학교를 갓 졸업한 젊은이들과 같이, 당시의 첫 직업은 주로 단순한 아르바이트였다. 18세에 미혼인 밥은 단지 약간의 돈을 벌어서 친구들과 시간을 보내고 싶어 했다. 이 직업은 경력이라고 보기 어려웠다. 밥은 맥도날드에서 손님을 만나고 접대하는 것을 즐거워하였고, 일처리를 제대로 하는 것을 좋아했으며, 처음으로 스스로 돈을 번다는 것도 즐겼다. 밥이 경영의 세계를 처음 접했을 때의 경험은 긍정적인 것이었다. 그의 매니저는 직무기대를 명확히 했는데, 직원들이 계속 부지런히 요리하고 접대하고 청소하도록 관리하였다. 심지어 그는 밥과 마주 앉아서 미래의 가능성에 대하여 이야기를 나누었다. 밥이 아는 한, 그 매니저는 자신이 관리하는 직원들에게 진실한 관심을 갖고 있었다. 하지만 그곳은 밥에게 사실상 첫 번째 직장이었기 때문에, 훌륭한 경영의 중요한 특징이 무엇이고, 그의 삶에 어떠한 영향을 미쳤는지에 대해서는 많이 생각해보지는 않았다. 그는 직업을 갖고 임금이 오르기를 원했었다. 그리고 오늘날, 밥은 첫 번째 매니저의 이름을 기억하지 못한다. 50여 년 동안 세 회사를 거치고, 세 명의 아이들과 여섯 명의 손자가 태어나고, 결혼한 지 45년이 지난 후, 밥은 네브래스카 주의 링컨에 있는 집수리 매장의 전자용품 부서에서 일하게 되었다. 그는 약 5년 전 자동차 제조업체에서 은퇴하고, 다른 자동차 제조업체의 고문으로 일하다가 완전히 은퇴하였다. 뭐 거의 은퇴한 거라 할 수 있다. 은퇴한 지 여섯 달이 되어가자 그는 조금 불편해졌다. 부인 샌디(Sandy)는 여전히 직장에 나가고 있었고, 그는 무언가 할 일이 필요했다. 그는 TV를 많이 보지 않았고, "할 수 있는 일이라곤 같은 옷장을 여러 번 반복해서 청소하는 것밖에 없다."고 말하였다. 밥은 은퇴한 많은 사람처럼, 직장에서의 불필요한 경쟁이나 혼란에도 불구하고 일을 통해 과거에 느꼈던 목적의식과 중요성을 그리워하고 있다는 사실을 깨달았다.

집수리 매장은 그에게 잘 맞았다. 그곳은 집과 가까웠고 밥은 스스로 일을 열성적으로 하는 사람이었다. 은퇴 후의 직장으로 꼭 맞는 곳이라 그는 다른 사람에게 업무를 어떻게 해내야 하는지에 대해 조언을 해줄 수 있었다. 직장에 지원하고는 곧바로 채용되어 3주 동안 매장 내의 거의 모든 부서(잔디깎이 매장, 화초매장, 그리고 TV 매장까지)에 대해 가르쳐주는 종합 훈련 프로그램 과정을 이수하였다. 그는 자신의 일을 매우 좋아하였다. 그는 고객을 만나는 것을 즐거워했고, 많은 고객과 잘 알게 되었다. 어린아이부터 노인까지, 밥은 고객들을 반갑게 맞아주고, 일과를 묻고, 장난을 치고, 안아주는 것을 좋아했으며, 물론 고객들이 상품을 찾을 수 있게 도와주는 것도 당연히 좋아하였다. 이는 자신이 50여 년 전의 첫 직업에서도 손님들을 접대하는 것을 얼마나 좋아했었는지를 떠올리게 했다. 그는 동료들이 휴식이 필요할 때 계산대를 대신 봐주는 것을 좋아했다. 그는 대부분의 매장 매니저와 관계가 좋았다. 밥은 자신이 중요한 일을 하고 있다고 느꼈고, 그 일을 즐겼으며, 매장의 성공에 자신이 기여한 바를 알 수 있었다.

당연하게도, 고객 서비스는 그 매장의 모토였다. 세상의 다른 사업들과 마찬가지로, 이 조직도 바로 그걸 얘기하고 있다. 기업 홍보에서 "고객이 최우선이다."라는 점을 분명히 하였다. 경영진들은 이 선의의 메시지가 빵과 버터와 함께 밥이 일하던 링컨 매장을 포함한 전국의 매장에 효과적으로 퍼져 나갔다는 것을 알고 있다.

그리고 밥은 그 메시지의 중요성을 믿었는데, 왜냐하면 그는 은퇴 이전의 자문 일을 포함한 전 경력에 걸쳐 이를 몸소 경험해왔기 때문이다. 자동차 제조업체에서 오랫동안 일한 후에,

그는 처남 자니(Johnny)가 운영하는 자동차 부품 제조업체의 자문직을 맡았다. 밥의 일은 전국을 돌아다니면서 제조업체의 처리공정, 회의 스케줄, 채무에 대해, 그리고 궁극적으로는 고객의 요구사항을 충족시킬 수 있도록 자문을 제공하였다.

5년 동안, 그는 많은 공급처와 판매처의 담당자들을 만나고 다녔다. 그는 그들과 나눈 대화가 스케줄을 맞추거나 질 좋은 상품을 생산하는 등의 최종적인 소비자에게 미치는 영향을 알 수 있었다. 만약 공급처가 필요한 정보나 재정을 회사로부터 지원받지 못하면, 공급자들은 해야 할 일을 못하게 되고, 결국에는 고객이 불편을 겪게 된다. 밥은 보기에 따라 중요하거나 사소해 보일 수 있는 각각의 문제가 공급처 자체에 미치는 영향도 봐왔다. 다수의 공급처들은 노동자 대부분을 소규모의 지역사회 내에서 고용하였다. 그리고 노동자들은 자신의 삶의 질을 부품 회사에 의존하게 되었다.

고문으로서 밥은 한 사람, 한 사람과 직접 만나서 비효율을 야기하는 문제들을 논의하려고 했다. 그는 각각의 공급처들이 자신들만의 고유한 문제를 가지고 있으며, 만약 각 공급처들이 좀 더 성공하도록 도울 수 있다면, 궁극적으로 그 사업이 훨씬 성공하도록 만들 수 있을 것이라는 점을 재빨리 알아차렸다. 밥은 "모든 문제는 개별적인 문제입니다. 각각은 다른 해결책을 가집니다."라고 말하였다. "이들은 모두 좋은 회사입니다. 우리는 이들을 원조해야만 합니다. 내가 각 업체에 가는 날이 그들에게 뜻깊은 날이 될 수 있도록 노력하였습니다. 이들 회사의 존재는 우리 회사에 부품을 공급해주는 데에 있습니다."

직접 만나서 각각의 공급처 담당자의 얘기를 듣고 답변을 해주는 방식으로, 밥은 공급처와 회사가 수백만 달러를 아낄 수 있도록 도왔다. 밥은 단순히 각 공급처의 요구를 들어주는 것만으로 많은 것이 발견되고 해결될 수 있다는 사실에 놀랐다. 그리고 자니는 그가 최종적으로 소비자와 회사에 봉사하기 위해 해야만 하는 일을 할 수 있는 기회를 주었다.

이러한 깨달음은 밥이 '고객 서비스에 초점을 둔' 집수리 매장에 입사했을 때에도 사라지지 않았다. 어느 날 오후, 밥은 전자용품 부서의 자기 자리에서 어떤 고객의 전화를 받았다. 이 사람은 다른 많은 고객과 마찬가지로 매장 내의 다른 부서와도 거래를 하던 사람이었다. 그 고객은 '잔디와 정원' 부서의 상품에 대하여 문의하였다. 밥은 그 고객의 얘기를 듣고는 잔디와 정원 부서로 전화를 돌리지 않고 자신이 직접 나가서 고객이 필요로 하는 것을 가져다주었다. 그러나 그다음에 발생한 일은 밥을 매우 놀라게 했다. 매장 매니저는 밥이 부서 밖으로 걸어나오는 것을 보고, 그가 전자용품 부서 직무에 태만하다고 넘겨짚었다. 밥이 옆을 지나칠 때에, 무엇을 하고 있는 것인지를 물어보거나 모범적인 고객 서비스에 감사하기보다, 왜 밥이 자신의 일을 하지 않는지를 묻기 위해 인터컴으로 밥의 직속상관을 호출하였다. 밥은 상사에게 그가 고객을 돕고 있었다고 설명했다. 그는 고객에게 옳은 것이라 생각한 일을 하였다. 하지만 그러한 행동은 매장 매니저가 정한 체계와 책무에 맞지 않는 것이었다. 밥에게 이 모든 상황은 합리적으로 보이지 않았으며, 그를 가장 화나게 만든 것은 매니저가 그에게 직접 묻지 않고 상사를 호출함으로써 그의 역할과 가치를 조직에 종속시켜버린 것이었다.

밥의 매니저는 체계와 책무를 지키는 데에는 강하지만 효과적으로 고객에게 봉사하는 것과 같은 인간적인 요소에는 취약하다고 할 수 있다. 그는 서비스보다 과정을 우선시하였다.

며칠 후, 집수리 매장에 부회장이 방문할 때, 밥은 매장 구석 구석에 보다 많은 신경을 썼다는 것을 알아차렸다. 부회장이 도착하기 전에 부서 내의 특히 더러운 곳을 청소하였으나, 그가 떠나자 다시 난장판이 되었다. 밥이 매장의 성공에 대한 강한 주인의식과 고객봉사에 대한 열정을 갖고, 매니저에게 "부회장님은 오늘 무엇을 샀습니까?"라고 물었다. 매니저는 "아무것도, 하지만 그는 부회장이야."라고 답하였다. 밥은 "이제 부회장이 떠나니 다시 난장판이 됩니까? 우리가 하는 모든 것은 고객을 위한 것이어야 하지 않습니까? 이 매장을 성공하게 만드는 건 고객들 아닙니까?"라고 반문하였다.

그 매장 매니저는 곧 승진하였다.

몇 달 후, 밥에게 결정적 계기가 된 사건이 일어나게 되는데, 새로운 매장 매니저가 서로 의견이 다르고 매장의 공통 목표에 합의하지 않는 네 명의 감독관들을 효과적으로 다루지 못한 것이다. 이는 여러 부서에서 일하는 많은 직원에게 혼란을 일으켰다. 직원들은 한 부서에는 이익이 되나 다른 부서의 성공을 위태롭게 만드는 일을 하도록 지시받았다. 물건들은 종종 엉뚱한 장소에서 발견되었다. 그리고 매일 아침 정시에 선반을 채우는 것과 같이 단순한 일도 협의가 필요했다. 경영진의 해결책은 이런 가장 기본적인 직무 수행을 확실히 하기 위하여 모든 직원에게 "나는 매일 아침 10시까지 선반에 물건을 채울 것이다."라는 서식에 서명하도록 하는 것이었다.

밥의 매니저는 그 서식에 서명하도록 요구하였다. 필수였다. 밥은 매니저에게 "제가 당신에게 뭔가를 할 것이라고 얘기하면, 그걸 할 겁니다. 그리고 나는 내가 내 일을 할 거라고 쓰여 있는 서류에 사인할 필요는 없어요."라고 말했다. 그건 매일같이 출근해서 일하고 고객을 돕는 일을 격하시키고 비인간화하는 것이며, 관리에 걸림돌이 되는 것이었다. 그가 이미 하려고 했던 것을 할 것이라고 서식에 서명하는 것은 자동차 제조 공장의 노동조합과 사측 간의 갈등에서 목격했던 신뢰의 부족을 상기시켰다. 밥은 오랜 기간 동안 양질의 일과 고객 서비스를 해왔었다.

많은, 아마도 대부분의 직원은 그 서식에 서명하고 일과를 보낼 것이다. 밥은 어떻게 그것들이 고객 서비스와 회사 매출을 위태롭게 하는지에 대하여 반복적으로 목소리를 냈다. 밥은 할 만큼 했다. 그는 사임했다. 그는 물론 선택권이 있었다. 그는 은퇴하였고, 재정적인 이유로 일할 필요가 없었다. 하지만 그는 경영에 다른 측면이 있다는 것을 알고 있었고, 그가 겪고 있는 경영 형태를 참을 필요가 없었기 때문에 사임하였다. 이는 소비자를 굳이 언급하지 않더라도 집수리 매장에 특히 불행한 일이었다. 대부분의 산업에서 나타나는 불필요하게 높은 이직률과 취업기회가 많은 걸 보면, 다른 많은 고용인도 밥과 같은 선택을 하고 있는 것이다.

밥에게 있어서 좋은 소식은, 그가 맥도날드와 집수리 매장 사이의 50년 동안 좋은 경영 경험을 많이 했다는 것이다. 사실 자신과 경영에 대한 최고의 깨달음은 세 번째 직업인 자동차 제조업체에서의 35년 경력에서 비롯되었다. 그가 재직할 동안 20명의 매니저가 있었기 때문에, 그는 상이한 경영 스타일을 배웠으며 결국에는 그 자신이 매니저가 되었다.

직원들의 참여를 이끄는 경영

밥은 경영진과의 마찰에 따라 몇 달 동안 '참여하기' 에서 '능동적으로 이탈하기' 로 입장을 바꾸었다. 밥의 이야기는 잠시 후에 계속될 것이다. 우선, 나는 훌륭한 경영의 어떠한 요소들이 높은 수행, 참여도, 문화를 가장 잘 설명하는지, 과학자인 우리가 어떻게 알 수 있는지에 대해 기술하고자 한다.

한 주는 168시간으로 이루어진다. 대부분의 사람에게 깨어 있는 시간의 반 이상은 일하는 데 사용된다. 우리 대부분은 일하지 않는 시간 중 일부는 일을 준비하거나 통근하는 데 쓴다. 그리고 이메일, 휴대전화, 휴대용 컴퓨터들을 통하여, 직장에 있지 않을 때에도 일하고 있는 모습을 가족들에게 보여주곤 한다. 그러므로 직업 경험의 질이 전반적인 삶의 질에 유의미하게 기여한다는 것은 놀랄 만한 것이 아니다. 하지만 무엇이 좋은 직업 경험을 만들까? 대부분의 사람은 직업에서 무엇을 기대하는가? Gallup은 지난 수십 년 동안 120여 개 국가에 대해 전 세계적으로 일터의 질이 어떠한지에 대한 연구를 했다.

George Gallup은 1930년대부터 전 세계적으로 인간의 욕구와 만족을 연구하였다. 1970년도에 Gallup은 북아메리카의 절반 미만의 사람들이 자신의 직업생활에 높은 만족도를 보였다고 보고하였다(Gallup & Kettering, 1977). 심지어 다른 국가들에서는 그 비율이 더 낮았다.

여론조사 작업과 더불어 Gallup 연구자들은 조직 내부에서 발생하는 것이 무엇이고 수행을 촉진하는 요소들이 무엇인지를 연구하는 데 수십 년을 보냈다. 이 시기 동안, 그들은 광범위한 직업, 산업, 국가에 걸쳐, 높은 수행을 보이는 경영자 및 직원들을 대상으로 수천 번의 심층인터뷰를 진행하였다. 이 연구는 처음에는 전임교수이자 Gallup의 회장이며, '강점기반 심리학의 아버지' 인 Donald O. Clifton 박사에 의해 진행되었다. Gallup 연구자들에 의한 인터뷰를 통해 최고 수행집단을 설명했던 요인들이 확인되었고, 그다음에는 그러한 요인들을 측정하는 질문들이 만들어졌다. 설문 문항의 대부분은 모든 조직이 독특하기에 조직 고유의 질문이 필요하다는 가정하에 작성되었다. 설문은 매우 길었으며, 임금 및 기업체의 이윤에서부터 고위 경영진에 대한 지각에 이르기까지 우리가 상상할 수 있는 모든 것을 측정하고자 하였다.

1990년대 초 · 중반, 연구자들은 수백 개의 조직에 걸친 많은 긴 조사, 사실상 수천 개의 질문으로부터 자료를 축적하였다. 그 결과 중 하나는 생산적인 작업환경을 결정하는 것이 무엇인지에 대한 답이 우리가 생각했던 것보다 훨씬 더 단순했다는 것이다. 우리는 어떠한 장면에서 높은 수행환경을 일관되게 정의하는 몇몇 기본적인 요소들이 있다는 것을 발견하였다. 다음은 참여적이고 생산적인 문화를 설명하는(Q12라고 불리는) 12개의 문장이다.

Q01. 나는 직장에서 나에게 무엇을 기대하는지를 안다.
Q02. 나는 나의 일을 적절하게 수행하는 데 필요한 자료와 능력을 지니고 있다.
Q03. 직장에서 나는 매일 가장 잘하는 것을 할 기회가 있다.
Q04. 지난 7일 동안 나는 일을 잘한 것에 대하여 인정이나 칭찬을 받았다.
Q05. 상사 혹은 직장사람들은 나에 대하여 인간적으로 관심을 갖고 있는 것으로 보인다.
Q06. 직장에서 나의 성장을 격려하는 사람이 있다.
Q07. 직장에서 내 의견은 존중받는 것 같다.
Q08. 회사의 사명이나 목적은 나의 직업이 중요하다고 느끼게 한다.
Q09. 나의 동료들이나 부하직원들은 양질의 일을 하도록 전념한다.
Q10. 나는 직장에 친한 친구가 있다.
Q11. 지난 6개월 동안 직장사람들은 나의 발전에 대하여 말해주었다.
Q12. 지난해 나는 직장에서 배우고 성장할 기회가 있었다.

이 문장들은 종종 간과되는 매우 기본적인 직원의 인식에서 시작된다. 예를 들어, 기대되는 바를 아는 것은, 당신이 물어보고 이에 근거하여 행동할 수 있는 가장 기본적인 직원의 인식이다. Gallup의 대규모 국제 데이터베이스에서 절반을 약간 넘는 직원들만이 직장에서 그들에게 기대되는 것이 무엇인지를 명확하게 알고 있었다. 이런 대부분의 기본적인 인식은 종종 간과된다. 12개의 문장들은 기본적인 욕구(Q01, Q02), 개인적인 기여(Q03~Q06), 소속감(Q07~Q10), 그리고 성장(Q11, Q12)을 측정한다. Wagner와 Harter(2006)는 12개 요소에 대한 연구와 실용적인 적용을 제시하였다.

직원 참여도는 일에 대한 참여와 열정으로 정의된다(Harter, Schmidt, & Hayes, 2002; Harter, 인쇄 중). William Kahn(1990)이 설명하듯이, 참여도는 직장 상황에서 직원들의 일상 경험을 통하여 가장 잘 이해된다. 직원들은 일에서 의미를 찾고, 편안하게 일을 잘할 수 있다고 느낄 때 참여할 수 있으며, 그렇게 되면 자신의 에너지를 수행에 쏟을 수 있다. 참여도가 높은 직원들은 인지적, 정서적으로 일과 직장에 연결된다. 직원들은 기본적 요구들이 지속적으로 충족될 때, 그리고 개인적으로 기여할 기회가 있을 때, 자신의 일에 빠져들게 된다.

적절한 일을 잘 수행하여 인정을 받는 데에서 오는 성취감과 함께, 동료 및 조직과 연결되었다고 느끼고, 자신의 일에서 미래를 명확하게 발견할 수 있는 사람들은 높은 수준의 열정이나 긍정적 정서 에너지를 가진다. 참여도가 높은 직원들은 더 높은 생산성, 더 큰 효율성과 혁신, 그리고 더 의미 있는 고객 영향력으로 조직을 향상시키기 위하여 재량껏 노력하며, 이는 더 높은 수익을 가져온다. 참여도가 낮은 직원들은 노력하지 않거나 조직에서 물러나기 때문에, 잦은 결근, 더 높은 이직률, 더 많은 절도 및 상품 손실, 잦은 산업재해로 회사의 미래를 위태롭게 한다. Q12는 현재 전 세계 124개국의 천만 이상의 직원들에 의해 응답되어 왔다.

우리는 회사들의 데이터를 연구하면서, 꽤 흥미로운 사실을 발견했다. 회사들 간에 직원들이 얼마나 만족했고 전념했는지에 있어서 전체적으로 확실한 차이를 보였다. 하지만 회사 내부의 팀별로 그 자료를 나누었을 때, 우리는 전체 데이터베이스의 하층부에 가장 잘 운영되는 회사들 중 전념 정도가 빈약한 팀이 일부 있었다는 것을 알아냈다. 또한 데이터베이스의 상층부에서는 최악으로 운영되는 회사들 중 전념하는 정도가 높은 팀이 일부 있었다는 것 역시 발견하였다. 우리가 연구했던 모든 회사의 내부에는, 매니저가 이끄는 팀들에 따라서 광범위한 편차가 있었다. 데이터를 팀 수준으로 대응시키는 것은 적잖은 작업이긴 하나 충분한 가치가 있었는데, 가장 중요한 위치……, 즉 매니저가 큰 영향을 미치는 특정 수준에서의 편차가 드러나기 때문이다. 우리는 일반적 직장 문화에 대해 발견한 것이 아니라, 매니저 수와 거의 동일한 정도의 많은 문화가 있음을 발견하였다……. 매니저가 이끄는 팀들에 따라 직원 의견에 상당한 편차가 있다.

Gallup 데이터베이스에는 직장 단위(팀이나 부서와 같은)나 비즈니스 단위(상점, 음식점, 은행지부와 같은)와 대응되는 직원 참여도에 대한 자료를 가지고 있다. 다수의 비즈니스 단위들은 직원 참여도 자료와 함께 연구될 수 있는 수행 자료(수익성, 생산성, 고객평가, 직원 이직, 안전 기록, 결근, 그리고 상품 절도나 분실과 같은) 또한 포함하고 있다. 이를 통하여 직원 참여도와 직장 내 수행 간의 관계를 연구할 수 있으며, 그런 다음에 메타분석이라는 통계기법을 사용하여 회사들의 자료를 모두 합칠 수 있다(Hunter & Schmidt, 2004). 그 결과, 참여도가 높은 직원들이 많은 비즈니스 단위나 직장 단위는 위에 나열된 모든 측정기준에서 더 좋은 수행을 보인 직장 단위에서 나타나는 경향이 있었다. 우리는 이 분석을 여섯 번 반복하였으며, 가장 최근에는 125개 회사들과 2만 3,910개의 독립된 팀이나 비즈니스 단위를 포함하였다(Harrter, Schmidt, Killham, & Asplund, 2006). 그 결과는 매번 본질적으로 같은 결과를 도출했다. 만약 정확하게 이해되고 적용된다면, 직원 참여도는 직장 단위 수행과 관련되며, 큰 실용가치가 있다.

수천 명의 직원들에게 실시된 독립된 메타분석을 통해 개인적인 직무 만족도와 수행 간의 중요한 상관을 발견했다(Judge, Thoresen, Bono, & Patton, 2001). 앞에 나열된 12개의 몰입 문항들은 직무 만족도(Harter et al., 2002)와 일에 대한 열정, 헌신, 전념, 몰입(Schaufeli, Bakker, & Salanova, 2006)과 같이 여타 중요한 직무 태도(Le, Schmidt, Lauver, & Harter, 2007)와 높은 상관을 보인다.

직무태도가 수행과 상관을 보인다고 해서, 직무태도의 차이가 수행 차이의 원인이라는 의미는 아니다. 우리는 종단적으로 자료를 수집함으로써 두 가지의 인과적 시나리오를 통계적으로 검증할 수 있었다. 시나리오 1은 직원 참여도가 미래의 수행을 예측하는지를 검증한다. 시나리오 2는 수행이 미래의 직원 참여도를 예측하는지를 검증한다. 지금까지의 연구결과에서는 시나리오 1이 시나리오 2보다 타당한 것으로 나타났다(Harter, Schmidt,

Asplund, & Killham, 2004).

직원 참여도는 수행을 예측한다. 하지만 우리가 처음으로 연구한 거의 모든 조직 내의 매니저가 이끄는 팀들에서 참여도의 광범위한 편차가 존재했는데, 일부 팀은 데이터베이스의 가장 상층에, 일부 팀은 데이터베이스 가장 하층에, 다수는 중간에 위치하였다(통계수업에서 익숙한 전형적인 종형 곡선). 이러한 패턴은 연구자들에게는 이상적이지만(우리는 분산연구를 좋아하기 때문이다), 조직들에게는 끔찍하다(그것은 조직문화가 일정하지 않아서 예측하기 어렵다는 의미다.). 조직들은 운영요소들에서의 편차를 감소시켜오면서, 인간적 요소는 종종 간과해왔다. 하지만 왜 매니저가 이끄는 팀에 따라 회사 내에서 그렇게 큰 편차가 존재하는 것일까? 그 이유는 역사적으로 사람들이 어떻게 경영자 지위에 오르고, 경영진이 조직 내부에서 어떻게 존중되어왔는지와 관련이 있다. 그리고 우리가 역사적으로 경영자가 아닌 지위를 어떻게 존중해왔는지(혹은 존중하지 않았는지)에 따라서 문제점 또한 나타난다. 역사적으로 경영자들은 근본적으로 회사 내부의 임기, 이전의 비경영 직무에서의 성공과 같은 두 가지 요인으로 인해 승진하여 경영자의 자리에 오를 권리를 얻게 된다. 경영자는 위계적으로 상급의 지위로 간주되며, 종종 그러한 것으로 보상되기 때문에, 대부분의 직원은 경영자가 되기를 열망한다. 그래서 성공적인 판매 사원, 엔지니어, 분석가, 회계사(많은 다른 비경영 역할에서의)들이 많지만, 회사의 '최고 자산' 관리직에 그칠 뿐이다. 일부는 성공적인 경영자가 되지만 대부분은 그렇지 못하다.

12개의 참여도 문항들을 보다 보면, 그것들 모두 변화되고 향상될 수 있는 요소를 나타낸다는 점을 알아챘을 것이다. 사실상, 12개의 요소들을 측정하는 데 초점을 둔 조직들은 시간이 흐르면서, 경영자를 대상으로 좋은 교육을 제공하고 책임을 지우면서, 상위 1/4 직장 단위의 수를 점차 두 배로 늘리곤 한다. 상위 1/4 비즈니스 단위들은 하위 1/4보다 수익에서 12%, 생산성에서 18%를 능가한다. 하위 1/4단위들은 평균적으로 30~50% 많은 이직률, 62% 더 많은 산업재해, 그리고 51% 더 많은 절도 발생률을 보였다(Harter et al., 2006).

모든 경영자가 직원들의 참여도를 향상시키지는 않으며, 일부는 사람을 관리하는 일이 심리적으로 적합하지 않다. 하지만 측정 및 교육은 많은 사람에게 자각과 변화를 만들어낼 수 있다. 보통의 조직은 능동적으로 이탈하는 직원당 약 2명 정도의 참여도가 높은 직원들이 있다. 하지만 이탈하는 직원들의 강력한 하향 경향 때문에, 1명당 2명은 충분하지 않다. 예컨대, 비율을 두 배(1명당 4명)로 증가시킨 상장 기업들은 경쟁 조직들보다 한 사람당 18% 더 많은 이익을 보였으며, 평균 이하의 참여도를 보인 조직들(능동적으로 이탈한 직원 한 사람당 약 1명의 참여도가 높은 직원이 있는)에 비해 2.6배의 성장곡선을 달성해왔다(The Gallup Organization, 2006).

밥의 사례로 돌아와서

밥이 여러 조직에서 얻은 다양한 경험들은 전 세계의 직장에서 발견되는 일반적인 패턴과 유사하다. 대부분의 조직은 목적이나 사명처럼 달성하고자 하는 것에 대한 선의의 기업 메시지를 가지고 있다. 하지만 매일 직원들에게 영향을 미치는 것은 지역에 따라 다른 것이며, 이는 직속상사와 많은 관계가 있다.

그의 첫 직업인 맥도날드에서의 일 년여 이후, 밥은 형 리처드(Richard)가 일했던 지방 보험회사의 말단직으로 들어갔다. 그는 사무원으로 근무하면서, 거래 양식을 분류하고, 고객들로부터 주문을 받았다. 이 시기에 그와 샌디(Sandy)는 결혼하였으며 가족이 잘 살 수 있도록 힘을 쏟았다. 첫 직업에서처럼, 보험회사에서의 첫 번째 매니저인 놈(Norm)은 시간을 들여 그를 알고자 하였으며, 미래에 대해 생각해보도록 도움을 주었다. 밥은 놈과 그의 가족을 꽤 잘 알게 되었으며, 그러한 관계에서의 친밀함을 좋아했다. 당시에는 몰랐지만, 초기 경력이 된 두 직장에서 두 명의 좋은 매니저를 만났다는 점에서 그는 멋진 삶을 꾸려나가고 있었던 것이다. 우리의 연구에 따른 확률을 넘어선 것이다. 하지만 라스베이거스에서의 도박과 마찬가지로 연승은 계속되지 않았다.

보험회사에서 승진하고자 승진 시험에 지원하였고, 더 높은 임금과 경력 향상의 기회가 있는 본점으로 재배치되었다. 그의 일은 보험 계약서에 인용구를 넣는 것이었고, 추가적으로 타 부서의 잡일을 하는 것이었다. 그는 보험회사에서 승진하기 시작하면서, 다양한 경영 스타일을 경험하였다. 이전 상사와 반대로, 그의 새로운 매니저인 잭(Jack)은 쌀쌀맞았고, "내가 아무 말 없으면, 너는 네 일을 해라."라는…… 기본적으로 "무소식이 희소식이다."라는 철학을 지니고 있었다. 밥은 잭이 은퇴할 때까지 시간을 때우고 있다는 느낌을 받았다. 이전 경험과 완전 반대로, 그와 의논을 할 수 있는 통로는 절대 열리지 않았다. 밥은 "모든 것이 일에 관한 것이었고……, 우리를 많이 신뢰하지 않았어요."라고 회상하고 있다. 그는 어떤 것으로든 잭에게 인정받았던 적을 기억하지 못한다. 밥과 동료들은 그가 없을 때 종종 매니저를 험담했다.

그러므로 밥이 대규모의 국제적 조직이며, 4만 4,000명 이상의 직원들이 있는 한 지방의 자동차 제조회사에서 일할 기회에 쾌히 응했던 것은 놀랄 만한 것이 아니다. 말단직이었지만 30% 증가한 임금 및 보험연금을 보장받았다. 지역 노동조합에 가입한 공장에서는 그 지역에서 약 1,200명의 직원들을 고용하고 있었다. 밥은 16년 동안 '작업장'에서 일했고, 여러 업무와 교대 근무를 돌았다. 그는 약 5년 동안 엔진 밸브를 제조하였다. 밥은 밸브를 단조하는 데 어려움이 있어서, 상당한 노력을 기울였음에도 계속 금이 갔던 때를 기억한다. 그는 일을 잘하고 싶었기 때문에 그 상황을 보고하러 상사인 루(Lou)를 찾아갔다. 루는 좋은 사람이었지만 경영에는 적합하지 않았다. 고전적인 어용 조합의 말처럼, 루는 "당신이 내게 찾아오는 단 하나의 이유는 일하기 싫기 때문이야."라고 말하였다. 그래서 밥은 최선을 다해 일하였고, 마지못해 부품을 모두 납품하였다. 다음 날 밥은 그의 이름에 '불충분' 이라는 문구와 함께 '초과근무' 라고 쓰인 표찰을 받았다. 그의 동료 중 한 명인 놈은 25년 베테랑으로서 그와 같은 일을 하였다. 놈은 회사대표들과 조합원 사이의 관계에 익숙했으며, '학습된 무기력' 에 이르러 더 이상 상품의 질에 관심을 기울이지 않았다. 그는 부품에 결함이 있을 때에도 부품을 모두 납품했다. 놈은 루가 어느 쪽으로든 전혀 관심을 갖지 않는 것처럼 보였기에 자신을 불편하게 만드는 것이 아니면 부품 결함에 대해 공연한 소란을 일으키지 않는 것이 더 편하다고 보았다. 두 사람 모두 시간을 때우고 있었던 것이다. 마침내 회사가 부품 결함을 심각하게 받아들이는 때가 왔는데, 해당 부품을 납품 받던 자동차 회사가 결국 전 물량에 대해 납품받기를 거절하고 부품 결함을 즉시 바로잡기를 요구하였다. '작업장' 의 평범한 직원 밥이 그 문제를 발견했었지만, 아무도 귀 기울이려 하지 않았다. 경영진은 위기가 발생하기 전까지 그 문제를 심각하게 받아들이지 않았다. 불량 부품 모두를 교정하는 것은 회사의 주요한 재정적 부담을 가져왔으며, 임금과 보험연금을 포함한 다양한 예산조항에도 영향을 미쳤다. 1970년대 후반에 노동조합은 파업을 하였다. 회사는 일시적으로 조합이 요구했던 것을 제공한 다음, 결국 대규모의 일시해고를 단행하였다. 밥은 희생자 중 하나였다.

이는 밥의 경력의 전환점이었다. 그는 자신과 놈과의 차이점을 주목하였으며, "만약 상사에게 무언가를 보고하여도 귀 기울이지 않는다면, 당신도 관심을 갖지 않게 된다." 고 설명하였다. 이 경우에, 그것은 수백 명의 직원들의 운명에 영향을 미쳤다. 그들이 관심을 갖지 않았다는 것은 밥을 괴롭게 만들었다. 그래서 그는 더 좋은 대안이 있어야만 했다고 믿기 시작했다. 밥은 단 5일 동안 일시 해고되었지만, 그의 삶에서 처음으로 공황이 시작되던 시기였다. 그는 당시에 아내와 세 아이가 있었는데, 이후에 일시 해고가 "나를 지옥으로 몰아갔다."고 말하였다. 그는 루와 같은 사람이 자신의 일과 회사의 미래에 영향을 미치지 못하게 하려고 했다. 그는 한 명의 무능한 매니저가 얼마나 많은 사람이 가진 것들을 파괴할 수 있는지를 보았다.

일시 해고 이후, 밥의 새 상사는 마이크(Mike)라는 사람이었다. 하늘의 뜻이든 순전히 운이든 간에, 그는 루나 수년간 같이 일해왔던 여러 매니저와는 매우 달랐다. 밥은 "마이크는 즐겁게 일하는 방법을 알았어요. 그는 행복한 사람이었어요."라고 설명하였다. "우리는 많은 일로 웃기도 했고, 팀 내의 사람들이 각자 다른 역할과 책임을 가지고 있었으며, 각 개인들이 모두 중요한 하나의 팀이기도 했다."고 회상했다. 밥은 이를 팀 내의 역할이 분담되어 블로커 몇 명, 쿼터백 한 명, 러닝백 한 명이 있고…… 각자가 팀 내에서의 자신의 역할을 아는 미식축구 팀에 비유하였다. 마이크는 일과가 시작할 때에 모두를 모아놓고 '열광하게' 만들었다. 밥이 말하길, "그는 우리를 집단 작전회의에 참여시키고 한 팀처럼 느끼게 했고, 우리가 팀으로서 하는 일이 중요하고 목적이 있다고 느끼게 했습니다." "마이크는 날 좋아했어요."라고 밥은 설명하였는데, "그는 길을 가다가 나에게 관리자가 되는 것에 대해 생각해봤는지 물었으며, 그리고서 어느 날은 내게 와서 경영진들이 내게 관리직을 제안할 것인데…… 맡는 것이 좋겠다고 말했다." 밥은 마이크가 자신을 주의 깊게 살펴보았으며, 밥이 없을 때 그의 잠재력에 대해 고위 경영진에게 이야기하여 기회를 주었다는 것을 알았다. 하지만 그는 오랜 기간 동안 조합원이었으며, 조합을 신뢰하고 있었다. 그는 조합원들이 관리자를 싫어하는 것을 좋아하지 않았다. 그는 동료들과 가까운 관계를 맺어왔기에 관리직책을 맡는 것을 망설였다. 결국 마이크가 설득한 끝에 그는 스스로 주도적으로 나서야 한다는 것을 깨닫게 되었다. 그는 뭔가 다른 적극적인 참여자가 되어야 했다. 밥은 뒤에서 가만히 앉아서 다른 관리자가 루가 전에 했던 행동들을 하는 것을 두고 볼 수만은 없었다. 밥은 "마이크는 내가 일을 실현시키고 사람들과 관계 맺는 것을 보고 내게 리더십이 있다고 생각한 것 같다."고 말했다.

그래서 밥은 조합협상이 끝날 때까지 1년 반 동안 처음으로 관리직을 경험하였고, 그 공장이 문을 닫자 결국 네브래스카 주의 다른 공장으로 재배치되어 18년을 보내게 된다. 그러나 관리직을 맡았던 18개월은 밥이 경험했던 가장 가치 있는 일 중 하나였다. 밥은 "마이크는 방향을 갖고 나를 지도해주었다. 우리는 아침에 아이디어 회의를 통해 생각과 아이디어를 교환하였고, 그는 내게 방향을 제시해주었습니다." "마이크와 나는 직위가 같았지만 그는 여전히 내 멘토였지요. 초반에 나는 상사인 톰에게 다음에 무엇을 해야 하는지 자꾸만 물어보았죠. 왜냐하면 나는 신입이었고 스스로에 대해 착각하고 있었기 때문이죠. 마이크는 그때 나에게 좋은 조언을 해주었습니다. 경영진들은 당신에게 관리자 역할을 하라고 임금을 지급하는 것이므로, 회사에 가장 좋은 일을 하는 것이 필요하다고 말입니다."라고 설명하였다. 그것은 규정된 방식을 따르기보다 경영에 대한 자신만의 스타일을 창조하는 추진력을 이끌어냈다. 그가 추구하고자 했던 결과는 뚜렷했다. 회사에 최선이 되는 일을 하라. 그가 관리했던 조합원들은 가장 좋은 친구들이었다. 그는 그들과 즐겁게 지내고, 괴롭히고, 놀리고, 껴안기까지 했다. 그들은 밥을 좋아했기 때문에, 밥을 위하여 일했다. 하지만 그것은 단순한 즐거움 이상이었다. 밥은 만약 한 직원에게 기계수리, 장비의 미세조정 등 그에게 무언가 방해물이 생기면, 요청사항을 적고 필요로 하는 것이 제공되었는지 확인하였다. 몇몇 상황에서, 그는 그들이 필요한 것을 구하도록 하는 내부규정을 만들어야 했다. 그는 직원들이 자신이 원하는 것을 받을 때까지 추진하였다. 밥은 "만약 당신이 직원들을 위해 좋은 일을 한다면, 그들 역시 당신에게 좋은 일을 할 것이다."라고 설명하였다.

그는 네브래스카에서의 첫 4년 동안 생산 공정과 상품에 대한 지식을 가지고 기술자이자 기사로서의 역할을 하였다. 그 역할에서 많은 성공을 거둔 후, 그는 또 다른 관리직을 제안받았다. 이때는 망설임이 없었다. 관리직은 밥에게 많은 만족감을 주었다. 그는 솔선하여 기계를 점검하였으며, 직원들도 동참하기를 기대하였다. 그는 직원들이 현재의 공정에 문제가 없는지 보고, 효율성을 평가하기를 바랐다. 그는 현재의 공정을 향상시키는 것에 대해 직원들과 많은 토론을 하였으며, 시간이 어느 정도 지난 후에, 밥은 "그들 모두는 책임감을 갖고 스스로 그 일을 하게 되었습니다."라고 말했다. 네브래스카 공장에서 관리직을 맡은 9년 동안, 그의 팀은 툴링에서 약 50만 달러를 절약했고, 같은 비용을 가지고 하루 동안의 밸브 생산량이 18만 2,000개에서 35만 개로 증가하였다. 밥은 이에 대해 직원들이 자신의 업무와 조직에 대해 주인의식을 가졌기 때문이라고 생각한다. 그들은 직업에 자부심을 가졌으며, 자신이 하는 일이 중요하다는 것을 알았다. 말할 나위 없이 직원들은 참여하였다. 그리고 그들의 삶이 향상되었기 때문에 회사 역시 향상되었다. 이는 직원에 대한 밥의 행동, 그리고 수년 전 , 마이크가 밥에게 한 것과 관련이 있다.

| 개인적인 작은 실험들 |

참여도가 높은 직원이 되기

이 장에서, 당신은 직원의 참여도에 대한 관리자의 역할을 배웠다. 잠시 시간을 내어 가족 한 명과 관심 분야에 종사하는 관리자 한 명을 인터뷰를 하여, 참여도와 좋은 경영에 대하여 배우는 시간을 가져라.

참여도가 높은 직원을 인터뷰하라 당신이 사랑하는 사람들의 직업생활에 대하여 당신이 진정으로 아는 것은 무엇인가? 잠시 시간을 내어 가족의 직업 및 직원 참여도에 대하여 직접 만나 다음 질문들을 하면서 더 많이 배울 시간을 가져라.

- 당신이 해왔던 모든 일 중에서, 가장 긍정적인 에너지를 주었던 것은 무엇인가?

- 직장에서 좋은 시기는 언제이며, 기여 요인들은 무엇인가?
- 당신이 직장에서 성공적인 사람이라고 느끼게 만드는 것은 무엇인가?
- 당신 동료들의 수행에 긍정적인 영향을 미치기 위하여 당신 자신의 강점을 어떻게 사용할 수 있는가?
- 당신의 가장 친한 친구들이 직장에서 잘하는 것은 무엇이며, 그들은 어떻게 인정받고 싶어 하는가?
- 당신이 일을 잘했을 때, 누가 당신을 인정해주길 원하는가?

참여하도록 돕는 관리자를 인터뷰하라　최근의 연구는 양질의 직장은 건강 및 전반적인 삶의 질과 관련된다고 제시한다. 직장에서의 참여도가 조직에게 중요하다는 것은 명백하며, 개인의 전반적인 삶의 질에도 역시 중요하다. 당신이 선호하는 거래처의 매니저 중에서 직원들을 잘 대해주는 것으로 보이는 매니저 한 명을 선택하라. 그 관리자에게 직원들의 삶의 질과 건강을 어떻게 향상시켰는지에 대하여 3~4개의 질문을 하라.

미래의 직업 상상하기　몇 분 동안 당신이 꿈꾸는 직장에서 하루를 보내는 것을 상상해보라. 모든 매체를 차단하고 가능한 한 이완하는 것부터 시작하라. 그러고 나서, 직장에서 보내는 하루 전체에 당신의 마음이 돌아다닐 수 있도록 하라. 직장에서 최고의 능력을 발휘하는 것은 어떠한가? 누가 직장에서 당신을 지지하고 있는가? 잘 처리한 일에 대해 인정받는 것은 어떻게 되어가고 있나?

> 참고문헌

Gallup G., & Kettering, C. F. (1979). *Human needs and satisfactions: A global survey*. Omaha, NE: Charles F. Kettering Foundation & Gallup International Research Institutes.

The Gallup Organization. (2006). *Engagement predicts earnings per share*. Omaha, NE: Author.

Harter, J. K. (in press). Employee Engagement. In S. J. Lopez (Ed.), *The Encyclopedia of Positive Psychology*.

Harter, J. K., Schmidt, F. L., Asplund, J. W., & Killham, E. A. (2005). *Employee engagement and performance: A meta-analytic study of causal direction*. Omaha, NE: The Gallup Organization.

Harter, J. K., Schmidt, F. L., & Hayes, T. L. (2002). Business-unit-level relationship between employee satisfaction, employee engagement, and business outcomes: A meta-analysis. *Journal of Applied Psychology, 87*, 2.

Harter, J. K., Schmidt, F. L., Killham, E. A., & Asplund, J. W. (2006). *Q12 meta-analysis*. Omaba, NE: The Gallup Organization.

Hunter, J. E., & Schmidt, F. L. (2004). *Methods of meta-analysis: Correcting error and bias in research findings* (2nd ed.). Newbury Park, CA: Sage.

Judge, T. A., Thoresen, C. J., Bono, J. E., & Patton, G. K. (2001). The job satisfaction-job performance relationship: A qualitative and quantitative review. *Psychological Bulletin, 127*, 376-407.

Kahn, W. A. (1990). Psychological conditions of personal engagement and disengagement at work. *Academy of Management Journal, 33*, 692-724.

Le, H., Schmidt, F. L., Lauver, K., & Harter, J. K. (2007). *Empirical re-examinations of the relationship between the constricts underlying measures of job attitudes*. Omaha, NE: The Gallup Organiza-tion.

Schaufeli, W. B., Bakker, A. B., & Salanova, M. (2006). The measurement of work engagement with a short questionnaire—A cross national study. *Educational and Psychological Measurement*, *66*, 701-716.

Wagner, R., & Harter, J. K. (2006). *The elements of great managing*. Washington, DC: Gallup Press.

7

잘 기능하는 가족

• John Eagle

7

잘 기능하는 가족

John Eagle

가족이 잘 기능하도록 발전시키고 유지하는 공식은 유일하지 않다. 우선 모든 가족은 강점을 가지고 있다. 건강하게 작동하는 가족은 다양한 구성, 문화, 상호작용 유형을 가지고 존재한다. 단지 이웃이나 친구의 가족만 봐도 이러한 점을 알 수 있다. 어떤 가족도 똑같지 않다. 그러나 잘 기능하는 가족들에게는 공통적인 특성이 있다. 일반적으로 일정한 틀과 유연성 사이의 균형을 찾은 가족들은 가족 구성원의 정서적 · 신체적 · 사회적 · 교육적 발달을 지지하는 경향이 있다. 또한 이러한 가족은 힘든 시기에 더 많은 탄력성을 보이는 경향이 있다.

과거의 가족의 경우 두 명의 친부모가 있고, 한 명은 일을 하고 다른 한 명은 양육자의 역할을 맡는 '전통적인' 가족 관점에 따라 살펴보는 것이 보통이었다. 그러나 지난 수십 년간 가족 구조에 대한 조망은 극적으로 변화했다. 미국에서는 '전통적인' 가족이 감소해왔다. 전통적 가족은 그 어느 때보다 증가 속도가 빠른 다양한 가족 구조로 대체되고 있다. 1980년부터 두 부모와 함께 사는 아동의 수는 눈에 띄게 감소하였다. 편부모 가족과 양부모 가족이 증가하였고, 그 결과 이러한 가족의 아동들은 낮은 학업적 성취와 학교 중퇴, 십대 임신, 불안, 우울, 공격성과 같은 정신건강 문제 등의 위험에 처하게 되었다(Fields, Smith, Bass, & Lugaila, 2001; McLanahan & Sandefur, 1994). 편모 가정의 비율은 1960년과 1988년 사이에 두 배나 증가하였고(Carlson, 1996), 부모가 있는 경우에도 조부모의 양육자 역할이 더욱 커졌다(Fields, 2003).

수년 동안 미국 가족의 문화적 분위기도 변화하였다. 2004년도에 아동의 59%는 라틴계가 아닌 백인이었고, 30%는 친부모든 양부모든 편부모 가정에서 살았다. 17%는 혼합 가족의 아동이었고, 12%는 최소한 한 명의 배다른 형제를 가지고 있었으며, 17%는 빈곤 속에서 살고 있었다(Kreider, 2007). 차별, 평범하지 않은 가족 구조, 언어 장벽, 빈곤 등과 관련된 어려움이 있을 때 아동과 가족의 탄력성과 삶의 질이 지속적으로 향상되어야 하는 것이 매우 중요하다.

잘 기능하는 가족의 특성을 적절하게 보여주기 위해서는 임상가와 연구자들이 가족 기능을 어떻게 보고 있는지를 살펴보는 것이 최선이다. 가족 기능은 전형적으로 체계이론과 발달이론으로 개념화된다. 가족체계이론은 가족을 상호의존적인 집단으로 이루어진 복잡한 구성물로 개념화하며, 그 집단은 (1) 가족의 과거에 대해 공통된 인식을 갖고 있고, (2) 정서적 유대감을 어느 정도 경험하며, (3) 개개의 가족 구성원과 가족 전체의 욕구를 충족시킬 수 있는 전략을 발휘하는 개인들로 구성된다(Anderson & Sabatelli, 1995). 가족은 하나의 단위로 여겨지기는 하나, 그 단위는 가족 구성원들 개개인을 포함한다. 게다가 가족 단위는 각 가족 구성원 사이에서 일어나는 상호작용의 영향을 받는다. 가족체계 내에서, 각 구성원 사이에서 발생하는 긍정적이거나 부정적인 상호작용은 노소를 불문하고 다른 모든 가족 구성원에게 중요한 영향을 미친다.

가족에 관한 유일한 확고부동의 규칙이 있다. 가족은 시간이 지나면 변한다는 것이다. 해가 지날수록 가족은 가족 구성, 구성원의 나이, 가족의 특성(경제적 · 사회적 지위), 환경적 요인(사는 곳)에 따라 변화해왔다. 이러한 점 때문에 가족 기능을 종종 발달 또는 생애 주기 관점에 따라서 보게 되곤 한다. 건강하게 기능하는 가족의 특성은 가족이 발달적 연속선상에서 어느 위치에 있는지에 따라 달라진다. 예를 들어, 대학에 입학하는 두 자녀를 둔 가족과 걸음마하는 두 아이를 둔 가족은 다른 방식으로 기능하고 상호작용할 것이다. 비슷한 맥락에서 위기, 손실, 슬픔에 직면한 가족과 그렇지 않은 가족들에게 기대되는 건강한 기능은 다르다. 발달적인 관점은 발달적인 맥락이나 현재 상황을 토대로 건강한 가족 기능을 조망한다. 이러한 점에서, 가족이 효과적으로 기능하는 능력이란 시간에 걸쳐 진행되는 다면적 과정이며, 그 과정은 복잡하고 변화하는 상황에 대한 반응으로서 발전된다(Walsh, 2003).

가족 기능의 모델

가족 기능에 대한 다양한 이론과 모델이 있지만 그중에서 보다 우세한 세 가지를 아래에 소개하였다. 이들 모델들은 가족 기능에 대한 체계적 접근에 기반을 둔다.

가장 잘 알려진 이론 중 하나는 Epstein 등(2003)에 의해 만들어진 McMaster 가족 기능 모델이다. McMaster 모델은 지난 30년간 발전되고 또 검증되어왔다. 이 모델에 따르면 가족의 일차적인 기능은 가족 구성원의 신체적 · 사회적 · 정서적 발전을 돕는 환경을 제공하는 것이다. McMaster 모델에는 가족 구조, 조직, 교류 패턴을 결정하는 여섯 가지 차원이 있다. 이들 차원은 문제해결, 의사소통, 역할, 정서적 반응성, 정서적 관여, 행동 통제를 포함한다. 건강한 가족 기능은 한 가지 차원에 의해서 설명되지 않는다. 오히려 제대로 기능하는 가족의 복잡함을 설명하는 데에는 여러 가지 차원들이 필요하다.

이와 유사하게 부부와 가족체계에 대한 원형 모델(Olson & Gorall, 2003)은 지난 25년간 발전되고 연구되어왔다. 원형 모델에서는 가족 기능을 세 가지 차원으로 설명하고 있다. 가족응집성, 유연성, 의사소통. 응집성, 유연성, 의사소통의 수준은 가족체계 내의 상호작용 및 가족 구성원과 보다 큰 사회집단 간의 상호작용 특징을 설명해준다. 이러한 차원은 가족 역동에 대한 통찰을 제공해줄 뿐만 아니라 지역사회의 구성원들이 어떻게 그 가족 단위를 지지하고 강화시킬 수 있는지와 관련된다. 이 모델의 응집성과 유연성 차원 수준이 균형 잡히고 적당할수록(vs. 극단적 수준) 보다 최적의 기능을 보인다. 긍정적인 의사소통 기술은 가족이 상황적 요구나 발달적 맥락에 따라서 응집성과 유연성의 수준을 조절할 수 있도록 해준다.

Beavers와 Hampson(2000)이 제안한 Beavers 가족 기능 체계 모델은 가족 기능에 대한 횡단 연구 결과를 제공한다. 이 모델에서 가족 기능은 가족 유능성과 가족 유형의 두 차원으로 이루어진다. 가족 유능성은 구조, 이용 가능한 정보, 가족체계의 적응적 유연성을 가리킨다. 높은 수준의 가족 유능성은 가족 구성원의 요구를 충족시킬 수 있는 적합한 구조와 능력을 필요로 한다. 가족 유형은 가족 단위 내에서의 상호작용 유형의 질과 관련이 있다. 가족 내의 관계와 가족 밖에서의 관계를 모두 중요시하는 가족일수록 보다 건강한 기능을 보인다.

가족의 탄력성

가족 내의 탄력성 개념을 논하지 않고 제대로 기능하는 가족에 대하여 말하는 것은 불가능하다. 탄력성은 가족이 새로운 상황에 얼마나 잘 적응하고 위기를 잘 다루는지를 의미한다. Patterson(2002b)은 탄력성을 역경을 성공적으로 극복하는 과정이라고 정의하였다. 역사적으로 탄력성의 개념은 단지 개인이나 성격적 특질이나 대처방략과 같이 적응과 관련된 개인적 요인에 초점을 맞추었다(Walsh, 1996). 점차적으로 탄력성의 개념은 가족이나 지역사회와 같이 더 큰 사회적 구성개념을 포함하도록 확대되었다(Patterson, 2002a).

탄력적인 가족은 가족 자체를 하나의 공동 단위로서 가치 있게 여기고, 공통된 가치체계를 가지고 있으며, 효과적으로 의사소통을 하고, 변화하는 상황이나 위기에 성공적으로 대응하며, 협력을 통해 문제를 해결한다. 예를 들어, 가족은 부모의 실직, 다른 지역으로의 이주, 부모의 이혼, 가족 구성원의 만성적인 질병, 가족 구성원의 죽음 등과 같은 가족 내 위기를 마주했을 때 효과적으로 기능함으로써 탄력성을 나타내 보일 수 있다. 위기에 직면한 후에 가족들이 서로 뭉친다는 생각은 가족 탄력성의 개념과 관계가 있다.

가족 탄력성의 개념은 가족이 끊임없는 도전과제를 다루도록 돕는 핵심과정뿐만 아니라 가족 단위를 강화시켜주는 과정들도 포함한다. 이러한 점에서 가족 탄력성은 가족 내 모든 구성원 개개인이 탄력성을 기를 수 있도록 해준다(Walsh, 1996). (1) 어려움에 맞서 일어서기, (2) 기존의 기능 수준으로 돌아가기, (3) 건강 대 병리 측면으로 보이기 등이 가족 탄력성의 좋은 예가 된다(Hawley & DeHaan, 1996).

많은 면에서 가족 탄력성은 가족 기능과 거의 동일한 개념이거나, 최소한 매우 밀접하게 관련되어 있다. 즉, 가족이 더 탄력적일수록 보다 잘 기능한다. 모든 가족은 어느 시기엔가 어려움을 겪기에 탄력성은 모든 가족의 특징이 된다. 사실상 긍정심리학에서 탄력성은 가족과 관련된 핵심적인 측면이다. 가족이 효과적으로 기능하고 어려운 상황에 적응하기 위하여 자신들의 강점을 어떻게 활용하는가?

가족 탄력성의 개념은 아래에 설명되는 다양한 가족 특징으로 구성된다.

가족 응집력

가족 응집력은 "가족 구성원이 가족체계 안에서 느끼는 독립심 수준 및 서로에 대한 긴밀한 정서적 유대"로 정의된다(Turnbull & Turnbull, 1997, p. 108). 정서적 유대감의 정도는 가족 내에서와 가족들 간에 따라 달라지며 문화, 연령, 가족 구성원의 발달단계에 영향을 받는다.

Olson과 Gorall(2003)은 가족 응집력을 밀착된/과도하게 연결됨(매우 높음)에서부터 매우 연결됨(중간에서 높음), 연결됨(중간), 다소 연결됨(중간에서 낮음), 이탈됨/연결되지 않음(매우 낮음)까지 범위의 연속선상에서 제시하였다. 밀착된 유형의 상호작용은 가족에 대한 과도한 동일시의 결과로서 극단적인 수준의 합의, 제한된 개인의 자율성과 독립심 등으로 특징지어진다. 이러한 수준의 응집력은 충성심이 요구되며 각 개인은 서로에게 매우 의존하게 된다. 이탈된 가족은 높은 수준의 자율성과 낮은 유대감이 특징이며, 가족체계에 대한 애착이 거의 없다. 이러한 독립성은 다른 가족 구성원으로부터 지지를 받지 못하는 것으로 이어진다.

Olson의 응집력 모델에서는 '균형적'인 세 수준과 '불균형적'인 두 수준이 있다. 가족 기능은 밀착과 이탈 사이에 균형이 있을 때에 향상된다. 그러므로 세 가지 중간 수준(다소 연결됨, 연결됨, 매우 연결됨)은 생애 주기에 걸쳐서 적절한 가족 기능을 제공하는 것으로 여겨진다. 응집력 수준이 균형을 이루게 되면 가족 내에서 개인은 분리와 일체감을 모두 경험하게 된다. 응집력에 있어서 '최고의' 수준은 없지만 극단에 위치하는 가족들(밀착된, 이탈된 가족)은 시간이 지날수록 더 많은 어려움을 겪는 경향이 있다.

가족 관여

Epstein 등(2003)에 의하여 정의된 정서적 관여는 가족 구성원이 다른 가족 구성원의 행동을 얼마만큼 가치 있게 여기고 관심을 표현하는지 그 정도를 가리킨다. 가족 구성원이 서로에게 관심을 표하고 투자를 하는 방식과 관심의 양이 강조된다. 가족 관여는 관여 결여에서부터 과잉 관여까지 범위의 연속선상에 있다. 가장 낮은 수준은 관여 결여인데 이는 가족의 다른 구성원에게 전혀 관심이 없는 것을 가리킨다. 두 번째 수준인 감정이 결여된 관여는 가족 구성원 간에 약간의 관여가 있으나 본질적으로 지적인 수준에 머무르는 것을 나타낸다. 세 번째 수준은 자기애적 관여로서 가족 구성원 간에 관심을 보이기는 하나, 자신에게 반영된 관심 수준에 그치는 것이다. 네 번째는 적절한 수준으로서 공감적 관여로서 순수한 흥미를 나타낸다. 가족 구성원들은 가족 단위 내의 다른 가족들을 위해 노력한다. 건강한 가족 기능의 발전은 공감적인 가족 관여를 통하여 증진된다. 다섯 번째 수준은 과잉 관여이며 가족 구성원 사이에 관심의 정도가 과도한 것을 뜻한다. 공생적 관여는 관여의 가장 극단적인 수준으로서 서로에 대한 관심도가 극히 높아서 한 가족 구성원을 다른 구성원과 구분하기 매우 어렵다(Epstein et al., 2003).

가족 적응력과 유연성

살아가다 보면 모든 가족은 가족 구성원 서로가 관계를 맺는 방식 및 지역사회에서 가족 단위가 기능하는 방식을 위협하는 상황에 직면한다. 가족 적응력은 탄력성과 관련이 있기는 하나, 가족 단위를 강화시키는 데에 필수적인 가족의 특성과 질적 측면들을 포괄하지 않는다는 점에서 탄력성과는 구분된다. 달리 말하면, 한 가족이 적응적이고 유연하다고 하여 탄력성의 요소인 효과적 의사소통, 협력적 문제해결, 강한 가족 단합 등을 나타낸다고 보증할 수 없다.

Olson과 Gorall(2003)은 가족들이 서로 다른 수준의 적응력을 지니고 있으며, 이는 경직된/유연하지 않은(매우 낮음)부터 다소 유연한(낮음에서 중간), 유연한(중간), 매우 유연한(중간에서 높음), 혼란스러운/과도하게 유연한(매우 높음)까지의 연속선상에 있다고 하였다. 가족 응집력과 마찬가지로 중간 혹은 '균형적'인 수준의 적응력(예: 다소 유연한, 유연한, 매우 유연한)은 극단적인 수준의 가족(예: 경직된, 혼란스러운)보다 가족 기능이 더 건강할 수 있다.

가족 구성원 사이에 다소 유연한 관계를 보이는 경우, 안정적인 역할, 일부 역할 공유, 강제된 규칙과 다소의 규칙 변화가 특징인 민주적인 리더십을 따르는 경향이 있다. 유연한 관계에서는 모든 구성원의 평등함을 신봉하는 리더십이 나타나며, 민주적인 의사결정을 한다. 따라서 아이들도 가족 의사결정에 발언권을 가진다. 가족 내 역할들은 유동적이고 공유되며, 규칙은 가족의 발달적 요구를 토대로 변할 수 있다. 매우 유연한 관계는 리더십과 가족 역할이 빈번하게 변하는 것이 특징이다. 규칙은 자주 바뀌며 가족의 요구에 따라 매우 유동적이다.

반대로 '불균형적'인 수준의 유연성은 너무 안정적이거나 너무 유동적인 가족을 말한다. 경직된 가족은 한 명의 지배적인 리더를 가지고 있으며, 그 리더는 언제나 책임자의 위치에 있다. 리더십 역할은 변하지 않으며 가족 의사결정에 대한 협상의 여지는 매우 제한된다. 가족 규칙은 명백하며 변하지 않는다. 혼란스러운 가족은 일관되지 않거나 제한적인 리더십을 가지고 있으며 충동적으로 의사결정을 한다. 가족 역할은 제대로 정해지지 않았고, 가족 구성원마다 규칙이 다르다.

건강한 체계로서 기능하기 위하여 가족은 적응적인 동시에 안정적이어야 한다. 안정성을 유지하거나 변화를 꾀해야 하는 적절한 시기를 결정하는 능력은 건강하고 기능적인 가족의 특징이다. 그러한 가족은 가족 구성원 개인의 발달에 따라 미리 대비하며 가족 단위 유지의 중요성 또한 이해하고 있다.

양육방식과 문제해결 과정

가족 기능은 가족의 양육방식 및 문제해결 기술과 관련이 있다.

부모와 자녀의 상호작용은 가족의 전반적 스타일과 의사소통능력 및 문제해결 능력에 대한 모델을 제공해준다. Walsh(2003)는 가족 구성원 간에 합의된 의사결정을 통하고, 목표지향적이며, 구체적인 방법을 따르고, 성공을 기대하는 협력적 문제해결이 가족 기능을 증대시킨다고 보고하였다.

양육방식은 "아이에 대한 일련의 태도로서 아이에게 전해지며, 그럼으로써 부모의 행동이 표현되는 정서적 분위기를 조성하는 것"(Darling & Steinberg, 1993, p. 493)을 말한다. Diana Baumrind (1991)는 양육방식을 권위적, 방임적, 허용적, 권위 있는 네 가지의 방식으로 구분하였다.

권위적 양육방식은 제한과 처벌을 가한다. 이 방식은 행동 기준에 대한 타협이 제한된 높은 수준의 통제와 권위가 특징이다. "내 방식을 따르라, 아니면 나가라."고 말하는 부모를 예로 들 수 있다. 아이들에게는 엄격한 제약이 가해지며 부모와 자식 간에 규칙의 정당성에 대한 의견교환은 매우 제한되어 있다. 독재적 양육은 아이의 사회적 기술 부족, 의사소통 기술 부족, 애정 표현의 어려움, 그리고 사회적 비교에 매우 민감한 측면과 관련이 있다.

방임적 양육방식을 취하는 부모는 아이들의 활동과 삶에 대해 무관심하다. 무심한 부모는 양육자가 정한 소수의 규칙만 제시하며 자녀가 스스로의 활동, 기준, 규칙을 결정하는 것을 허용한다. 방임적인 부모의 자녀들은 자기통제가 약하고, 성취동기가 약하며, 자립심을 발달시키는 데에 어려움을 겪는다(Santrock, 2007).

허용적 양육방식은 부모들이 아이들의 삶에 극단적으로 밀접해 있는 양육방식을 말한다. 이러한 부모는 아이들의 활동이나 행동을 지지하기는 하나 그렇게 많은 제약이나 한계를 두지 않는다. 이 양육방식을 취하는 부모들은 종종 이러한 환경이 아이들의 창의력과 독립심을 길러줄 것이라고 믿는다. 그러나 이러한 부모의 아이들은 스스로 자기행동을 통제하는 것을 배워야 하는 환경에 적응하지 못한다(Santrock, 2007).

건강한 가족 기능에 적합한 양육 방식으로 여겨지는 권위 있는 양육방식은 자유와 책임 사이의 균형이 잡혀 있는 것이 특징이다. 이러한 양육방식을 취하는 부모는 타협안을 이끌어내고 갈등을 조정하는 문제해결 과정에 가족 구성원들을 참여시킨다. 이러한 부모는 양육하는 동시에 한계를 정해준다. 이 양육방식에서는 종종 언어적 교류와 학습 과정이 일어난다. 이러한 종류의 양육은 자녀의 사회적 유능감과 높은 자존감을 길러주고 더 적절한 의사결정을 할 수 있도록 도와준다(Santrock, 2007).

공유된 신념과 가치

건강한 가족 기능 발달에 중요한 또 하나의 요소는 가족 안에 공유된 신념체계를 세우는 것이다. 공유된 가치와 신념은 가족 탄력성에 필수적이며 가족이 새로운 환경과 사건, 위기에 대응하는 특유의 방식을 강화시킨다(Walsh, 1996). 공유된 신념체계는 가족이 위기 사건에서 의미를 찾아낼 수 있게 하며 희망과 긍정적 조망을 촉진시켜준다. 공유된 신념의 개념은 가족 도식, 가족 세계관, 가족 응집력 등의 유사한 구성개념을 가진 연구 분야에서도 나타난다.

강한 가족 도식은 '나' 보다는 집합적인 '우리'의 입장으로 가족과 세상과의 상호작용을 바라보는 가족 단위 내의 신념을 나타낸다. McCubbin 등(1993)이 언급했듯이, 강한 도식을 가진 가족은 현실적인 방식으로 삶을 바라보는 경향이 있으며 삶의 어려움에 대해 완벽한 해결책을 기대하지 않는다. 높은 수준의 탄력성을 가진 가족은 시간 관리와 재정적 이슈와 같은 삶의 중요한 요소에 대해 공유된 가치체계를 지닌다. 게다가, 탄력적인 가족은 상황에 대한 결과가 긍정적일 것이라는 확신에 찬 세계관을 공유한다(McCubbin, Thompson, Thompson, Elvery, & McCubbin, 1994).

가족의사소통

가족 구성원들 간에 효과적인 의사소통은 잘 기능하는 가족의 중요한 특성 중 하나다. 가족 구성원들 간에 언어적 또는 비언어적 의사소통이 어떻게 이루어지는지는 가족 기능에 영향을 미친다. 가족의사소통은 단순히 정보를 어떻게 전달하는지에 대한 것이 아니라 다른 가족 구성원의 말을 경청하고 정보를 받아들이는 방식을 포함한다. 가족의사소통에는 도구적 의사소통과 정서적 의사소통(Epstein et al., 2003)의 두 가지 범주가 있다. 도구적 의사소통은 개인 간에 사실적 정보를 교환하는 것을 의미한다. 정서적 의사소통은 가족 구성원이 서로에게 정서를 표현하는 것을 가리킨다. 두 가지 모두 효과적인 가족의사소통에 중요하다.

도구적 · 정서적 의사소통에는 Epstein 등(2003)이 제안한 분명하고 직접적인, 분명하고 우회적인, 모호하고 직접적인, 모호하고 우회적인 네 가지 의사소통 유형이 있다. 이러한 의사소통 유형은 분명한 vs. 모호한 및 직접적 vs. 우회적인 두 개의 연속선상에서의 위치에 따라 차이를 보인다. 분명한 의사소통은 단도직입적이고 듣는 가족 구성원이 이해하기 쉽다. 모호한 의사소통을 통해서 전해지는 내용은 이해하기 어렵고 헷갈린다. 직접적인 의사소통은 의도한 사람에게 직접 말하지만 우회적인 의사소통은 의도한 사람에게 분명하게 직접적으로 전달하지 않는다. 이러한 유형은 도구적 · 정서적 의사소통과 모두 관련되어 있다.

분명하고 직접적인 의사소통

이는 가족이 서로 의사소통하는 데 있어 가장 효과적인 방법이다. 이러한 의사소통 유형에서 메시지의 내용은 분명하게 말해지며 의도한 대상에게 직접적으로 전달된다. 예를 들면, 아버지가 아들에게 "통금시간을 어기다니 화가 나는구나. 그렇지만 일단 잠을 자렴." 하고 말하는 것을 들 수 있다. 의사소통 유형이 더 모호해지고 우회적일수록 가족의사소통은 덜 효과적이게 된다.

분명하고 우회적인 의사소통

이 경우의 메시지는 분명하게 진술되지만 메시지가 전달되는 대상은 실제 그 말을 들어야 하는 사람이 아니다. 앞의 예에서, 아버지가 아들이 있는 자리에서 아내에게 "우리 아들이 통금을 어겨서 화가 나."라고 얘기하는 것이다.

모호하고 직접적인 의사소통

이 유형은 의도한 대상에게 혼란스러운 메시지를 전달한다. 앞의 예에서, 아버지가 아들에게 "너 괜찮니? 집에 들어오는 게 좀 어려운가 보구나." 하고 말한다면 이 유형이다.

모호하고 우회적인 의사소통

이는 가장 덜 효과적인 가족의사소통 유형이다. 이 경우의 메시지는 혼란스러울뿐더러 의도한 대상에게 직접 전해지지도 않는다. 위의 예를 사용해보면 아버지가 아들이 있는 자리에서 아내에게 "통금 시간 어기는 사람들은 정말 밉상이야."라고 말하는 경우다.

건강한 가족 기능과 관련된 의사소통 유형은 분명하고 직접적이며 정직한 의사소통, 적극적으로 듣기, 긍정성을 내포한다. Peterson과 Green(1999)은 가족이 의사소통의 효율성을 증가시킬 수 있고 활용이 가능한 핵심 전략을 제안했다. 이는 (1) 빈번한 의사소통, (2) 분명하고 직접적인 의사소통, (3) 적극적인 청자되기, (4) 의사소통하고 있는 상대방에 대해 생각하기, (5) 비언어적 메시지에 주목하기, (6) 긍정적 태도 갖기 등이다.

텔레비전에 나오는 가족들의 특징

미국 가족을 늘 가장 잘 대표하지는 않지만, 텔레비전은 잘 기능하는 가족의 다양한 예를 보여준다. 텔레비전 드라마 〈초원의 집(Little House On the Prairie)〉의 빌더(Wilder) 가족과 1990년대 텔레비전 드라마인 〈Party of Five〉의 샐린저(Salinger) 가족은 탄력성과 적응력의 특징을 보여준다. 1800년대 후반 중서부 초원을 배경으로, 빌더 가의 사람들은 의학적 · 환경적 · 경제적 위기 등 많은 어려움을 겪는다. 그러나 이러한 위기에도 불구하고 가족은 효과적인 가족 단위로서 기능하는 능력을 유지하였다. 고로 대단한 탄력성을 보여주었다.

마찬가지로, 차량충돌 사고로 부모를 여의고 고아가 된 다섯 아이들로 이루어진 샐린저 가족도 가족 적응력의 특성들을 보여준다. 이 경우, 부모가 죽은 후 원래 부모가 하던 역할을 나이든 형제자매들이 맡았다. 이러한 가족 역할의 적응성은 다른 외부의 지지 없이 다섯 형제가 하나의 가족 단위로 기능하는 데에서 잘 나타난다. 이 가족은 너무 경직되지도 않고 지속적으로 변화하지도 않으면서 적절한 수준의 유연성을 가진 형제들 사이에 특정 역할과 리더십이 공유된 민주적인 방식으로 작동하였다.

〈코스비 가족〉의 클리프(Cliff)와 클레어(Clair)는 분명하고 직접적인 의사소통 유형을 사용하는 권위 있는 양육방식의 예가 될 수 있다. 이들 부모는 자녀에게 분명한 경계를 제시하고 효과적으로 한계를 설정하였다. 그러나 자녀들이 발달적으로 적절한 수준에서 가족 규칙에 대한 발언권을 가질 수 있도록 하였다. 코스비 가족의 의사소통 유형은 명백한 기대와 분명한 의미로 이루어지며 아이들이 이해했는지를 확인하는 과정을 포함한다.

최근의 텔레비전 프로그램인 〈브라더스 & 시스터스(Brothers and Sisters)〉에 나오는 워커(Walker) 가는 강한 가족 도식을 지닌 가족의 특성을 지니고 있다. 이 가족은 삶의 모든 장면에서 '나' 보다는 '우리'의 관점으로 접근한다. 가족 단위는 그들에게 가장 중요한 것이다. 이러한 가족 도식은 너무 강해서 배우자의 가족들이나 바깥사람들은 설사 그 가족 단위에 속하더라도 불편감을 경험하게 된다.

〈내 사랑 레이몬드(Everybody Loves Raymond)〉의 바론(Barone) 가족은 밀착되고 과도하게 관여되어 있는 가족을 나타낸다. 주거지의 근접성이 부분적인 원인이기도 한데, 이 가족은 가족 구성원 사이에 분명하게 세워진 경계가 없다. 예를 들어, 할머니 마리가 초대받지 않고 며느리의 의향에 반하면서 아들의 집을 청소하는 것을 쉽게 볼 수 있다. 또한 바론 가족의 구성원들은 일상생활에서 서로에게 의존하는 정도가 높다.

반대로 시리즈물 〈Married ... with Children〉의 번디(Bundy) 가족은 관여의 결여를 보이는 가족이다. 아버지인 알(Al)은 종종 가족들을 무시한 채 좋아하는 음료수를 마시며 텔레비전을 본다. 가족 구성원은 서로의 삶에 관여하지 않으며 부모가 자녀의 삶에 보이는 순수한 관심도 거의 없다. 그러나 관여의 결여에도 불구하고 번디 가족은 어느 정도 수준의 응집력을 보여준다. 가족 구성원은 번디 가문이라는 정체성으로 연결되어 있으며 그 성을 가진 것을 자랑스럽게 생각한다.

가족과 학교

건강하게 기능하는 가족의 부모는 가정 밖의 환경, 특히 학교에서의 자녀의 학업, 사회-정서적 · 행동적 발달에 관심을 보인다. 이러한 부모는 자녀의 선생님과 다른 학교 관계자들과 협력적 관계를 맺고자 애를 쓴다. 효과적인 가정-학교 관계를 구축하는 핵심 요소는 아동의 교육적 · 사회적 · 행동적 발달 과정에서 부모와 선생님을 동반자로서 이해하는 것이다. 이것은 가족과 학교 사이에 공유된 의미와 공유된 책임의 개념을 포함한다. 그러므로 가정-학교 관계는 가족과 학교가 공동의 목표를 향하여 파트너로서 함께 일하는 것으로 이루어진다. 공동의 목표는 아동의 교육적 · 사회적 · 행동적 발달을 위해 지지적인 환경을 만들고 유지시키는 것이다.

가족 관여의 유형

학교에서의 아동의 삶에 보다 많이 관여하고자 하는 가족들은 학교나 학교 관계자와 접촉할 수 있는 다른 기회들이 있다는 점을 알아야 한다. 학교는 다양한 모델을 사용하여 학교와 가정환경 사이의 관계를 형성한다. 이들 다양한 모델은 상호작용, 협력, 초점을 토대로 한 연속선상에 놓인다. 아무튼 모든 가족 관여 모델의 목표는 "학문적 · 사회적 · 행동적 측면에서 학생의 성공을 고양하고 아동과 청소년의 학습 기회와 성과를 향상시키기 위한 것" (Christenson & Godber, 2001, p. 455)이다.

Epstein(1996)은 가족 관여를 연속선상(낮음부터 높음)에서 여섯 가지 유형으로 구분하였다. 여기엔 양육, 의사소통, 자원봉사, 가정학습, 의사결정, 지역사회와의 협력이 포함된다. 이러한 가족 관여의 유형은 부모교사연합회에 의하여 채택되어왔다. 그러나 모든 가족이 자녀의 학교생활에 최고 수준으로 관여할 필요가 있는 것은 아니다. 가족들이 자신들의 강점과 자원을 적절한 방식으로 발견하고 활용하는 것이 최선이다.

양육

자녀의 교육적 발달에 대한 가족 관여의 첫 번째 유형은 자녀의 학교생활에 지지적인 환경을 제공하는 것이다. 이는 아동이 학교에 가서 배울 준비가 되도록 음식, 주거지, 사랑, 안전, 건강지원 등과 같은 필요한 것들을 제공하는 것을 포함한다. 또한 부모의 교양 수준을 발전시키는 것도 포함한다.

의사소통

이 정도 수준의 관여는 가정과 학교의 의사소통으로 이루어진다. 이상적으로, 이러한 의사소통은 가정과 학교 모두에 양방향적이고 상호적인 것이다. 부모-교사 협의회와 가정-학교 쪽지는 부모가 이 수준에서 관여하는 몇 가지 방법이다.

자원봉사

자원봉사를 통한 부모의 관여는 부모가 학교 환경에 도움을 줄 수 있는 활동으로 이루어진다. 그러한 활동에는 운동장 감독하기, 교실 관리 보조, 빵 판매나 기금마련 행사 운영하기, 운동회날 스낵바 운영하기 등의 활동이 있다. 부모가 학교에 왔을 때 도움을 줄 수 있는 매우 흔한 방식들이다.

가정학습

이 정도 수준의 지원을 하는 가족 관여는 가정환경에서 자녀의 학문적 과제를 돕는 것을 포함한다. 이는 단순히 지지적인 환경을 제공해주는 것을 넘어서, 숙제를 도와주고, 적절한 교육적 목표를 세우는 것을 돕고, 그리고 교과와 관련된 보조활동에 도움을 제공한다.

의사결정

학교의 부모교사연합회나 다른 학부모 단체에서 활발한 활동을 하는 부모는 이 수준의 관여를 잘 보여준다. 이는 학교의 의사결정에 참여하고 위원회의 학부모 대표로 참여하며 교과과정 협의나 학교 보수공사에 적극적으로 참여하는 것을 포함한다.

지역사회와의 협력

이 수준의 관여는 지역사회가 제공하는 지원과 자원을 확인하고 학교에 연결시켜주는 것으로 이루어진다. 이는 방과 후 프로그램, 멘토링, 진로 서비스 등이 운영되도록 지역사회와의 동반자 관계 형성을 돕는 것을 포함한다. 이 수준에서는, 지역사회 자원은 학생의 학습, 가족 기능, 학교 운영을 지원하고 증진시키는 데에 사용된다.

아동의 발달과 사회화

가정과 학교의 효과적 관계를 형성하는 것은 매우 중요하다. 왜냐하면 두 가지 환경 모두 아동의 사회화와 발달에 필수적이기 때문이다. Scott-Jones(1988)는 "아동발달이 아동이 자라고 발달하는 주된 환경인 가족과 학교 사이의 관계에 의하여 증진된다는 것은 의심할 여지가 없다."(p. 66)고 말했다. Pianta와 Walsh(1996)는 가족, 아동, 학교를 '불공평한 삼각형'이라고 표현하였다. 그들은 문제가 아동, 가정, 학교의 어느 한 가지에 단독으로 존재할 수 없으며 셋 간의 상호적 관계 내에서 존재한다고 주장하였다. 그러므로 아동을 지지하는 노력은 반드시 가정과 학교 환경 모두에서 이루어져야 한다. 만약 가정과 학교 환경의 연결이 끊어지거나 이 두 환경이 공유하는 의미가 결여된다면, 아동의 사회화나 교육에 문제가 발생할 수 있다.

가족은 교실에서의 성공적 경험에 선행하는 것으로 여겨지는 일상적 교육을 아동에게 제공한다. 학교 환경이 학생에게 발달과업을 제시한다 하더라도, 가족은 이러한 발달과업 획득에 중요한 원천으로서의 역할을 한다. 부모는 아동기부터 성인에 이르기까지 여러 가지 기회와 학습 경험을 제공한다. 이러한 경험은 (1) 지식습득을 향상시키는 생각이나 활동에 아동을 노출시키기, (2) 성, 문화, 또래 역할로의 사회화 돕기, (3) 부모의 기준, 기대, 규칙, 보상, 칭찬 등으로 이루어진다(Clark, 1988).

Conoley(1987)는 학교와 가족이 과거에 생각했던 것보다 비슷한 점이 많을 뿐만 아니라, 지지, 가르침, 양육, 처벌, 보상, 평가를 통해 아동의 사회화를 돕는 데에도 비슷한 방법들을 공유한다고 하였다. 부모들은 학교에서 아동의 학업 발달에 필수적 요소인 '집에서의 교육 과정' 에 대한 책임도 가지고 있다(Walberg, 1984). '집에서의 교육 과정' 은 아동의 학습과 교육적 성공을 증진시키는 동시에 가족이 참여할 수 있는 활동을 가리킨다. 그러므로 부모는 학업 지도와 지지를 제공하고, 효율적인 작업 습관과 교육적 활동(예: 독서)의 본보기가 되어주며, 학문적 성장에 대한 관심과 기대를 보임으로써 교육적 발달에 영향을 미칠 수 있다.

교육 현장에서 가족 관여의 이득

자녀의 학교생활에 대한 부모의 관여는 다양한 사람들과 환경에서 여러 방면으로 유익한 것으로 나타났다. Henderson(1989)은 교육에서의 부모 관여의 효과에 대하여 48개 연구를 리뷰하였다. Christenson 등(1992)은 Henderson의 연구를 포함한 이 방면 연구의 모든 경험적 리뷰는 다음과 같은 다섯 가지의 주요한 발견으로 요약될 수 있다고 결론 내렸다.

1. 부모의 관여는 학생의 학업성취와 관련이 있다—학생의 시험 점수와 성적은 부모의 관여가 있을 때 보다 높았다.
2. 학교에서 다른 측면에서의 성공에도 긍정적인 영향을 주었다 (예: 높은 출석률, 학교에 대한 보다 호의적 태도, 보다 적절한 행동).

3. 부모의 관여 전략이 학생에게만 유익한 것이 아니라 교사, 학부모, 학교에도 긍정적인 영향을 미친다.
4. 다양한 형태의 부모 관여가 도움이 되는 것으로 나타났지만 보다 포괄적이고 의미 있는 프로그램이 더 효과적인 것으로 보인다.
5. 보다 어린 나이에 부모의 관여가 있을 때에 학생의 성취 성과는 더욱 높아진다.

비록 부모에게서 긍정적인 효과는 확인되었지만 모든 형태의 부모 관여가 각각의 가정에 적절한 것은 아니라는 점은 주목할 필요가 있다. Kerbow와 Bernhardt(1993)는 부모 관여의 문화적 차이를 평가하는 연구를 하였다. 그들은 아시아계 미국인 부모는 학교 밖에서의 활동에 관여하는 것을 선호하였지만 아프리카계 미국인 부모는 학교 내의 활동에 활발하게 관여하였다. 또한 사회경제적 수준이 동일한 소수민족의 부모는 소수민족이 아닌 부모의 관여 수준과 같거나 그보다 높은 수준의 관여를 보였다고 결론지었다.

가족 중심의 긍정심리학

아동과 가족에게 긍정심리학적 서비스를 제공하는 모델 중 하나는 Nebraska-Lincoln 대학교의 Susan Sheridan과 동료들에 의하여 발전되었다. 두 가지 기본적인 이론을 뼈대로 삼아, 이들 연구자들과 임상가들은 가족 중심의 서비스 제공과 긍정심리학의 측면을 통합함으로써 가족 기능을 증진시키는 방법을 향상시켰다. 가족 중심의 긍정심리학(Family-Centered Positive Psychology: FCPP; Sheridan et al., 2004)은 가족의 문제해결이나 결함에 초점을 맞추는 대신 가족의 강점과 역량을 강화하는 것을 목적으로 작업하는 틀로 정의된다. 가족 중심의 긍정심리학 모델에는 다섯 가지 핵심 원칙이 있다.

첫 번째, FCPP는 **결과만큼이나 과정을 중시한다**. FCPP의 틀을 가지고 서비스를 제공하는 데에 있어서 긍정적인 결과만이 중요할 뿐만 아니라 그 서비스가 전달되는 과정도 마찬가지로 강조된다. 과정으로서의 가족 중심의 긍정심리학은 참여, 자기효능감, 기술 습득, 자기결정을 고무시킨다(Sheridan et al., 2004). 따라서 가족은 자신들의 요구를 파악하고, 자신들의 요구와 가족으로서의 강점을 채워주는 적절한 자원을 택함으로써 관여하게 된다.

두 번째, FCPP는 **전문가가 정한 요구보다는 가족이 파악한 요구에 초점을 맞춘다**. 가족은 자신들의 요구가 무엇인지 파악한다. 전문가들은 가족이 이러한 요구를 파악하도록 함께 도울 수는 있지만, 최종적으로 도움의 유형을 결정하는 것은 가족이다.

세 번째, FCPP는 **가족이 기존에 지니고 있는 강점과 역량을 사용하여 가족 자원에 접근하고 이끌어낸다**. FCPP의 주된 전제는 모든 가족은 강점과 자원을 가지고 있다는 것이다. 전문가들은 가족이 이들 자원을 확인하고 접근하고 조합하도록 돕는다. 가족이 그들의 강점을 활용하도록 돕는 일은 가족의 자기효능감과 잘 기능하는 능력이 향상될 수 있는 환경을 제공하는 것이다.

네 번째, FCPP는 특정 유형의 도움과 전문적 역할을 통해 새로운 기술과 유능감 획득을 향상시킨다. 가족 중심의 긍정심리학은 가족 단위 안에서 기술 습득에 도움을 주고자 한다. 목표는 가족 내에 일정 수준의 권한을 부여함으로써 가족 스스로 이후의 필요한 일들을 다룰 수 있을 것이라고 느끼게 하는 것이다. 초점은 단지 결함을 고치는 데 머무는 것이 아니라 기술, 자산, 강점 등을 발달시키는 데에 있다(Sheridan et al., 2004).

마지막으로 FCPP는 사회적 지지와 관계망 강화를 강조한다. 이 모델의 목적은 가족과 지역사회 지원 간의 관계를 발달시키고 유지하는 것이다. 이러한 관계는 요구를 파악하고, 자원에 접근하며, 새로운 기술을 획득하고, 지원의 효율성을 판단하는 데 있어 가족이 공유된 주인의식과 책임감을 지닌다는 '협력관계'로 가장 잘 개념화된다.

협력적 행동자문

가족 중심의 긍정심리학 모델을 따르는 서비스를 가족에게 제공하는 한 가지 기법은 협력적 행동자문(Conjoint Behavioral Consultation: CBC; Sheridan, Kratochwill, & Bergan, 1996)이다. CBC는 가족 구성원, 교육자, 지역사회의 재정 관리자 등을 협력관계의 틀 안에서 결합하도록 하여 아동과 가족에게 서비스를 제공하는 모델이다. 이러한 틀 안에서 자문 팀의 구성원은 아동과 가족의 발달적 · 교육적 · 사회적 · 행동적 요구를 다루기 위하여 협력하며 일한다. CBC는 학교 중심, 문제해결 중심 팀에서 기반으로 삼던 전통적인 행동자문 모델(BC; Bergan & Kratochwill, 1990)의 확장된 형태다.

CBC는 구조화되어 있으나 유연하고, 증거 기반의 문제해결 모델을 따르며 (1) 가족 중심의 서비스 제공 모델, (2) 긍정심리학의 원칙, (3) 생태-체계적 관점(Bronfenbrenner, 1979)을 토대로 삼는다. CBC 과정을 통하여, 부모와 교육자들은 아동과 가족의 강점과 요구를 파악한 결과 및 도움의 발전, 수행, 평가에 대해 함께 나눔으로써 가정과 학교 환경의 요구에 대처할 수 있다.

CBC의 문제 해결 모델은 네 단계를 따르며(즉, 요구 평가, 요구 분석, 처리과정 수행, 처리과정 평가) 각 단계는 필요한 경우 반복될 수 있다.

CBC는 체계(즉, 아동, 가족, 학교, 기타 체계들)들 사이에 양방향적이고 상호적인 영향을 중요시하며, 또한 이러한 체계들 사이의 연결을 공고히 하는 것은 아동과 가족에게 긍정적인 도움을 주며, 성과를 이끌어내는 데 필수적이다. 가족 중심 서비스의 요소를 토대로, CBC는 (1) 자녀의 요구를 다루는 과정에서 가족이 동등한 협력자가 될 수 있는 기회를 제공하고, (2) 가족이 파악한 요구와 전문가가 파악한 요구 모두에 초점을 맞추며, (3) 서비스에 접근하고 활용하기 위하여 파악된 가족 및 교육자의 강점과 역량을 사용하고, (4) 새로운 기술과 능력을 획득함으로써 가족과 교육자의 권한을 강화하며, (5) 사회적 지지와 관계망 강화를 강조한다(Sheridan, Warnes, Cowan, Schemm, & Clarke, 2004). CBC는 신뢰, 협력, 효과적인 의사소통, 공유된 책임감, 가족과 교육자의 상호적 지지가 발달될 수 있는 구조화된 환경을 제공함으로써 가정-학교의 협력관계를 증진시키는 환경을 조성한다.

이러한 서비스 제공 방법은 가정환경에 대한 건강한 태도를 기르는 과정이다. 이 과정은 특정한 문제에 학교나 가정 모두 책임이 없다는 무결점 원칙을 고수한다. Cristenson과 Sheridan(2001)에 따르면 CBC는 "개인이 아닌, 변화 가능한 맥락적 상황"(p. 75)에 초점을 맞추며 해결책을 더 강조한다. CBC 모델은 본질적으로 가족과 아동의 결함이 아닌 강점에 초점을 맞춘다. CBC의 모든 참여자는 문제 상황이나 요구와 관련된 특정 영역에 대하여 전문성과 지식을 가지고 있는 것으로 여겨진다. 그러므로 가족은 문제해결 과정에서 그들의 지식과 경험을 제공하도록 강한 권유만을 받는 것은 아니다. 이는 협력적이고 동반자적 모델 안에서 이루어진다.

CBC는 참가자의 강점과 요구에 기반을 둔 해결중심 모델이다. CBC는 네 단계의 갈지자 형태의 과정을 따른다. 하지만 실행하는 과정에서는 유동적이고 순환적이다. 그러므로 이 모델은 가족의 현재의 즉각적인 강점과 요구에 맞추어 적용할 수 있다. CBC의 또 다른 목표는 가정, 학교, 지역사회의 협력을 촉진하는 것이다. 이 목표를 이루기 위하여 CBC는 부모, 교사, 지역사회 대표자들에게 양방향적인 협력적 의사소통을 할 것을 요청한다. CBC에서 육성된 도움과 지지는 종종 가정과 학교 환경 사이의 협력과 의사소통을 촉진시키는 방식으로 구조화된다.

CBC의 목표

CBC 수행에서 본질적인 것은 결과를 중요시하는 것처럼 과정을 이해하는 것이다. 앞서 열거한 가족 중심 서비스의 목표에 덧붙여서 CBC와 관련된 것으로 알려진 과정상의 목표 몇 가지가 있다. 이 목표들은 (1) 가족에 대한 의사소통과 지식을 증가시키고, (2) 아동, 가족, 학교 관계자 사이의 관계를 증진시키며, (3) 문제점과 해결책에 대한 공유된 책임을 도모하고, (4) 한 가지 환경 안에서가 아니라 여러 환경 사이에서 일어나는 것으로서 문제를 다루어야 한다는 필요성을 인지하며, (5) 문제의 개념화를 향상시키고, (6) 이용 가능한 전문가의 도움이나 자원의 다양성을 늘리며, (7) 가정-학교 관계와 파트너십을 세우고 강화하는 것이다(Sheridan et al., 1996).

CBC 연구

CBC가 가족과 아동의 다양한 요구를 다루는 데에 있어서 효과적이라는 것을 밝힌 방대한 양의 연구가 있다. 이러한 연구는 직접적이고 가시적인 결과뿐 아니라 서비스의 수용 가능성과 지각된 효과성 측면에서 CBC를 평가하였다. 사례연구는 CBC가 교실 환경에서 정서적 · 행동적 어려움을 겪는 학생을 돕고, ADHD (Attention Defict Hyperactivity Disorder) 아동의 긍정적인 사회적 상호작용과 사회적으로 수줍은 아동의 친밀감 행동을 증가시키며 학문적 수행을 향상시켰다고 보고한다. CBC의 양적 연구 또한 가정과 학교 상황에서 행동적 · 사회적 · 학문적 어려움을 다루는 데에 효과적이어서 부모와 교사에게 높은 수준의 만족감을 보였다고 한다(Sheridan, Eagle, Cowan, & Mickelson, 2001). 또한 CBC는 다양한 배경을 지닌 가족에게 효과적인 것으로 보고되었다(Sheridan, Eagle, & Doll, 2006).

부가적인 사회적 타당도 연구는 부모, 교사, 임상가(예: 학교 심리학자)들이 CBC가 행동적 · 사회-정서적 · 학문적 문제를 다루는 데에 꽤 적합한 모델이라고 평정하였음을 보였다. 과정 연구는 CBC가 협력적인 환경을 만드는 데에 효과적이라고 제안하였으며 이는 참여자들 사이에 상호적이고 협동적인 언어적 교류가 나타나는 것으로 특징지을 수 있다(Sheridan, Meegan, & Eagle, 2002).

사례

다음 사례는 FCPP 틀 안에서 CBC가 사용된 예를 보여준다. 조지 스티븐슨(George Stevenson)은 강박장애로 진단된 열네 살의 백인 아이다. 스티븐슨은 중서부 지방의 도시에서 어머니와 함께 살고 있었다. 그는 강박사고와 강박행동 때문에 학교 과제를 끝마치는 데에 어려움이 있었으며 낙제점수를 받은 것도 미완성 과제 때문이었다. 그는 학문적 어려움 때문에 CBC 과정에 의뢰되었다. 다음은 CBC가 스티븐슨과 그의 가족을 도와줄 수 있었던 네 가지 방법이다.

CBC는 전문가가 파악한 요구보다 가족이 파악한 것을 우선시한다

자문위원회는 그의 어머니, 학교 관계자, CBC 자문위원으로 구성되었으며 그들은 함께 만나 토론하며 가족의 요구에 순위를 매겼다. 스티븐슨 부인은 학교가 과제 완성에 초점을 두고 있지만 그녀는 학교 출석에 무게를 두고 싶다고 하였다. 그녀는 스티븐슨이 학교를 자주 조퇴하고 집에 있으며 때로는 점심이 될 때까지 학교에 가지 않는다고 하였다. 이는 그의 강박사고와 강박행동 때문이었으며 이러한 성향은 그가 학교에 있기 어렵게 만들었다. 부인은 직업이 있는 여성이었기 때문에 기본적으로 이러한 행동에 관심이 집중되었다. 그녀는 스티븐슨이 학교에 가지 않고 집에 있으면 출근할 수가 없다고 했다. 가족 중심의 접근으로 작업하므로, 자문 팀은 학교 출석률에 초점을 맞추기로 합의하였다.

CBC는 가족이 이미 가지고 있는 강점과 자원을 활용한다

가족으로부터 얻은 정보를 토대로 가용한 강점과 자원을 고려한 계획이 세워졌다. 스티븐슨 부인은 이 과정을 통하여 그녀의 강점과 전문성을 보여주었다. 그녀는 스티븐슨의 의학적 · 사회적 · 교육적 · 심리학적 과거력에 대한 전문가였고, 정말 가치 있는 정보를 제공해주었다. 그녀는 긍정적 강화 기법이 익숙하고 편하며 처벌전략보다 선호한다고 하였다. 이 영역에서 그녀의 강점을 확인하였기에, 학교 출석률을 높이기 위하여 긍정적 강화를 사용하는 강점기반의 중재가 마련되었다.

스티븐슨이 강박행동에 저항하는 것을 돕는 부인의 기술 또한 활용되었다. 계획의 두 번째 요소는 조지의 불안 수준이 높아졌을 때에 엄마가 그를 안정시키고 학교에 갈 수 있도록 돕는 것이었다. 또한 자문위원회는 부가적인 가족자원을 평가하였다. 스티븐슨 부인은 스티븐슨이 학교에 가지 않고 집에 있을 때 그를 돌봐달라고 스티븐슨의 할머니에게 부탁할 것이라고 말했다. 이 전략은 스티븐슨이 학교에 가지 않는 날에도 그녀가 일할 수 있도록 도와줄 것이다.

CBC는 사회적 원조를 강화하여 동반자적이고 협력자적 관계를 향상시킨다

자문의 주된 목표는 가족, 학교, 지역사회 체계 사이에 협력관계를 구축하는 것이다. 스티븐슨 부인과 학교 관계자는 스티븐슨의 개인 치료사와 함께 협력함으로써 스티븐슨의 불안감이 증가할 때 어떻게 효과적으로 반응하면 되는지를 배우는 데에 있어서 부가적인 기술을 습득할 수 있었다. 이것은 여러 환경들에 대한 하나의 지원 체계를 제공한다. 가정과 학교 환경은 조지의 강박사고와 강박행동에 지속적으로 같은 방법으로 대응하였다. 게다가 학교 관계자들이 스티븐슨이 겪는 어려움과 그에 따른 가족 단위의 스트레스를 더 잘 알게 됨으로써 스티븐슨 부인의 지원 체계가 학교 상황까지 확대되었다. 또한 두 환경이 공통적인 목표를 향하여 작업하기 시작하였다.

CBC는 가족과 아동의 유능감 획득을 증진한다

CBC 과정 전반에서 자문 중에 사용된 과정과 단계는 모든 집단에게 공개되었다. 이는 앞으로의 상황에서 어떻게 해나갈 것인지에 대한 가족의 이해를 증진시키기 위함이다. 예를 들어, 스티븐슨 부인 사례의 경우, 이 과정을 통하여 (1) 요구의 우선순위 결정, (2) 기존의 자원 파악 및 사용, (3) 협력과 파트너십 구축에 대한 단계의 모델을 만들고 설명할 수 있다. 이 계획은 가정과 학교에서 도움을 받음으로써 조지가 강박행동에 저항할 수 있는 능력을 키우도록 고안된 것이기도 하다. 가장 중요한 것은, CBC 과정은 이미 존재하거나 새로운 자원의 사용을 증진시킴으로써 가정에 희망을 가져오기 위해 만들어졌다는 점이다.

결 론

요약하면, 모든 가족은 다양한 방식이나 형태로 기능한다. 가족은 그 어느 때보다도 구조적으로 다양하지만 모든 가족은 강점을 가지고 있다. 핵심은, 어떤 가족들은 분쟁을 덜 겪으면서 더 효과적으로 기능한다는 것이다. 이러한 가족은 전형적으로 공통의 특성을 가지고 있다. 첫 번째, 잘 기능하는 가족은 구조와 유연성 사이에 균형이 잘 이루어져 있다. 두 번째, 이러한 가족은 자녀의 학교 및 지역사회 생활에서의 발달적 측면에 긍정적으로 관여하였다. 세 번째, 잘 기능하는 가족은 효과적인 의사소통 기술, 적절한 양육 전략, 가치 있는 문제해결 능력을 활용하였다.

가족이 좀 더 잘 기능하도록 돕고 탄력성을 나타내도록 능력을 고양시킬 수 있는 효과적인 방법이 있다. 가족이 더 잘 기능하도록 돕는 한 가지 모델은 가족 중심의 긍정심리학이다. 이 틀은 가족이 그들 자신의 강점과 가용 자원에 기반한 기술을 발달시킬 수 있도록 해준다. 또한 효과적인 가족은 목표와 해결책에 초점이 맞춰진 전략도 개발한다. 그들은 문제나 결함에 초점을 맞추는 대신 어떻게 자원과 도움을 활용할지를 살핀다.

| 개인적인 작은 실험들 |

가족의 강점을 발견하고 활용하기

이 장에서, 우리는 잘 기능하는 가족의 특성에 대하여 논하였다. 우리는 당신이 당신 가족의 강점을 하나의 단위로서, 그리고 개별 구성원으로서 더 잘 알기 원한다.

가족의 약점과 강점 발견하기　가족회의를 열어서 가족 구성원들로 하여금 가족의 강점과 약점을 적어보게 하라. 각 구성원들이 목록을 소리 내어 읽게 하고 다른 가족 구성원들에게 각자의 의견에 대한 피드백을 구하도록 한다. 다른 가족 구성원 중에서 가족 내로 가져온 적어도 하나 이상의 강점을 파악할 수 있도록 가족들에게 질문해보라. 각 가족 구성원이 개인 강점 리스트를 소리 내어 읽게 한다.

가족 강점 활용하기 우리는 가족 구성원 각자가 한 가지 강점을 활용하기를 바란다. 각 구성원이 개인의 강점을 하나씩 고르고 5일간 하루에 다섯 번씩 사용하여야 한다. 그 강점을 활용하려는 25번의 시도가 그 강점을 더 키우고 자주 사용하는 습관을 만들어낼 잠재력을 지니고 있다.

가족 구성원이 서로에게 긍정적인 말을 얼마나 많이 하는지 계속 주시하라. 그렇게 하는 한 가지 방법은 왼쪽 주머니에 동전을 한 주먹 가지고 다니는 것이다. 당신이 다른 가족 구성원에게 긍정적인 말을 할 때마다 동전 하나를 오른쪽 주머니에 옮겨라. 하루를 마감하면서 오른쪽 주머니에 몇 개의 동전이 있는지 세어보아라. 가족 구성원에게 매일 40개에서 50개의 긍정적인 말을 할 수 있도록 노력해라.

참고문헌

Anderson, S. A., & Sabatelli, R. M. (1995). *Family interaction: A multigenerational developmental perspective*. Boston, MA: Allyn & Bacon.

Baumrind, D. (1991). The influence of parenting style on adolescent competence and substance use. *Journal of Early Adolescence, 11*(1), 56-95.

Beavers, R., & Hampson, R. B. (2000). The Beavers Systems Model of family functioning. *Journal of Family Therapy, 22*, 128-143.

Bergan, J. R., & Kratochwill, T. R. (1990). *Behavioral consultation and therapy*. New York: Plenum.

Bronfenbrenner, U. (1979). *The ecology of human development.* Cambridge, MA: Harvard University Press.

Carlson, C. (1996). Best practices in working with single-parent and step-family systems. In A. Thomas & J. Grimes (Eds.), *Best practices in school psychology* III (pp. 1097-1110). Washington, DC: National Association of School Psychologists.

Christenson, S. L., & Godber, Y. (2001). Enhancing constructive family-school connections. In J. Hughes, A. M. La Greca, & J. C. Conoley (Eds.), *Handbook of psychological services for children and adolescents* (pp. 455-476). New York and Oxford: Oxford University Press.

Christenson, S. L., Rounds, T., & Franklin, M. J. (1992). Home-school collaboration: Effects, issues, and opportunities. In S. L. Christenson & J. C. Conoley (Eds.), *Home-school collaboration: Enhancing children's academic and social competence* (pp. 19-51). Silver Spring, MD: National Association of School Psychologists.

Christenson, S. L., & Sheridan, S. M. (2001). *Schools and families: Creating essential connections for learning.* New York: Guilford Press.

Clark, R. M. (1988). Parents as providers of linguistic and social capital. *Educational Horizons, 66*, 93-95.

Conoley, J. C. (1987). Schools and families: Theoretical and practical bridges. *Professional School Psychology, 2*, 191-203.

Darling, N., & Steinberg, L. (1993). Parenting style as context: An integrative model. *Psychological Bulletin, 113*, 487-496.

Epstein, J. L. (1996). Perspectives and previews on research and policy for school, family, and community relationships. In A. Booth & J. F. Dunn (Eds.), *Family-school links: How do they affect educational outcomes* (pp. 209-246). Mahwah, NJ: Erlbaum.

Epstein, N., Ryan, C., Bishop, D., Miller, I., & Keitner G. (2003). The McMaster model: A review of healthy functioning. In F. Walsh

(Ed.), *Normal family processes* (3rd ed., pp. 581-607). New York: Guilford Press.

Fields, J. (2003). *Children's living arrangements and characteristics: March 2002*. Current Population Reports, P20-547. Washington, DC: U.S. Census Bureau.

Fields, J., Smith, K., Bass, L., & Lugaila, T. (2001). *A child's day: Home, school, and play* (*Selected indicators of child well-being*). Current Population Reports, P70-68. Washington, DC: U.S. Census Bureau.

Hawley, D. R., & DeHaan, L. (1996). Toward a definition of family resilience: Integrating life-span and family perspectives. *Family Process, 35*, 283-298.

Henderson, A. T. (1988). Good news: An ecologically balanced approach to academic improvement. *Educational Horizons, 66*, 60-62.

Kerbow, D., & Bernhardt, A. (1993). Parental intervention in the school: The context of minority involvement. In B. Schneider & J. Coleman (Eds.), *Parents, their children, and school* (pp. 115-146). San Francisco: Westview Press.

Kreider, R. M. (2007). *Living arrangements of children: 2004*. Current Population Reports, P70-114. Washington, DC: U.S. Census Bureau.

McCubbin, H. I., & McCubbin, M. A., & Thompson, A. I. (1993). Resiliency in families: The role of family schema and appraisal in family adaptation to crises. In T. H. Brubaker (Ed.), *Family relations: Challenges for the future* (pp. 153-177). Newbury Park, CA: Sage.

McCubbin, H. I., Thompson, A. I., Thompson, E. A., Elver, K. M., & McCubbin, M. A. (1994). Ethnicity, schema, and coherence: Appraisal processes for families in crisis. In H. I. McCubbin, E. A. Thompson, & J. E. Fromer (Eds.), *Sense of coherence and resiliency: Stress, coping and health* (pp. 41-67). Madison: University of Wisconsin Press.

McLanahan, S., & Sandefur, G. (1994). *Growing up with a single parent:*

What hurts, what helps. Cambridge, MA: Harvard University Press.

Olson, D. H., & Gorall, D. M. (2003). Circumplex model of marital and family systems. In F. Walsh (Ed.) *Normal family processes* (3rd ed., pp. 514-547). New York: Guilford Press.

Patterson, J. M. (2002a). Integrating family resilience and family stress theory. *Journal of Marriage & Family, 64*, 349-360.

Patterson, J. M. (2002b). Understanding family resilience. *Journal of Clinical Psychology, 58*, 233-246.

Peterson, R., & Green, S. (1999). Communication. *In Families First: Keys to Successful Family Functioning.* Blacksburg, VA: Virginia Coopera-tive Extension.

Pianta, R., & Walsh, D. B. (1996). *High risk children in schools: Constructing sustaining relationships.* New York: Routledge.

Santrock, J. W. (2007). *Educational psychology.* Boston, MA: McGraw Hill.

Scott-Jones, D. (1988). Families as educators: The transition from informal to formal school learning. *Educational Horizons, 66*, 66-69.

Sheridan, S. M., Eagle, J. W., Cowan, R. J., & Mickelson, W. (2001). The effects of conjoint behavioral consultation: Results of a 4-year investigation. *Journal of School Psychology, 39*, 361-385.

Sheridan, S. M., Eagle, J. W., & Doll, B. J. (2006). An examination of the efficacy of conjoint behavioral consultation with diverse clients. *School Psychology Quarterly, 21*, 396-417.

Sheridan, S. M., Kratochwill, T. R., & Bergan, J. R. (1996). *Conjoint behav-ioral consultation: A procedural manual.* New York: Plenum Press.

Sheridan, S. M., Meegan, S., & Eagle, J. W. (2002). Exploring the social context in conjoint behavioral consultation: Linking processes to outcomes. *School Psychology Quarterly, 17*, 299-324.

Sheridan, S. M., Warnes, E. D., Cowan, R. J., Schemm, A. V., & Clarke, B. L. (2004). Family-centered positive psychology: Focusing on strengths to build student success. *Psychology in the Schools, 4*, 7-

17.

Turnbull, A. P., & Turnbull, H. R. (1997). *Families, professionals, and exceptionality: A special partnership*. Upper Saddle River, NJ: Prentice-Hall.

Walberg, H. J. (1984). Families as partners in educational productivity. *Phi Delta Kappan*, *65*, 397-400.

Walsh, F. (1996). The concept of family resilience: Crisis and challenge. *Family Process*, *35*, 261-281.

Walsh, F. (2003). Family resilience: A framework for clinical practice. *Family Process*, *42*, 1-18.

8

똑똑한 소녀가 유능한 여성이 되는 법

• Barbara A. Kerr와 Amber Lynn Larson

8

똑똑한 소녀가 유능한 여성이 되는 법

Barbara A. Kerr와 Amber Lynn Larson

천부적 재능을 타고난 소녀들에 관한 문헌 중에는 꿈과 목표를 잃어버린 똑똑한 여성들에 대해 안타까워하는 내용들이 많이 있다. *Smart Girls, Gifted Women*(Kerr, 1985)이나 *Meeting at the Crossroads*(Brown & Gilligan, 1993)와 같은 초기 연구에서는 내적 · 외적 장애 때문에 유능한 소녀들이 자기주장을 잃어버리고 잠재력을 발휘하지 못하게 되는 과정을 상세히 기술하였다. 국립과학 재단의 남녀평등연구(National Science Foundation, 2003, 2004, 2005)에서는 6학년 이후부터 수학과 과학에서 성별에 따른 차이를 보임을 입증하는 다수의 보고서를 출간하였다. 그럼에도, 장애물을 극복하여 자아를 찾고, 성숙한 여성이 되는 영리한 소녀들의 수가 증가하고 있다. 이 장에서는 긍정심리학의 참 정신에 따라 성장에 대한 내적 저항을 넘어서도록 하는 여성의 강점과 전통적인 성역할의 한계를 극복하기 위해 보이는 행동에 대해 살펴보도록 하겠다.

어떤 사람을 영재 소녀라 하는가

한때 높은 지능지수를 좁은 의미에서의 영재성으로 정의했었으나 이제는 보다 포괄적이고, 문화적이며, 지능의 신경과학적 측면과 관련된 것으로 다시 정의하고 있다. 영재성을 새롭게 정의하면서 혼란과 불필요한 복잡성이 발생하기도 했으나, 결과적으로 보다 다양하고 전도유망한 여성집단을 찾아낼 수 있었다. Terman과 그의 동료들은 영재 소녀에 대한 첫 번째 연구를 한 사람들이다. 이들은 Terman의 스탠퍼드-비네 지능 검사(Terman, 1925; Terman & Oden, 1935, 1947, 1959)에서 140점 이상을 받은 1,528명의 영재들을 대상으로 종단 연구를 시작했다. 이상의 기준에 따라 캘리포니아 주의 대도시 여러 교육구에서 추출된 영재 소녀집단은 대부분 중산층이었으며, 유색인종은 과소표집, 유대계는 과대표집되어 있었다.

Terman(1925)에 의하면 영재 소녀들은 보통 여아들보다 더 크고, 힘이 세고, 건강했다. Terman은 이들이 다수의 남성적인 것들에 대한 흥미를 가지고 있음에도 인형을 가지고 놀거나 소녀잡지를 읽는 등 여전히 성역할에 합당한 행동을 한다는 것을 공들여 기술했다. 천재성에 대한 유전 연구에서는 전통적 성역할에 반대되는 행동에 대한 양가적인 태도가 특징적으로 나타난다. 그럼에도, 영재 소녀들이 모험적인 놀이를 하고, 다양한 영역에 대해 관심을 가지며, 직업적 포부가 높다는 점에서 보통 소녀들보다는 영재 소년들의 모습과 더 유사하다는 점에 대해 기술하고 있다.

영재 소녀들은 성장하면서 학창시절 동안 높은 성적을 유지하지만 점차 여성스러운 것에 대한 관심이 늘어난다. 이들은 같은 세대의 다른 소녀들보다 대학에 진학하는 경우가 더 많았다(Terman & Oden, 1935). 그러나 입학 이후에는 원래 품고 있던 사회생활에 대한 꿈이 서서히 줄어든다. 남자에 비해 적은 수가 대학원에 진학하며, 취업해서 사회생활을 하는 비율도 더 적었다(Terman & Oden, 1947). 당시 Terman이 조사한 여성들의 반수는 주부가 되었고, 나머지 중에서 많은 수의 여성들은 전통적으로 여성들이 해왔던 직업에 종사하고 있었다. 그러나 일부는 장애를 넘어서 전문직을 갖고, 관습적이지 않은 분야에서 일하는 데 성공했다. 또한 비록 전반적인 삶에 대한 만족도에 관해서이기는 하나 Terman의 실험 군이었던 여성 중 자신이 원해서 독신생활을 하거나, 아이를 갖지 않고 사회생활 위주로 살았던 사람들은 자신의 선택에 대한 만족감이 컸고 일생 동안 정서적으로 안정된 상태로 지냈던 것으로 드러났다(Sears & Barbee, 1977; Terman & Oden, 1959).

지난 50년간, 영재성에 대한 Terman의 정의가 영재 교육을 주도하였고, 그 결과 백인, 중산층의 프로필에 맞지 않는 영재 소녀들에 대해서는 거의 연구가 되지 않았다. Terman이 연구한 소녀들은 대부분 형편이 좋은 아이들이었기 때문에, 연구자들은 영재성의 발전 과정에 남성우월주의, 인종주의, 가난이 미치는 영향에 대해서 알지 못했다. 그 결과 자신의 잠재력을 실현하지 못하는 영재 소녀들은 '성공에 대한 두려움' (Horner, 1972)을 가진 것으로, 혹은 '가면현상'[9](Clance & Imes, 1978)에 의해 고통 받는 것으로 그려졌다. 영재 소녀들의 삶에서 탄력성의 역할에 대해서는 사실상 거의 알려진 바가 없었다. 또한 지능 검사는 학업 성취를 예언할 뿐, 창조적인 성취는 전혀 예측할 수 없기 때문에, 학업능력을 요하지 않는 직업에 종사하는 여성들의 업적에 대해서는 연구 초기 10년간 거의 조명을 받지 못했다.

1970년대 들어 지능 검사와 '우열반 가르기' 에 대한 비난이 거세지면서 모든 것이 변하기 시작했다. 동등한 기회에 대한 목소리는 영재성의 정의를 확장하려는 시도로 이어졌다. Torrance (1977)는 재능의 정의를 확장하면서, 창의력은 지능이나 성취도 검사만으로 확인되지 않는다고 지적하였고, 개념적인 유창성, 융통성, 독창성을 재기 위한 창의력 검사의 필요성을 주장했다. 미국의 영재교육국은 Marland 보고서(1972)에 따라서 창의력, 리더십, 예술적 재능을 영재성의 지표로 학업 능력에 추가하였다. 이러한 결정이 시사하는 것은 이제 여학생들이 보다 강점을 보일 수 있는 예술적, 대인관계 기술도 영재성에 포함이 되었다는 점이다.

평등을 강조하게 됨에 따라, '문화적으로 타당한' 지능 검사에 대한 연구가 활성화되었다. 비록 이러한 목표를 달성하는 것이

9 역자 주: 현대 사회에서 나타나는 정체성 상실 현상으로서 사회적으로 존경 받는 지위와 신분에 이르렀으면서도 끊임없이 '이것은 나의 참모습이 아니다.' '언제 가면이 벗겨질지 모른다.' 등의 망상에 시달리는 현상.

어려운 것으로 드러났지만, 1980년대에는 여러 가지 새로운 척도가 개발되었고 기존 척도도 개정되었다. Cattell의 Culture Free Intelligence Test(1963), Raven Standard Progressive Matrices (Raven, 2000)와 같은 검사가 문화적으로 타당한 대표적인 검사인데, 이상의 검사들은 특정 문화 내의 경험 및 성취와 관련되는 결정성 지능이 아닌 유동성 지능, 혹은 추상적 추론 능력을 측정한다고 주장하고 있다. 사실 이 검사가 영재 학생 선별에는 별로 사용되지 않았으나, 유색인종과 낮은 사회경제적 배경을 가진 학생에 대한 태도 변화의 신호가 되었으며, 교육자들도 이런 집단에 속하는 영재를 발굴하기 위한 노력을 기울이기 시작했다. 이 역시도 영재 소녀들에 대한 한 단계의 진전이라고 할 수 있다.

그러나 대학에서 주도하는 영재 발굴 프로그램은 영재 소녀들에게 양날의 칼과 같이 작용한 면이 있다. 이 프로그램은 Johns Hopkins 대학교에서 수학 영재 청소년을 위한 연구로 시작되어, 일곱 지역으로 확대되었다. 7학년 학생을 대상으로 이미 고등학생 정도의 학업 능력을 갖춘 학생들을 찾아내기 위해, SAT 대학입학시험을 실시하였다. 언어 시험과 수학 시험을 모두 실시했으나, 언어 영역보다는 수학에 대한 단축형 커리큘럼을 짜는 것이 간단했기 때문에, 실제로는 수학에서 높은 점수를 받은 학생들이 주된 관심을 받았다.

안타까운 점은 매체나 연구보고의 상당수가 높은 점수대에 남학생이 많은 것을 두고 남학생의 수학 능력이 우월하다고 해석했다는 것이다. 이것은 잘못된 해석이자 지나친 일반화로서 여학생들의 수학 성취에 장애로 작용하였다. 수학 성취검사에 대한

20여 편의 논문과 메타 분석을 통해 남학생이 수학 능력에서 유전적으로 우월하다는 기존의 생각이 뒤집혔음에도(Spelke, 2005) 수학에서 남성이 우월하다는 생각은 여전히 보편적이다.

그럼에도, 영재 발굴 프로그램은 영재성을 발굴할 새로운 방법을 제시하였고, 이 프로그램이 아니라면 교육자들의 관심에 들지 못했을 수천의 여학생들이 여름 캠프, 각종 프로그램, 학교 밖 기회에 참여함으로써 학업 능력을 향상시키고 유능한 또래들과 함께 학습할 기회를 얻었다.

특정 능력을 강조함으로써 영재 판별을 통해 성인이 된 후 실제 성공할 가능성을 보다 긴밀하게 예측할 수 있게 되었다. 이는 각 영역에서 탁월한 사람들은 높은 일반 지능과 함께, 하나의 영역에서 특별한 관심, 열정, 동기를 갖는 경향이 있기 때문이다. Gardner(1983)는 그의 저서 *Frames of Mind: The Theory of Multiple Intelligence*에서 하나가 아니라 7개의 지능(이는 이후 다시 8개로 확장되었다)을 제시함으로써 영재성 발굴 기회를 확장시켰다. 재미있는 점은 오랫동안 여성주의 심리학자들이 지능 평가에서 대인관계 기술이 빠져 있는 점을 아쉬워했었는데, 정작 대인관계 능력에 대해 설득력 있는 논거를 대는 사람들은 남성 연구자들이라는 것이다. 오랫동안 여성들의 재능을 반영하는 지표로 생각되었던 정서지능(Bar-On, 1997; Goleman, 1997) 및 사회적 지능(Goleman, 2006)에 대한 연구가 발표되면서 여성 영재성에 대한 논의의 물꼬가 트였다. Gilligan과 같은 문화 여성주의자는 여성이 사회적 지능을 갖게 된 것을 여성이 '다른 목소리'로 생각하고, 추론하고, 표현할 수 있기 때문이라고 설명한다. 한편에서는 대부분의 사회에서 낮은 지위에 있는 여성들이 힘을 얻거나 유지하기 위해서 정서적 · 사회적 지능을 개발하지 않을 수 없었다고 설명하기도 하는데, 어쨌거나 그 이유는 중요하지 않다. 중요한 것은 자신과 타인의 정서를 이해하고 관리할 수 있는 능력(정서지능)과 의사결정을 할 때 직관을 이해하고 사용할 수 있는 능력(사회적 지능)이 영재 소녀들의 성취 요인으로 논의되고 있다는 점이다.

탁월한 사람들에 대한 연구를 통한 일반화

탁월한 여성에 대한 연구는 소수가 있지만, 성별에 따라 탁월함의 발달 과정에서 나타나는 차이를 보여주는 연구는 드물다. Lubinski와 Benbow(2006)는 케이스 연구를 통해서 남녀 모두 탁월함을 성취해가는 조건이 동일하다는 점을 설득력 있게 보여주었다. 탁월한 사람들을 연구하는 연구자들은 탁월한 여성의 삶을 연구하는 것이 쉽지 않다고 말한다. Terman과 Oden(1935)은 중년을 대상으로 한 연구에서 그 내용을 성공한 남성으로 제한할 수밖에 없었다고 한다. 이는 중년 여성 대상자들은 직업란에 그저 '주부'라고 기재했기 때문이었다. 가사의 탁월성을 재는 잣대가 없기 때문에 탁월하다고 평가된 여성의 수가 적었고, 그들의 삶에 대해서는 성공 여부를 결론 내릴 수 없었다. 1970년대 초부터 거의 모든 분야에서 성공하는 여성들이 점진적으로 증가해왔으나, 연구자들은 이 주제를 계속해서 외면했다. 예를 들어,

Simonton(1988)의 천재에 대한 연구, Gardner(1994, 1996)의 창조적인 탁월성을 보인 사람들과 리더에 대한 연구에서도 여성에 대해서는 언급된 바가 거의 없다. 위 연구들에서 나타난 결과를 탁월한 여성의 삶에 대한 것으로 일반화하고자 한다면 행간의 의미를 파악해야 하고 이는 굉장히 조심스럽게 다루어져야 한다. Csikszentmihalyi(1996)만이 그의 연구에서 여성을 비중 있게 다루고 있다. 연구가 많이 이루어지지는 않았지만 탁월한 사람들의 특성이 여러 연구에서 일관되게 드러나고 있어, 이를 바탕으로 탁월한 여성의 강점을 짐작해볼 여지는 있다.

부모의 상실

탁월한 사람들에 대한 연구에서 가장 보편적으로 보이는 결과는 부모의 상실이다. 이것은 다소 이상하고도 혼란스러운 사실이지만, 부모의 상실이 어떻게 창조성, 추진력, 성취에 영향을 주는가에 대해 궁금증을 갖게 한다. 남성의 경우 아버지의 상실이 어머니의 상실보다 더 많은 영향을 주는 경우가 일반적이었고, 여성의 경우 아버지 혹은 어머니의 상실 중 어떤 것이 더 중요한지 분명치 않다. Yewchuk, Aysto와 Schlosser(2001)의 연구결과는 강한 아버지상이 여성의 탁월성 개발에 매우 중요하다는 점을 시사하였다. Kerr(1997)는 여성들의 경우 어머니와의 심리적 · 물리적 분리가 결혼과 양육이라는 전통적인 역할에서 빠져나오도록 한다고 제시했다. 탁월한 사람들에 대한 기존 연구결과에 따르면 부모의 상실은 이른 나이에 정서적 · 경제적 독립을 촉진하는 데 중요한 작용을 하는 것으로 나타났다(Csikszentmihalyi, 1996). 또한 부모의 상실은 경력의 개발 과정을 보다 창조적으로 만들고(Albert, 1994), 창조성에 필요한 심리적인 긴장을 만들어낸다(Runco & Richards, 1997). NSF의 남녀평등 연구에서(Kurpius & Kerr, 2005), 위험한 환경에 있는 상당수의 영재 소녀들에게 아버지의 부재는 자신의 형제자매와 함께 스스로를 책임져야 한다는 것을 의미했다. 많은 소녀가 자신이 어머니의 조력자라는 것을 자랑스럽게 여겼고, 어머니와 형제들을 위해서 직업적 목표를 이루기를 원했다. Edelman(2006)에 따르면 소녀들에게 어머니의 상실은, 어머니 역할에 대한 책임을 강요받지만 않는다면 강하고 독립적인 정체감을 형성하는 데 기여한다고 한다.

요약하면 부모의 부재는 비록 아동에게는 충격적인 경험이지만, 장기적으로는 창조성과 독립성의 개발로 이어질 수 있다. 여성의 경우 어린 시절의 상실은 좌절에 대한 탄력성, 개별화 및 독립적인 정체감 형성, 성인의 책임감을 일찍 받아들이면서 얻게 되는 삶의 기술과 관련될 수 있다.

학습 일찍 시작하기와 시간 투자하기

탁월한 사람들에 대한 연구에서 영재들은 재능을 보이는 특정 영역에 대해 학습을 일찍 시작하는 것으로 나타났다. 천재들은 특정한 지적 활동에 대해 일찍부터 열정을 보인다. 미래의 예술가는 어렸을 때 만화를 따라 그리거나, 완벽한 그림을 그리기 위해 많은 시간을 보내며, 여러 가지 디자인을 실험해본다(Getzels

& Csikszentmihalyi, 1976). 미래의 작가들은 아주 어렸을 때부터 왕성하게 독서를 하고, 글을 쓰며, 언어에 매료된다(Piirto, 2002). 특정 분야에 대한 강력한 관심은 일반적인 학업 성취를 방해할 수 있는데, 이는 천재성을 가진 아동들은 다른 분야에는 관심이 없거나, 관심 영역 밖에서는 두각을 드러내지 못하기 때문이다(Csikszentmihalyi, 1996). 그럼에도, 음악과 같은 분야에서는 영재성을 빨리 개발하는 것이 매우 중요하다. 이 분야에서 탁월한 사람 중에는 어린 시절에 시작하지 않은 사람이 없었다(Sloane & Sosniak, 1985). 또한 글쓰기처럼 재능이 늦게 발달하는 분야에서도 빠른 시작은 중요한 것 같다.

어떤 영역이든 탁월한 성취를 이루는 것은 전문성에 투자된 시간 및 그 일에 투자한 시간과 직접적인 관련이 있었다(Lubinski & Benbow, 2006). 여성들은 남성보다 적은 시간 동안 일하는 것을 선호하는 경향이 있지만, 파트타임으로 일해서는 탁월한 성취를 이루기 어렵다는 것이 분명하다. 그러므로 영재 소녀들이 재능이 있는 분야에 대한 학습을 일찍 시작하여 전문성을 닦는 것은, 남들과 차별화된 기술을 배우고, 엄청난 양의 지식을 축적하는데 유리하게 작용한다.

영재 소녀에게 있어 특정 재능 영역에 몰두하는 것은 성인기 성취로 이어지는 강점이 될 수 있다. 소녀들의 경우 이른 열정은 필요한 기술을 축적하게 할 뿐만 아니라, 외모와 인기로 관심을 돌리려는 사회적 압력에 대한 탄력성이 되기도 한다(Kerr, 1997).

최고의 스승과의 유대

탁월한 성취를 이룬 사람들이 최고의 스승을 옆에 두고 배움을 받을 수 있느냐는 환경적인 문제지만, 최고의 스승과 좋은 관계를 유지하는 것은 개인의 심리적 능력에 달려 있다. 어느 분야든 탁월한 경지에 오른 사람들은 자신의 잠재력을 최대로 실현하는 데 도움을 준 한 명 이상의 스승을 두고 있다. 그들은 학생에게 극히 높은 기대를 하고, 기술과 지식을 개발하도록 하며, 실제로 그 분야에 자리를 잡도록 도와준다(Bloom, 1985; Csikszentmihalyi, 1996). 최고의 스승은 대하기 매우 어렵고 많은 것을 요구하는 면이 있어, 그 가르침을 소화하기 위해서 모종의 강점을 가지지 않으면 안 된다. 아주 적은 강화, 강한 비난을 견딜 수 있는 학생이 최고의 스승과 가장 잘 맞는 사람들이라고 할 수 있다. 이러한 학생들은 기본적으로 인정받는 것보다는 기술과 지식을 얻는 것에 관심이 있다. 탁월한 사람들에 대한 대부분의 연구에서 미래의 예술가, 음악가, 과학자, 발명가들은 오랫동안 적합한 스승을 찾아다니고, 수업료를 감당할 방법을 찾기 위해 애를 썼으며, 일반적인 기준을 넘어서서 멘토나 지도자 역할을 해줄 수 있는 스승과 관계를 맺고자 애를 썼다.

엄격한 지도를 소화하기 위해서 영재 소녀들에게 필요한 강점은 인내와 기지다. 최고의 스승과 관계를 지속하는 데 필요한 강점은 '둔감성', 자신의 가치를 증명하고자 하는 욕구, 그리고 지속적이고 자발적인 노력을 하고자 하는 의지라고 할 수 있다.

여성의 탁월성 조건

성인기 성취 정도를 가장 잘 예언할 수 있는 영재 소녀들의 특성에는 어떤 것들이 있을까? 탁월한 여성의 삶을 주제로 분석을 했던 Kerr(1997)는 왕성한 독서와 학습, 혼자 있을 수 있는 능력, 남들과 달라지고자 하는 의지, 특별함에 대한 수용, 높은 포부가 영재 소녀의 잠재성을 탁월함으로 만든다고 제안하였다. Yewchuk 등(2001)은 캐나다와 핀란드의 탁월한 여성을 조사했던 연구에서 특별한 존재로 여겨지는 것이 중요하다고 주장했다. 지지적이고 사랑이 많은 부모(특히 아버지)가 딸이 똑똑하고 영민하며 유능한 존재라는 정체감을 갖도록 하는 것이 탁월함의 근원이라는 점을 보여주었다. 그러나 흥미롭게도 Yewchuk의 연구에서, 탁월한 여성들은 성공의 이유로 자신의 능력과 개인적 특성을 가장 중요한 요인으로 꼽았다. 이것은 자기효능감(Betz & Hackett, 2006)이나 자존감(American Association of University Women, 1991)의 중요성을 보여주는 연구결과와 일치하는 것이다. Kerr와 Kurpius(2005)는 능력, 자존감, 자기효능감과 같은 특성은 재능 개발에 필요하기는 하지만 충분조건은 아니라고 제시하고 있다. 그보다 어린 시절에 극복해야 했던 상실, 스트레스, 역경이 중요하다고 언급하였다. 수학과 과학 분야의 영재 소녀들에 대한 NSF 연구에서, 영재 소녀들이 처한 역경은 청소년기, 성인기에 필요한 탄력성을 형성한다는 가설을 검증하였다. 위험에 처한 영재 소녀들은 실제로 성공한 여성 과학자의 특징인 과학적 흥미, 호기심, 자기효능감, 탄력성의 프로파일과 일치하는 것으로 드러났다.

Freeman과 Walberg(1999)는 아프리카계 미국인 여성을 연구하였다. 이들 연구에 따르면 탁월한 아프리카계 미국인 여성은 일반적으로 탁월한 여성 및 남성들과 공통점이 많았고 유사한 심리적 특질과 조건에 의해 이들의 탁월함 역시 촉진되는 것으로 나타났다. 아프리카계 여성은 독립성, 인내, 전념, 새로운 것에 대한 예민함 등의 심리적 특성들로부터 특히 더 많은 영향을 받은 것으로 나타났다.

고독에 대한 사랑

탁월한 여성들은 아동기를 탐색, 모험, 다독의 시기로 기억한다. 탁월한 남성과 여성 모두 아동기 동안 혼자 하는 활동을 하면서 많은 시간을 보내지만, 고독은 남성보다 여성에서 보다 중요한 주제다. 혼자서 보내는 시간은 소녀들의 재능을 발달시키는데 핵심적 역할을 하는 것으로 나타났다(Kerr, 1997).

왜 남성보다 여성에서 외로움이 목표 성취에 중요한 영향을 주는가? 이는 남성보다는 소녀와 여성에게 사회적 성취를 더 많이 강조하는 사회적 요구 때문이다. 소녀들은 과외 활동이나 비공식적인 사회집단에 참석하고, 다양한 인맥을 유지하도록 요구받는다. 인적 자본 이론에 의하면(Bryant, 1992) 소녀들은 사회적 활동에 대한 투자 때문에 지적인 것의 추구에 보낼 시간이 적으며 이는 청소년기 이후에 더욱 그러하다. 그러므로 그것이 선택이든 우연이든 아동기에 혼자만의 시간을 보낸 소녀들은 독서, 사색, 기술의 발달에 더 많은 시간을 보낼 수 있다.

또 다른 가능성은 아동기의 외로움이 성인기 생산성 발달의 중요한 조건인 고독에 대한 습관을 발달시킨다는 것이다. 혼자만의 시간을 견디지 못하는 사람들은 새로운 설계를 실험하고, 문제를 해결하는 데 오랜 시간을 보내기 어렵다. 고독을 즐길 수 있는 소녀들은, 남자와의 관계가 직업적 목표보다 중요하다고 말하면서 그들을 설득하는 '낭만의 문화'에 걸려들 가능성도 줄어든다(Holland & Eisenhart, 1991). 영재 소녀들에게 고독은 사회적으로 난처한 상황을 초래하는 원인이 아니라 강점의 근원이 된다.

정체성 발달

직업정체성을 발달시키는 방식은 영재 남성과 여성의 주요한 차이 중 하나다. 영재 여성들은 남자들보다 직업에 대한 소명의식을 더디게 형성하거나, 주장하려 하지 않는다. 예를 들어, Chicago 예술 대학의 남학생들은 자신을 '예술가'라고 부르지만 여학생들은 자신을 그저 '학생'이라고 말한다(Kerr, 1991). Holland와 Eisenhart(1991)는 대학 캠퍼스의 '낭만의 문화'에 대한 연구에서 똑똑한 여성들이 연애 때문에 직업정체성을 잃어간다는 점을 발견하였다. 일반적으로 정체성을 형성하는 방식에서 성차가 존재하는 것으로 보인다.

성 차이를 보여주고자 했던 초기 연구들은, 남녀가 직업적 · 성적 역할과 같은 특정 영역에 대한 정체성 발달에는 차이가 있으나 전반적인 영역에서는 유사한 발달 양상을 보인다는 최근 연구결과로 대체되었다. 여성의 경우 관계정체성과 직업정체성이 동시에 발달되는 것으로 보이나 남성은 직업정체성을 형성한 후 관계정체성을 형성하는 것으로 보인다.

그럼에도, 탁월한 여성들의 삶에 대한 연구로부터 알 수 있는 것은 확고하고 분명한 직업정체성이 모든 영역에서의 성인기 성취에 매우 중요하다는 것이다. 예를 들어, 음악이나 과학 분야에서 성공하고자 하는 영재 소녀들은 반드시 '음악가' 나, '과학자' 로서의 정체성을 발달시켜야 한다.

경 계

성공한 여성들에게 있어 어린 시절의 고립은 여성에 대한 사회적 고정관념에 순응하도록 하는 압박으로부터 이들을 보호했다. 오늘날 많은 영재 소녀가 단순히 전통적 여성상에 맞지 않다는 이유로 사회적 고립을 경험하고 있다. 그리고 이들은 사회적으로 인정받기 위해 때로 자신의 능력을 숨기거나 부인하기도 한다. 영재성에 대한 타인의 반응 때문에 영재 소녀들은 사회적 시선으로부터 자신을 보호하기 위해 때로는 '가시와 껍질' 을 가진 성격이 되기도 한다(Kerr, 1997). 가시 같은 모습은 영재 소녀들을 빈정대기 좋아하고, 편협하고, 독선적이고, 퉁명스러운 사람이나 독설가처럼 보이게 할 수 있다. 반면, 껍질 같은 성격은 그들을 수줍고, 겁이 많고 겸손한 사람처럼 보이도록 만들 수도 있다. 이런 방식으로 영재 소녀들은 사회적 위협으로부터 자신을 보호하는 것이다. Kurpius와 Kerr(2005)는 과학 분야에서 성공하고자 하는 위기의 영재 소녀들의 특징이자 필수 조건이 바로 대인관계에 대한 공격이나 위협으로부터 스스로를 보호할 수 있는 방어성이라고 말한다. Kerr, McKay와 Hammond(2007)는 방어성이야말로 창의적인 영재 소녀들에게 가장 필요한 것 중 하나라고 말한다. 방어성은 심리학자들에게는 부정적인 성격 특질처럼 보일 수 있지만, 성공하고자 하는 영재 소녀들에게는 필수적 보호요인일 수 있다.

탁월한 여성들에서 발견되는 또 다른 특질은 무리에 속하는 것에 대한 거부감이다(Kerr, 1977). 많은 여성이 자신을 누군가의 부분으로 보려하고 마치 그들이 연인이나 친구로부터 관심과 가치를 빌려 쓰는 것처럼 행동한다. 그리고 '나' 라고 말하기보다는 '우리' 라고 말한다. 비록 친밀한 누군가와 유대를 맺을 수 있는 능력이 인간의 기본적인 욕구이지만, 자신을 타인과 지나치게 동일시하는 것은 정체성의 상실을 초래할 수 있다. 그러나 탁월한 여성들은 자아의식을 잃지 않고도 타인과 관계를 유지할 수 있는 능력을 가지고 있고, 이것이 그들이 건강한 인격을 갖고 있다는 증거이기도 하다.

고정관념의 위협에 대한 저항

많은 사람이 천성적으로 남자아이들이 여자아이들보다 수학이나 과학을 잘한다고 믿는다. 이러한 믿음은 여학생들의 사고방식과 효능감에 영향을 미친다. 그러나 Hyde(2005)의 메타 분석에 의하면 남학생과 여학생은 성격, 인지 능력, 리더십에서 차이가 없었다. 수학과 과학에서 여학생과 남학생을 비교할 때 드러나는 차이는 타고난 생물학적 차이에서 비롯되는 것이 아니라 여자아이들이 이런 영역에서 저조한 수행을 보일 것이라는 고정관념의 위협에서 비롯되는 것이었다(Steele, 1997). 고정관념의 위협은 과학과 수학 분야에서 여자의 수행 능력에 대한 기대치를 낮춘다. 연구에 따르면, 여성이 이러한 고정관념을 인식하게 되면 지적 정체성의 손상을 겪을 뿐 아니라, 무의식적으로 낮은 성취도를 보일 것이라고 한다. 따라서 사회가, 여성들은 이 분야에서 잘하지 못할 것이라고 예상해서 약자로 만들 뿐만 아니라, 여성이라서 할 수 없다는 믿음을 여성 자신에게 심어줌으로써 악영향을 미치게 된다.

그렇다면 젊은 여성들은 이러한 고정관념의 위협으로부터 어떻게 자신을 보호할 수 있을까? Johns, Schmader와 Martnes (2005)가 고안한 기법은 여성에게 고정관념의 위협과 불안에 대해 가르치는 것만으로도 고정관념과 관련된 과제에서 수행 능력을 향상시킬 수 있다는 결과를 보였다. 이것은 여성이 자신의 수행 능력을 성별처럼 바꿀 수 없는 내적인 요인이 아니라 외부적 요인에 귀인하도록 했기 때문이다. 수학과 과학 분야의 영재 소녀들은 이런 고정관념이 존재한다는 것에 대해 교육을 받아야 하며, 특정 영역에서 남학생이 여학생보다 더 우수하다는 통상적 믿음이 그들에게 어떤 영향을 주고 있는가에 대해서도 교육을 받아야 한다.

한편으로 여성들은 스트레스와 부정적인 경험을 극복하기 위해서 긍정적인 정서를 사용함으로써 사회적 기대에 부응하는 일반적인 탄력성을 보여줄 수 있다. Tugade와 Fredrickson(2004)은 긍정적인 정서는 감정을 효율적으로 조절하도록 함으로써 부정적인 사건으로부터 빨리 회복할 수 있도록 하고, 부정적인 상황 속에서도 의미를 찾도록 한다고 주장하였다. 이들은 탄력성이 높은 사람들은 절망적인 상황에서도 훨씬 긍정적인 정서를 보일 수 있다는 사실을 발견하였다. 또한 Letzring, Block과 Funder(2004)는 자아 탄력성이 높은 사람들은 생활사건들을 경험할 때 감정을 통제할 수 있으며 이는 자신감 상승, 심리적 적응력 향상으로 연결된다는 것을 보여주었다. 이러한 연구결과는 탁월한 여성들의 장애를 극복해나가는 과정을 조사할 때 비중 있게 고려되어야 할 것이다.

낭만의 문화에 대한 저항

젊은 여성들은 대학에 들어가게 되면 '낭만의 문화' 에 걸려들 위험성이 증가한다. 낭만의 문화는 젊은 여성들이 낭만적인 세계에 들어가도록 압력을 가하는 문화다(Holland & Eisenhart, 1991). 학문적 목표와 경력 개발에 집중하기보다는, 남자를 만날 목적 하나로 자신을 매력적으로 만들고, 파티와 춤에 몰두하며, 술집이나 클럽에 가야 할 것 같은 압박을 경험한다. 여학생들은 미묘하게든 명백하게든 낭만을 추구해야 할 것 같이 느끼며, 이러한 문화는 여성들이 많은 시간과 에너지를 자신을 치장하고 지위와 명성을 높여줄 남자를 찾는 데 보내도록 만든다. 운동선수처럼 높은 지위를 가진 남자와 데이트를 하면서 여성은 자신이 매우 매력적이라는 것을 증명하고 또래 사이에서 자신의 명성을 높일 수 있다. 전국 1학년 신입생을 대상으로 한 조사에서(Sax, Lindholm, Astin, Korn, & Mahoney, 2003), 여자 대학생들은 가족을 돌보고 집안일을 하는 데 있어 남자 대학생들보다 많은 시간을 보내고, 심지어는 남자 친구의 빨래까지 해주기도 했다. 여자 대학생들은 본질적으로 전통적인 결혼역할을 받아들이도록 사회화된다. 여성이 가족과 가정을 일차적으로 책임지는 전통적인 결혼생활은 남성 과학자들에게는 이득이 되지만 여성 과학자들이 성공하기에는 불리한 조건이다. 낭만의 문화는 전통적인 관계를 권장하며, 여성들이 직업 경력을 쌓을 수 있도록 좀 더 공평한 부부관계를 찾기 위해 노력하는 것을 방해한다.

무리에 속하는 것에 대한 거부감과 강인한 성격은 천재적인 여성들이 낭만의 문화에 빠져드는 것을 막아준다(Kerr, 1997). 또한 Kerr와 Kurpius(2005)는 과학적 재능을 가진 여성들이 낭만적 문화에 저항하는 능력을 강화하도록 고안된 상담 및 멘토링 기법을 개발하였다. 이 프로그램은 직업 탐색, 과학적 관심을 격려하는 직업 상담, 남녀평등 관계를 모델링할 수 있도록 여성 과학자들과 함께하는 수양회로 구성되어 있다. 과학, 기술, 공학, 수학 분야에 종사하고 있는 여성에 대한 NSF 연구의 최근 결과에서 관계, 결혼 상태, 가족의 유형이 과학 분야에 종사하는 여성의 재직기간과 승진 가능성을 예측하는 가장 강력한 요인으로 보고되었다.

용 기

용기는 재능 있는 여성들이 장애물을 극복하는 방법을 설명하는 중요한 요인 중 하나로, 이는 인생의 역경에 대한 개인의 관점에 영향을 준다. 용기는 육체, 정신, 활력의 세 가지 기본 영역으로 정의된다. 정신적 용기는 역경에 처했을 때 믿음을 갖고 맞서는 것을 말한다(Snyder & Lopez, 2007). 탁월한 여성에게 정신적 용기는 사회적 압박과 성차별주의에 맞서서 자신의 진정한 잠재력을 성취하기 위해서 필요한 것이다.

용기 있는 사람들은 문제를 만나면 이를 해결 불가능한 장애물이 아니라 도전으로 지각하는 경향이 있다. 여성이 살아가면서 반드시 맞닥뜨리게 되는 걸림돌들을 극복하고자 할 때, 용기는 자신의 꿈과 포부를 깨닫게 해준다는 점에서 중요하다.

평등한 관계와 유연한 양육

성공한 여성들이 사회적 이상이나 고정관념으로부터 벗어나 결혼생활, 가족, 양육방식에 대해 자신의 고유한 유형을 만드는 사례들이 늘어나고 있다. Kerr(1997)는 탁월한 여성들이 자신의 직장에서 배우자를 만난다는 점을 발견하였다. 즉, 이들은 직업에 대해 같은 관심을 갖고 있거나, 자신의 직업을 존중하거나 동일한 목적을 가지고 헌신할 수 있는 파트너를 선택한다. 최근의 NSF 연구에 따르면, 여성 학자들의 경우 전통적인 유형의 결혼생활을 하는 경우에 비해 맞벌이로 일을 할 경우 자신들의 학문 분야에서 지속적으로 높은 성취를 이루는 것으로 나타났다(NSF, 2005). Kerr에 따르면, 탁월한 여성들은 아이를 자신만의 방식으로 양육하고자 한다. 그들은 직장에 아이를 데려가거나, 대가족이나 친구관계를 적절히 활용하며, 양질의 육아법을 찾으려고 노력한다. Yewchuk 등(2001)은 탁월한 여성들이 보다 평등한 부부관계를 유지하고, 유연한 육아법을 사용한다고 보고하였다.

이상향에 대한 동경

탁월한 여성의 여러 가지 특성 중 이상향을 동경할 수 있는 능력은 성공의 가장 강력한 결정요인이다. Torrance(1995)는 이를 창조적인 천재들의 두드러진 특성이라고 했다. Csikszentimihalyi

(1990)는 탁월한 사람들은 자신의 분야에서 몰입을 경험한다고 말했다. 그것이 예술이든, 과학이든, 리더십이든 창조적인 사람들은 일과 하나가 되고, 도전의식과 통제를 경험하며, 영원함을 경험하고, 기쁨을 느낀다. 이상을 추구하는 것은 여성들이 삶의 여러 가지 문제를 해결하는 능력을 강하게 한다. 그들은 장애를 넘는 용기를 갖게 되고, 성차별의 벽과 고정관념을 무시하며, 자신의 분야를 정복하기 위해서 많은 시간을 홀로 몰두하게 된다. 이상을 추구하면, 수줍고 고립된 영재 소녀들이라 할지라도 자신의 잠재력을 펼칠 교육 기회를 찾아서 최고의 스승과 멘토를 구하러 돌아다니는 용기를 발휘한다(Kerr, 1997).

탁월한 여성들이 영재 소녀들에게 주는 가르침

모든 영재 소녀가 탁월한 여성이 되기를 원하거나, 될 수 있는 것은 아니다. 그러나 대부분의 영재 소녀는 자신의 꿈을 성취하고 잠재력을 실현하기를 바라며, 선생님과 상담자, 부모들도 이들이 원하는 목표를 성취할 수 있도록 돕기를 바란다. 탁월한 여성들의 과거 경험 중에는 부모의 상실이나 어린 시절의 원치 않은 고독과 같이 일반적으로 아이들에게 일어나지 않기를 바라는 특성들이 많이 있다. 또한 좋은 조건들이라 해도 동년배 소녀들의 삶의 조건과 정반대인 경우가 대부분이다. 예를 들어, 일반적으로 소녀들은 사회적인 활동을 적극적으로 하며 바쁘게 살기를 권유받고, 사색과 고독은 권장되지 않는다. 대중매체에 나타나는 소녀와 여성의 관심사는 자기탐색, 경력 개발보다는 치장, 다이어트, 대인관계 기술에 대한 것으로 치우쳐 있다. 그러나 탁월성을 성취하는 어떤 조건들은 강점을 함양하면서 조율될 수 있다. 탁월성이 목표가 아닐지라도 영재 소녀들의 재능을 최적으로 발달시키기 위해서 획일적인 교육, 대중매체에서 소녀들에게 요구하는 여성으로서의 고정관념, 부정적인 또래관계로부터 벗어날 수 있도록 지도할 필요가 있다.

| 개인적인 작은 실험들 |

성장을 위한 연습

이 장에서 우리는 성장에 대한 내적 저항을 넘어서는 여성들의 강점과 전통적인 성역할을 뛰어넘는 행동에 대해서 살펴보았다. 자신이 스스로의 강점을 발견해서 장애를 뛰어넘기를 바란다.

깨닫기 연습 하루 날을 잡아서 인기 있는 웹 사이트, TV, 잡지, 음악들이 보내고 있는 메시지를 주목해보라. 이들 메시지는 여성이 예쁘고, 마르고, 사랑스러워야 하고, 남자와의 관계를 위해서 애써야 한다고 말한다. 당신은 이러한 고정관념을 얼마나 믿고 있는가? 실제로 얼마나 고정관념에 따라 사는가? 다이어트를 하고, 친구와의 관계에 대해서만 이야기하며, 장기적인 목표에 대한 생각을 피하고 있지는 않은가? 이제 다음날에는 스스로의 긍정심리학자가 되어, 강하고 건강하고 목표 지향적이고 높은 성취를 이루었으며, 다른 여성의 목표에 지지적인 그런 여성의 예를 대중매체에서 찾아보도록 한다. 당신은 어떻게 이러한 여성이 될 수 있을까?

강점 여성 가계도　여성으로 이루어진 가계도를 그려보라. 엄마, 할머니, 이모, 자매들에게 그들의 꿈이 무엇인지, 그 꿈을 왜 이루려고 했는지 물어본다. 이제 당신 자신의 꿈을 생각해보라. 당신의 삶은 여성 가족들의 삶과 어떻게 다를 수 있을까? 언젠가 딸이 생기면, 그 아이에 대해 어떤 꿈을 꾸게 될까?

세상을 바꾸기 위해 강점 활용하기　신문을 펼치고 헤드라인을 훑어본다. 어떤 헤드라인이 당신을 가장 불편하게 하나? 그 헤드라인에 담긴 문제는 무엇인가? 사람들 간의 다툼? 환경에 대한 무시, 편견? 이제 당신의 관심사, 능력, 강점의 목록을 작성하도록 한다. 당신의 능력으로 세상을 어떻게 바꿀 수 있을까?

소년들의 얘기를 들어보자　소년들이여, 하루 날을 잡아서 주변의 소녀와 여성들의 모습, 즉 스스로를 얕잡아보고, 목표를 양보하며, 남자들을 기쁘게 하기 위한 어떤 존재가 되려 하는 모습들을 살펴보라. 오늘 자신이 아는 모든 소녀와 여성에게 그들의 강함과 능력을 일깨워주고 자신의 목표를 향해 나아가도록 설득해보라.

참고문헌

Albert, R. S. (1994). The achievement of eminence: A longitudinal study of exceptionally gifted boys and their families. In R. Subotnik & K. D. Arnold (Eds.), *Beyond Terman: Contemporary longitudinal studies of giftedness and talent.* Newark, NJ: Ablex.

American Association of University Women. (1991). *Shortchanging girls, shortchanging America.* Washington, DC: American Association of University Women.

Bar-On, R. (1997). *The Emotional Intelligence Inventory (EQ-I): Technical manual.* Toronto, Canada: Multi-Health Systems.

Betz, N. E., & Hackett, G. (2006). Career self-efficacy theory: Back to the future. *Journal of Career Assessment, 14*(1), 3-11.

Bloom, B. S. (1985). *Developing talent in young people.* Chicago: University of Chicago Press.

Brown, L. M., & Gilligan, C. (1993). *Meeting at the crossroads: Women's psychology and girls' development.* New York: Ballantine.

Bryant, W. K. (1992). Human capital, time use, and other family behavior. *Journal of Family and Economic Issues, 13*(4), 395-405.

Cattell, R. B. (1963). *Culture Free Intelligence Test, Scale 1, Handbook.* Champaign, IL: Institute of Personality and Ability.

Clance, P. R., & Imes, S. A. (1978). The imposter phenomenon in high achieving women: Dynamics and therapeutic intervention. *Psychotherapy: Theory, Research, and Practice, 15,* 241-245.

Csikszentmihalyi, M. (1990). *Flow: The psychology of optimal experience.* New York: Harper and Row.

Csikszentmihalyi, M. (1996). *Creativity: Flow and the psychology of discovery and invention.* New York: HarperCollins.

Edelman, H. (2006). *Motherless daughters: The legacy of loss.* New York: Random House/Delta.

Freeman, K. A., & Walberg, H. J. (1999). Childhood traits and conditions of eminent African American women. *Journal for the Education of the Gifted*, *22*, 402-419.

Gardner, H. (1983). *Frames of mind: The theory of multiple intelligences.* New York: Basic Books.

Gardner, H. (1994). *Creating minds: An anatomy of creativity seen through the lives of Freud, Einstein, Picasso, Stravinsky, Eliot, Graham, and Gandhi.* New York: Basic Books.

Gardner, H. (1996). *Leading minds: An anatomy of leadership.* New York: HarperCollins.

Getzels, J. W., & Csikszentmihalyi, M. (1976). *The creative vision: A study of problem finding in art.* New York: Wiley.

Goleman, D. (1997). *Emotional Intelligence: Why it can matter more than I.Q.* New York: Bantam.

Goleman, D. (2006). *Social intelligence: The new science of human relationships.* New York: Bantam.

Holland, D. C., & Eisenhart, M. A. (1990). *Educated in romance: Women, achievement, and college culture.* Chicago: University of Chicago Press.

Horner, M. S. (1972). Toward and understanding of achievement related conflicts in women. *Journal of Social Issues*, *28*(2), 157-176.

Hyde, J. S. (2005). The gender similarities hypothesis. *American Psychologist*, *60*(6), 581-592.

Johns, M., Schmader, T., & Martens, A. (2005). Knowing is half the battle: Teaching stereotype threat as a means of improving women's math performance. *American Psychological Society*, *16*, 175-179.

Kerr, B. A. (1985). *Smart girls, gifted women.* Dayton, OH: Gifted Psychology Press.

Kerr, B. A. (1991). *Handbook for counseling the gifted and talented.* Alexandria, VA: American Association for Counseling and Development.

Kerr, B. A. (1997). *Smart girls: A new psychology of girls, women, and giftedness.* Scottsdale, AZ: Great Potential Press.

Kerr, B. A., & Kurpius, S. R. (Eds.) (2005). *Counseling girls and women: Ten years of NSF gender equity studies. Volume 2: Talent development.* Arlington, VA: National Science Foundation.

Kerr, B. A., McKay, R. A., & Hammond, D. (2007, November). The CLEOS Project: FirstFindings. Paper presented at National Association for Gifted Children Annual Meetings, Minneapolis, MN.

Kurpius, S. R., & Kerr, B. A. (Eds.) (2005). *Counseling girls and women: Ten years of NSF gender equity studies. Volume 1: Talent, risk, and resiliency.* Arlington, VA: National Science Foundation.

Letzring, T., Block, J., & Funder, D. (2004). Ego-control and ego-resiliency: Generalization of self-report scales based on personality descriptions from acquaintances, clinicians, and the self. *Journal of Research in Personality, 39*, 395-422.

Lubinski, D., & Benbow, C. (2006). Study of mathematically precocious youth after 35 years: Uncovering the antecedents for the development of math-science expertise. *Perspectives in Psychological Science, 1*(4), 316-344.

Marland, S. P. (1972). Education of the gifted and talented. *Report to the Congress of the United States by the U.S. Commissioner of Education.* Washington, DC: U.S. Government Printing Office.

National Science Foundation. (2003, 2004, 2005). *New formulas for America's workforce: Girls in science and engineering.* Reston, VA: Author.

Piirto, J. (2002). *"My teeming brain": Understanding creative writers.* Cresskill, NJ: Hampton.

Raven, J. C. (2000). *Raven standard progressive matrices.* San Antonio, TX: Harcourt Assessments.

Runco, M. A., & Richards, R. (1997). *Eminent creativity, everyday creativity, and health.* Greenwich, CT: Ablex.

Sax, L. J., Lindholm, J. A., Astin, A. W., Korn, W. S., & Mahoney, K. M. (2003). *Gender differences in time use of college freshman 1987 to 2002, 133*, 1-16.

Sears, P. S., & Barbee, A. H. (1977). Career and life satisfaction among Terman's gifted women. In J. Stanley, W. C. George, & C. H. Solano (Eds.), *The gifted and creative: A fifty year perspective.* Baltimore: Johns Hopkins University Press.

Simonton, D. (1988). Age and outstanding achievement: What do we know after a century of research? *Psychological Bulletin, 104,* 251-267.

Sloane, K. D., & Sosniak, L. A. (1985). The development of accomplished sculptors. In B. Broom (Ed.), *The development of talent in young people* (pp. 90-138). New York: Ballantine.

Snyder, C. R., & Lopez, S. J. (2007). Wisdom and courage. In C. R. Snyder & S. J. Lopez, (Eds.), *Positive psychology: The scientific and practical explorations of human strengths.* Thousand Oaks, CA: Sage Publications.

Spelke, E. S. (2005). Sex differences in intrinsic aptitude for mathematics and science: A critical review. *American Psychologist, 60,* 950-958.

Steele, C. (1997). A threat in the air: How stereotypes shape intellectual identity and performance. *American Psychologist, 52,* 301-311.

Subotnik, R. F. (1988). The motivation to experiment: A study of gifted adolescents' attitudes towards scientific research. *Journal for the Education of the Gifted, 11,* 19-35.

Terman, L. M. (1925). *Genetic studies of genius: Mental and physical traits of a thousand gifted children.* Palo Alto, CA: Stanford University Press.

Terman, L. M., & Oden, M. H. (1935). *Genetic studies of genius: Vol. 3. The promise of youth.* Palo Alto, CA: Stanford University Press.

Terman, L. M., & Oden, M. H. (1947). *The gifted child grows up: Twenty-five years' follow-up of a superior group.* Palo Alto, CA: Stanford University Press.

Terman, L. M., & Oden, M. H. (1959). *Genetic studies of genius: Vol. V. The gifted group at mid-life.* Palo Alto, CA: Stanford University

Press.

Torrance, E. P. (1977). *Creativity in the classroom*. Washington, DC: National Education Association.

Torrance, E. P. (1995). Insights about creativity: Questioned, rejected, ridiculed, ignored. *Educational Psychology Review*, *7*(3), 336-339.

Tugade, M., & Fredrickson, B. L. (2004). Resilient individuals use positive emotions to bounce back from negative emotional experiences. *Journal of Personality and Social Psychology*, *86*, 320-333.

Yewchuk, C., Aysto, S., & Schlosser, G. (2001). Attribution of career facilitators of eminent women. *High ability studies*, *12*(1), 201-205.

9

진정한 리더십 키우기

• Bruce J. Avolio와 Tara S. Wernsing

9

진정한 리더십 키우기

Bruce J. Avolio와 Tara S. Wernsing

오늘날의 세상에서는 보다 진정한 리더십을 요구하는 목소리가 강하게 울려 퍼지고 있다. 이러한 목소리가 많은 이유는 아마도 자신이 속한 조직과 구성원들의 희생을 담보로 자신의 주머니를 부풀리는 그릇된 리더들을 향한 냉소가 늘어만 가고 있기 때문일 것이다. 대다수의 국민은 기근에 허덕이는데 자신만 호사스러운 생활을 하고 있는 북한의 지도자라든지, 과도한 청구금액이나 특별수당에 대한 비난의 목소리에는 모르쇠로 일관하고 다국적 전쟁을 옹호하는 입장만을 고수한 채 이라크에서 돈을 벌어들이는 건축업자들, 뇌물수수죄 및 공적 자금 횡령죄가 드러난 미 의회 핵심 인사들 등 많은 예가 존재한다. 3분의 1에 해당하는 미국 국민들이 의회 구성원들이 부패했다고 믿고 있다는 최근 갤럽 설문조사 결과를 접하노라면 상당히 씁쓸하기만 하다.

오늘날 우리는 리더가 하는 모든 일을 낱낱이 알고 있다. 그들의 실수는 화젯거리가 되며, 이러한 투명성 때문에 진정한 리더십을 요구하는 목소리는 더욱 커진다. 단적인 예로, 몇 년 전 집무실에서 벌어진 미 대통령 빌 클린턴(Bill Clinton)의 성추문 사건은 실시간으로 보도된 데 반해, 프랭클린 루스벨트(Franklin Roosevelt) 대통령이 따뜻한 봄날 조지아에서 상당 기간 열애 중이었던 다른 이성의 품 안에서 숨을 거두었다는 사실을 알고 있는 미국인은 많지 않다.

정부 및 조직체에 대해 알 수 있는 정보량이 방대해지고, 조직체 리더에게 투명성 기준이 요구되며, 온라인을 통해 이러한 정보에 대한 접근성이 좋아지면서 일반 대중의 의식이 높아지게 되자 좀 더 진정한 리더십에 대한 요구가 커지게 되었다. 우리는 지지자들이 단순히 더 많은 사실을 알게 되었다는 것만으로 권위에 더욱 도전적인 모습을 띠게 되었다고 여기고 있으며, 권력을 쥐고 있는 리더에게 더욱 많은 것을 요구하게 되었다고 보고 있다. 지금 상황은 아마도 진정한 리더십을 증진시킬 수 있는 '완벽한 상황' 일 것인데, 좀 더 많은 정보를 갖고 더 똑똑해진 시민들과 피고용자들이, 인터넷을 통한 결집력까지 보유함으로써 리더로 하여금 똑바로 처신하도록 단체로 목소리를 내고 있다.

현 상황이 적기라면, 우리는 진정한 리더십을 구성하는 요소, 그리고 아마 더 중요한, 이를 어떻게 발달시킬 수 있는지에 대해 얼마나 이해하고 있을까? 일단 우리의 진정한 리더십의 사례들을 살펴보고, 그 구성요소들을 탐색해보기로 하자. 우리가 그것을 찾아보려고 하고 조직체 안에서 향상시키고자 한다면, 충분히 우리 주위에서 발견할 수 있다는 사실은 매우 좋은 소식이다.

40여 년 전, 마틴 루서 킹 Jr.(Martin Luther King Jr.)가 〈마이크 더글라스 쇼〉에 출연해서 베트남 전쟁에 대한 입장에 대해 인터뷰를 하게 되었다. 쇼에서 그는 여러 주옥 같은 말들을 남겼지만, 특히 두 가지 코멘트가 진정한 리더십의 실현과 관련된 것이었다.

> 루서: 양심적인 사람은 결코 합의를 추구하는 리더가 될 수 없어요……. 그런 사람은 합의를 이끌어내려는 입장을 견지하지도 않아요. 그가 종국에는 합의의 틀이 되지요. 내가 늘 말해왔듯이, 누군가를 평가하려면, 안락하고 편안할 때의 태도를 살필 것이 아니라, 도전과 갈등 상황에서 어떤 입장을 취하였는지를 살펴보아야 합니다.
>
> 더글라스: 존슨 대통령의 눈 밖에 나는 것이 두렵지 않나요?
>
> 루서: 글쎄요, 그건 제게 중요한 문제가 아니에요. 가장 중요한 것은 진실, 그리고 내 양심이 옳다고 말하는 것, 내 양심이 정당하다고 말하는 것을 내가 외면하지 않았다는 사실입니다. 내가 염려하고 두려워하는 것은 이러한 원칙을 도외시하지 않는 것이지, 내가 취하는 입장을 오해할 수 있는 사람의 눈 밖에 나지 않고자 하는 것이 아닙니다(Pugliese, 2007).

이러한 말들을 통해 마틴 루서 킹 Jr.는 진정한 리더십을 설명하고 있다. 먼저, 그는 자신을 이끄는 요소로 양심을 이야기하고 있다. 진정한 리더는 의사결정을 할 때나 논쟁의 여지가 있는 문제에 대한 입장을 정할 때 내면의 양심에 귀를 기울여 자신을 이끌도록 한다. 그들이 귀를 기울이는 진실은 내면에서 비롯되는 것이지만, 그것이 자신의 지지자들을 가장 잘 섬길 수 있는 방법이 되는 셈이다. 이러한 점에서 진정한 리더십이란 타인에게 초점이 맞추어져 있지만 내면이 이끄는 대로 따르는 것이다. Robert E. Quinn(2004)은 그의 저서 『당신이 그곳을 건널 때 다리를 놓아라(*Building the Bridge as You Walk on It*)』에서 이러한 현상과 겉보기에 모순인 점에 대해서 기술했다. 내면의 가치와 남을 섬기려는 욕구의 이끌림을 통해 깊은 변화를 겪으면서, 리더들은 좀 더 진정성을 가지게 된다는 설명이다. Bill George와 Peter Sims(2007)가 진정한 리더십의 핵심으로서 자기인식을 이야기한 것과 맥을 같이 한다. 실제로, 리더들은 진정한 리더가 되기 위해 전 생애 동안 자신을 탐구하는 여정을 떠나야만 하는 셈이다.

둘째, 리더는 사람들의 생각이나 사람들이 자신의 말과 의도를 곡해하지는 않을지에 대해 염려하기보다는 특정 원칙에 대해 충실할 것을 역설하였다. 즉, 진정한 리더란 전 인류의 더 나은 삶을 위한 원칙에 따르며, 타인을 희생시켜 특정 집단만을 이롭게 하지는 않는다는 것을 의미한다. 마틴 루서 킹 Jr.는 자신의 핵심 원칙으로 진정한 평등과 평화를 꼽았다. 그는 특정 그룹의 사람들(예를 들어, 흑인)이 과거에 대한 보상이나 미래의 번영을 위해 다른 그룹의 사람(예를 들어, 백인)을 말살하거나 처벌해야 한다고 하지 않았다. 그는 모든 사람이 동등하게 번영하는 미래를 언급하였다. 그가 밝힌 이러한 이상은 양쪽 그룹 사람들 다수가 공유하는 목표가 되었고, 전국적인 더 나아가 전 인류적인 차원에서 정치적 움직임을 일으켰다. 아이러니하게도, 킹의 이러한 철학과 상반되게, 히틀러는 미국의 'Jim Crow 법안(인종차별주의법)'을 차용하여 2차 세계 대전 당시 유대인에 대한 차별정책을 정당화하기도 했다.

마지막으로, 강한 정치적 반발과 신체적 위협에도 아랑곳하지 않고 전쟁에 대한 그의 생각과 감정을 밝혔다. 게다가 그의 행동은 그가 주장했던 핵심 가치인 평등과 평화를 반영하고 있었다. 그가 전 생애에 걸쳐 남들과 만나고 의사소통했던 방식은 이러한 가치들을 반영하고 있었다. 온 국가에서의 평등으로의 평화적 행진을 일으키고자 했던 그의 노력은, 이러한 이상에 대한 끊임없는 헌신에 기반을 둔 것들이었다. 이러한 맥락에서 볼 때, 마틴 루서 킹 Jr.는 (1) 내면의 양심에 따르고, (2) 모든 이의 안녕(평등과 평화) 증진이라는 핵심 가치에 충실하며, (3) 외세의 어떠한 압력에도 이러한 핵심가치에 부합하는 행동을 실천하는 것을 통해 진정한 리더십의 본보기가 되었다.

엘리너 루스벨트(Eleanor Roosevelt) 또한 다른 유형의 진정한 리더라고 말할 수 있다. 그녀는 그녀의 남편이 따사로운 봄날 휴가 중에 조지아 주에서 죽었다는 소식을 들었다. 그녀는 조지아로 와서 남편의 유품을 워싱턴 D.C.로 가져가라는 얘기를 들었rm다. 불행하게도, 그녀가 조지아에 도착했을 때, 그녀는 자신의 남편이 상당히 오랜 기간 동안 혼외 관계를 유지하고 있었다는 사실을 전해 듣게 되는데, 더욱 충격적이었던 것은, 남편과 그의 연인 사이에서 수 년 동안 은밀한 만남을 주선했던 사람은 다름 아닌 그녀의 딸이었다는 사실이었다.

루스벨트 대통령은 조지아에 머무르는 동안 그의 연인이 자신의 초상화를 그릴 수 있도록 모델이 되어주기도 했다. 몇 달 후에, 백악관을 떠난 그녀가 뉴욕의 하이드 파크에서 지낼 때는 거의 완성된 그의 초상화를 발견하게 된다. 물론 영부인이 그 초상화를 쓰레기통에 처박아 버렸다고 해도, 세인들은 그녀를 욕하지 않았을 것이다. 하지만 그녀는 그러지 않았고, 오히려 남편의 연인이었던 그 여성에게 편지를 써서, 그녀가 남편을 얼마나 사랑해주었는지 잘 알게 되었고, 또한 그 초상화가 자신에게 얼마나 커다란 의미를 지니는지 분명히 알고 있다고 전해주었다고 한다. 엘리너 루스벨트는 개인적으로 자신에게 있어 가장 힘겨웠을 시기에 놀라우리만치 진정한 리더십을 보여주며, 유엔의 회원으로서 국제 인권 법안을 통과시킨 바로 그 사람이다(R. Gerber, 개인적 서신, January 26, 2007).

워런 버핏(Warren Buffett)은 자신의 절친한 친구인 빌 게이츠(Bill Gates) 다음으로 세상에서 두 번째로 부유한 사람이다. 수년 동안 그는 경제로부터 '자신이 빌린' 모든 재산을 핵무기 확산이나 세계적 기아 문제와 같은 우리 시대가 안고 있는 난제를 해결하기 위해 추후 설립할 재단에 기부하는 것에 대해 검토하였다. 네브래스카-링컨 대학교의 한 강연에서 한 학생이 그의 재단이 어떤 문제에 초점을 맞출지에 대해 묻자, 그가 대답하길, 적시적소에 돈이 있다면 미국 시민권 운동에 전액 기부할 수 있길 바라는데, 이를 지지하는 사람 중에서는 그렇게 할 수 있을 만큼 충분한 재산을 가지고 있는 사람이 없기 때문이라고 하였다(네브래스카-링컨 대학교, 2006).

2007년에 버핏은 리더로서의 진정성을 보여주는 행보를 보였다. 300억 불에서 400억 불에 달하는 재산을 가지고 자신의 성을 딴 이름의 재단을 만드는 대신, Bill & Melinda Gates 재단에 그의 재산 전액을 투자하기로 결정하였다. 함께라면 홀로 하는 것보다 훨씬 더 많은 것을 이룰 수 있을 것이라는 그가 지닌 믿음 때문이었다. 이 한 가지 행동에서, 그는 포드, 켈로그, 카네기, 게이츠와 같이 자신의 이름을 딴 재단에 유산을 묶어두는 것을 포기하면서까지 다수의 선을 위한 행동의 중요성을 보여주었다.

진정한 리더십이란

위의 몇몇 사례들은 진정한 리더십을 구성하는 것들에 대한 흥미로운 시각을 제공해준다. 그 공통된 핵심은 막대한 개인적 희생(유산을 남기지 않는 재단, 배우자의 정부에게 친절하게 대하기, 폭력이나 암살의 위험)이 따르더라도 내면의 양심을 따라서 다른 이들에게 도움이 되는 일을 행하는 것이다. 이러한 종류의 리더십은 보다 큰 집단의 이익이나 개인의 사리사욕에 맹목적이지 않으며, 만약 (1) 리더와 조직체 모두 핵심 원칙에 대해 합의하고, (2) 리더가 그 둘 사이의 관계가 제로섬 게임이라는 생각(예를 들어, 누군가 이득을 취하면 다른 누군가는 손실을 입는다는 생각)을 넘어선다면, 개인과 조직체가 함께 목표를 성취할 수 있음을 보여주는 고차원적인 이타주의를 가리킨다. 진정한 리더십의 핵심요소인 자기인식 수준을 향상시키려면, 외부 가치로부터 내부의 양심을 구분해내는 자기발견에 충분한 시간과 노력을 들이는 것이 필수적이다. 덧붙여, 진정한 리더는 조직에 속한 사람들이 자기인식과 진정성의 발달 수준이 개별적으로 다르고, 진정한 리더들의 일화에 나타나는 역설적 가능성을 알아보지 못할 수도 있다는 점을 인정하고 받아들여야 한다.

진정한 리더십(authentic leadership)이란 개인의 이득을 넘어서, 다른 말로 하면 자신의 이득은 물론 조직의 집단적 이익을 위해 봉사할 수 있는 결정을 내릴 수 있는 높은 수준의 도덕적 사고와 결단력을 말한다. 그뿐만이 아니다. 이러한 리더들은 자신에 대해 갖고 있는 신념, 견해, 평가인 자기이론에 대해 전 생애에 걸쳐 끊임없이 재고하고 수정할 수 있어야 한다(Epstein, 1973). 이러한 자기인식과 수정 절차를 통해 그들은 자신이 얼마나 나은 존재가 되어 다수를 더 좋게 만들어나갈 수 있는지 예측할 수 있다. 많은 사람은 자신의 자기이론을 평가하지 못하며, 그들이 하는 모든 행동을 결정하는 자기개념이 존재한다는 사실조차 의식하지 못할 때가 많다. 때문에 그들은 단지 충분히 발현되어 본 적 없는 이론에 따라 움직일 뿐이다. 이러한 점에서 그들은 어린 시절의 경험들이 짜놓은 이론들에 따라서 기본적인 기능만 하고 있는 셈이다.

기본적으로, 높은 수준의 도덕적 가치와 신념이 결부된 핵심적 자기이론이 진정한 리더십을 이끌어간다. 그 핵심 가치를 이해하는 과정이 진정한 리더십의 중심 요소인 셈이며, 새로운 환경을 접하거나 도전 상황에 직면해서 핵심 가치들을 향상시키는 것이 진정한 리더십을 발전시키고 실현하는 밑바탕이 된다고 볼 수 있다. 진정한 리더십이 발현되는 출발점에서, 리더는 현재 자신의 핵심 가치와 신념을 이루고 있는 것이 무엇인지에 대해 질문을 던져야만 한다. 그들의 중요한 결정, 조치, 행동의 근간을 이루는 것이 무엇인가? 게다가, 이는 리더십에 관한 문제이기 때문에, 이러한 핵심 가치와 신념에는 단순히 개인적인 욕구를 넘어서는 좀 더 보편적인 원칙들이 포함되어야만 하고, 개인들이 어떻게 자신과 타인의 도덕적 행동의 기준을 높임으로써 타인에게 영향을 미칠 수 있는지에 대한 이상을 제시하여야 한다. 진정한 리더십이라는 것을 실재하거나 실재하지 않는 무언가가 아니라고 여기는 것이 또한 중요하다. 시간이 지나면서 리더십이 발휘될 때, 진정한 리더십이 다소간 드러날 수 있는 것이다.

우리는 이 장에서, 진정성의 속성, 자기인식의 역할, 진정한 리더십을 실현하는 구성요소, 가능한 측정도구 등을 통해 진정한 리더십이 발달하는 과정을 탐색하고 있다.

진정한 리더십 발달 이론

사람들은 분명, "물론, 마틴 루서 킹 Jr., 엘리너 루스벨트, 워런 버핏은 고매한 도덕적 원칙을 보여준 비범한 인물들이지. 그렇지만 만일 어떤 리더의 가치나 진짜 자기의 뿌리 또는 핵심이 악하다면 어떨까? 그들이 진정성 있게 그걸 표현할까?" 일반적으로 던지게 되는 이러한 의문의 답은 다음과 같다. 진정한 리더십을 보여준다는 것은, 이미 높은 수준의 도덕적 관점과 성숙을 향하여 자신을 개발해가는 긍정적인 과정이 전제가 된다. 이러한 높은 수준의 인간 발전과 관련하여, 지금까지의 이론들과 연구결과(Erickson, 1959; Kegan, 1982; Kohlberg, 1976; Loevinger, 1976; Piaget, 1954)를 보면, 사람들은 좀 더 복잡하고 정교한 방식으로 세상을 이해하고 타인과 관계를 맺는다고 한다. 즉, 사람들은 변혁, 격변, 변환을 경험하면서 자신의 경험을 이전보다 포괄적으로 해석할 수 있는 보다 넓은 관점을 지니고 각각의 새로운 단계로 나아간다.

이러한 관점은 기본적으로 사적인 이득에 대한 개인적 관심에서, 사회적 지위와 지지에 대한 관계적 관심으로, 또 더 나아가 전 인류의 진정한 자유, 정의, 평등, 평화와 같은 고차원의 원칙에 대한 보편적 관심으로 나아간다. 발달단계에서의 최고 수준은, 모든 것이 연결되어 있음을 인식하는 우주적 의식으로 나아가는 것을 의미한다(Beck & Cowan, 1996; Debold, 2002; Wilber, 2000). 예를 들어, 국가의 리더들이 높은 수준의 도덕적 성품과 식견의 본보기를 보인다면, 이들이 한 국가의 행동적 조치의 기저 원인이 무엇인지 결정함에 있어 판단을 늦출 것이라 기대된다. 판단을 유보함으로써 그들이 다른 국가의 의견을 듣고자 한다는 신호를 보내는 것이며, 다른 국가의 사정과 모든 이해 당사자 사이의 득과 실에 대해 균형 잡힌 방식으로 고려하고 있다는 것을 보여주게 되는 것이다.

Gardner, Avolio, Luthans, May 그리고 Walumbwa(2005)에 따르면, 균형 잡힌 과정은 진정한 리더십을 구성하는 또 하나의 필수적인 요소라고 할 수 있다. 불행하게도, 전 세계적으로 미국이 전체의 이익보다는 자신의 이익에 초점을 맞추고 있다고 보는 경향이 있으며, 이 초월적인 권력이 진정성에서 벗어나 있다고 보는 쪽으로 기울고 있는 것이 최근 추세다. 이러한 경향의 명백한 영향으로 인해, 미국은 다른 국가의 안보에 상당한 금액을 투자해야 할 필요가 있으며, 다른 국가에게 자신들의 정책이 종국적으로는 그들에게도 도움이 된다는 사실을 주지시키는 데 많은 시간적 노력을 기울여야 할 필요가 있다.

진정한 리더십은 핵심 가치와 신념에 기반하고 있기는 하지만, 종국에는 그러한 리더를 판단하려면 자신의 이름을 앞세우지 않고 실제 행동을 통해 세계의 문제 상황에서 긍정적이고 지속적인 영향력을 보여준 진정한 리더십 사례를 보게 된다. Avolio와 Luthans(2006)에 따르면, 진정한 리더십이란 결국 모든 리더십의 긍정적 형태의 기본 토대를 의미하는 것이라고 주장한다. 즉, 진정한 변혁적 리더가 있듯이, 진정한 지시적 리더도 있고, 진정한 참여적 리더도 있을 수 있다는 뜻이다.

Bass와 Steidlmeier(1999)는 중요한 구분을 하였는데, 진정한 윤리적 리더십이나 진정한 변혁적 리더십이 있을 수 있으며, 거짓된-진정한 리더십 형태 역시 존재할 수 있다는 것이다. 변혁적 리더십은 Bass와 Avolio(1990), 그리고 그 전에는 Burns(1978)에 의해 정의되었는데, 추종자로 하여금 스스로 리더가 될 수 있도록 하는 발전적인 측면에 초점을 두고 있다. 따라서 '변혁'의 기본 의미는 추종자가 리더가 되는 데 있다. 그들은 리더라면 추종자가 '하급자'로 머물기보다는, 높은 수준의 도덕적 식견을 갖춘 리더로 발전하기를 간절히 바랄 것이라고 생각하였다. 왜 그럴까? 이렇게 성장한 리더들은 리더 자신의 이득보다는 구성원 개개인의 이득에 초점을 맞추고, 개인과 조직체가 미래로 나아갈 수 있도록 뒤에 남기를 원한다. 몇몇 전제적 독재자들을 살펴보면 이것이 그들이 의도하는 바와 명백히 다르다는 것을 알 수 있을 것이다.

Avolio(2005)는 특히 변혁적 리더십에 대한 연구를 통해, 우리가 이 장의 뒷부분에서 더 자세히 다루게 될 진정한 리더십이 어디에서 기원하는지에 관해 탐색했다. Avolio와 그의 동료들이 Global Leadership Institute에서 알아낸 핵심 사항은 진정한 리더십이 그 뿌리에 해당하며, 식물의 뿌리와 마찬가지로, 만약 작물의 뿌리가 썩어버리면 그 윗부분 모두가 썩어버리듯이, 진정한 리더십이라는 뿌리가 어그러지면 그 위에 자리 잡은 모든 형태의 리더십이 어그러져 버리게 된다는 설명이다.

그렇다면 이런 근저의 리더십이 어떻게 발전하게 되었을까? 진정한 리더십은 좀 더 넓고 복잡한 관점으로 진화해가는 '자기에 대한 배움'의 특징을 지닌 발달 과정이며, 이러한 배움을 리더십을 발휘할 때 적용하게 된다. 여기에서의 자아란 핵심 개념이자, 정신적 모델이며, '나는 누구인가?'라는 의문을 던지게 하는 개인이 지닌 이론이다.

진정성 발달시키기

> 자신에게 진실하라.
> 그러면 밤이 낮을 뒤따르듯, 누구에게도 거짓을 행하지 못할 것이다. — 햄릿, 1막 3장, 564-566, 셰익스피어, 1604

진정성이란 스스로에게 진실한 것으로 정의될 수 있다(Harter, 2002). 위의 셰익스피어의 말처럼, 스스로에게 진실한 것이야말로 최상의 진실성이다. 진정한 리더십 이론에서 설명하듯이, 우리가 이야기하는 자아의 개념은 높은 수준의 도덕 발달과 관련되어 있다. 인지심리학 분야의 Lord와 Brown(2004)은 개개인이 품고 있는 자기이론들을 보다 명확히 이해할 수 있는 방법을 제시하였다. 첫 번째 이론은, 우리 스스로 무언가에 정통해 있지 못하다고 느끼는 **두려워하는 자기**를 말한다. 예를 들면, "나는 꿋꿋하게 내 깊은 믿음과 의견을 얘기해서 남들을 설득할 수 없어."와 같은 것들이다. 자아와 관련된 두 번째 이론은, 자신에 대한 현재 의견 또는 **실제적 자기**다. 실제적 자기는 우리가 자신에 대해 무언가 이해하게 되고, 그것이 실제 행동으로 이끄는 것을 가리킨다. 예를 들면, "나는 공감적인 사람이 못 돼. 공감을 잘하지 못하니 누군가를 상담해주려 하지 않지."와 같다. 우리가 늘 사용하는 자아의 이론이기도 하다. 마지막 자아는 **가능한 자기**다. 내가 되려고 하는, 될 수 있는 모습을 가리킨다. 예를 들면, "오늘날의 대부분의 조직체에서 성공적인 관리자가 되려면 글로벌한 마음가짐을 갖추어야만 하지. 내게 이런 마음가짐이 있어야 성공적으로 직원과 고객들을 문화적 배경을 넘어서 하나로 이어줄 수 있고, 그럼으로써 우리 서로가 타인의 관점을 이해하고 신뢰를 쌓을 수 있을 거야."와 같다.

어느 때고 우리 모두는 두려워하는 자기, 실제적 자기, 가능한 자기를 가지고 있으며, 이들 각각은 직면하고자 하는 도전에 따라 독특한 방식으로 발전하게 되거나, 일상생활에서 우연하게 나타나기도 한다. 진정한 리더십의 계발은 실제적 자기로 하여금 가능한 자기로 옮겨가고자 하는 뜻을 가지고 세 가지 요소 사이에서의 역동에 초점을 맞추는 데 있다고 할 수 있다. 그러므로 진정한 리더십의 계발은 자아와 진정성에 대한 명료함을 행동을 통해 발현하는 것에서부터 출발한다고 볼 수 있다(Gardner et al., 2005).

내적 가치나 내적 원리에 반하여 행동하는 것은 자기위배이자 부정성에 빠져드는 것이다. 우리는 자기자신에 대한 진솔한 이해를 바탕으로 일생 동안 보다 고매한 식견을 추구하는 사람들이 훨씬 긍정적인 사람들이라 보고 있으며, 이를 지지해주는 증거들을 가지고 있다. 실제, 경찰을 대상으로 한 연구 가운데 하나를 살펴보면, 부하들이 좀 더 진실하고, 심리적 자원이 풍부하다고 평정한 경관의 경우, 6개월 이상 기간 동안 그 부하들은 전성기를 구가하며 높은 수준의 직무 수행도와 안녕감을 보였다(Luthans, Youssef & Avolio, 2007; Peterson, Walumbwa, Avolio, & Fredrickson, 2007).

이번에는 긍정적인 면에 대한 초점을 반대로 하여, 인간성을 경시해야 했고, 종국에는 600만의 사람들을 죽음으로 몰아세운 2차 세계 대전 당시의 독일 군대 경찰공무원을 생각해보자. 이 경찰 가운데 다수는 사람을 죽이는 일이 자신의 도덕적 가치와 상반된다는 사실을 알면서도 자신의 내적 원칙에 반해야만 하는 첫 기로의 순간이 있었을 것이다. 그러나 자신의 생존(그리고 자기가족의 안전)을 위해 나치의 정책을 받아들이거나, 최소한 거기에 수긍하였다. 일단 한 번 내면의 가치를 저버리게 되면, 매 순간마다 내면의 목소리에 점점 더 둔감해지기 쉽다. 이들 경찰들은 그들이 살아남았다고 생각했겠지만, 대신에 그들 자신의 도덕적 관점과 삶의 안녕감은 서서히 죽어가는 것을 경험하였던 것이다.

조직 내에서 자신의 안위와 지위 유지를 위해 내면의 가치를 팔아버리는 사람들에게서 똑같은 양상을 보게 된다. 처음에는 이것이 매우 힘든 결정일 수 있는 동시에, 부지불식간에 이루어질 수도 있다. 그러나 시간이 지날수록 그들은 더 이상 내면의 양심에 귀 기울이지 않게 되고, 순전히 경제적인 논리에 근거하여 결정을 내리게 된다. 이 역시 서서히 죽어가는 결과로 이어질 뿐이다. 진정성이 결여된 행동은 사회적 카멜레온처럼 행동하는 리더나 추종자에게서 나타난다. 그들은 현재 자신이 속한 그룹이나 권위자에 맞추어 자신의 본질을 변화시킨다.

진정성 결여의 지표 중 하나로 사람들이 에너지의 극단적 쏠림을 경험하는 것을 들 수 있다. (1) 광적인, 극도의, 격앙된 에너지 또는 (2) 저하된, 둔화된, 쇠진한 에너지 또는 (3) 짧은 시간 동안 양극단을 지속적으로 오가는 상태. 이는 진정성의 결여란 곧 불균형 상태를 반영하는 것이기 때문이다. 자신이 누구인지를 기준으로 삼지 않는다면, 자신의 외부를 살핌으로써 해답, 인정, 방향을 구하고자 할 것이다. 자신의 내면의 도덕적 토대를 반복해서 무시하는 것은 그 사람의 에너지를 고갈시켜버리고, 내면의 양심을 인식하지 못하게 하며, 다른 사람의 태도나 의견에 맞추어져서 보다 광적인 에너지 상태를 좇게 만든다. 이러한 심리적 · 신체적 불균형 상태를 지속하게 되면 결국에는 그 사람의 안녕감은 대가를 치르게 될 것이다.

요약하자면, 진정한 리더는 자신이 누구인지 잘 이해하고 있으며, 다양한 환경 조건에서 진짜 자신의 모습에 맞추어 다양한 경험과 능력을 쌓게 된다(Gardner, Avolio, Luthans, May, & Walumbwa, 2005, Luthans & Avolio, 2003). 마찬가지로, 자신에게 솔직하고, 진정성을 지녔다는 것은 '아는 것' 과 '행하는 것' 모두를 포괄하는 의미라고 하겠다. 즉, 리더는 자신이 누구인지를 먼저 알고, 그런 후에야 자신의 진짜 가치 및 원칙에 부합하는 행동을 선택할 수 있다는 것이다. 따라서 리더의 진정성과 진정한 리더십을 계발하는 첫 번째 요소는 리더의 자기인식이라고 할 수 있다.

첫 번째 단계: 자기인식

대부분의 사람은 주위 사람들로부터 받는 평가에 비해 자신을 좀 더 과대평가하거나 호의적으로 보는 경향이 있다(Nilsen & Campbell, 1993). 이 연구결과에 따르면, 대부분의 사람은 자신이 남들에게 어떻게 인식되는지 확실히 알고 있지 못하다고 말할 수 있다. 하지만 자기인식(self-awareness)이라고 하는 개념은 남들이 나를 어떻게 보는가를 아는 것 그 이상이다. 일상 경험을 어떻게 이해하고 의미를 찾는지와 같이 모든 사람에게 공통된 기본 원칙을 이해하는 것은 물론 남들이 보지 않는 측면에 대해서도 알고 있는 것이다. 이는 모든 다른 이들이 당신에 대해 잘못 알고 있을 가능성도 있다는 것이다.

자기인식이라는 개념은 종종 '깨달음' 이라는 특정 상태를 지칭하는 것으로 사용되지만, 현실적으로 자기인식의 개념은 장기간의, 실제 전 생애를 거쳐도 결국 100%에 도달할 수 없는 배움의 여정이다. 이는 실제적 자기란 역동적이고 시시각각 변화하기 때문이다. 위에서 설명했듯이, 자기에는 다양한 요소들(예를 들어, 실제의, 두려워하는, 가능한)이 존재하며, 자기에 대한 모든 것을 아는 것은 불가능하다. 사실, 인지심리학자들에 따르면, 어떤 시점에서 자신이 접근할 수 있는 모습을 일컫는 '작동하고 있는 자아-개념' 이 존재한다고 하는데, 왜냐하면 우리는 자기의 모든 부분을 모든 순간에 접근할 수 없기 때문이다(Lord, Brown, & Freiberg, 1999; Markus & Wurf, 1987).

Malcolm Gladwell(2005)의 『첫 2초의 힘 블링크(*Blink: the power of thinking without thinking*)』라는 책에는, 참가자들 모르게 '젊은' 또는 '늙은' 이라는 단어를 생각하도록 자극에 점화시키자, 그 결과 추후 행동에서 차이를 보였다는 실험이 소개되어 있다. 스크린을 통해 역치 이하의 수준으로 순간적인 단어 점화를 하게 되면, 참가자들은 이런 사실을 인식하지 못하지만, 무의식적 수준에서 단어를 처리하게 된다. '늙은' 이라는 단어에 점화된 사람은 그러한 단어에 점화되지 않은 사람들에 비해 느리게 걷는 모습을 보였다고 한다.

또 다른 실험 결과를 보면, 공격적인 단어에 점화된 사람은 5분이 지난 후 미팅을 방해하는 행동을 보였지만, 공손한 단어에 점화된 사람은 미팅을 방해하는 행동을 전혀 나타내지 않았다 (Bargh, Chen, & Burrows, 1996). 일련의 연구들에서, 자신의 행동을 일으킨 것이 무엇인지 인식할 수 없었음에도, 스스로에 대한 생각과 관점이 자신의 행동에 영향을 미칠 수 있음을 뒷받침해주는 결과들을 보여준다. 자기인식을 잘 발달시키는 일은 자신의 행동을 조성하는 것에 대해 좀 더 잘 지각하게 되는 한 가지 방법이다. 비록 여기 언급된 연구자들에 의해 실험실에서 의도적으로 점화된 자극을 극복하는 것은 불가능할 수도 있겠지만, 자기인식을 발달시키게 되면 행동을 일으키는 자기의 다양한 측면을 의식할 수 있게 되어 이를 조절할 수도 있다. 예를 들어, 리더가 정보를 지각하고 처리하는 과정에서 자주 나타나는 편향에 대해 잘 알고 있다면, 자신의 관점이 균형을 이룰 수 있도록 하는 다양한 방법을 의도적으로 찾을 수 있다. 따라서 진정한 리더란 자기인식의 확대를 통해 좀 더 균형 잡힌 처리가 가능할 것이다.

촉발 상황으로부터 시작되는 자기인식

그렇다면 촉발 상황이란 무엇인가? 촉발 상황의 한 예로 다음을 들 수 있다. "당신이 대화 주제를 하나하나 모두 이끌어야만

하는 상황을 상상해보라." 한 젊은 리더가 그녀의 멘토에게 "내가 좋은 리더가 되는 데 도움이 될 수 있는 한 가지 방법은 무엇입니까?"라고 물었다. 그녀의 물음에 대한 그의 대답은 위의 문장이었으며, 그녀가 회고하길, 그 대답은 지난 10년 동안 공립학교 체제에서 일하는 동안에 자신을 매우 성공적으로 이끌어주었다고 하였다.

자기인식이란, 자기이론과 관련된 자기자신에게 중요한 질문을 던지는 것을 의미한다. 내가 최고였던 때는 언제였지? 내가 어떻게 나아질 수 있지? 내가 스스로에게 어떤 상황에서 진솔해지고 어떤 상황에서 진솔하지 못할까? 이러한 질문에 대한 피드백을 받아들이면서부터 자기인식이 촉발될 수 있다. 예를 들어, 당신과 그들의 생명이 걸린 위기 상황에서 얼마나 많은 친구들이 당신을 도와줄 수 있을까? 이런 종류의 질문은 스스로 진실 되고 깊은 우정을 생각해볼 수 있게 만들어주고, 그것이 인생에서 어떤 의미인지를 돌아보게 해준다. 따라서 자기인식이란 통찰의 순간(예를 들어, '아하' 경험), 자기반성, 자기에 대해 축적된 지식을 포함하는, 자기에 대해 배워가는 과정이라 할 수 있다.

촉발 상황은 리더로 하여금 잠시 멈춰 서서 사건의 의미 및 그 사건이 현재와 미래의 리더십에 미치는 함의를 돌아볼 수 있는 계기가 되어준다. 이러한 상황은 부정적일 수도 있고, 중립적, 혹은 긍정적일 수도 있다. 진정한 리더십 발달과 관련하여 분명한 점은, 리더가 핵심 문제에 대해 외부 소스에 근거해 답을 구하는 작업을 멈추고, 자신의 지혜와 양심에 귀를 기울여야 한다는 것이다. 한 병원 원장이 말하길, 자기계발에 도움이 되는 수많은 리더십 관련 서적을 읽었지만, 진정한 발전이 이루어진 때는 리더십과 관련된 자신만의 모델과 이론을 이해하고 주목한 시점이었다고 한다. 그가 자신의 모델을 좀 더 깊이 있게 들여다보기 시작했을 때, 그는 자신이 얼마나 내면의 목소리를 따르고자 했었는지를 알게 되었다고 한다. 이번에는 우리가 고른 다른 예로서 한 강연에서 어떤 학생이 다음의 질문을 워런 버핏에게 물어보는 상황이다.

> 학생: 당신이 어떤 생각이나 결정에 대하여 조언이나 피드백이 필요한 경우, 누구에게 찾아가나요?
>
> 워런 버핏: 저는 흔히 거울을 들여다보곤 합니다. 철저히 솔직해지려고 노력하지요. 내가 행하는 것의 본질은 결국 내 스스로 독립적으로 깊게 생각해야 함을 의미합니다. 왜냐하면 만약 내가 투표를 할 때는, 사실상 남들 모두가 하는 대로 할 것이고, 투자를 할 때에는 보통 남들의 행동에 대해 많이 생각하지 않습니다. 그래서 나만의 어떤 환경을 가져야 하고, 개인적으로 스스로 생각할 수 있게 만드는 기질을 지녀야 합니다(네브래스카-링컨 대학교, 2007).

버핏은 의심할 여지없이 일생 동안 자신이 알고 있고, 자신이 읽은 것들로부터 조언을 구했다. 이러한 리더들은 자신의 결정과 결과를 완전히 자기 것으로 인정해야 한다고 믿는다는 점에 주목할 필요가 있다. 그의 언급에 미루어볼 때, 그는 자신만의 답을 갖고 있다고 아는 정도의 경험 수준에 도달한 것이 분명해 보인다. 이러한 행동은 수년간의 경험과 체험에서 비롯된 자기자신에 대한 신뢰를 나타낸다. 그렇다면 이와 반대로, 자신의 분야에서 경험이 부족한 젊은 리더가 주요한 사업 결정에서 피드백이나 조언을 구하지 않기로 한 경우를 살펴보자. 이 경우는 취약해지기를 원치 않는 리더로서, 특히 지나치게 오만함을 보이는 경우 대부분의 분야에서 실패하기 쉽다. 물론 이 행동은 오만과 무지의 소치로 여겨질 수도 있다. 이것이 우리가 진정한 리더십을 역설하고 있는 이유이기도 하다. 자신, 타인 그리고 효과적 리더십을 보다 복잡한 방식으로 이해하게 되려면 기나긴 과정을 거쳐야 하므로, 진정한 리더십의 계발은 경험과 깊은 반성을 통해 이루어진다. 일기쓰기나 명상과 같은 반성적 행동을 할 때뿐만 아니라 리더를 맡아 일을 수행하는 동안에도 이루어진다. 자기반성은 자신과 관련이 있는 것으로 여겨지는 사건들이 일어난 후 이루어지는 비판적 사고다. 타인으로부터의 피드백은 자기성찰에 대한 일반적인 촉발 자극의 역할을 한다.

이러한 종류의 리더의 자기인식은 단순히 피상적인 수준의 생각과 배움을 넘어서는 것이다. 그것은 자신의 강점과 약점 및 그 이상을 아는 것을 포함한다. 이는 자기자신을 여러 수준에서 알고, 보다 깊고 자세하게 자기의 특정 측면들을 아는 것이다. 먼저 사람들이 평소에 자신의 환경, 상황, 타인과의 상호작용을 어떻게 해석하는지를 살펴보라. 사람들은 뭔가 행동을 해야 할지를 판단하면서 각각의 사건들에 대하여 측정하고, 판단하고, 평가하고, 이해하고 의미를 발견하려고 노력한다. 이 과정을 의미 찾기 또는 이해하기로 부른다. 따라서 자기인식의 어떤 수준에서, 리더는 모든 사람이 의미 창조자라는 사실을 알게 된다. 사실, 리더십 그 자체가 의미-창조의 기능으로 여겨지기도 한다. 그것은 비전을 그리고, 사람들과 함께 비전을 공유하며, 비전을 완수하는 구체적인 목표를 향해 실행에 옮기는 과정을 포괄한다. 리더의 자기인식은 리더 스스로 책임감을 가지고 자신의 팀, 조직체, 지역사회 속에서 의미를 찾고 이해하는 역할을 하는 데 기여한다.

자기인식을 확장해나가는 것은 선택사항이며, 누군가에게는 자신의 새로운 점을 발견하는 것이 불편한 것이 된다. 따라서 리더의 자기인식을 촉진하는 한 방법으로 자기관찰과 마음챙김이 있다. 마음챙김은 리더가 자기자신을 목격자나 제3의 관찰자의 시각으로 최소한의 평가 과정만을 가지고 자기관찰을 가능하게 해준다. 마음챙김은 일정시간 동안 의미-창조 과정을 차폐하거나 느려지게 할 수 있는 한 가지 방법이다. 이러한 비판단적 자기관찰은 진정한 리더십 발달에 중요한 또 다른 요소인 자기수용에 도움이 될 수 있다(Gardner, Avolio et al., 2005). 자기수용 없이 자기인식이 확장되는 것은 고통스러울 수 있다. 따라서 다양한 종류의 자기인식 방법(예를 들어, 자기반성, 일기쓰기, 마음챙김 등)을 결합하는 것은 진정한 리더십을 계발하는 데 가장 효과적일 수 있다.

두 번째 단계: 행동을 내적 가치에 부합시키기

Clif Bar는 개인 사업체로서 연간 수익이 1억 5천만 불에 달하며, 피고용자 수가 170명에 달한다. 그런데 이 사업체가 대규모의 복합 기업체 내의 또 하나의 상품 라인으로서 거의 인수될 시점이 찾아왔다. 이 회사의 미래 경로를 바꾸어놓은 진정한 리더십이 발현되는 '시점' 이었다.

주요한 경쟁 회사들이 대기업에 넘어간 다음, 2000년도에 다른 대기업으로부터 회사를 병합하고 싶다는 제안을 받게 되었다. 매우 좋은 제안으로, Clif Bar의 두 소유주들에게 있어서는 남은 인생 동안 더 이상 일할 필요가 없을 만큼 부를 보장해주는 제안이었다. 계약서에 서명하기로 한 날, 한 소유주가 패닉 증상을 느껴 밖으로 산책을 나갔는데, 그 순간 자신이 회사를 팔고 싶지 않다는 것을 깨닫게 되었다. 최근의 주요한 경쟁사가 거대한 마케팅 예산을 지닌 대기업으로 넘어갔고, Clif Bar는 같은 수준에서 경쟁하지 못하고 공격을 받고 결국 회사가 도산하게 될 거라는 사람들의 논리적 판단에 굴복하지 않기로 결심하게 되었다. 하지만 그날 그는 내면의 양심의 목소리에 귀를 기울여 매각을 희망하는 다른 소유주 및 다른 전문 경영인들의 의견에 반하는 결정을 내렸다.

게리 에릭슨(Gary Erickson)은 다른 소유주에게 6,000만 불 이상을 지불하기로 결정하여 당시 통장 잔고가 1만 불밖에 남지 않게 되었다. 그 회사는 4,000만 불의 수입에서 시작해서, 상대 대기업과 경쟁을 하는 상황에서도 불과 6년 만에 1억 5,000만 불의 수익을 올리는 회사로 성장하게 되었다. 최근 Clif Bar는 환경 경영의 선두주자가 되었다. 바이오 디젤 자동차를 구입하는 직원들에게 현금을 지급하는 인센티브 프로그램을 국내 최초로 시행하였고,

직원들이 하이브리드 자동차를 구매할 수 있도록 도와주며, 집에 자가용을 놓고 나오는 사원들에게 다양한 보상을 주는 정책을 펴고 있다(Burlingham, 2005; Erickson, 2007).

에릭슨은 매각을 취소하기로 결정하고 그의 내면의 목소리와 가치를 따르기로 한 마지막 순간, 자신의 행동을 양심에 일치시킴으로써 진정한 리더십을 보여주었다. 그는 경험 많은 사업 관련 전문가들의 조언보다는 자신의 지혜를 존중하고 신뢰함으로써, 회사 수입을 지속적으로 향상시키는 데 성공했을 뿐만 아니라, 회사가 지구의 환경 보존을 가치 있게 여기고 실천하도록 창의적인 시도를 계속했다. 돌아보자면, 그는 미래 잠재력을 평가하는 데 있어서 그릇될 수도 있었지만, 그는 여전히 자신에게 있어서는 옳았다.

진정한 리더십 계발 방법

위에서는 일상의 선택 상황에서 또는 중대한 도전과 변화의 순간에서 일어나는 리더십 일화들을 통해 진정한 리더십에 대해 살펴보았다. 마틴 루서 킹 Jr.는 평등과 평화라는 그의 꿈을 명료함과 투명함을 통해 공유하고, 일상사에서 비폭력적 접근을 통하여 정치적 · 사회적 변화를 이끌어냄으로써 고차원적인 진정한 리더십을 실천하였다. 게리 에릭슨은 그의 직원들을 위해 자신의 내적 양심, 가치, 관심에 기반을 둔 중대하고도 값비싼 결정을 내림으로써 진정한 리더십을 보여주었다.

진정한 리더십 계발(Authentic Leadership Development: ALD) 이론은 진정한 리더십을 실천하는 데 있어 몇 가지 구체적인 핵심 실천 사항들이 있다고 제안한다. 이른바 자기인식, 투명성, 균형잡힌 처리과정, 그리고 도덕적 관점과 행동들. 우리는 앞에서 리더의 자기인식과 그 발달에 대해 촉발 상황 및 자기반성을 통해 살펴본 바 있다. 이제부터는 우리는 자기인식과 관련된 구체적인 실천 사항들을 살펴보고, 진정한 리더십의 또 다른 요소들을 탐색해보도록 하겠다.

자기인식 훈련

진정한 리더들은 자기발견을 추구한다. 자신에 대한 피드백이나 통찰을 받아들이며, 리더로서의 자기인식을 강화하는 훈련에 참여한다. 이러한 훈련에는 주로 세 가지가 있다. (1) 정기적으로 피드백을 구하고, 이를 위해 촉발 상황을 만들어내기, (2) 실제적 자기와 정서적 반응을 촉발시킨 것의 의미를 이해하고자 자기반성하기, (3) 즉각적인 사고와 감정에 대해 알아차릴 수 있도록 자기관찰이나 마음챙김 연습하기. 이 세 가지 훈련은 자기인식을 고양하는 데 도움이 된다. 피드백, 자기반성, 자기관찰의 초점이 리더십 상황에 집중되고, 리더는 자기자신, 효율적인 리더십 그리고 세계관에 대해 자신이 지닌 내현적 이론을 탐색하려는 마음을 갖고 있다면, 우리는 이 과정을 리더로서의 자기인식이라고 한다.

다양한 사람들에게서 피드백을 구하는 일은, 리더가 여러 사람들에게 어떻게 지각되고 있는지 이해할 수 있는 방법이 된다. 고로, 조직 내 리더의 계발을 위해 전방위적 수행 피드백 도구가 매우 자주 사용된다(Atwater, Brett, & Waldman, 2003을 참고). 이러한 도구들이 피드백을 통한 자기반성을 촉발하는 데 유용한 측면이 있으며, 또한 이 도구들만이 자기인식을 증진시키는 유일한 방법이라는 사실 역시 중요하다. 게다가, 어떤 리더가 자신에 대해서 잘 알고 있지만, 리더십에 대한 스스로의 평가가 추종자들의 평가와 차이가 있을 수 있는데, 우리의 관점에서 보면, 이것이 반드시 리더가 자기인식을 잘 하지 못한다는 것을 의미하는 것은 아니다.

자신의 강점을 알고, 그에 대한 피드백을 받아들이는 측면에서, Roberts, Dutton, Spreitzer, Heaphy와 Quinn(2005)이 '반영된 최선의 자기상'이라는 연습방법을 개발했다. 이 연습에서 사람들은 자신들이 최선의 모습을 보일 때가 언제이고, 어떤 특성을 보이고, 어떤 상황적 조건하에서 그러한지에 대한 피드백을 구한다. 진정한 리더는 자신의 강점과 가능한 최선의 자기상을 이해하는 데 시간적 투자를 아끼지 않으며, 자신의 주위 사람들도 그것들을 배우도록 돕는다. 강점을 활용하고 최선의 자기상을 유지하는 것은 안녕감에 긍정적인 영향(예를 들어, 기분이 나아진다)을 미치고, 또한 개인을 발전시키며, 종국에는 집단의 수행을 향상시키는데, 모든 이가 자신의 강점을 알고 이를 활용하여 효과적으로 수행하는 것으로부터 힘을 얻기 때문이다.

자기인식을 고양시키는 두 번째 훈련은 자기반성이다. 촉발 순간에 대해 숙고하는 데 시간을 들이며, 리더십 경험으로부터 배움을 얻는 과정이 모두 반성의 연습이 된다. 적응적인 자기반성은 비판적 사고의 형태로서 통찰(아하! 경험)과 자기에 대한 앎으로 이끄는 탐색과 평가를 포함한다. 부적응적인 자기반성은, 무엇이 그리고 왜 일이 잘 풀리지 않았는지 곱씹는 데 시간을 낭비하는 것이며, 이는 결코 긍정적인 교훈을 남기지 못한다. 진정한 리더는 다른 사람의 행동뿐만 아니라 자신의 행동에서 알게 된 것에서 촉발 순간을 찾고자 한다. 그들은 한 주 동안의 리더십 사건이나 경험에 대해 정기적으로 적극적인 자기반성을 하며, 자신이 반성하고 있는 바에 대한 피드백을 구하거나 '요약' 또는 사후 점검을 수행한다.

세 번째로, 마음챙김이나 자기관찰을 수행하는 것 또한 또 다른 자기인식의 훈련 요소가 된다. 이 훈련은 자신의 사고, 감정, 행동이 일어날 때 이를 관찰하는 것이다. 마음챙김이란 현재 순간에 일어나고 있는 것에 대해 판단하지 않고 주의를 기울이는 것이다(Baer, 2003; Brown & Ryan, 2003). 듣기엔 간단하지만, 마음챙김은 상당히 도전적인 과제다. 많은 사람이 명상이나 반성 연습 기법들을 사용하여 자신의 내적인 사고, 감정, 마음속 반응들을 관찰자의 관점에서 비판단적으로 바라보는 방법을 배우고자 한다. 이런 종류의 자기관찰은, 자신의 생각이나 행동이 스스로의 목표와 일치하는지 여부를 따져보는 것과는 구분되는 것이다. 후자의 것은 자기반성의 예이며, 전자와 후자 모두 자기인식 발달에 있어 중추적인 훈련 과정이다.

마음챙김은 리더로 하여금 현재 순간에서 일어나고 있는 사고와 감정의 흐름에 대한 자기인식을 잘할 수 있도록 돕는다. 이러한 메타 인지(자신이 생각하고 있는 방식을 생각해보기) 능력은 즉각적인 적응과 적응적 유연성을 가능케 해준다. 마음챙김은 리더로 하여금 자동적, 습관적인 반응을 끊고, 대안적인 사고 및 자기반성에서 얻어진 통찰에 기초한 대안적 반응을 가능케 해준다. 예를 들어, 마틴 루서 킹 Jr.는, 동시대의 맬컴 X(Malcolm X)가 그러했던 것처럼 분노의 자동적 반응이나 공격적으로 대응할 욕구, 또는 위협에 대해 반격하거나 방어하려는 충동들을 여러 번 느꼈을지 모른다. 하지만 도전적이고 심지어는 폭력적인 다양한 상황에서도 평화적인 반응을 선택했던 것은 그의 능력일 것인데, 그 순간 자신의 자동적 반응을 관찰하고 다른 방식의 반응을 선택하는 능력에 어느 정도 기인하는 것이다.

따라서 진정한 리더란, 위협 지각 상황에서 자동적인 인간적 정서 반응을 훨씬 강하게 느낄 때에도 자신의 핵심 가치에 충실하게 행동하는 능력을 갖춘 사람이라고 할 수 있다. 감정적 촉발자극을 초월할 수 있는 경지에 다다르고, 딜레마를 해결하기 위해 긍정적 핵심 가치를 긍정적 성장 책략에 반영시켜 잘 통제된 상태를 유지하는 리더들이 있을 수 있다. 넬슨 만델라(Nelson Mandela)가 27년 수감생활에서 벗어났을 때, 자신을 감금한 자를 찾아 복수하려는 마음을 먹기가 얼마나 쉬울까? 무엇이 이 진정한 리더를 그 '순간' 그렇게 다른 존재로 만들었을까?

균형 잡힌 처리 과정 연습하기

앞서 제시된 리더로서의 자기인식 과정에 따르면, 진정한 리더들은 세상 모든 이가 편향된 정보처리 과정을 보이고 있음을 알아야만 한다. Bargh의 실험(Bargh et al., 1996)에서 '젊은' '늙은'

'공격성'의 단어에 무의식적으로 발화된 실험 참가자들처럼, 진정한 자기인식이 가능한 리더들은 세상 모든 이가 자기가 지각한 것을 걸러서 받아들이고, 과거 경험에 따라 자신의 환경을 해석하며, 타인의 감정과 같은 주변의 다양한 현상 등에 무의식적으로 영향을 받는다는 사실을 알고 있어야 한다. 따라서 진정한 리더는 대안, 주요 사안에 반대되는 관점을 찾는다. 사람들이 모두 편향된 정보 처리를 하고 있음을 그들은 잘 알고 있다. 그러므로 진정한 리더십을 실현시키는 이 핵심 요소는, 리더가 적응적인 갈등 상황을 만들어내도록 독려한다(Avolio, 2005). 적응적인 갈등은 서로 다른 배경을 지닌 사람들의 다양한 관점이 의사결정에 반영될 때 나타난다. 건강하게 논쟁하고 상충하는 아이디어를 공정하게 고려하게 되면, 창의적이고, 두드러지고, 적응적인 해결책이 나오게 마련이다.

만약 리더가 자기집단의 의미-창조 과정에서 본래부터 존재하는 편향성을 알고 있지 못하면, 그의 집단이 적응적인 갈등을 통한 다양하고 창의적인 해결책으로부터 얻을 수 있는 이익을 얻게끔 할 수 없다. 또 다른 극단, 전형, 편견, 당연시 여기기 등은 부적응적인 갈등의 조건을 형성하게 된다. 따라서 사람들에게 타고난 인지적 편향성이나 자동적 의미 창출 과정에 대한 교육과 훈련이 필요하고, 이를 통해 자신의 내현적 이론을 이해할 수 있게 되며, 항상 자신만의 필터와 편견에 따라 행동하는 타인과 어떻게 기능적으로 상호작용할 수 있는지에 대해 배울 수 있다. 이러한 과정에 대해 적절히 이해하고 있을 때, 좀 더 균형 잡힌 과정으로 나아가는 큰 진전이 이루어질 수 있다.

투명성 연습하기

진정한 리더십의 발달은 리더십의 관계적 속성을 잘 파악하고 있다. 즉, 리더십이란 사회적 상호작용과 영향을 토대로 이루어진다. 따라서 진정한 리더십의 핵심 구성요소로서 관계적 또는 상호작용적 투명성이 있다. 여기에서 관계적 투명성이라 함은 관련된 정보를 공유하고, 피드백을 주고받는 것에 개방적 태도를 취하며, 의사결정 이면의 동기 및 이유에 대해 솔직해져야 하고, 말과 행동 사이에 일관됨을 보여야 하는 것으로 정의된다 (Vogelgesang, 2007).

사람 사이에 신뢰를 형성함에 있어 투명성은 중추적 역할을 담당한다. 정보를 전해주지 않고, 말과 행동이 다르며, 기꺼이 피드백을 주고받지 못한다면, 관계에서의 투명성은 좀먹게 되고 신뢰가 감소하게 된다. 실제로는 알고 있는 사실이지만, 많은 사람이 얼마나 많은 정보를 공유해야만 하는지에 대해 궁금해한다. Avolio와 Luthans(2006)에 따르면, 자신의 가치와 신념에 확신이 있으면 있을수록 타인과의 교류에 있어서 얼마나 투명해야 하는지에 대해 보다 명확히 알게 될 것이라고 한다. 투명해지는 것이 때론 취약해진 것같이 느끼게 만들지만, 불안을 야기하거나 남들로부터 착취를 당하는 수준이 될 정도로 취약하게 만들지는 않을 것이다. 당신이 스스로의 핵심 가치를 잘 알고 있고, 그 핵심 가치가 높은 도덕 원칙에 기반하고 있다면, 왜 타인과 상호작용할 때 투명해지기를 원치 않겠는가?

도덕적 행동 연습하기

ALD는 종국에 리더십을 실천함에 있어 리더로 하여금 자기자신에게 진실해지도록 하는 것이다. 우리가 언급한 '자기'라는 것은 여러 다른 방식으로 설명된다(예를 들어, 가능한 자기, 최선의 자기, 또는 자신의 양심과 핵심 가치 등). 이러한 용어들 모두는 대부분의 사람들의 평균적 인식 수준보다 높은 수준의 자기인식을 이미 내포하고 있다. ALD를 훈련하는 것은, 정기적으로 최선의 자기에 대해 파악하고, 리더십과 관련된 자신의 핵심 가치를 점검하며, 훈련을 실시하고, 자신의 행동이 자신이 지닌 최고의 윤리적 · 도덕적 원칙에 부합한다는 사실을 재확인하는 것을 의미한다고 볼 수 있다. 이러한 맥락에서 볼 때, 진정한 리더십을 발현하는 것이란 관계, 사회적 책임, 수행 기준과 관련된 높은 도덕원칙에 부합하는 행동을 취하는 것이라 할 수 있다. ALD를 연습한다는 것은, 지속적으로 자기탐색과 자기인식의 기회를 갖고, 현재 삶에서 어떤 가치와 원칙이 자신의 양심과 가능한 자기의 최상위 형태인지를 배우는 것을 의미한다.

요약하자면, 진정한 리더십 계발은 자기인식, 균형 잡힌 처리과정, 투명성 그리고 도덕적 행동 등과 같은 몇몇 연습방법들을 포함한다. 이러한 연습방법들을 종합함으로써 보다 진정한 단계로 나아갈 수 있으며, 리더십 관계에 있어서 롤모델 역할을 수행할 수 있게 한다. 또한 이를 통해 높은 수준의 신뢰, 열정, 수행의 전형이 될 수 있는 리더십 경험이 뒤따르게 된다.

결 론

마틴 루서 킹 Jr.의 사례로 돌아가 보면, 그는 미국 국민으로 하여금 모든 사람을 평등하게 바라보도록 일깨워주었으며, 미국 국가로 하여금 모든 이에게 동등한 기회를 제공하도록 촉구하였다. 그는 미국, 사실상 전 세계를 향해 진정한 리더십을 몸소 보여주었으며, 우리 자신으로 하여금 모든 이에게 동등한 자유가 주어지도록 대승적인 원칙에 스스로 진실하도록 깨우침을 주었다. 40여 년의 세월이 흐른 후, 우리는 전 세계적인 관점에서 진정한 리더십을 실천하도록 우리 자신을 일깨우고 있는 중이다. 이것이 전적으로 옳다고 말할 수는 없지만, 좀 더 넓고, 포괄적이며, 통합적 관점으로 변화되어가는 과정이라고 말할 수 있다.

예를 들어, 갤럽 여론조사에 따르면, 대다수의 이슬람교도가 미국의 창의성과 자유주의에 경외심을 보이고 있다고 한다. 만일 이 사실을 미국인들도 알게 된다면 많은 사람이 크게 놀랄 것이다(Esposito, 2006). 하지만 대부분의 이슬람교도는 미국인들이 자신의 문화와 이슬람 정신을 존중해주지 않는다고 믿고 있다. 싱가포르의 한 이슬람 교수는 그와 관련해서, 수많은 미국 영화 안에 그려지고 있는 '아랍'이라는 정체성을 예시로 들어주었다. 지난 30여 년 내에 만들어진 모든 영화 속에서, 아랍은 깡패 조직원, 테러리스트, 또는 사치에 물든 부유층 부패 사업가로 묘사되었다.

다시 본론으로 돌아가서, 우리는 오늘날의 세계 리더들을 떠올리며 다음과 같이 물어볼 수 있다. 그들 리더들은 어떻게 자기인식을 하고 있으며, 그들이 진정한 리더가 되는 데 자기인식이 어떤 영향을 미쳤는가? 진정한 리더십의 발달에 있어서 현재의 세계화 추세가 어떤 영향을 미쳤는가? 우리가 그 리더들을 불러다가 자기인식을 높여주고, 투명성과 균형 잡힌 과정을 고양시켜주며, 도덕적 관점에서 행동하도록 이끌기만 한다면 인류의 역사를 바꾸어놓을 수 있을까? 물론이다! 사실 우리는 진정하지 못한 리더십이 현재와 미래 세대에서 겪게 될 수많은 딜레마 상황의 근본 뿌리가 되고 있다고 믿고 있다. 리더십이란 인간 역사의 긍정적 · 부정적 결과 모두에 있어서 상당한 영향력을 행사해왔다. 좀 더 진정한 리더십을 계발하는 데 우리의 관심을 집중한다면 인류를 좀 더 상향적이고 긍정적인 수준의 발전으로 이끌 수 있으리라 생각한다.

물음들은 다음과 같다. 우리 삶, 관계, 리더십 기회에 있어서 어떻게 하면 우리 개개인이 새로운 차원의 진정한 리더십에 관여하도록 이끌 수 있을까? 어떻게 하면 우리 스스로 우리의 편향성, 맹점, 필터 등에 대해 좀 더 객관적으로 이해하게 될 수 있을까? 신뢰 구축을 원하는 관계 속에서 어떻게 하면 투명성을 끌어올릴 수 있을까? 어떻게 하면 우리 일상의 삶 속에서 도덕적 원칙과 내면의 양심에 부합하는 행동을 하도록 배울 수 있을까? 이런 물음에 대한 발달 과정에 직접 참여해볼 수 있도록 다음에 짧은 제안들을 소개하였다.

| 개인적인 작은 실험들 |

매일 연습하기

인생은 일련의 모의실험과도 같아 당신은 배움을 추구하거나 행동을 함에 있어 이것 또는 저것을 선택해야 한다. 여기 선택할 수도 또는 선택하지 않을 수도 있는 활동들, 그리고 실험 결과들이 제시되어 있다. 말하자면 당신의 선택에 달려 있다.

당신의 진정한 리더십 발견하기 온라인으로 앞서 언급된 진정한 리더십 요소들을 측정하는 짧은 설문을 통해 당신의 진정한 리더십 발달 정도를 측정해보라. www.gli.unl.edu에 가서 설문에 참여하라.

자기반성을 통한 자기인식 향상시키기 자기자신에 대한 암묵적 이론, 그리고 훌륭한 리더 및 효과적 리더십에 대한 믿음들이 어떠한 것인지 알아보라. 리더에게 있어 최고의 긍정적인 속성이라고 느껴지는 것들에 대해 리스트를 만들어 동료의 리스트와 비교해보자. 당신이 동료와 달리 가장 먼저 중요하다고 생각되어 리스트에 적은 것은 무엇인가?

세계관에 대한 자기반성 당신의 '세계관'을 살펴보라. 당신과 가까운 사람이 지닌 '세계관'과 어떻게 다른지 보고, 이러한 '필터'가 당신의 행동에 어떤 영향을 미쳤는지 살펴보라. 추종자를 리더로 이끌어주는 데 있어서 리더의 책임이 무엇인지에 대한 당신의 세계관은 무엇인가? 다른 문화권 사람들이 당신의 문화권에서 모범이 되는 리더십에 대해 갖고 있는 관점에 대한 당신의 세계관은 무엇인가? 리더십 유산에 대한 당신의 세계관은 무엇인가?

다른 사람에게 자신의 강점 물어보기 '반영된 최선의 자기상' 연습을 시도해보라(Roberts, Spreitzer, Dutton, Quinn, Heaphy & Baker, 2005). 같이 일하고 같이 사는 핵심 인물들에게 질문하라. 내 강점은 무엇인가? 직장에서 혹은 가정에서 최선의 모습을 보이는 때가 언제이며, 어떤 환경이 최선의 모습을 이끌어내는가?

공정한 결정을 어떻게 내리는지 알아보기 중요한 결정을 할 때 갈등 국면을 찾아보라. 당신의 결정 기저의 기본 가정을 들춰보고 이해해보라.

다양한 배경과 신념을 지닌 여러 팀들을 구성하라. 이들 팀 구성원들이 확실하게 인지적 편향을 이해하고 적응적 갈등을 통해 성공적 결과를 얻을 수 있음을 알도록 하라. 논쟁거리가 될 만한 주제를 잡아서 팀원들과 함께 각자 가지고 있는 핵심 신념과 기본 가정들을 설명하도록 하고 차이점을 발견해보라.

당신의 투명성 정도를 알아보기 관계에서의 상호작용과 신뢰에 있어 투명성을 계발하라. 자신의 어떤 정보를 사람들과 나눌 때 가장 편안하고, 또는 가장 불편한가? 왜 그런가? 관련

정보를 사람들과 자유로이 나누어보라. 정기적으로 피드백을 구하고, 기꺼이 피드백을 주도록 하는데, 특히 긍정적인 피드백을 자주 주고받아라. 사람들에게 그들이 모르고 있는 정보가 무엇이고 어떻게 하면 그들에게 더 잘 알려줄 수 있는지 물어보라. 결정 이면의 동기와 논리를 공유하라. 당신의 말과 행동이 확실히 일치되도록 하라. 당신이 일치된 모습을 보였는지 중요한 사건을 되돌아봄으로써 알아보라. 다른 사람들에게 그들의 관점에서 당신의 말과 행동이 얼마나 일치했다고 보는지에 대한 피드백을 구하라.

당신의 도덕적 관점 수준을 알아보기 당신의 행동을 당신의 최고 원칙 및 내면의 양심에 일치시켜라. 물론 우선은 어느 정도의 자기반성과 자기인식 활동을 통해 당신의 최선의 모습과 핵심 가치 및 원칙이 무엇인지 이해해야 한다. 어려운 도덕적 딜레마 상황을 가정하고, 결정을 내려야 하는 상황에서 영향을 미치는 원칙들을 살펴보자. 다른 사람과도 같은 작업을 하고, 당신의 도덕 원칙과 타인의 것을 비교해보자. 당신이 생각하기에 최고의 도덕적 가치와 원칙을 보여주고 있다고 여겨지는 세계적 수준의 리더에 대한 글을 읽어보라. 그들의 가치가 당신의 가치와 어떻게 일치하는지 설명해보라.

진정한 리더십에 대해 배운 것들을 정리하라 이제 당신은 진정한 리더십의 요소들을 살펴보았는데, 이들이 당신의 매일의 리더십 계발에 어떻게 적용될 수 있을지 고민해보라. 보다 효과적인 진정한 리더가 되기 위해 어떤 것을 택하여 매진할 것인가? 어떤 것들을 중단할 것인가? 당신의 리더십 목표는 무엇이고, 성취의 정도는 어떻게 평가할 것인가?

참고문헌

Atwater, L. E., Brett, J. F., & Waldman, D. A. (2003). Understanding the benefits and risks of multi-source feedback within the leadership development process. In S. E. Murphy & R. Riggio (Eds.), *The future of leadership development* (pp. 89-106). Mahwah, NJ: Erlbaum.

Avolio, B. J. (2005). *Leadership development in balance: Made/born*. Mahwah, NJ: Erlbaum.

Avolio, B. J., & Luthans, F. (2006). *The high impact leader: Moments matter in accelerating authentic leadership development*. New York: McGraw-Hill.

Baer, R. A. (2003). Mindfulness training as a clinical intervention. A conceptual and empirical review. *Clinical Psychology: Science & Practice, 10*(2), 125-143.

Bargh, J. A., Chen, M., & Burrows, L. (1996). Automaticity of social behavior: direct effects of trait construct and stereotype activation on action. *Journal of Personality and Social Psychology, 71*(2), 230-244.

Bass, B. M., & Steidlmeier, P. (1999). Ethics, character and authentic transformational leadership. *Leadership Quarterly, 10*, 181-217.

Beck, D. E., & Cowan, C. C. (1996). *Spiral dynamics: Mastering values, leadership, and change*. Malden, MA: Blackwell Publishers.

Brown, K. W., & Ryan, R. M. (2003). The benefits of being present:

Mindfulness and its role in psychological well-being. *Journal of Personality & Social Psychology*, 84(4), 822-848.

Burlingham, B. (2005). *Small giants.* New York: Penguin Books.

Burns, J. M. (1978). *Leadership.* New York: Harper & Row.

Debold, E. (2002). Epistemology, fourth order consciousness, and the subject-object relationship or ... How the self evolves with Robert Kegan. *What is Enlightenment*, 22. Retrieved April 15, 2007, from http://www.wie.org/j22/kegan.asp.

Epstein, S. (1973). The self-concept revisited: Or a theory of a theory. *American Psychologist*, *28*(5), 404-416.

Erickson, G. (2007). *The day I almost sold the company.* Retrieved February 2, 2007, from http://www.clifbar.com/ourstory/document.cfm?location=journey&id= 137.

Erickson, E. H. (1959). *Identity and the life cycle.* New York: International University Press.

Esposito, J. L. (2006). The Muslim world: What executives need to know. *Gallup Management Journal*, August, 1-3.

Gardner, W. L., Avolio, B. J., Luthans, F., May, D. R., & Walumbwa, F. O. (2005). "Can you see the real me?" A self-based model of authentic leader and follower development. *Leadership Quarterly*, *16*(3), 343-372.

George, W., & Sims, P. (2007). *True north: Discover your authentic leadership.* San Francisco: Jossey-Bass.

Gerber, R. (2002). *Leadership the Eleanor Roosevelt way.* Englewood Cliffs, NJ: Prentice Hall.

Gladwell, M. (2005). *Blink: The power of thinking without thinking.* New York: Little, Brown.

Harter, N. (2002). Authenticity. In C. R. Snyder & S. J. Lopez (Eds.), *Handbook of positive psychology* (pp. 382-394). Oxford: Oxford University Press.

Kegan, R. (1982). *The evolving self: Problem and process in human development.* Cambridge, MA: Harvard University Press.

Kohlberg, L. (1976). Moral stages and moralization. *Moral Development and Behavior.* New York: Holt, Rinehart and Winston.

Loevinger, J. (1976). *Ego development.* San Francisco: Jossey-Bass.

Lord, R. G., & Brown, D. J. (2004). *Leadership processes and follower self-identity.* Mahwah, NJ: Erlbaum.

Lord, R. G., Brown, D. J., & Freiberg, S. J. (1999). Understanding the dynamics of leadership: The role if follower self-concepts in the leader/follower relationship. *Organizational Behavior and Human Decision Processes, 78*(3), 167-203.

Luthans, F., & Avolio, B. J. (2003). Authentic leadership: A positive developmental approach. In K. S. Cameron, J. E. Dutton, & R. E. Quinn (Eds.), *Positive organizational scholarship* (pp. 241-261). San Francisco: Barrett-Koehler.

Luthans, F., Youssef, C. M., & Avolio, B. J. (2007). *Psychological capital: Developing the human competitive edge.* Oxford: Oxford University Press.

Markus, H., & Wurf, E. (1987). The dynamic self-concept: A social psychological perspective. *Annual Review of Psychology, 38*, 299-337.

Nilsen, D., & Campbell, D. P. (1993). Self-observer rating discrepancies: Once an overrater, always an overrater? *Human Resource Management, 32*, 265-281.

Peterson, S. J., Walumbwa, F. O., Avolio, B. J., & Fredrickson, B. L. (2007). *Taking on "Hill Street Blues" : Examining a more positive approach to leading in police organizations.* Unpublished manuscript.

Piaget, J. (1954). *The construction of the reality in the child.* Oxford: Basic Books.

Pugliese, D. J. (2007). *King: Man of peace in a time of war* [DVD]. North Hollywood, CA: Passport International Entertainment.

Quinn, R. E. (2004). *Building the bridge as you walk on it.* San Francisco: Jossey-Bass.

Roberts, L. M., Dutton, J. E., Spreitzer, G. M., Heaphy, E. D., & Quinn, R. E. (2005). Composing the reflected best-self portrait: Building pathways for becoming extraordinary in work organizations. *Academic of Management Review, 30*(4), 712-736.

Roberts, L. M., Spreitzer, G., Dutton, J., Quinn, R., Heaphy, E., & Baker, B. (2005). How to play to your strengths. *Harvard Business Review, 83*(1), 75-80.

University of Nebraska-Lincoln, College of Business Administration. (2007). Buffett and Gates go back to school [DVD]. Lincoln, NE: Nebraska Educational Television.

Vogelgesang, G. (2007). *How leader interactional transparency can impact follower psychological safety and role engagement.* Unpublished doctoral dissertation, University of Nebraska, Lincoln.

Wilber, K. (2000). *A brief history of everything.* Boston, MA: Shambhala.

10

시민참여 육성하기

• Lonnie R. Sherrod와 James W. Lauckhardt

10

시민참여 육성하기

Lonnie R. Sherrod와 James W. Lauckhardt

첫 번째 저자인 Sherrod은 청소년기 초부터 현재까지의 생생한 기억을 가지고 있는데, 이 기억은 그가 시민참여에 대해 관심을 갖도록 하는 데 기여하였다. "나는 미국의 남동부 지역에서 자랐다. 내가 살던 집이 있던 동네의 반대편 쪽에서 매년 가을 축제가 열리곤 했다. 축제에는 놀이기구, 게임, 먹거리, 4-H[10] Animal Judging, 그 외에도 다양한 놀거리들이 있었다. 난 그곳에 가는 것을 매우 좋아했으나 우리 부모님은 싫어하셨다. 처음으로 가장 친한 친구와 단 둘이서만 축제에 가도 된다는 허락을 받은 적이 있었다. 우리는 이게 환상적이라고 생각했는데, 이제 축제에

10 역자주: 4-H는 1900년대 초반 미국에서 시작된 일종의 사회교육 운동으로서 청소년들이 장차 지역사회와 국가발전에 기여하고 자연과 농촌에 대한 애착을 갖도록 키워내고자 하며, 현장 실습과 과제 실천을 중시한다. 4-H는 머리(Head), 마음(Heart), 손(Hands), 건강(Health)을 의미한다.

가서 하고 싶은 건 뭐든지 다 할 수 있을 것이라고 생각했기 때문이다. 그때 난 12세였다. 우린 대중교통 수단을 이용하게 되었고, 시내에서 버스를 갈아타야 했다. 시내에서 버스를 타자, 빈자리가 많이 있었음에도 통로는 서 있는 사람들로 붐볐다. 우리는 버스 통로가 너무 붐볐기 때문에 비어 있는 자리까지 가지도 못하고 그냥 서 있어야 했다. 그날 밤 집에 돌아와서 엄마에게 그 이야기를 하자, 엄마는 당시 진행되고 있던 민권운동에 대해 설명해주셨다. 당시 아프리카계 미국인은 버스의 뒷자리에만 앉도록 하는 것에 대한 저항 차원에서 좌석마다 한 명씩만 앉았기 때문에 백인이 자리에 앉으려면 흑인 옆에 앉아야만 했다. 이런 경우 백인은 그냥 서 있으려 하였다. 가장 놀라웠던 점은 내가 그때까지는 흑인이 버스 뒷좌석에만 앉아야 한다는 것뿐만 아니라 식수대나 화장실도 따로 사용하고 도시의 특정 구역에서만 살고 있다는 것을 인식조차 못했다는 것이다. 또한 난 우리 학교에 선생님이든 학생이든 흑인은 단 한 명도 없다는 사실을 미처 알아차리지 못하고 있기도 했다. 우리 학교는 요즘 학교들에 비해서도 시민참여에 관심을 가지는 역할을 아주 잘 해낸 편이었다. 우리는 시민 과목(civil class)을 들었고, 모의국회와 선거를 실시하였으며, 학생회를 정치활동의 일환으로 강조하였고, 불법이 되기 전까지 국기에 대한 충성 서약을 시키기도 했다. 하지만 학교 측은 사회정의 문제에 관심을 기울이는 그 어떤 행동도 하지 않았고, 불의를 보았을 때 이를 바로잡기 위한 행동을 취할 자유가 있음을 학생들이 인식하도록 사회화시키지도 않았다.

시민참여(civic engagement)는 법을 준수하고 규칙을 따르며,

'평지풍파' 를 일으키지 않는 것으로 정의되어 있었다. 아프리카계 미국인에게 가해지고 있던 총체적 부당함을 직시하여야 했지만, 내가 민권운동을 직접적으로 접하기 전까지는 그 무엇도 나에게 그에 대한 경각심을 일깨워주지 않았다. 인종차별은 내가 자라난 환경을 구성하는 매우 자연스러운 광경 중 하나였을 뿐이었다."

최근에 우리가 수행한 연구결과에 따르면 오늘날의 십대 청소년은 시민의식을 법을 준수하는 것으로 여길 뿐, 사회적 불의를 바로잡는 것으로 여기지는 않는다고 한다(Sherrod, 2003). 젊은이들이 평등과 사회정의에 관심을 기울이고, 그것이 시민으로서의 의무이자 그들의 자연스러운 생활의 일부가 되는 시민의식을 기를 수 있도록 사회화시키려면 어떻게 하는 것이 좋을까?

이 장에서는 시민참여를 육성하기 위해 미국 사회에서 사용되고 있는 현재의 기법들을 개괄할 것이다. '육성' 은 전략적으로 선택된 단어로서 시민참여가 아동기와 청소년기에 걸쳐 자라나며, 마치 식물을 키울 때와 유사한 주의와 돌봄이 필요함을 강조하기 위한 것이다. 우리는 먼저 연구들을 통해 성인기의 시민참여와 관련이 있다고 확인된 기존의 사회적 기법들, 예를 들면 시민교육, 지역사회 봉사, 청소년 프로그램, 가족의 영향 등에 대해 살펴볼 것이다. 다음으로는 대중매체와 같이 연구가 충분치 않아서 그 영향력을 확신할 수 없는 것들에 대해 살펴볼 것이다. 마지막으로 현재의 연구들의 한계를 논의하고, 향후 어떤 분야의 연구가 필요한지, 특히 어떻게 하면 시민의식 발달을 증진시킴으로써 성인 시민들이 사회정의 문제에 대한 자각을 가질 수 있는지에 대해 살펴봄으로써 마무리할 것이다.

시민참여의 발달에 대한 관심의 중요성

시민의식(citizenship)은 직업이나 가족만큼 성인의 의무에 중요한 영역이지만, 연구자들이나 프로그램 개발자들의 관심의 대상이 되지 못했었다. 나는 최근 몇 년 동안 내가 쓴 논문들이나 발표 자료를 이 문장으로 시작한 이래, 이 문장을 나의 소명이라 말해왔다. 만일 우리가 생동감 있게 민주시민사회를 유지하고자 한다면, 우리는 반드시 시민의식의 발달에 관심을 기울여야 한다(Lerner, 2004; Sherrod, 2007a). 미합중국과 같은 민주주의국가들은 시민들의 능동적이고, 적극적이고, 정보에 입각한 참여에 의존한다. 일부에서는 우리가 낮은 수준의 시민참여라는 위기에 봉착했으며, 특히 청소년들의 경우가 심하다고 주장한다(Putnam, 1996, 2000). 이러한 주장에는 논란의 여지가 있다. 다른 연구자들은 시민참여가 변화되었을 뿐 감소하지는 않았다고 주장한다(Youniss, Bales, Christmas-Best, Diversi, McLaughlin, & Silbereisen, 2002; Youniss & Yates, 1997). 그렇지만 투표율이나 시민지식 수준이 적정 수준에 미치지 못한다는 것을 우리는 알고 있다. 따라서 우리가 국가 차원에서 시민참여의 발달에 분명한 관심을 기울이는 것은 매우 시급하다고 볼 수 있다. 과학은 시민의식을 고양하기 위한 정책과 프로그램을 고안하는 데 필요한 정보들을 생성해낼 수 있는 강력한 도구다. 그래서 우리는 이 장을 통해 시민참여의 발달에 대한 연구를 강조하였다.

지난 수십 년 동안 이루어진 시민의식의 발달에 대한 연구들은 크게 두 시기로 구분될 수 있다. 1950년대의 연구는 초기 경험을 강조하였기 때문에, 가족이 어떻게 아이들이 시민의식 관련 행동을 할 수 있도록 사회화시키는지에 주된 초점이 맞춰져 있었다. 당시의 발달 연구들이 대개 초기 발달을 강조하였기 때문에, 이러한 접근은 당시의 경향과 맥을 같이했던 것이다. 두 번째 시기는 1970년대로서, 민권운동이나 베트남 전쟁 반대 운동과 같은 다양한 사회운동이 일어나고 있었다. 그런 까닭에 당대의 연구들은 청소년들과 청년들을 대상으로 하였지만 발달과 관련된 사항은 묻지 않았었다. 이들 연구에서는 젊은이들의 시민참여를 사회운동에 대한 참여 형태를 가지고 설명하였다. 하지만 이 시기의 연구들은 시민참여가 어떻게 발달되는지에 대해서나 개인차가 왜 발생하는지에 대해 이해하려는 시도를 하지 않았다(Flanagan & Sherrod, 1998; Sherrod, 2007a). 이제는 새로운 조류의 연구가 일어나고 있는데, 이는 부분적으로 Robert Putnam (2000)이 저술한 『나홀로 볼링(*Bowling Alone*)』에 의해 촉발되었다고 볼 수 있다. 정치학자인 Putnam은 미합중국이 낮은 수준의 시민참여로 인한 위기에 직면해 있으며, 이러한 위기는 특히 청년들에게서 심각하게 나타나고 있다고 주장하였다. 앞서 언급한 것처럼 이러한 주장은 논쟁의 대상이 되어왔으나, 그럼에도 불구하고 그의 주장은 연구자들과 정책 입안자들의 주목을 받았으며, 이에 대한 관심이 커지게 하였다.

긍정적 발달로서의 시민참여

긍정적 청년 발달 접근법이라 일컬어지는 청년 연구 및 정책에 대한 새로운 접근법은, 모든 청년들이 욕구를 가지고 있으며 그 욕구가 충족되는지의 여부에 따라 개인 간 차이가 나타나는 것이지, 취약성이나 탄력성과 같은 개인적 특성에 따라 차이가 나타나는 것은 아니라는 견해에 기초하고 있다. 따라서 이 접근법은 연구자 및 정책 입안자들의 초점을 개인을 교정하는 것이 아닌 가족이나 학교, 이웃과 같은 환경을 교정하는 것으로 전환시킨다. 긍정적 청소년 발달에는 세 개의 중요한 개념이 있다. (1) 발달은 내적, 외적인 발달자원에 의해 증진된다. (2) 이러한 발달자원의 개발을 증진하는 능력은 집단마다 차이가 있다. (3) 발달자원을 증진하는 능력은 사회 전체적으로 차이가 있다. 현재까지 40가지의 자원이 밝혀졌다. 청년들이 이러한 내적, 외적 자원을 많이 가지고 있을수록 보다 건강하고 성공적으로 성인기로의 발달을 이루어낼 수 있다(Scales, Blyth, Berkas, & Kielsmeier, 2000). 하지만 연구결과에 따르면 젊은이들은 평균 16.5~21.6가지의 자원을 가지고 있을 뿐이라고 한다(Benson, 2004). 따라서 우리는 사회적 차원에서 젊은이들의 긍정적 발달을 증진하기 위해 더 많은 노력을 기울일 필요가 있으며, 시민참여를 증진하는 것이 이를 위한 한 가지 방안이 될 수 있다(Sherrod, 2007a).

긍정적 청년 발달의 '5C'는 인격(character), 역량(competence), 자신감(confidence), 유대(connection), 돌봄(caring) 혹은 연민

(compassion)을 말한다. 이 5C의 본보기가 되는 청년들은 자신이 속한 지역사회에서 생산적인 구성원이 될 가능성이 높다(Damon, Menon, & Bronk, 2003). 즉, 이들은 시민참여도가 높을 가능성이 있다. 여섯 번째 C로 공헌(contribution)이 언급되기도 하는데, 이는 시민참여를 가장 직접적으로 나타내는 개념이다(Lerner, 2004). 시민참여는 긍정적 발달 정도를 분명하게 보여주는 것이지만, 그 이상의 긍정적 발달에 기여하기도 한다. 이 둘은 함께 발전해나가는 것이다.

시민의식의 정의

5C를 보면 시민참여의 정의가 그리 분명하지 못함을 알 수 있다. 사실, 이 개념의 정의는 어느 정도 논쟁의 여지가 있다. 어떤 이들은 시민의식에 관심을 가지는 것이 보수 성향을 반영한다고 해석한다. 첫 번째 저자는 아동 발달에 대한 교과서의 안내서를 준비하면서 주요 초점을 시민의식에 둔 적이 있다. 이 안내서를 검토한 서평가들은 Sherrod가 기독교 대학 출신의 골수 우파임에 틀림없다고 주장하였다. 사실 Sherrod는 매우 자유분방한 편이어서 특정 종교에 소속되어 있지 않았음에도 시민의식 발달에 대해 관심을 보인 것이 보수적인 종교적 관심을 반영하는 것으로 간주되었던 것이다. 사실 정치적 지향성이나 소속 정당, 혹은 특정한 시민 신념에 상관없이, 능동적이고 적극적이며 적절한 정보를 갖춘 시민을 보유하는 것은 소수가 아닌 다수에게 유익

한 목표라고 볼 수 있다. Walzer(1989, p. 211)는 다음을 제안하였다. "시민을 가장 간단히 말하자면, 정치 사회의 일원이며, 특권을 부여받는 동시에 구성원으로서의 책임 또한 짊어지게 된다. 'citizen'이라는 단어는 civis라는 라틴어에서 유래되었으며, 이는 그리스어인 polites, 즉 폴리스의 구성원이라는 단어와 동의어인데, 여기서 'politics'라는 단어가 유래된 것이다." Flanagan과 Faaison(2001)은 Walzer의 정의를 차용하여 시민참여를 시민과 정치의 관점에서 정의하였다. 한편, Walzer의 정의는 한 국가의 구성원이라는 개념 또한 포함하고 있다. 그리고 이는 권리와 책임 모두를 내포한다. 책임에는 일반적으로 법을 준수하고, 투표하고, 시사문제에 관심을 기울이는 등의 방식으로 국가에 관심을 가지고 참여하는 것이 포함된다. 개인은 이러한 책임을 이행하는 대가로, 적어도 미국 내에서만큼은, 언론의 자유와 같은 특정 권리 및 공교육과 같은 특정 혜택을 누리게 된다.

성인 시민의 특성은 시민적 차원과 정치적 차원에 따라 달라지는데, 청소년들은 자신이 성인 시민이 되었을 때 얻게 될 의무와 권리에 대한 견해를 가지고 있다. 이들은 책임감이 관용과 같은 시민적 요소와 투표와 같은 정치적 요소로 구성된다고 보고 있다(Bogard & Sherrod, 인쇄 중). 그리고 권리는 정치 참여의 자유와 지역사회로부터의 보살핌과 같은 혜택으로 이루어진다고 보고 있었다(Sherrod, 2007c).

'시민'의 정의가 복잡해지게 되는 이유는 개인이 국가 정부나 주 정부 외에 다른 기관의 구성원이 될 수도 있기 때문이며, 이러한 기관의 구성원이 되는 것에도 혜택과 의무가 뒤따른다. 결과적으로 사람들은 이러한 단체들에 소속되거나 헌신함으로써 시민의식을 구성하는 것과 동일한 행동들을 보여준다. 이러한 헌신이나 소속의 대상이 되는 예로는 지역사회, 학교, 교회 등을 들 수 있으며, 이러한 단체들에 대한 헌신은 청소년들의 시민의식에 대한 관점에 영향을 미치는 것으로 확인된 바 있다(Bogard & Sherrod, 인쇄 중). 시민의식의 정의에 대한 논쟁 사안은 바로 지역사회나 가족에 대한 헌신으로 인해 나타나는 행동들을 투표와 같은 실제 정치행위처럼 시민의식에 중요한 행위로 간주해야 할 것인지의 여부다. '시민적' 인 것은 분명 이러한 헌신과 어느 정도 관련이 있겠지만, 이것이 정치적인 요소들과 충분한 관련이 있을까?

시민의식의 정의에 대한 또 다른 문제는 타인에 대한 배려와 이타주의가 시민의식의 요소로 간주되어야 할 것인지의 여부다. 예를 들어, 지역사회를 위해 봉사하는 것은 대개 이타적인 행동으로 여겨지곤 한다. 하지만, 어떤 사람이 매우 이기적이어서 자신의 재물과 직업적 성공만을 추구한다면 좋은 시민으로 여겨질 수 있을까? 당신은 어떻게 보는가? 만일 그 사람이 자기중심적이기는 하지만 투표나 캠페인에 잘 참여하고 시사에 관심을 가지는 등 국가 일에 적극적으로 참여하고 관여한다면 똑같은 대답을 할 수 있을까? 아무튼 시민의식은 성인 행동의 매우 복잡한 영역임에 틀림없다(Sherrod, Flanagan, & Youniss, 2002). 따라서 시민의식으로의 발달경로는 결코 분명하지 않다.

시민의식의 발달

보통 성인기에 이르기 전까지는, 우리가 능동적 시민의식이라고 정의한 행동들에 참여하지 않는다. 법정 선거권 취득 연령은 만 18세다. 과거에는 만 21세였다. 그렇지만 젊은 사람일수록 정치적 사건들에 대한 정보를 접할 수 있고 또 접해야 한다. 십대들 중 일부는 정치 캠페인에 참여하기도 하고 학생회에 직접 참여하기도 한다. 하지만 대부분은 그렇게 하지 않기 때문에, 시민의식을 실질적으로 구성하는 행동들과는 다른 행동들이 유년기와 청소년기에 나타나는 성인기 시민의식의 전조로 간주된다. 즉, 시민의식이라고 명시적으로 정의된 행동으로 발달하는 과정은 성인기 시민참여와 관련성이 적은 초기 행동들로만 이루어질 것이다. 이러한 측면에서 보면, 시민참여는 소위 발달적 불연속성을 분명하게 보여주고 있다. 연구결과들에 따르면 시민교육과 학교활동, 청년 프로그램, 지역사회 봉사활동, 봉사학습 프로그램이 초기의 영향요인들에 포함된다. 한편, 대부분의 연구는 청소년들이 시민의식을 행사하는 경계에 서 있다는 이유로 이들을 연구대상으로 포함시키고 있다. 아무튼, 전학령기를 포함한 어린 시절의 경험들이 십대 시절에 나타나는 전조 현상들의 바탕이 되어야 한다.

현대 사회에는 앞서 제시하였던 전조 현상들보다는 연구가 덜 이루어진 다양한 영향요인들이 존재한다. 먼저, 오늘날엔 대중매체가 중요한 영향요인이 된다(McLeod, 2000). 부모와 가족 역시 영향을 미칠 수 있다. 정치에 적극적인 부모는 정치에 적극적인 자녀를 키워낸다(Niemi & Junn, 2000). 종교성과 영성 또한 봉사 활동 참여 등을 통해 직간접적으로 시민참여와의 관련성을 가지게 되는 것으로 나타났다(Lerner, 2004). 마지막으로 거시적 정치 사회적 상황이 분명한 역할을 하는 것으로 확인되었다(Flanagan, Bowes, Jonsson, Csapo, & Sheblanova, 1998). 초기 경험이 이후 성인기의 시민참여에 미치는 영향에 대한 연구들에 근거하여, 시민참여의 발달에 직접적인 영향을 줄 수 있도록 특별히 고안된 프로그램들 몇 가지가 최근에 개발되기도 했다.

따라서 젊은이들은 후에 시민으로서의 권리와 책임을 행사할 수 있게 되기 전에, 이미 학교나 지역사회와 같은 단체에 소속되고 헌신할 수 있다. 예를 들자면, 방과 후 활동, 지역사회 봉사, 4-H나 Boys and Girls Club과 같은 청년 단체들은 시민행동의 전조에 해당하는 행동들을 할 기회를 제공한다. 하지만 시민참여의 발달과정에 영향을 미치기 위해서는 이러한 활동들과 단체들을 좀 더 전략적으로 활용할 필요가 있다. 시민의식은 단순히 우연에 맡겨두기에는 너무 중요한 것이기 때문이다. 이 장의 나머지 부분에서는 이들 영향 요인들에 대해 논의해보고 시민참여의 발달을 촉진하기 위해 사회적 수준에서 무엇을 더 할 수 있을지 고민해볼 것이다.

오늘날 청년들의 시민의식 실태

지난 2006년, 시민의 배움과 참여를 위한 정보연구센터(Center for Information and Research for Civic Learning and Engagement)에서는 국가 시민과 정치 건강 연구(National Civic and Political Health Study)를 실시한 바 있다. 이 연구는 15세에서 25세 사이의 청년 1,700명과 26세 이상의 성인 550명을 대상으로 설문조사를 실시하였다. 다양한 인종집단이 과잉표집되었다는 점을 제외하면 미국 전체의 모집단을 잘 대표하는 표본이다. 이 연구에서는 시민참여와 관련된 총 19개의 핵심측정도구가 사용되었다. 이 측정도구들은 Keeter, Sukin, Andolina와 Jenkins(2002)가 사용한 척도를 기반으로 만들어진 것들이었다. 따라서 이 연구는 오늘날의 젊은이들이 지니고 있는 시민으로서의 태도와 행동에 대한 대략적인 이해를 적절히 제공하고 있다고 볼 수 있다. 연구의 결과에는 좋은 소식과 나쁜 소식이 모두 담겨 있는데, 우선 좋은 소식은 일부 형태의 참여행동은 꽤 널리 퍼져 있다는 것이고, 나쁜 소식은 상당수의 젊은이들이 정치나 지역사회활동에 전혀 참여하지 않고 있다는 것이다. 몇 가지 주목할 만한 결과는 다음과 같다. (1) 응답자의 72%는 정부의 활동이나 공적 사안들이 어떻게 진행되는지에 대해 알아보는 데 어느 정도 시간을 보낸다고 한다. (2) 응답자의 36%는 작년에 자원봉사를 하였다. (3) 응답자의 35%는 정치적 토론에 참여한다고 하였다. (4) 30%는 상품제조 조건이나 회사가 지향하는 가치 때문에 특정 상품을 구입하지 않은 적이 있었다. (5) 20세에서 25세 사이의 응답자 중 26%는 '항상' 투표를 한다고 답하였다.

이러한 결과는 젊은이들 중 일부는 상당히 열정적으로 관여하고 있음을 시사한다. 실제로 응답자의 13%는 최소 2가지 이상의 지역사회활동과 정치적 활동 모두에 참여하고 있었다. 응답자 중 7%는 더욱 참여수준이 높아 10개 이상의 서로 다른 시민참여활동을 하고 있다고 보고하기도 했다. 이렇게 참여수준이 높은 응답자들은 특유의 인구학적 특성을 보인다. 이들은 민주적이고(또는 민주당을 지지하는), 자유주의적이고, 도시에 살고, 부모가 자원봉사를 하고 있고, 학교(고등학교 또는 대학교)에 재학 중이고, 부모님이 대졸자였다. 이들은 또한 정기적으로 교회에 다니는 경우가 많았으며 아프리카계 미국인일 가능성이 높았다. 이러한 결과는 선행연구들의 결과와 대체로 일치하였다(Bogard & Sherrod, 인쇄 중; Flanagan & Tucker, 1999).

많은 수의 젊은이(58%)가 이러한 활동들에 전혀 참여하고 있지 않았으며, 시민활동이나 정치활동 두 가지에도 참여하지 않고 있다고 보고하였다. 이 연구에서는 이러한 청년들을 가리켜 '이탈자(disengaged)'라고 표현하기도 했다. 이러한 젊은이들 중 28%는 설문지에 제시된 19가지 시민참여활동 중 단 한 가지도 하고 있지 않다고 보고하였다. 이러한 현상이 나타나는 이유 중 하나는, 변화를 일으킬 수 있는 능력에 대한 자신감이 참여수준이 높은 집단에 비해 훨씬 부족하다는 점이었다. 인구통계학적으로 이들은 부모가 대졸자이거나 자원봉사를 하고 있는 경우가 적은 경향을 보였다. 또한 그들 자신도 대학 교육 경험이 없는 경향이 있었다. 그들은 정당과 연합하며, 라틴 아메리카계이거나 이민자인 경향이 있었다.

이들 결과를 요약하자면, 교육 및 적극적으로 정치에 참여하는 부모가 어떤 차이를 만들어내게 되는데, 이는 청년에게 참여를 통해 변화를 이끌어낼 수 있다는 신념을 갖게끔 힘을 실어주는 데에서 일부 기인하는 것이다.

시민참여의 사회화

시민교육

분명 교육은 특히 중요한 초기 영향요인이다. 청소년들이 학교에서 받은 시민교육 정도와 학내 분위기 및 교사들의 행동과 같은 요인들은 모두 성인기의 시민참여를 예언하는 것으로 알려져 왔다(Flanagan & Tucker, 1999; Neimi & Junn, 2000). 예를 들어, 교사가 학생들을 공정하게 대하게 되면 10대들에게서 공정한 행동 발달이 촉진된다. 또한 수업에서 사안들에 대한 공개토론을 장려하게 되면, 시민 수업 내용을 보다 깊이 이해하는 데 도움을 준다고 한다. 최근에 28개국의 14세 청소년 1만 4,000명을 대상으로 이들의 시민교육 실태를 조사한 국제적 연구가 이루어졌는데(Torney-Purta, Lehman, Oswald, & Schultz, 2001), 이 연구에서는 십대들이 민주주의, 해당 국가의 정부, 시민으로서의 권리와 의무에 대해 얼마나 이해하고 있는지를 조사하였다. 십대들이 지닌 시민지식 수준은 국가 간에 거의 차이가 없었으며, 이들의 전반적인 시민지식 수준은 시민의식을 잘 갖춘 성인들이 원하는 수준에 이르지는 못하는 것으로 나타났다.

청년들은 정부가 어떻게 기능하고, 어떻게 하면 합법적으로 정부에 영향력을 행사할 수 있으며, 보다 나은 변화를 위해 행동을 취해야 할 시기는 언제이고 또 어떻게 해야 하는지를 알아야 한다. 시민교육은 수학이나 과학과 마찬가지로 국가적인 차원에서 중요하게 다루어져야 한다. 수학이나 과학만큼 개인이 사회에서 성인으로서의 역할을 하는 데 중요하며, 국가의 기능에도 중요하기 때문이다(Sherrod, 2003). 시민지식은 투표 여부를 결정하는 유일하고 가장 중요한 예언변인이라는 점에서도 매우 중요하다. 시민지식 수준이 높은 학생들은 선거에 참여할 가능성이 더 높은 경향이 있다. 민주주의가 제대로 작동하려면 시민의 참여가 필요한데, 투표는 성인이 취할 수 있는 가장 중요한 참여방식 중 하나라고 볼 수 있다(Torney-Purta, 2002). 그럼에도, 현재의 학업부진아 방지 법안(No Child Left Behind: NCLB)은 읽기, 수학, 과학에만 전체적인 초점을 맞추어 시행되고 있다. 또한 다양한 학교기반형 인성교육 프로그램이 재정적인 지원을 받고 있지만, 시민의식의 개발 및 성취에는 거의 관심을 기울이지 않고 있는 상황이다. 사실 많은 학교 및 교육구에서는 다른 영역에서의 성취에 좀 더 주의를 기울여야 한다는 명목으로 사회관련 교과과정을 모두 없애고 있는 실정이다.

학교활동과 청소년 프로그램

학교 과외활동은 이후의 성인기 시민참여에 특히 중요한 기여를 하는 초기 영향요인으로 알려져 왔다(Barber & Eccles, 1997; Eccles & Barber, 1999). 학생회, 클럽, 출판부, 운동부 등에 참여하는 것은 성인기에 정치에 참여하는 것과 여러 측면에서 유사하다. 차이점이 있다면, 지지하는 대상이 국가가 아닌 학교라는 점이다. 따라서 이러한 학교활동에 참여하는 십대들이 성인기에 시민활동이나 정치활동에 참여할 가능성이 훨씬 높은 것은 그리 놀라운 일이 아니다. 지금 우리에게 필요한 것은 특정 활동들과 성인기의 특정 시민활동들을 연결 짓는 연구다. 예를 들어, 미술부 활동을 하는 것보다는 학생회에 참여하는 것이 보다 관련성이 높아 보일 것이다.

청년 프로그램 역시 젊은이들이 적절한 시민의식을 갖출 준비가 되도록 도와줄 수 있다. 현재 4-H, Boys and Girls Club, Youthbuild 등 많은 수의 관련 프로그램들이 운영되고 있다. Youthbuild는 특히 흥미로운 프로그램이다. 이 프로그램은 저소득층 지역에서 집을 수리해주려는 목적으로 학교를 다니지 않는 청년들을 고용하는 일종의 훈련 프로그램이자 리더십 프로그램이다. 이 프로그램 안에서 청년들은 의미 있는 경험을 접하고, 지역사회에 봉사하며, 건설감독관이나 동료들과의 관계를 발전시키고, 사회기술 및 실용적인 기술을 배우게 된다. 상당수의 청년은 프로그램의 기초적인 과정을 마치고 나면 관리직으로 진급하기도 한다. 또한 이 프로그램에 참여한 학생들은 프로그램에 대한 강한 헌신과 소속감을 보이는데, 우리가 시민들이 국가에 대해 느끼기를 바라는 바로 그것이다. Youthbuild에 참여하게 되면, 활동에 참여할 기회를 반드시 얻게 되며, 곧바로 자신이 들인 노력의 결과를 확인하게 된다(Stoneman, 2002; Tolan, Sherrod, Gorman-Smith, & Henry, 2003).

4-H는 본래 청년들의 학습능력을 발달시키고 창의성 및 활력을 개발하려는 목적으로 만들어졌지만, 그동안은 옥수수나 토마토를 재배하거나 돼지 등의 가축을 키우는 농업관련 활동을 하는 클럽들과 연계되어 왔었다. 최근에는 초점을 도시의 청년들에게로 돌리고 있다. 4-H는 젊은이들에게 자체 이사회 선거권을 부여한 최초의 청년단체다.

도시의 청년들을 대상으로 한 새로운 활동의 한 예는 Metro Youth Art Force이다. 이 프로그램은 청년들이 자신의 예술적 활동을 지원해주기를 바라는 욕구에 주목하고 있다(Tolan et al., 2003). 시민참여로 이어지는 청년들의 긍정적 발달을 증진시키려는 목적에서 주말 워크숍과 같은 다양한 활동들을 기획하고 있다. 이 프로그램에서는 참여의 한 형태로써 예술적 표현을 증진시킨다. Commoncents는 New York City에 기반을 둔 프로그램으로서 개인, 단체, 기업으로부터 동전을 모으는 일을 한다. 이 단체는 그동안 수십만 달러를 모았다. 동전을 모아 마련된 기금은 학교기반의 소규모 재단을 설립하는 데 사용된다. 이 재단은 청년들에 의해서 운영되며 청년들이 계획하고 진행하는 프로젝트에 자금을 제공해주는 일을 한다. 청년들은 재정지원 신청서들을 검토한 뒤 우선순위를 정한다(Tolan et al., 2003). Youthbuild

와 마찬가지로 이 프로그램의 참여자들 역시 자신의 참여가 어떻게 영향을 미치는지 알게 된다. 그들은 학교와 학생들에게 이익이 되는 프로젝트에 자금을 지원함으로써 학교운영에 기여하게 된다.

방과 후 프로그램들은 청년들에게 점차 더 널리 보급되고 있다. 하지만 이러한 방과 후 활동에 참여하는 것이 이후의 시민참여와 어떤 관련성을 가지는지에 관해서는 거의 연구가 이루어지고 있지 않은 실정이다. 기초적인 한 연구에 따르면 방과 후 프로그램은 청소년들이 지닌 시민의식에 대한 견해와 강한 상관관계를 보이지 않았다(Sherrod & Hoxie, 2007). 하지만 이러한 결과는 많은 프로그램이 학업을 강조하면서, 숙제를 도와주는 것과 같은 활동들을 제공하고 있기 때문일 수 있다. 실제로 정치적 이슈에 대해 논의함으로써 시민의식에 주목하도록 하는 프로그램들은 시민의식에 대한 견해와 관계가 있는 것으로 나타났다(Sherrod & Hoxie, 2007). 따라서 방과 후 프로그램들은 아직 미개발 상태에 있는 시민참여를 이끌어내는 견인차 역할을 할 수 있다.

지역사회 봉사와 봉사학습

두 번째 저자에게, 봉사학습 수업은 전체 고등학교 수업 과정 중에서 가장 큰 영향력을 미친 수업이었다. 수업 내용은 지역사회에서 능동적인 구성원이 되는 것의 중요성뿐만 아니라 사회적 책임 문제를 중점적으로 다루고 있었다. 학생들은 각자가 지닌 삶의 방향에 관계없이 이 수업을 통해 자신이 속한 지역사회를 이롭게 할 수 있는 기술들을 배웠다. 예를 들어, 수업의 한 부분은 지역사회 봉사 프로젝트에 쓰일 재정지원 신청서를 완성하는 것으로 구성되어 있었다.

이 프로젝트는 학교 주변의 산책로를 개선하기 위한 자금을 요청하는 것으로 구성되어 있었는데, 여기에는 산책로를 지나면서 할 수 있는 운동들이 표시된 기존의 표지판을 보수하는 것도 포함되어 있었다. 이러한 자금을 요청하는 과정은 자신이 속한 사회에 자신이 뭔가 변화를 일으킬 수 있다는 느낌, 자신이 가치 있다는 느낌을 가질 수 있도록 해주었다. 이러한 종류의 힘 실어주기(empowerment)는 고등학생이 하기에는 어려운 프로젝트를 수행하고 완료하는 데 필요한 동기를 부여하였다. 프로젝트를 수행하여 얻은 성적이나 선생님의 칭찬은 별다른 동기부여가 되지 못했다. 그보다는 뭔가 중요한 일을 하고 있다는 느낌, 사회에 공헌하고 있다는 느낌이 내적 동기로 작용하였다. 봉사학습 수업은 모든 수강생이 즐겁게 참여하였기에 마치 수업이 아닌 것처럼 보이기도 했다. 사실 이 수업 경험과 그로부터 얻은 교훈들은 교과수업만큼이나 가치 있고 중요한 것으로 떠올릴 수 있다. 이러한 종류의 학습과 보다 전형적인 교과학습 간의 차이점이 있다면, 비교할 수 없는 성취감 및 교과수업의 주제보다 더 큰 무언가 혹은 누군가에게 미치는 영향을 직접적으로 알 수 있는 능력을 들 수 있다. 고등학교 시절의 이러한 봉사학습 경험은 두 번째 저자로 하여금 오늘날 열정적인 긍정적 청년 발달 연구자가 되게 하였다.

지난 20여 년 동안, 청소년 봉사활동에 대한 관심은 상당히 증가해왔다. 이렇게 관심이 증가하게 된 이유 중 한 가지는 자원봉사 비율이 사상 최고라는 보고들이 있었기 때문이다(Yates & Youniss, 1996; Youniss et al., 2002). 또 다른 이유는 자원봉사가 매우 다양한 긍정적 결과와 관련이 있다는 사실이 알려졌기 때문이며, 시민참여의 증진은 그중 단 하나의 바람직한 목표였다(Anderson, 1998; Myers-Lipton, 1994). 봉사활동은 친사회적 기술 증진, 긍정적 자존감, 정체감 발달, 직업 선택, 시민참여의 증진과 관련이 있는 것으로 나타났다(Anderson, 1998; Austin, Vogelgesang, Ikeda, & Yee, 2000; Markus, Howard, & King, 1993; Stukas, Clary, & Snyder, 1999; Tierney & Branch, 1992; Youniss & Yates, 1999). 봉사활동에 대한 대부분의 연구는 전형적인 심리학적 실험연구를 통해 이루어지지는 않지만, 소수의 실험연구들에서도 상관연구들에서 발견된 것과 유사한 결과가 나타났다(Anderson, 1998). 봉사활동은 훗날 다시 봉사활동을 하게 될 가능성을 높이기도 하며(McAdam, 1988), 도덕적 발달을 증진시킨다(Leming, 2001; Lerner, Dowling, & Anderson, 2003).

봉사활동은 학업 성취와도 관련이 있는 것으로 나타났다(Markus et al., 1993). 지난 10여 년간 학업 성취에 대한 관심이 증가함에 따라, 봉사활동과 학습을 결합시키려는 뚜렷한 움직임이 나타났다. 봉사학습(service learning)이란 용어는 1967년에 시행된 학점 기반의 인턴십 프로그램에서 처음 만들어졌는데, 이 프로그램은 Southern Regional Economic Board와 연계하여 진행된 지역사회 기반 프로젝트에 참여하는 학생들을 위한 것이었다. 1980년대 중반까지는 이러한 봉사학습은 소수의 참여자들에게만 제한된 것이었으나, 1990년대에 이르러서는 봉사학습 지원자 수가 크게 늘어나게 되었다. 사실상 지금의 봉사학습은 교육운동으로 간주되고 있으며(Billig, Root, & Jesse, 2000; Markus et al., 1993; Reinders & Youniss, 2006; Scales et al., 2000; Yates & Youniss, 1996), 청소년들의 봉사활동 참여 전반에서의 중요한 요소를 의미한다.

Youniss와 Yates(1997)는 청소년들의 도덕적 발달에 있어 지역사회 봉사활동이 갖는 중요성을 가장 상세히 기술하였다. 청소년들이 무료급식소에서 봉사활동을 한 경험은, 노숙자들에 대한 고정관념을 감소시키는 데 큰 역할을 하였다. 이들은 청소년들이 봉사 대상이었던 노숙자들과 상호작용하는 과정에서 생각이 바뀌게 되었다고 주장한다. 즉, 청소년들은 노숙자들과 상호작용하는 가운데 그들이 자신과 유사하다는 것을 깨닫게 된 것이다. 그들은 단지 운이 나빴을 뿐이라는 것이다.

Leming(2001)은 도덕적 발달을 증진하기 위한 방안을 제시하는 연구를 실시한 바 있다. 그는 두 가지 유형의 지역사회 봉사에 대해 기술하였다. 첫 번째 유형에는 체계화된 윤리적 추론 요소가 속한다. 학생들에게 자신이 하는 일에 대해 윤리적으로 되돌아볼 기회가 주어지게 된다. 두 번째 유형은 봉사활동의 윤리적 측면에 대해 되돌아볼 기회가 제한되어 있는 경우다. 봉사활동의 윤리적 측면을 표현하도록 하는 쪽에 속한 학생들은 자신들의 학교 내에서의 사회적 책임감을 보다 강하게 느끼는 것으로 확인되었다. 이 학생들은 표현이 제한된 학생들에 비해 개인적 쾌락에 대한 관심을 덜 보이고, 책임감 및 타인을 돕는 것에 대해 보다 많은 관심을 보였다. 즉, 정체감 형성과 윤리적 배려는 지역사회 봉사의 윤리적 표현 요소에 의해 향상되는 것으로 나타났다.

지역사회 봉사는 분명 지역사회에 대한 청년들의 긍정적인 공헌을 반영한다. 지역사회 봉사는 청소년들의 긍정적 자산을 활용하는 동시에 그 자산이 더욱 개발되도록 한다. 즉, 청소년과 지역사회의 자산 간에는 양방향적 관계가 성립되는 것이다. 청소년들은 봉사활동을 함으로써 자신의 행위의 생산자이자 생산물이 된다(Lerner et al., 2003). 학교는 청년들의 봉사활동을 촉진시킬 수 있는 이상적인 기회를 제공한다.

대중매체의 역할

시민참여의 수준이 전반적으로 저하되어왔지만, 청년들의 정치참여는 매우 급격하게 저하된 것으로 보인다(Delli Carpini, 2000). 여러 참여 기준 중 하나인 투표율을 보면, 지난 세 번의 대통령 선거에서 18~24세 사이의 투표율은 평균 37%였다. 전체 국민의 평균 투표율보다 21% 낮은 것이다. 이는 그 이전에 치러진 세 번의 대통령 선거(1972~1980)에서 19~24세의 평균 투표율이 44%였고, 전체 국민의 평균 투표율보다 17% 낮았던 것보다 더욱 좋지 않은 결과다(McLeod, 2000). 여기서 무엇 때문에 이러한 변화가 나타나게 된 것인지에 대한 문제가 생긴다. 한 가지 가능성은 대중매체에서 어떤 이슈들을 중요하게 다루었는지 여부일 것이다.

대중매체, 특히 TV 오락 프로그램은 시민참여를 감소시키는 중요한 원인 중 하나로 비판받아왔다(Putnam, 2000). 오락 관련 대중매체들이 심각한 사회적 이슈들은 거의 다루지 않고, 정치나 시사 문제와 같은 중요한 이슈들을 회피하기 위한 수단으로 사용되고 있으며, 특히 청소년들 사이에서 이러한 영향력이 미치는 정도가 크다는 대중의 인식이 존재한다. 그러나 Pasek, Kenski, Romer와 Jamieson(2006)은 대중매체를 많이 활용할수록 시민활동 참여도가 높아지고, 정치의식의 수준 또한 높아진다고 보고하였다. 이 연구는 대중매체 활동에 대한 전체 합산 점수에 근거한 것인데, 대중매체의 사용은 시민활동과 정적 상관관계를 보였다.

대중매체 형태 중 일부는 시민참여와 부적 관계를 맺을 가능성이 있지만, 해당 연구에서는 대중매체 활용의 구체적인 범주를 검토하지 않았다. McLeod(2000)는 청소년들이 신문이나 뉴스잡지를 읽는 것이 정치 학습에 긍정적인 영향을 미치며, 그 영향은 TV 시청의 부정적 효과보다도 더 강한 것을 발견하였다. TV 프로그램의 내용에 따라 차이가 있었는데, 뉴스를 보는 것은 긍정적인 효과가 있는 반면, 오락 프로그램을 보는 것은 시민지식에 부정적인 영향을 미쳤다.

인터넷 보급률의 증가를 보면 인터넷을 통한 정보 공급이 사회에 적잖은 영향을 줄 것이라는 점을 알 수 있는데, 특히 인터넷을 많이 사용하는 집단인 청년들에게는 과도한 영향을 미칠 가능성이 있다(McLeod, 2000). 하지만 18세에서 24세 사이의 젊은이들이 신문이나 TV 뉴스에 무관심한 것에 대한 보상으로 인터넷을 사용하는 것으로 보이지는 않는다(Keeter et al., 2002). 실제로 26세 이상 집단에 비해 15세에서 25세 사이 집단의 인터넷 사용이 더 많지는 않았다. 뉴스 정보를 얻고자 인터넷을 사용하는 빈도는 두 집단 간에서 유사하였다. 사실 연령이 높은 집단이 낮은 집단에 비해 인터넷을 더 많이 사용할 가능성이 있는 것으로 나타났다(Keeter et al., 2002).

Meyrowitz(1985)는 TV와 같은 전자매체들이 정부와 같은 공기관들에 대한 신뢰를 떨어뜨리는 효과를 가진다고 주장한 바 있다. 한편, 대중매체에 더 많이 노출될수록 향후 정치참여도가 높아질 수 있다는 주장이 제기되기도 했다. 예를 들어, McDevitt과 Chaffee(2002)는 아동이 청소년기에 이르게 되면, 신문 구독이 정치적 역량 발달에 대한 강력한 예언 변인이 된다는 것을 확인하였다. 이러한 정보들이 중요하기는 하지만, 어떻게 하면 청소년들로 하여금 지속적으로 정보를 소비하게끔 할 수 있을지를 파악하는 것 또한 중요하다. Atkin(1981)은 청소년의 대중매체 사용을 비용편익 상충관계로 보았는데, 아이들은 다양한 만족감의 정도를 지적 노력과 같은 지출 정도에 대해 비교한다는 것이다. 이 이론이 함의하는 바는, 아이들이 뉴스매체를 이용할 때 좀 더 큰 만족감을 얻도록 함으로써, 받아들이는 정보를 처리하는 데 기꺼이 지적 노력을 기울이도록 할 필요가 있다는 것이다. McDevitt과 Chaffee(2002)는 아이들이 대중매체가 제공하는 정보가 대화나 학교 과제에 유용하다는 것을 알게 되면, 뉴스에 관심을 기울일 가능성이 더 높아진다는 점을 발견하였다. 다음 절에서는 시민참여 촉진 및 대중매체의 비판적 소비를 목표로 하는 봉사학습 프로그램들의 예를 제시하였다.

시민참여 증진을 위해 고안된 프로그램들

시민활동과 대중매체 활용과의 관계가 이미 확인되었기에(Pasek et al., 2006), 시민참여를 증진하기 위해 고안된 수많은 학교기반 개입기법에는 대중매체 요소들이 포함되어 있다. 예를 들어, University of Pennsylvania에 있는 Annenberg School of Communication에서 수행된 Student Voice Project에 따르면, 웹 기반의 정보 수집과 상호작용이 지역 선거에 대한 고등학생들의 지식과 관심 그리고 참여를 높인다고 한다(Delli Carponi, 2000). 이 프로그램의 주요 목표는 학생들이 상호작용 연습을 통해 학습 과정에 능동적으로 참여하도록 하는 것이다.

> Student Voice Project는 지방정부, 정책 관련 이슈, 정치적 캠페인에 대한 조사 및 연구를 교실 장면으로 가져옴으로써 젊은이들의 시민참여를 증진시킨다. 전체 교육구에서 실시된 이 프로젝트는, 참여한 학생들로 하여금 그들이 중요하다고 여기는 이슈들이 정부활동과 선거운동 과정에서 어떻게 실현되는지 직접 살펴보도록 함으로써, 정부와 관련된 조사 및 연구를 의미 있고 흥미로운 것으로 여기도록 만들었다. 각 수업에서는 학생들과 지역사회에 가장 중요하다고 여겨지는 이슈들을 반영한 청년 쟁점 사안을 구성한다. 학생들은 이후 프로그램이 진행되는 동안 이 이슈들에 초점을 두게 되는데, 이는 자신들이 중요하다고 여기는 이슈들에 대해 연구하고 그에 따라 행동하고 있다는 확신을 주기 위함이다. 학생들은 Student Voice

> 웹 사이트를 이용하여 관련 이슈들과 후보자들에 대한 정보를 모으기도 하고, 온라인상에서 정책관련 이슈들에 관해 토론하기도 한다. 후보자들이나 공무원들이 직접 학교를 찾아오거나 공개토론 자리를 마련함으로써, 학생들은 보다 직접적으로 그들에게 각자의 의견을 제기하고 그것들이 어떻게 다루어질 수 있는지에 대해 직접 듣게 된다. 마지막으로 학생들은 뉴스 매체를 통해 자신들의 목소리를 냄으로써 그들의 의견을 일반 대중들과 소통하게 된다(Annenberg Public Policy Center, 2007).

Flanagan, Syverstern, Mitra, Oliver와 Sethuraman(2006)은 이 프로그램을 평가하는 과정에서 다음 사항을 발견하였다. 정치적 사건이나 시사문제들에 대한 정보를 얻기 위해 라디오, 신문, 인터넷과 같은 특정 대중매체의 사용 빈도가 증가하였을 뿐만 아니라 정치적 정보를 얻기 위한 전반적인 대중매체 활용 정도가 증가하였다.

또 다른 학교기반 개입기법은 Kids Voting이라 불리는 것으로서, 미국에서 Student Voice Program과 거의 유사한 결과를 얻었다. Kids Voting에서는 학생들에게 교실활동, 실제 투표 경험, 그리고 가족들과의 대화를 통해 학생들의 참여도를 높이고 참여적이고 학식을 갖춘 시민이 되도록 준비시킨다. 이 프로그램의 창시자는 "본 프로그램에서 제공하는 양질의 지침서들은 K-12 교사들이 전 학년을 대상으로 매년 사용할 수 있는 가치 있는 시민학습 도구다. 게다가 학생들은 투표나 선거와 관련된 교실 내 활동뿐만 아니라 투표권과 민주주의, 시민의식에 대해 탐색하게 된다."(McDevitt & Chaffee, 2000)고 주장하였다. 이 프로그램을 평가하는 과정에서, McDevitt과 Chaffee(2000)는 이 학교기반의 교육과정이 학생들과 부모와의 논의를 활발하게 만들며, 학생들이 신문을 읽거나 TV 뉴스를 시청하는 정도를 증가시키며, 캠페인 관련 뉴스와 선거 관련 지식에 대한 관심 정도를 더욱 증가시켰다는 것을 발견하였다.

이러한 종류의 프로그램들은 학생들의 지식수준을 높일 뿐만 아니라, 학생들의 가족들에게도 영향을 미칠 수 있다. McDevitt과 Chaffee(2000)는 교육 과정에 학생-부모 논의 요소가 포함되어 있기 때문에, 학생들이 프로그램에 참여하기 전에 비해 부모들이 TV 뉴스를 보게 될 가능성이 높아지며, 시사문제에 대한 관심도 이전보다 더욱 증가한다는 것을 확인하였다. 따라서 학교기반의 교육과정은 프로그램에 참여한 학생들뿐만 아니라 그들이 속한 가족 구성원들에게도 도움이 될 잠재력을 가지고 있다고 볼 수 있다.

사회정치적 맥락

지금까지 주요 사회정치적 요인들(예: 동유럽에서의 공산주의 붕괴, 남아프리카 공화국에서의 인종차별 정책의 붕괴, 북아일랜드에서의 불규칙적인 종교투쟁)이 젊은이들의 정치적 태도와 행동에 미치는 영향을 살펴본 많은 연구가 있었다. 이 중 가장 야심적인 한 연구에서는 7개국 청소년들의 시민참여 수준을 살펴본 바 있다. 이 연구에 포함된 나라들 중 세 나라는 안정적인 민주주의국가들이었고 나머지 네 나라는 사회적 변화를 겪고 있는 나라들이었다. 연구 전반에서 청소년들이 공공의 이익을 삶의 목표로 삼는 것에 대해 살펴보고, 이것이 자원봉사, 학교의 분위기, 그리고 가족들의 가치관에 의해 어떻게 영향을 받았는지를 검토하였다. 연구결과에 따르면 사회적 책임감을 강조하는 가족 윤리는 성별과 국가 유형에 상관없이 공공의 이익을 삶의 목표로 삼는 것에 영향을 미치는 것으로 나타났다. 게다가 자원봉사와 학교에서의 연대감 발달 역시 이러한 삶의 목표와 관련이 있는 것으로 확인되었다. 또 다른 주요 결과는 5개 국가에서 성차가 발견된 것이다. 여자아이를 둔 가정이 남자아이를 둔 가정보다 사회적 책임감을 보다 많이 갖도록 격려하는 경향이 있었고, 여자아이들이 자원봉사활동에 더 많이 참여하는 것으로 나타났다(Flanagan et al., 1998).

또 다른 연구에서는 사회적 변화를 겪고 있는 동유럽의 3개국(헝가리, 불가리아, 체코 공화국)에서 일어나고 있는 경제적 변화에 대한 청소년들의 견해를 살펴보았다. 새롭게 나타난 사회계약의 공정성에 대한 견해 또한 검토되었다. 결과에 따르면 나이가 많은 청소년들과 여성들은 사회적 변화로 인한 경제적 불균형이 보다 심화되고 있다고 보는 경향이 있다. 그 결과, 그들은 열심히 일하는 것의 가치에 대해 냉소적인 태도를 보였다. 고등학생 집단에서 국가 간 차이를 보였는데, 체코 공화국이 가장 덜 냉소적이었고, 불가리아가 가장 냉소적이었다(Macek et al., 1998).

남아프리카 공화국은 1990년대에 큰 사회적 변화를 겪었는데, 당시 변화는 명백히 정치적 성향을 띠고 있는 것이었기에 많은 연구자는 그러한 변화가 청년들의 시민참여에 미친 영향을 검토하는 데 열중하였다. 남아프리카 공화국의 인종차별법 아파르트헤이트(apartheid)가 폐기되었고, 모든 시민을 위한 민주주의 정부가 들어섰으며, 최초의 선거가 치러졌다. Finchilescu와 Dawes(1998)는 이러한 변화에 대한 고등학생들의 반응을 조사하였다. 당시의 모든 고등학생은 미국의 남동부 지역에서 Sherrod가 10세 때 경험했던 것과 다르지 않은 인종차별적 사회 속에서 자란 학생들이었다. 청소년 모두가 이러한 변화의 가운데에서 미래에 대해 여러 생각을 갖고 있었다. 백인 청소년은 소외감을 느꼈던 반면, 아프리카계 흑인은 대개 긍정적으로 받아들였다. 인도계 십대와 혼혈 청소년은 그 중간 정도에 해당하였다. 나이는 그들 견해에 중요한 영향을 미치지 않았다(Finchilescu & Dawes, 1998).

북아일랜드는 사회적 변화를 겪고 있는 상태는 아니지만 정치와 종교가 시민들의 삶의 큰 부분을 차지하고 있는 나라다. 벨파스트와 아일랜드에 거주하고 있는 청소년들을 대상으로 한 연구에 따르면, 국가 정체성이 현 정치 체제의 정당성에 대한 지각에 중요한 영향을 미치는 것으로 확인되었다. 즉, 자신을 아일랜드인 혹은 영국인으로 여기는 청소년들이 자신을 천주교도 혹은 장로교도로 여기는 청소년들에 비해 현 정치 체제에 높은 점수를 주었다(Whyte, 1998).

보다 구체적인 연구의 필요성

성인기 시민참여의 전조가 되는 초기 아동기와 청소년기 경험에 대한 기존의 연구들에는 몇 가지 한계점들이 있다. 첫째로 특정 경험이 어떻게 특정 시민행동과 관련을 맺게 되는지에 대해 보다 구체적인 조사가 이루어질 필요가 있다. 예를 들어, 시민지식이 성인기의 투표율을 예측한다는 것은 알려져 있지만, 이는 비교적 오랜 시간이 흐른 후에야 얻게 되는 하나의 결과일 뿐이다. 시민지식이 9 · 11 참사의 공포로부터 보호 요인으로 작용하였다는 것 역시 알고 있기는 하지만 말이다(Sherrod, Quinones, & Davila, 2004). 학교활동도 마찬가지인데, 학생회 활동과 졸업앨범 제작에 참여하는 것이 서로 다른 결과를 가져올 것이라고 기대할 수 있지만, 기존의 연구들로는 이 둘을 변별하기가 어렵다. 지역사회 봉사 역시 어떤 특성을 지닐 경우에만 기대했던 결과를 얻을 수 있는데, 대부분의 봉사 프로그램은 요구되는 특성을 갖추지 못했다. 따라서 아동 · 청소년기의 어떤 경험들이 시민의식의 발달을 증진하는지를 이해하기 위해서는 더 많은 연구가 필요하며, 이러한 연구들은 시민의식 발달을 증진하기 위한 정책과 프로그램을 고안하는 예비단계가 될 것이다. 특히 청년들의 시민의식에 대한 행동지향성을 이끌어내는 요인들에 대한 연구가 절실하다(Sherrod, Flanagan, Kassimir, & Syvelsten, 2005).

다양한 구성원들에 대한 관심

두 번째로, 연구를 통해 밝혀진 사회화 요인들은 모든 청년이 경험할 수 있는 것이 아니다. 예를 들어, 가난하고 불우한 청년들은 방과 후 활동이나 자원봉사 활동에 참여할 만한 여력이 없을 수 있다(Hart, Atkins, & Ford, 1998). 성적 소수집단에 속한 청년들은 결혼권과 같은 시민권들을 그리 달갑게 여기지 않는데, 이것이 그들의 시민의식과 시민참여에 대한 견해에 영향을 미칠 가능성이 있다(Russell, 2002). 결과적으로 오늘날의 청년집단을 특징짓는 다양성이 성인기 시민참여를 예언하는 초기 요인들과 어떤 관계를 맺고 있는지에 대한 연구가 필요하다(Sherrod, 2007a; Sherrod et al., 2002). 서로 다른 특성을 지닌 청년들의 시민의식을 증진시키기 위해서는 차별화된 전략들이 필요할 수 있다.

발달적 관점

시민의식의 출현과정을 파악함에 있어 초기의 발달적 측면을 고려하는 것 역시 매우 중요하다. 시민의식의 한 요소인, 타인을 배려하는 태도는 특유의 발달 경로를 보이는 것으로 알려져 있다. 심지어는 아주 어린 아동들도 친사회적 행동과 공감반응을 보이는데, 이는 타인의 복지를 위해 그들을 배려하는 태도의 전조일 수 있다. 따라서 협동, 나눔 그리고 공감과 같은 정서 등의 초기 행동들은 이후의 사회정의에 대한 관심 및 타인에 대한 배려의 발달과 직접적으로 관련될 수 있다(Eisenberg et al., 1999). 도덕적 발달은 친사회적 행동의 발달과 교차되는 또 다른 영역이다. 더욱이 사회인지 발달과 더불어 권리와 책임에 대한 아동의 이해 역시 영향을 미칠 가능성이 있다(Ruck, Abramovitch, & Keating, 1998).

요컨대, 기존의 연구들이 성인기의 시민참여의 전조가 되는 아동 청소년기 요인들에 대한 정보를 어느 정도 제공해주고는 있지만, 모든 청년의 시민참여를 증진하기 위한 프로그램과 정책에 착수할 수 있으려면 더 많은 연구가 필요하다.

| 개인적인 작은 실험들 |

강점 발견하기

이 장에서는, 아동의 시민참여 발달에 영향을 미치는 다양한 요인들을 살펴보았다. 여기 제시된 실험에서는, 대중매체 활용이나 지역사회 봉사활동 참여와 같은 요인들을 살펴보게끔 할 것이다. 아울러 시민참여의 매우 중요한 지표로 여겨지고 있는 투표에 대해서도 살펴보도록 할 것이다.

대중매체 활용　두 가지 종류의 신문을 마련하라. 우선 *New York Times*나 *Boston Globe*와 같은 전국지에서 한 가지를 고르고, *Knoxville(TN) News Sentinel*이나 *Pocono (PA) Record*와 같은 지역신문에서 한 가지를 고르라. 그런 다음 각 신문의 표지기사에서 세 가지 뉴스를 택하여 서로 비교해보라. 신문들 간에 서로 겹치는 내용이 있는가? 어떤 차이점이 있는가? 특정 사건에 대한 기사가 상세한 정도에서 차이가 있거나 특정 부분이 부각되는 등의 차이가 있는가? 서로 다른 신문을 읽는 독자들은 시사문제에 대해서 동일한 정보를 얻게 되겠는가?

똑같은 작업을 TV 뉴스에 시도해보라. 우선 CNN과 같은 국영방송 뉴스나 저녁시간 즈음에 방송되는 네트워크 뉴스를 하나 시청하고 난 다음, 당신이 살고 있는 지역의 지역방송 뉴스를 시청해보라. 뉴욕의 경우를 예로 들자면 채널 1번에서 방송되는 뉴스를 보면 될 것이다. 그런 다음 신문을 검토했던 것과 동일하게 두 뉴스방송을 비교해보라. 각 TV 뉴스들에서 다루어지는 내용들 간의 공통점은 무엇이고 차이점은 무엇인가?

마지막으로 MSN이나 CNN과 같은 인터넷 뉴스 사이트와 지역 인터넷 뉴스 사이트를 선정한 후 같은 방식으로 비교해보라. 신문이나 TV와 어떤 차이가 있는가? 이러한 분석이 대중매체가 뉴스를 다루는 방식에 대해 어떤 시사점을 주며, 청소년들의 시민참여 의식에 어떤 도움을 줄 수 있겠는가?

지역사회 봉사　당신의 친구나 친척들에게 지역사회 봉사에 관해 얘기해보라. 지금 하고 있거나 혹은 해본 적이 있는가? 하고 있다면 혹은 그렇지 않다면 그 이유는 무엇인가? 만일 하고 있다면 어떤 종류의 봉사활동을 했는가?(예: 무료급식소, 공부방). 그들이 참여하고 있는 프로그램은 봉사활동 경험에 대해 돌아볼 수 있는 시간을 가지는가? 만일 그렇다면 어떤 가치가 있다고 보는가? 그들은 봉사학습을 받은 적이 있는가? 만일 그렇다면 실제 봉사활동과의 공통점과 차이점은 무엇인가?

투표하기　서로 다른 연령대의 세 사람과 과거의 투표 경험과 앞으로 하게 될 투표에 대해 이야기를 나누어보라. 한 사람은 부모님 세대에서 고르고, 다른 한 사람은 18세에서 25세 사이, 나머지 한 사람은 18세 미만에서 선택하라. 그리고서 과거 총선이나 지방선거에서 투표해본 경험이 있는지를 묻거나, 투표권이 주어지는 나이가 되면 투표를 할 의향이 있는지를 물어보라. 그리고 그 이유를 물어보라. 또한 누굴 뽑았는지, 혹은 뽑을 것인지와 그 이유를 물어보라. 그리고 MTV의 'Rock the Vote' 나 Nickelodeon의 'Kids Vote'에 대해 들어본 적이 있는지 물어보라. 만일 그렇다고 한다면, 그에 대해 어떻게 생각하는지를 물어보라. 이러한 인터뷰를 통해 다양한 연령대에서 투표율을 높이는 방안에 관한 정보를 얻어낼 수 있는지 스스로에게 질문해보라.

참고문헌

Annenberg Public Policy Center. (2007). *About Student Voices.* Retrieved April 25, 2007, from http://student-voices.org/about/in-dex.php?SiteID=10

Anderson, S. (1998). Service learning: A national strategy for youth development. Position paper prepared for Education Policy Task Force, George Washington University. Available from http://www.gwu.edu-ccps/pops/svc.html

Atkin, C. (1981). Communication and political socialization. In D. Nimmo & K. Sanders (Eds.), *Handbook of Political Communication* (pp. 299-328). Beverly Hills, CA: Sage.

Austin, A., Vogelgesang, L., Ikeda, E., & Yee, J. (2000). How service learning affects students. Paper prepared for Higher Education Research Institute, University of California, Los Angeles.

Barber, B., & Eccles, J. (1997, April). Student council, volunteering, basketball, or marching band: What kind of extracurricular involvement matters? Presentation at meeting of Society for Research in Child Development, Washington, DC.

Benson, P. (2004, October). Developmental assets and human development. Paper presented at the International Conference on Applied Developmental Science, University of Jena, Germany.

Billing, S., Root, S., & Jesse, D. (2005). The impact of participation in service learning on high school students' civic engagement. Center for Information and Research on Civic Learning & Engagement, Working Paper 33. Available at http://www.civic-youth.org/?page_id=152.

Bogard, K., & Sherrod, L. (in press). The influence of discrimination distress and parent socialization on civic attitudes among youth of color. *Journal of Cultural and Ethnic Minority Psychology.*

Damon, W., Menon, J., & Bronk, K. C. (2003). The development of purpose during adolescence. *Applied Developmental Science, 7,* 119-128.

Delli Carpini, M. X. (2000). Gen.Com: Youth, civic engagement, and the new information environment. *Political Communication, 17,* 341-349.

Eccles, J., & Barber, B. (1999). Student council, volunteering, basketball, or marching band: What kind of extracurricular involvement matters? *Journal of Adolescent Research, 12,* 287-315.

Eisenberg, N., Guthrie, I., Murphy, B., Shepard, S., Cumberland, A., & Carlo, G. (1999). Consistency and development of prosocial dispositions: A longitudinal analysis. *Child Development, 70,* 1360-1372.

Finchilescu, G., & Dawes, A. (1998). Catapulted into democracy: South African adolescents' sociopolitical orientations following rapid social changes. *Journal of Social Issues, 54*(3), 563-584.

Flanagan, C., Bowes, J., Jonsson, B., Csapo, B., & Sheblanova, E. (1998).

Ties that bind: Correlates of male and female adolescents' civic commitments in seven countries. *Journal of Social Issues, 54*, 457-476.

Flanagan, C., & Faaison, N. (2001). *Youth civic development: Implications of research for social policy and programs* (Social Policy Reports, No. 1).

Flanagan, C., & Sherrod, L. R. (1998). Youth political development: An introduction. Political development: Growing up in a global community. *Journal of Social Issues, 54*, 447-456.

Flanagan, C., Syvertsen, A., Mitra, D., Oliver, M. B., & Sethuraman, S. S. (2006). Evaluation of Student Voices Curriculum for the Annenberg Foundation.

Flanagan, C., & Tucker, C. (1999). Adolescents' explanations for political issues: Concordance with their views of self and society. *Developmental Psychology, 35*, 1198-1209.

Hart, D., Atkins, R., & Ford, D. (1998). Urban America as a context for the development of moral identity in adolescence. *Journal of Social Issues, 54*, 513-530.

Keeter, S., Sukin, C., Andolina, M., & Jenkins, K. (2002). *The civic and political health of the nation: A generational portrait*. New Bruns-wick, NJ: Center for Information and Research on Civic Learning and Engagement.

Leming, J. (2001). Integrating a structured ethical reflection curriculum into high school community service experiences. Impact on students' sociomoral development. *Journal of Research on Adolescence, 36*(141), 33-45.

Lerner, R. (2004). *Liberty: Thriving and civic engagement among America's youth*. Thousand Oaks, CA: Sage Publications.

Lerner, R., Dowling, E., & Anderson, P. (2003). Positive youth development: Thriving as the basis of personhood and civil society. *Applied Developmental Science, 7*(3), 172-180.

Macek, P., Flanagan, C., Gallay, L., Kostron, L., Botcheva, L., & Csapo, B.

(1998). Postcommunist societies in times of transition: Perceptions of change among adolescents in central and eastern Europe. *Journal of Social Issues, 54*(3), 547-562.

Markus, G., Howard, J., & King, D. (1993). Integrating community service and classroom instruction enhances learning: Results from an experiment. *Educational Evaluation and Policy Analysis, 15*(4), 410-419.

McAdam, D. (1988). *Freedom summer.* New York: Oxford University Press.

McDevitt, M., & Chaffee, S. (2000). Closing gaps in political communication and knowledge: Effects of a school intervention. *Communication Research, 27*(3), 259-292.

McLeod, J. (2000). Media and civic socialization of youth. *Journal of Adolescent Health, 27*, 45-51.

Meyrowitz, J. (1985). *No sense of place: The impact of electronic media on social behavior.* New York: Oxford University Press.

Myers-Lipton, S. J. (1994). The effects of service-learning on college students' attitudes toward civic responsibility, international understanding and racial prejudice. (Doctoral dissertation, University of Colorado, 1994). *Dissertation Abstracts International, 56*(03), 1133.

Niemi, R., & Junn, J. (2000). *Civic Education: What makes students learn.* New Haven, CT: Yale University Press.

Pasek, J., Kenski, K., Romer, D., & Hall Jamieson, K. (2006). America's youth and community engagement: How use of mass media is related to civic activity and political awareness in 14 to 22-year-olds. *Communication Research, 33*(3), 115-135.

Putnam, R. (1996). The strange disappearance of civic America. *The American Prospect*, 34-48.

Putnam, R. (2000). *Bowling Alone: The collapse and revival of American community.* New York: Simon and Schuster.

Reinders, H., & Youniss, J. (2006). School-based required community service and civic development in adolescents, *Applied Developmental Science, 10*(1), 2-12.

Ruck, M., Abramovitch, R., & Keating, D. (1998). Children and adolescents' understanding of rights: Balancing nurturance and self-determin-ation. *Child Development, 64*, 404-417.

Russell, S. (2002). Queer in America: Citizenship in sexual minority youth. *Applied Developmental Science, 6*(4), 264-272.

Scales, P., Blyth, D., Berkas, T., & Kielsmeier, J. (2000). The effects of service learning on middle school students' social responsibility and academic success. *Journal of Early Adolescence, 20*(3), 332-358.

Sherrod, L. R. (2003, April). Promoting the development of citizenship in diverse youth. *PS: Political science and politics*, 287-292.

Sherrod, L. R. (2007a). Citizenship and activism in diverse youth. In S. Ginwright, J. Cammarota, & P. Noguera (Eds.), *Social justice, youth and their communities: Building theory for more effective policy*. New York: Rutledge.

Sherrod, L. R. (2007b). Civic engagement as an expression of positive youth development. In R. Silberisen & R. Lerner (Eds.), *Approaches to positive youth development*. Thousand Oaks, CA: Sage Publications.

Sherrod, L. R. (2007c). Youth's perceptions of citizenship. In M. Ruck & S. Horn (Eds.), *Young people's perspectives on the rights of the child. Journal of Social Issues*. Manuscript submitted for publication.

Sherrod, L. R., Flanagan, C., & Kassimir, R., & Syvelsten, A. (Eds.) (2005). *Youth activism: An international encyclopedia*. Westport, CT: Greenwood Publishing Group.

Sherrod, L. R., Flanagan, C., & Youniss, J. (2002). Dimensions of citizenship and opportunities for youth development. *Applied Developmental Science, 6*(4), 264-272.

Sherrod, L. R., & Hoxie, A. M. (2007, March). *The civic mission of after school*. Paper presented at the biennial meeting of the Society for Research in Child Development, Boston, MA.

Sherrod, L. R., Quinones, O., & Davila, C. (2004). Youth' s political views and their experience of September 11, 2001. *Applied Developmental Psychology, 25*, 149-170.

Stoneman, D. (2002). The role of youth programming in the development of civic engagement. In L. R. Sherrod, R. Flanagan, & J. Youniss (Eds.), *Applied Developmental Science, 6*(4), 264-272.

Stukas, A., Clary, E. G., & Snyder, M. (1999). Service learning: Who benefits and why. *Social Policy Report: Society for Research in Child Development, 8*(4), 1-19.

Tierney, J. P., & Branch, A. Y. (1992). *College students as mentors for at-risk youths*. Philadelphia: Public/Private Ventures.

Tolan, P. H., Sherrod, L. R., Gorman-Smith, D., & Henry, D. (2003). Building protection, support, and opportunity for inner-city children and youth and their families. In K. Maton, C. Schellenbach, & B. Leadbeater (Eds.), *Fostering resilient children, youth, families and communities: Strength-based research and policy*. Washington, DC: American Psychological Association.

Torney-Purta, J. (2002). The school's role in developing civic engagement: A study of adolescents in twenty-eight countries. *Applied Developmental Science, 6*(4), 202-211.

Torney-Purta, J., Lehmann, R., Oswald, H., & Schultz, W. (2001). *Citizenship and education in 28 countries: Civic knowledge and engagement at age fourteen*. Amsterdam: IEA.

Walzer, M. (1989). *Citizenship*. New York: Cambridge University Press.

Whyte, J. (1998). Young citizens in changing times: Catholics and Protestants in Northern Ireland. *Journal of Social Issues, 54*(3), 603-620.

Yates, M., & Youniss, J. (1996). Community service and political-moral identity in adolescence. *Journal of Research on Adolescence, 6*, 271-284.

Youniss, J., Bales, S., Christmas-Best, V., Diversi, M., McLaughlin, M., & Silbereisen, R. (2002). Youth civic engagement in the twenty-first century. *Journal of Research on Adolescence, 12*, 121-148.

Youniss, J., & Yates, M. (1997). What we know about engendering civic identity. *American Behavioral Scientist, 40*, 620-631.

Youniss, J., & Yates, M. (1999). Youth service and moral-civic identity: A case for everyday morality. *Educational Psychology Review, 11*(4), 361-376.

11

긍정 심리치료

• Tayyab Rashid

11

긍정 심리치료

Tayyab Rashid

과거 100년 이상의 기간 동안, 내담자들은 자신의 문제점에 대해서 이야기하는 것이 치료적이라는 검증되지 않은 신념을 믿고 심리치료 기관을 방문하였다. 매년 수십만 명의 사람들이 심리적 상처와 결함 그리고 장애를 치료하기 위해 워크숍, 피정(避靜), 캠프, 교육 프로그램 등에 참석하거나 수많은 종류의 심리치료에 참여하고 있다. 그렇지만 긍정적인 것(positives)은 위에서 언급한 개입 과정에서 초점의 대상이 된 적이 드물고 체계적 관심의 대상이 된 적도 거의 없다. 내담자의 강점에 명시적으로 관심을 기울이는 치료는 흔치 않은 것이다. 환자의 강점에 주의를 기울이는 심리치료 중에서 경험적으로 효과가 입증된 유일의 심리치료 기법은 긍정 심리치료(positive psychotherapy: PPT)다.

PPT는 정신병리를 치료하고 행복을 증진시키기 위해, 명시적으로 내담자의 삶에 긍정 정서, 강점 및 의미를 구축하려는 시도라고 할 수 있다. 저자가 이 장에서 주장하고자 하는 것은 심리치료가 부정적인 것을 넘어 긍정적인 것을 함양시키는 역할을 담당해야 한다는 점이다. 또한 저자는 안녕(well-being)의 개념에 대해 살펴보고 이러한 개념에 기반한 개입들을 조사해보았다. PPT의 이론적 가정, 내용, 효과의 기제, 치료적 과정 등을 기술하였으며 PPT의 타당성 연구를 요약하였다. 마지막으로 몇 가지 권고사항과 후속연구 방향을 제언하였다.

강력하고 만연된 부정적인 것

부정적인 것은 우리를 매혹시킨다. Machiavelli, Schopenhauer, Hegel, Darwin, Marx 그리고 Freud는 모두 부정적인 것에 완전히 매혹되었다. 이들 모두는 부정적인 것을 인간 존재에 필요 불가결한 것으로 여겼다. 심지어 Freud(1930/1995)는 인간 문명이 성적 · 공격적인 충동에 대처하기 위해 만들어진 거대한 방어기제라고 주장했다. 프로이트 학파의 이러한 관점은 예술, 문학, 학계에 널리 퍼져 상당한 영향력을 행사했다. 우리는 현대 대중매체를 통해서 이러한 영향력을 확인할 수 있다. 뉴스, 영화, 음악, 드라마, 리얼리티 쇼 프로그램 등에서 공포, 폭력, 탐욕, 질투, 불안정, 불륜 등이 창조적으로 펼쳐져 있다. 미덕, 존엄성, 협동, 이타주의, 겸손에 관한 이야기에 비해 악에 대한 이야기는 우리의 호기심을 보다 강하게 끌게 된다. 부정적인 것이 지니는 매력은 불을 끄고 침입자를 공격하며 음식, 피난처 및 배우자를 위해 경쟁하는 가운데 진화해온 석기시대의 뇌에 기인할 수도 있다. 진화론적인 관점에서 보면, 삶이란 Darwin이 발견한 하나의 시험에 불과하며 시험의 합격 기준은 적합성(fitness)에 있다. 연구에 따르면, 부정적인 것은 중요도와 영향력 면에서 긍정적인 것보다 우위에 있으며(예: Cottrell & Neuberg, 2005; Wright, 1988), 우리의 뇌는 좋은 것보다 나쁜 것에 더 강하게 반응하도록 만들어져 있다(Ito, larsen, Smith, & Cacioppo, 1998; Luu, Collins, & Tucker, 2000). 공포, 슬픔, 분노는 우리가 위협에 처할 때 방어선을 지정한다. 부정적인 것은 강력할 뿐만 아니라 만연해 있다. 부정 정서의 수는 긍정 정서의 수보다 두 배가량 많다(Nesse, 1991). 우리는 긍정적인 순간과 기억을 향유하지는 않지만 부정적인 정서를 수개월 내지는 수년간 반추한다(Nolen-Hoeksema, Parker, & Larson, 1994). 100불을 얻을 때의 기쁨보다 100불을 잃었을 때의 고통이 보다 크다(Kahneman & Tversky, 1984). 나쁜 감정, 나쁜 부모, 나쁜 피드백은 좋은 감정, 좋은 부모, 좋은 피드백보다 더 큰 영향력을 행사한다. 부정적 인상과 부정적인 내용의 고정관념은 긍정적 인상과 긍정적인 내용의 고정관념보다 더 빨리 형성된다. 아울러 부정적 인상과 부정적인 내용의 고정관념은 반대되는 증거에 접하더라도 긍정적 인상과 긍정적인 내용의 고정관념보다 변하기 더 어렵다(Baumeister, Bratslavsky, Finkenauer, & Vohs, 2001).

심리치료에서의 부정적인 것

부정적인 것에 집중함으로써 심리치료는 장족의 발전을 이루었다. 심리치료의 효과는 위약의 효과보다 더 크고 약물치료의 효과보다 그 지속기간이 더 길다는 점이 정교한 연구를 통해 입증되었다(Lambert et al., 2003; Seligman, 1995; Shadish, Navarro, Matt, & Phillips, 2000). 특정 장애를 대상으로 한 심리치료뿐 아니라, 치료적 동맹과 치료적 의사소통의 뉘앙스, 비언어적인 의사소통, 치료자 효과, 치료 과정 및 내담자와 주고받는 피드백 과정과 같은 심리치료의 세밀한 측면들을 더 잘 이해하게 되었다(Wampold, 2001; Weinberger, 1995). 정신병리에 집중함으로써 증상을 효과적으로 경감시켰으나 행복을 효과적으로 증진시킨 것은 아니었다. 이 점은 치료 과정에서 여전히 간과되고 있는 부분이다. 부정적인 것의 영향력에 관한 진화론적, 철학적, 사회학적 및 심리학적 근거는 충분하지만 부정적 측면에서 인간의 본성을 바라보는 심리학의 관점에 대한 경험적인 정당성은 불충분하다. 그럼에도 이러한 심리학의 관점은 심리치료에 상당한 영향을 미쳤다.

지금이 심리치료에 관한 가정을 재점검해야 할 때인지도 모른다. 일부 심리치료에 있어, 치료에 대한 반응과 완전한 회복을 혼동하고 있다는 인식이 커지고 있다. 심리치료 성과 연구자들은 삶의 질이 치료성과 평가 항목의 하나로 포함될 필요가 있으며(Gladis, Gosch, Dishuk, & Crits-Christoph, 1999), 심리적 안녕이 회복의 정의 속에 포함되어야 한다(Fava, 1996)는 견해를 표했다. Ryff와 Singer(1996)의 제안에 의하면, 안녕의 부재가 추후 발생하는 역경에 대해 취약해지게 하므로 지속적인 회복으로 가는 길은 증상을 제거하는 데에만 있지 않고 긍정적인 것을 고양하는 데 있다. 심리치료는 정신병리를 제거할 뿐만 아니라 행복을 증진시키는 하이브리드 사업(hybrid enterprise)이 될 필요가 있는 것이다.

행복: 몇 가지 이론적인 개념

오랫동안 철학자, 현자 및 과학자들은 행복을 추구하면서, 행복을 정의하고자 노력해왔고 행복에 이르기 위한 조건들을 하나씩 발견해왔다. Aristoteles의 견해에 의하면, 행복은 인생의 의미이자 목적이며, 인간 존재의 전체 목표이자 이유다. Benjamin Franklin(1733~1758/1980)은 행복이 근면과 절제 그리고 청렴에 달려 있다고 강조했다. Bertrand Russell(1930)은 행복이란 우리의 능력이 최대한 발휘되고 우리가 사는 세상이 최대한 실현되는 것과 함께한다고 주장했다. 2차 세계 대전 전에는 안녕, 최적 기능, 의미, 행복의 개념이 문헌에서 자주 다뤄졌다. 그런데 2차 세계 대전 이후, 주로 경제적 · 정치적 요인 때문에 정신병리의 측정과 치료가 사실상 심리학의 독점적인 사명이 되어버렸다(Maddux, 2002). 그렇지만 인본주의 심리학의 지지자들은 치료적 틀 안에서 긍정적인 것의 중요성을 지속적으로 옹호해왔다.

Maslow(1968/1999)는 창의성, 건강, 정상 성격, 사랑, 놀이, 인생의 조망, 개인적 성장 및 보다 높은 수준의 의식과 같은 주제에 대한 관심이 부족하다고 생각했다. 그는 자기실현적 성격이 뛰어난 현실감각, 자기, 타인 및 자연에 대한 수용 증진, 향상된 자발성, 문제 중심적 접근, 증가된 자율성, 문화변용(enculturation)[11]에 대한 저항, 고빈도의 절정 경험, 전 인류와의 동일시, 민주적 성격구조 형성 및 창의성의 향상을 보인다고 여겼다.

Rogers(1959)는 모든 개인에게는 보다 나은 자신이 되기 위해 자신의 모든 역량을 계발할 수 있는 타고난 성향이 있다고 제안하였다. 당대의 Marie Jahoda(1958)는 안녕에게 마땅히 주어져야 할 관심이 존재한다고 주장하였다. Jahoda는 안녕에 기여하는 여섯 가지 과정을 도출하였다. 이 여섯 가지 과정은 자기자신의 수용, 성장/계발/발달, 성격의 통합, 자율성, 정확한 현실 지각 및 환경의 통제를 포함한다. Ryff와 Singer(1996)는 최근에 Jahoda의 과정과 일부 중복되는 심리적 안녕의 여섯 가지 요소를 확인하고 경험적으로 검증하였다. Ryan, Sheldon, Kasser와 Deci(1996)의 주장에 의하면, 안녕은 자율성, 유능성 및 관계성이라고 하는 세 가지 보편적인 심리적 욕구에 기반하고 이러한 욕구들의 충족이 심리적 안녕의 핵심적인 예언요소다. 행복과 안녕에 대한 의견의 이와 같은 다양성은 개인마다 행복이 서로 다른 의미를 지니고 실제로는 아무런 의미가 존재하지 않는다는 인상을 줄 수 있어 위험성을 내포하고 있는 것이 사실이다.

---

11 역자 주: 둘 이상의 상이한 문화가 접촉하였을 경우, 한쪽 또는 양쪽의 문화 형태에 변화가 일어나는 현상.

그러나 이와 같은 이질성에도 행복 연구의 새로운 움직임은 두 가지 결론에 수렴하는 것 같다(예: Ben-Shahar, 2007; Haidt, 2006; Lyubomirsky, Sheldon, & Schkade, 2005). 첫 번째는, 재화와 목표의 획득은 우리에게 순간의 행복을 제공할 뿐이라는 점이다. 우리는 재화와 목표에 신속히 익숙해지는 대단히 적응적인 창조물이다. 하나의 목표를 달성하고 난 뒤, 우리는 그 다음 새로운 목표를 추구하며 끊임없이 목표를 변경하게 된다. 우리는 단지 목표에 익숙해질 뿐만 아니라 목표를 재조정을 하는 것이다(Haidt, 2006). 둘째로, 유전이 개인의 평균적인 행복 수준에 강력한 영향을 미치기 때문에 환경과 인구통계학적 요인들은 행복에 거의 영향을 미치지 않는다는 점이다. 성별과 기후, 연령, 교육 및 재정 상태는 우리의 행복에 거의 영향을 미치지 않는다. 그런데도 우리는 이런 요소들을 추구하느라 지나치게 많은 시간과 노력을 들인다. 이를테면 우리는 돈이 많을수록 더 행복해진다고 믿지만, 생존과 안전의 욕구를 충족하기에 충분한 돈을 획득한 다음, 재산의 증가분에 따른 행복의 증가량은 점차 감소하게 된다(Diener & Seligman, 2004). 노벨상 수상자인 Daniel Kahneman과 동료들(2006)은 이와 관련하여 다음과 같이 언급하였다.

> 고소득이 긍정적 기분과 관련되어 있다는 신념이 널리 퍼져 있지만 대부분 착각이다. 평균 이상의 소득을 받는 사람들은 그들의 삶에 비교적 만족하지만 순간순간의 경험에서 다른 사람들보다 더 행복하지 않고, 더 많이 긴장하는 경향이 있으며,

> 특별히 즐거운 활동에 더 많은 시간을 보내지 않는다. 더욱이, 소득이 삶의 만족도에 미치는 효과는 일시적인 것으로 보인다 (p. 1908).

Ben-Shahar(2007)는 우리가 돈에 대한 믿음에 현혹되어 목적과 수단을 혼동하며, 돈(수단) 때문에 행복(목적)을 희생하기도 한다고 밝혔다. Ben-Shahar는 행복에 대한 착각을 깨우쳐주면서 돈과 물질적인 상품은 행복이 아니라 행복에 부수적인 것이며, 그 자체로는 내재적 가치가 없다고 주장하였다. 돈과 물질을 소유함으로써 우리가 긍정 정서와 의미를 경험할 수 있다면 바람직한 것이다. 행복은 현재의 이득이나 미래의 이득을 희생하는 것이 아니며 현재의 이득과 미래의 이득 간에 이루어지는 거래도 아니다. 그것은 의미나 즐거움의 추구 간에 결정해야 할 선택이 아니다. 행복은 산 정상에 오르는 것이 아니며 산 주위를 목적 없이 선회하는 것도 아니다. 행복은 여행을 완수하는 것일 뿐만 아니라 여행 그 자체를 즐기는 것이다. 무엇보다 행복은 조화를 추구하는 것이며, 행복에 필수적인 모든 요소가 화합을 이루는 삶을 창조한다.

행복 증진 개입

Fordyce(1983)는 행복 증진 개입을 개발하고 검증한 최초의 연구자다. 그는 행복한 사람들의 특성에 초점을 두어 행복을 증진하기 위한 14가지 전략을 도출하였다. 14가지 요소에는 좀 더 적극적이고 능동적인 자세로 살아가기, 다른 사람과 함께하는 사회적 활동에 좀 더 많은 시간을 할애하기, 의미 있는 일에 열성적으로 임하기, 친밀한 인간관계를 강화하기, 과도한 기대수준을 낮추기, 행복을 중시하기 등이 포함된다. Fordyce(1983)에 따르면, 행복 증진 프로그램에 참여한 학생들은 통제집단보다 우울 증상을 덜 나타냈으며 그 효과는 9개월과 18개월 추적 시에도 지속되었다.

Ryff와 Singer(1996)의 심리적 안녕 모델에 근거하여 개발한 웰빙 치료는 정서장애 증상이 어느 정도 완화된 단계에서 효과적인 것으로 밝혀졌다(Fava & Ruini, 2003). 웰빙 치료는 환경의 통제, 개인적 성장, 인생의 목적, 자율성, 자기수용 및 타인과의 긍정적 관계를 향상하는 것을 목표로 삼는다. 치료자는 구조화된 기록지를 통해 내담자로 하여금 웰빙 경험에 주의를 기울이도록 유도한다.

인지치료와 긍정심리학 개념을 접목한 Frisch의 삶의 질 치료(Frisch, 2006)는 자신이 소중하게 여기는 삶의 가치와 목표를 건강, 신앙생활, 직업활동, 여가활동, 새로운 학습, 창의성 발현, 사회봉사, 사랑, 친구관계 및 지역사회를 포함한 16개의 영역에서 실현하는 것을 목적으로 한다. 삶의 질 치료의 효과성은 임상적으로 우울한 내담자를 대상으로 한 독서요법 성과 연구에서 확인되었다(Grant, Salcedo, Hynan, & Frisch, 1995). 다음으로, PPT를 상세하게 설명하고자 한다.

긍정 심리치료

긍정 심리치료(PPT)는 긍정심리학 안에서 전통적 심리치료의 영역을 확장하기 위한 치료적 접근법이다. PPT의 핵심 가정은 긍정 정서, 강점 및 의미의 구축이 증상 회복에 도움이 될 뿐만 아니라 정신병리의 치료에도 효과적이라는 것이다. 스트레스로 고통 받는 내담자들은 흔히 부정성 편향을 보이므로 긍정적인 것이 내담자의 의식과 기억에 쉽게 접근하지 못하게 된다. 따라서 PPT는 문제점을 살펴보는 것에 더하여 내담자의 긍정 정서와 기억을 적극적으로 이끌어낸다. 왜냐하면 심각한 심리적 고통을 지닌 내담자는 고통 경감뿐 아니라 행복 증진에 보다 많은 관심을 갖기 때문이다. 이와 같이 전통적인 접근법이 '잘못된 것을 고치는' 방식이라면 PPT는 '장점을 구축하는' 방식을 선택하여 전통적 방식을 보완한다(Duckworth, Steen, & Seligman, 2005, p. 631). 따라서 PPT는 위해행동과 이타행동, 모욕과 칭찬, 이기심과 연민, 오만과 겸손, 성급함과 조화, 증오와 사랑, 외상과 성장 사이의 통합에 초점을 둔다.

가정

PPT의 기본 가정은 정신병리에 대한 취약성과 행복에 대한 잠재력이 내담자 내부에 함께 존재한다는 점이다. 내담자는 좋은 상태·특질과 나쁜 상태·특질을 함께 지니고 있으며 양자가 서로 상호작용한다. 내담자 안에 정신병리만이 존재하는 것은 아닌 것이다. 내담자와 환경의 상호작용은 행복과 정신병리 모두를 초래할 수 있다. 이러한 생각은 무의식적인 성적 · 공격적 추동이 인간 행동의 기본 동기가 된다는 견해와 극명한 대조를 이룬다. Seligman(2002)에 따르면, 후자의 견해는 인간 본성을 '속속들이 썩어 있는 것(rotten-to-the-core, p. xiv)' 으로 보는 독단적인 관점이며, 내담자를 잘못된 습관과 성적 추동의 노예로 격하시키는 것이다. 이와 같이 증명되지 않은 견해에 지배된 심리치료는 필연적으로 공격적 · 성적 추동을 억제하는 역할을 담당하였다. Seligman 이전에 Rogers(1959) 역시 이러한 기본 가정에 의문을 제기하였다.

> 나는 사람이 원래 비합리적이어서 충동을 통제하지 않으면 타인과 자신을 파괴시킬 것이라는 만연되어 있는 개념에 전혀 찬성하지 않는다. 사람의 행동은 체계적이고 합리적이어서 유기체가 실현하고자 하는 목적을 향해 치밀하고도 정연하게 움직인다(p. 29).

PPT의 가정에 의하면, 내담자는 편도(amygdala)에 더하여 매우 정교한 집행기관을 지닌 자율적이고 성장지향적인 존재로 간주된다. 심리치료 기관을 찾는 내담자들은 긍정적인 것보다는 부정적인 것에 주의를 보다 많이 기울이고, 부정적인 것을 더욱 많이 지각하고 분석하며 내면화하는 경향이 있다. 그러므로 내담자들로 하여금 긍정적인 것에 주의를 기울이도록 하는 것은 더욱 중요하다. 내담자들은 자연 선택의 영향을 넘어설 수 있고 유전의 영향을 변경할 수 있는 행동과 습관을 의식적으로 학습할 수 있다. 이와 같이 내담자의 행동은 범주(category)가 아닌 차원(dimension)의 측면에서 가장 잘 이해된다. 행동을 범주로 칸칸이 나누는 것은 현실을 가리는 일이다. Alan Watts(1966)가 말했듯이, "우리가 [세상을] 여러 사물과 사건으로 아무리 많이 나누고 계산하며 구분하고 분류한다 하더라도 이것은 세상에 대해 생각하는 방식의 변화일 따름이다. 세상은 절대 나눠지지 않는다." (p. 54) 증상과 장애지향적인 치료에서 내담자들은 종종 심리내적이고 생물학적인 요인의 수동적인 희생자로 간주되어, 전반적 안녕 면에서 도움을 필요로 하는 사람이 아니라 질병과 장애 면에서만 도움을 필요로 하는 것처럼 여겨진다.

심리치료를 받으려는 내담자들은 부정적인 정서와 부정적인 행동, 나쁜 부모, 나쁜 유전자 그리고 나쁜 피드백이 그들의 삶에 어떠한 영향을 미쳤는지 쉽게 설명할 수 있다. 치료실에서는 분노와 외상, 쓰디쓴 대인관계, 일과 사랑에서의 좌절과 그것이 가져오는 정서적 악영향이 성취의 기쁨, 즐거운 경험의 향유, 친밀한 동료와의 우정과 그것이 유발하는 웃음소리보다 더 많이 경험된다. 내담자들은 즐거움보다 고통을 더 생생하게 기억한다. 내담자들은 원한과 반추를 내려놓으려는 몸부림을 치료자와 함께 나눈다. 전통적인 병리지향적인 심리치료 모델에서는 이처럼 부정적인 경험들이 지각되고 분석되며 나아가 성격 구조 안에서 통합된다. 이 모델의 기저에는 어떤 가정이 내재해 있다. 그 가정은 증상이야말로 심리치료의 진정한 핵심 요소이며, 이에 반해 긍정적인 것은 증상 감소의 부산물이거나 주된 관심의 밖에 위치하여야 마땅한 부차적인 것이라는 점이다. 이 가정은 주류 심리학에 너무나 깊이 스며들어 있다. 『진단적 통계 편람(*Diagnostic Statistical Manual: DSM-IV*)』에서는 유친(類親), 기대, 이타주의 및 유머를 '방어 기제'라 부르고 있다(American Psychiatric Association, 2000, p. 752). 이타적인 행동은 "우울한 사람들이 남을 돕고, 박애주의적인 활동을 하고, 사회진보에 이바지하는 일을 하여 죄책감을 상쇄하고 자신의 무의식적인 역동을 조절하는" 대처 방식으로 간주된다(McWilliams, 1994, p. 238). 이러한 가정을 날카롭게 비판한 Seligman(1999)은 다음과 같이 질문하였다.

> 어떻게 하여 사회과학이 인간의 이타주의, 용기, 정직, 의무, 기쁨, 건강, 책임감 및 명랑한 기분 등의 강점과 덕성을 파생적인 것이나 방어적인 것으로 혹은 터무니없는 착각으로 여기는 반면, 불안, 탐욕, 이기심, 편집증, 분노, 장애와 슬픔 등의 약점과 부정적인 동기를 진정한 것으로 보게 되었는가?(p. 559)

PPT에서 내담자의 긍정 정서와 강점은 내담자의 약점만큼이나 진정한 것이며 본래의 가치를 지닌 것으로 여겨진다. 아울러 PPT에서는 약점과 증상이 심리장애에 기여하는 것과 같은 방식으로 긍정 정서와 강점이 내담자의 행복에 이바지하는 것으로 간주된다. 인간의 강점은 인간의 약점처럼 오랜 기간 실제로 존재해온 것이고 모든 문화권에서 가치 있는 것으로 평가되는 것이다(Lopez, Snyder, & Rasmussen, 2003; C. Peterson & Seligman, 2004).

일부 심리치료사들은 긍정 정서가 오랜 시간 동안 유지되지 않기 때문에 측정하기가 어렵고, 강점은 약점보다 눈에 많이 띄지 않는다고 주장하였다. 이에 더하여, 사회적 바람직성 때문에 강점을 타당하게 측정하는 일은 어렵다. 왜냐하면 어떤 내담자들은 치료자의 관심을 끌기 위해 자신을 과대평가하기도 하고, 어떤 내담자들은 자신이 자만하는 것처럼 치료자에게 보일까 두려워 자신을 과소평가하기 때문이다. 긍정 정서와 강점의 평가는 정신병리의 측정과 비교할 때 현저히 뒤처져 있는 것이 사실이다. 최근에서야 강점과 덕목을 처음으로 분류한 『성격적 강점 및 덕성의 분류체계(*Classification of Character Strengths and Virtues*)』(C. Peterson & Seligman, 2004)가 출판된 반면에, DSM은 지금까지 4판이 출시된 상태다. 더욱이 Lopez와 동료들(2003)에 따르면, 치료자의 관심을 구하려는 내담자들의 긍정적 자기표상과 치료자의 지각을 바꾸려는 내담자들의 부정적 자기표상은 반응 양식과 반응 내용의 일부이므로 통계적으로 통제되어서는 안 된다. 긍정 정서와 감정은 진정한 것으로서 본래의 가치를 존중해주어야 하는 것이다.

부정적인 것이 지닌 적응적인 가치를 무시할 수는 없으나, 인간이라는 존재를 분노, 속임, 경쟁, 시기, 탐욕, 걱정 및 불안으로만 설명할 수는 없다. 인간이라는 존재는 정직과 협력, 감사, 동정심, 만족 및 평온함에 대한 것이기도 하다. 심리치료는 내담자로 하여금 불을 끄고 위험을 제거하며 적대감을 감소시키거나 도덕적 · 사회적 · 정서적 불쾌감을 경감시키는 데 도움을 줄 뿐만 아니라 용기와 친절, 겸손, 인내 및 정서적 · 사회적 지능을 회복하고 함양하도록 도와야 한다. 전자의 기능이 삶을 덜 고통스럽도록 만드는 것이라면, 후자의 기능은 삶을 보다 충만하게 만들어주는 것이다. 그러므로 심리학의 대표주자인 심리치료는 약점과 불행만큼 실재적이고 진정한 강점을 포괄해야 한다.

약물 혁명 이전의 전통적 심리치료를 비롯한 수많은 심리치료는 나쁜 부모, 억압된 정서와 기억, 잘못된 사고 패턴, 대인관계의 분노와 같은 문제들에 대해 이야기하는 것으로 이루어졌다. 할리우드 영화(예: 〈사랑과 추억〉 〈굿 윌 헌팅〉 〈시계태엽 오렌지〉 〈뻐꾸기 둥지 위로 날아간 새〉)와 대중 치료자가 사회를 보는 텔레비전 토크쇼는 심리치료에 대한 일반 대중의 편견을 한층 강화시켰다. 일반인이 생각하는 심리치료는 문제점에 대해 이야기하고 '내면의 아이'를 표출시킴으로써 속이 후련해지는 것을 느끼고 이를 통해 치료가 되는 과정을 밟는다. 내담자들은 치료가 본래 문제점에 대해 이야기하는 것이라 여기도록 사회화되어 왔다. 어떤 내담자들은 심지어 치료를 시작할 때 구글(Google) 검색의 도움을 받아 그들의 문제가 DSM의 특정 장애에 해당된다는 점을 치료자에게 알려주기도 한다. 치료실을 방문한 대부분의 내담자는 그들 자신을 흠이 많고, 연약하며, 잔인한 주위환경의 희생자 또는 나쁜 유전자의 피해자로 바라본다. 공감적이고 따뜻하며 진솔한 치료자에게 문제를 털어놓는 것은 어느 유형의 심리치료에서나 필수적인, 강력한 카타르시스가 경험될 수 있음이 분명하다. 따라서 심리치료의 주요 접근법들은 모두 치료자와 내담자의 상호작용이 긍정적이어야 하며, 심리치료자들이 일반적으로 공감적이고 진솔하며 따뜻하고 전문적이어야 함을 강조한다(Luborsky, McLellan, Woody, & O' Brien, 1985). 실제로 심리치료 성과 연구는 이것이 가장 확고한 치료적 요인들 중 하나임을 보여주었다(Orlinsky, Ronnestad, & Willutzki, 2004; Wampold, 2001).

이러한 사실은 우리로 하여금 충분한 경험적 증거 없이 어떤 가정에 도달하게 한다. 그 가정은 내담자와 치료자의 강한 치료적 관계가 문제를 논의할 때 가장 잘 확립된다는 것이다. 그래서 내담자와 치료자는 내담자의 욕구가 충족되었을 때가 아닌 부모가 욕구를 충족시키지 못한 경우에 대해 이야기하게 되고, 적응적인 타협이 갈등을 해결한 상황보다는 대인 갈등의 전력(前歷)이 탐색되며, 내담자가 용서했거나 용서를 받았던 경험보다는 타인이 상처를 주었을 때가 강조되며, 타인이 보인 동정과 연민보다는 타인의 이기심에, 진솔한 감사를 받은 경험보다는 모욕을 당한 것에 초점을 두게 된다. 문제점은 논의될 가치가 없다는 의미가 아니다. 문제점을 논의하는 것이 강력한 치료적 관계를 확립하는 데 필수 조건은 아니라는 뜻이다. 강력하고 치유적인 치료적 유대관계는 깊은 긍정 정서와 긍정 경험을 논의할 때에도 확립될 수 있다.

내담자와 긍정적인 것을 논의하면 치료자는 내담자의 심리적 레퍼토리를 알게 된다. 그리고 이 심리적 레퍼토리는 내담자가 문제에 대항할 때 효과적으로 활용할 수 있는 것이다. 내담자가 효과적으로 문제에 대처할 때 어떤 강점을 동원하는지를 내담자에게 질문하는 것과 "어떤 약점이 문제를 초래했는가?"라고 병리지향적 질문을 하는 것은 사뭇 다른 논의를 불러일으킨다. 중요한 점은 PPT에서 치료자는 심리적 고통과 고민에 관한 논의를 거부하거나 피하지 않는다는 사실이다. 오히려 PPT에서는 심리적 고통과 고민에 대한 표현을 보다 많이 할 수 있도록 격려하며 내담자들이 긍정적인 것과 강점이 포함된 보다 폭넓은 맥락에 심리적 고통과 고민을 위치시킬 수 있도록 돕는다.

담화와 정서적 발산을 통해 정신적 질병을 치료하는 것은 대체로 서구의 전통이라는 점을 지적할 필요가 있다(Nisbett, 2003). 서구의 정신은 고통의 원인을 이해하기 위해 형식 논리학을 적용한다. 형식 논리학에서는 추론을 통해 언어로 표현되고 범주화되어 이름이 붙여지는 과정을 밟는다. 이와 같이 범주화하고 명명화하는 습관은 우리를 기계적 반응에 가두어버릴 수 있다고 Jon Kabat-Zinn(1991)이 주장한 바 있다. 이런 방식은 개별 정서와 행동을 분석할 때 유용하나 실제로 정서와 행동은 개별적으로 존재하지 않는다. 정서와 행동의 원인은 수많은 상황적 특성 및 타인들과 관련되어 있다.

내담자들은 고통스러우면서도 내려놓기 힘든 부정적인 감정과 생각들 때문에 치료실을 찾는다. 만약 심리치료가 부정적인 것의 아주 작은 부분을 분석하고 그것의 아동기 기원을 철저히 조사하거나 매일매일의 왜곡된 사고를 감시하는 활동이 된다고 하자. 만약 그렇게 된다면 취약한 내담자는 그 밖에 다른 것을 탐색하려는 동기를 덜 갖게 될 것이다. 게다가 분노의 원인을 비지지적인 부모와 중요한 타인에게 두거나 문제의 원인을 환경과 나쁜 유전자에 귀인(歸因)하게 되면 내담자는 "어쨌든 그건 내 잘못이 아니었어."라고 믿게 된다. 그리고 이러한 신념은 치료를 종료한 내담자들에게 오히려 역효과를 가져올 수도 있다. 타인을 비난하는 것은 동정을 유발할 수는 있지만 행복을 만들지는 못하기 때문이다.

우리는 치료자가 내담자에게 온전한 관심과 무조건적인 긍정적 존중을 보여줄 것으로 기대한다. 그렇지만 동시에 내담자는 제멋대로일 것이라고 우리는 예상한다(Rogers, 1951). 이는 서구 전통의 심리치료가 지닌 역설이라 할 수 있다. 서양의 관점과는 달리 동양의 치유는 묵상(默想)과 반성 그리고 명상을 강조한다. 문제점에 대해 이야기하는 대신, 사고와 감정의 흐름에 주의를 두도록 훈련함으로써 치유가 시작된다. 사고와 감정의 내용을 변화시키는 것이 치유의 목표가 아니다. 치유의 목적은 자신이 자신의 사고 및 감정과 어떻게 관련되는지에 대한 자각을 증대시키고, 사고와 감정을 자기의 일부나 현실의 정확한 반영으로서가 아니라 광범위하고 탈중심적인 견지에서 '정신적 사건'으로 인식하는 방법을 배우는 것이다(Teasdale et al., 2000; Wallace & Shapiro, 2006).

이론적 배경

PPT의 근거가 되는 긍정심리학은 긍정 정서와 긍정 특질 및 그것들의 발달을 촉진시키는 긍정 기관에 관한 과학적 연구다(Seligman & Csikszentmihalyi, 2000). PPT는 심리치료의 영역을 고통의 경감에서부터 행복의 체계적 증진까지 확장시킬 수 있는 긍정심리학의 치료적 무기다. PPT에서는 내담자의 온전한 능력과 열정, 긍정적 생활 경험 및 강점을 보다 진지하게 고려할 것을 주장하며, 동시에 이들을 어떤 방식으로 한데 모아 정신병리를 치료할 수 있는지에 대해 질문한다. PPT에 의하면 긍정 정서, 강점 및 의미는 삶이 편안할 때가 아니라 삶이 힘들 때 우리에게 큰 도움을 준다.

예컨대, 지혜, 성실성, 공정성, 충실성과 같은 강점을 지니고 사용하는 것은 편안한 시기보다는 우울할 때 더욱 유용하다. 강점은 긍정 기관(가족, 동료)이 중요한 역할을 수행할 수 있도록 조력하며, 긍정 정서를 증진하여 부정적 상태를 중화시키도록 이끈다. 역경과 외상은 강점을 형성하기도 하지만 강점을 겉으로 드러내는 역할을 할 수 있다. 심리치료는 역경과 외상이 강점을 겉으로 드러내는 역할을 할 수 있도록 돕는다. PPT는 Seligman (2002)의 행복 이론에 주로 근거하고 있다. 이 이론에 따르면, '행복' 이라고 하는 모호하고 불분명한 개념은 과학적으로 측정 가능하고 다루기 쉬운 세 가지 구성요소로 나뉠 수 있다. 이 세 구성요소는 긍정 정서(즐거운 삶), 몰입(적극적인 삶), 의미(의미 있는 삶) 등이다.

즐거운 삶

즐거운 삶은 현재, 과거, 미래에 대해 긍정적인 감정을 느끼며 살아가는 삶을 의미한다. 과거에 대해 느끼는 긍정 정서는 만족감(contentment)이나 흡족함, 평온함이고, 미래에 대해 느끼는 긍정 정서는 낙관주의, 희망, 신뢰, 믿음, 자신감이다. 현재에 대한 긍정 정서는 쾌락(pleasure)과 만족(gratification)으로 나뉜다. 쾌락은 다시 기초 쾌락(raw pleasure)과 상위 쾌락(higher pleasure)으로 구분된다. 기초 쾌락은 감각을 통한 순간적인 긍정 감정을 의미하며 맛있는 냄새, 달콤한 맛, 아름다운 경치, 경쾌한 소리 등이 이에 해당한다. 상위 쾌락은 학습된 사건에 의해 촉발되며 황홀경, 환희, 전율, 기쁨, 격정, 위안, 흥분, 이완 등이 이에 속한다. 만족(gratification)은 독서, 대화, 스포츠 경기 등 하고 싶은 활동을 할 때 느끼는 경험을 뜻한다.

긍정 정서는 잠시 왔다 사라지는 사치품이 아니라 매우 중요한 필수품이다. 긍정 정서는 사람들의 마음가짐을 바꾸고, 주의의 폭을 확장시키며(Chesney, Darbes, Hoerster, Taylor, & Chamber, 2005; Fredrickson & Branigan, 2005), 직관을 증대시킨다(Bolte, Goschke, & Kuhl, 2003). 부정 정서가 심장혈관에 부정적 효과를 미치고 나면 긍정 정서는 이에 대한 회복을 가져온다. 긍정 정서는 전뇌의 비대칭성을 바로잡으며 면역체계 기능을 증강시킨다(예: Davidson et al., 2003; Fredrickson & Losada, 2005). 긍정 정서는 안녕을 증대하는 사고-행위 레퍼토리(thought-action repertoire)를 확장시킨다. 확장된 레퍼토리는 다시 사회적 · 심리적 자원을 구축함으로써 삶의 만족감을 향상시킨다.

긍정 정서는 우울을 비롯한 여타 심리적 문제들의 완충제 역할을 담당한다. Tugade와 Fredrickson(2004)은 탄력성(resilience)을 지닌 사람들이 스트레스 상황으로부터 회복되고 스트레스 상황에서 긍정적인 의미를 발견할 때 긍정 정서를 사용한다는 사실을 경험적으로 보여주었다. 아울러 감사 연습과 용서 연습은 긍정 기억과 긍정 정서를 증진시키는 것으로 나타났다(예: Burton &

King, 2004; Emmons & McCullougth, 2003; Lybomirsky, Sheldon, & Schkade, 2005).

따라서 긍정 정서와 즐거움의 결핍은 정신병리의 증상인 동시에 부분적으로는 정신병리의 원인이다. 예컨대, 우울증의 경우 즐거운 삶을 증진시키는 것은 우울증에 대한 심리치료의 목표가 될 수 있다. 우울증을 지닌 내담자에게 즐거운 삶을 제공하는 것은 아동기 외상을 상세히 탐색한다거나 파국적인 인지에 대해 논박한다거나 혹은 잠재적 부작용을 지닌 약물을 복용하도록 하는 것과는 다른 방식일 것이다. 긍정 정서가 곧 황홀경 혹은 흥분을 의미하지 않으며 오히려 긍정 심리치료에서는 보통 수준의 긍정 정서를 보다 자주 경험하도록 장려한다. 연구에 의하면, 오랜 시간 황홀경을 추구해온 사람들은 결과적으로 실망감을 경험할 가능성이 크다고 한다. 보다 불행한 사실은 황홀경을 추구하는 사람들이 강렬한 수준의 쾌락을 좇느라 한 직업에서 다른 직업으로 또는 한 관계에서 다른 관계로 끊임없이 옮겨다닌다는 점이다 (Diener, Sandvik, & Pavot, 1991).

적극적인 삶

Seligman의 행복 이론에서 두 번째 '행복한' 삶은 적극적인 삶이다. 적극적인 삶은 일, 친밀한 관계 그리고 여가활동에 몰두, 참여, 관여하는 삶을 추구한다. 적극적인 삶이란 Csikszentmihalyi의 몰입(flow)의 개념(1990)과 같은 의미다. 몰입은 활동에 최고조로 참여할 때 동반되는 심리적 상태다. 이 상태에서는 시간이 빠르게 흐르고, 현재 과업에 대한 강렬한 주의집중이 일어나며, 몰아지경의 상태를 경험하고, 심지어 자신에 대한 인식이 사라지기도 한다.

많은 심리적 증상이 몰입의 결핍과 관련될 뿐만 아니라, 몰입의 결핍 자체가 증상을 일으키기도 한다. 몰입은 권태, 불안, 우울 등의 주요 해독제로 기능한다. 많은 심리장애의 특징인 무쾌감증, 무감동, 지루함, 초조함 등은 주어진 시간에 주의집중을 할 수 있는지의 여부와 관련된다. 슬픔과 지루함을 느낄 때 난이도는 우리의 능력에 미치지 못하며, 자연히 집중하기 어려워진다. 반면, 불안감을 느낄 때 지각된 난이도는 우리의 능력을 상회한다. 주의의 교란(攪亂), 몰입의 어려움, 정서적 불안정성의 이 세 가지가 부정적 상태의 주요 요소다.

Seligman(2002)이 몰입을 향상시키는 방식으로 제안한 것은 내담자의 두드러진 성격 강점을 확인하고 이를 더 많이 활용할 수 있는 기회를 찾도록 돕는 것이다. Seligman(2002)은 이를 가리켜 대표 강점이라 불렀다. 모든 내담자는 여러 대표 강점들을 지니고 있다. 이것은 내담자가 스스로 지니고 있다고 인식하고, 자신의 장점이라고 생각하며, 자신의 진정한 본연의 모습("이게 바로 나야.")이라는 느낌을 주고, 강점을 발휘할 때 유쾌한 흥분감을 느끼게 되는 성격 강점이다. 내담자는 대표 강점과 관련된 일을 배우거나 연습할 때 빠른 학습속도가 나타나고, 대표 강점을 활용할 때는 소진감보다 의욕과 활기가 넘치게 되며, 대표 강점과 관련된 중요한 일들을 만들어내고 추구하게 된다. PPT에서 몰입은 내담자의 대표 강점을 활용함으로써 형성되는 것이다.

PPT는 내담자가 자신의 진정한 심리적 자원(대표 강점)을 중심으로 성장할 수 있는 기회를 제공해준다. PPT는 만약 이러한 성장이 발생한다면 행복은 자연히 따라올 것이라는 가정을 지닌다. PPT의 치료적 개입은 몰입 경험을 증진시킴으로써 일상의 부정적 경험을 보다 긍정적인 경험으로 변화시키기 위해 고안되었다(Inghilleri, 1999; Massimini & Delle Fave, 2000; Nakamura & Csikszentmihalyi, 2002).

대표 강점을 활용하여 행복을 추구하는 방식은 Robert Nozick (1997)의 사고 실험(thought experiment)[12]에서 설명된다. 만약 우리의 뇌가 어떤 기계와 연결되어 있다고 하자. 그리고 그 기계는 우리가 어떤 즐거움을 원하면 그 즐거움을 제공해줄 수 있다고 하자. Nozick은 그 기계가 즐거움의 경험을 제공해준다 하더라도 우리 대다수는 그 기계에 접속하지 않을 것이라고 주장하였다. 왜냐하면 우리는 즐거움을 추구할 때 어떤 일을 하기를 원하며 어떤 유형의 사람이 되길 원하기 때문이다. PPT에서는 내담자에게 자신의 대표 강점을 활용하여 몰입과 행복을 창출할 수 있는 의도적 활동을 시도하도록 격려함으로써 적극적인 삶을 증진시킨다.

의도적 활동은 보다 손쉽고 현대적 장치에 의존하는 쾌락적 활동과는 다르다. 의도적 활동은 비교적 집중적인 시간을 필요로

12 역자 주: 머릿속에서 생각만으로 진행하는 실험을 의미한다. 실험에 필요한 장치와 조건이 갖추어졌다고 가정한 뒤 이론에 기반하여 향후 일어날 결과를 예상한다. 이때 실제로 가능하지 않은 장치나 조건을 통해 실험을 할 수 있다. 갈릴레오의 사고 실험이 대표적인 사고 실험의 예다.

한다. 암벽타기, 체스, 농구, 댄스, 예술 작품 창작활동, 영성 활동, 사회적 상호작용, 창조적 활동(예: 빵 굽기), 정원 가꾸기, 아이들과 놀아주기 등이 의도적 활동의 범주에 포함된다. 금방 사라지는 감각적인 쾌감과는 달리, 의도적 활동은 보다 오랜 시간 지속되고, 보다 많은 생각과 해석이 관여하며, 쉽게 습관화되지 않는다. 이러한 활동들은 본질적으로 '작동하는' 대표 강점이라 할 수 있다. 치료자는 행복은 단순히 나타나는 것이 아니라 내담자 스스로 만드는 것임을 깨닫도록 한다.

내담자는 자신의 대표 강점과 관련되는 모든 활동에 참여할 수 있다. 예를 들어, 창의성의 대표 강점을 지닌 내담자에게 도자기, 사진 혹은 회화 강습에 참여하도록 격려한다. 호기심의 대표 강점을 지닌 내담자에게는 자신이 알고 싶은 것의 목록을 만들고, 그것을 발견할 수 있는 방법들을 찾아보며, 호기심을 발휘하여 적극적인 삶을 살고 있는 사람을 만나보도록 격려할 수 있다.

몰입 경험은 만족감을 제공할 뿐만 아니라 현 상태를 지속하고자 하는 동기를 부여할 것이다. 비록 주의 전환이 발생하기는 하지만, 몰입 경험의 당사자는 최적의 균형을 유지하기 위해서 외부 환경과의 관계를 끊임없이 재조정한다. 몰입이 수심(愁心)과 반추를 대체할 수 있다. '쇼핑을 통한 기분전환'(Faber, 2004)에 탐닉하는 대신, 강점을 자극하는 도전적인 일에 참여하도록 내담자를 격려한다. 내담자가 도전적인 일에서 성취를 하게 됨에 따라 대표 강점을 활용할 수 있는 발전된 기술을 계발하게 된다. 따라서 이전에 사용했던 방식으로 해당 활동에 참여하는 것이 중단된다.

만약 장애물이 나타나면, 치료자는 내담자로 하여금 도전적인 일이 보다 복잡한 문제가 되었음을 인식하도록 한다. 이 과정이 계속되면, 내담자는 자신의 잠재력을 깨닫게 되고 자신이 스스로의 행복을 개척해낼 수 있음을 알게 된다. 그때 치료자는 내담자와 함께 몰입 경험의 장기적 목표를 논의할 수 있다. 내담자가 현재 몰입 경험이 많은 도움이 된다고 보고한다면 현 몰입 경험을 계속 유지하는 방법을 논의한다. 내담자가 현재 몰입 경험이 큰 도움이 되지 않는다고 생각한다면, 다른 대표 강점을 사용하도록 하거나 보다 새로운 것을 추구함으로써 내담자가 새로운 경험을 할 수 있도록 한다.

의미 있는 삶

Seligman의 행복 이론에서 세 번째 '행복한' 삶은 의미를 추구하는 삶이다. 이는 대표 강점을 활용해서 내담자 자신보다 더 큰 어떤 것에 소속되고 그것에 기여하는 것이다. 의미 연구의 선구자인 Victor Frankl(1963)은 행복이란 행복해지기 원함으로써 달성되는 것이 아니라 자신보다 더 큰 목표를 위해 일할 때 의도치 않은 결과로서 얻게 되는 것임을 강조하였다. 자신과 보다 큰 목표를 연결하는 활동을 성공적으로 추구하는 사람들은 우리가 '의미 있는 삶' 이라 부르는 것을 성취한다. 친밀한 대인관계, 생산성, 사회적 활동이나 서비스, 소명으로 경험되는 직업 및 영성 등 의미 있는 삶을 성취하는 데에는 다양한 방식들이 존재한다 (예: Diener & Seligman, 2004; Larson, 2000; Pargament & Mahoney,

2002; B. E. Peterson & Stewart, 1997; Wrzesniewski, McCauley, Rozin, & Schwartz, 1997). 의미에 필요한 한 가지 조건은 자신보다 더 큰 어떤 것에 대한 애착과 연결성이다. 교회, 회당, 모스크, 사원, 전문클럽, 레저클럽, 비영리 조직, 환경단체, 인도주의 기관 등은 모두 보다 큰 무언가에 연결될 수 있는 기회를 제공해준다.

의미 있는 삶을 위해 어떤 방식을 선택하든 의미 있는 삶을 사는 것은 만족감과 자신이 괜찮은 삶을 살아왔다는 믿음을 낳는다 (Ackerman, Zuroff, & Moskowitz, 2000; Debats, 1996). 자원봉사의 효능성에 관한 메타분석의 결과, 자원봉사자들이 비자원봉사자에 비해 평균적으로 두 배의 행복감을 경험한다는 사실을 보여주었다. 또한 자원봉사는 권태를 감소시키고 목적의식을 제공하여 행복에 기여한다(Cris-Houran, 1996). 이타적 활동을 통해 삶에 대한 만족감이 24% 정도 향상된다는 점이 밝혀졌다(William, Haber, Weaver, & Freeman, 1998). Easterbrook(2004)이 관찰한 바에 따르면, 대부분의 서구 사회는 '물질적 욕구' 로부터 '의미 욕구' 로의 근본적인 전환을 겪고 있다고 한다. PPT는 의미의 결핍이 단지 증상이 아니라 우울증을 비롯한 여러 심리적 장애들을 초래할 수 있다고 주장한다. PPT는 내담자가 의미 있는 삶을 통해 보다 큰 자신과 연결됨으로써 심리적 문제를 해결할 수 있도록 돕는다.

충만한 삶

충만한 삶은 과거와 미래에 긍정 정서를 경험하고, 즐거운 사건으로부터 유발되는 긍정적인 느낌을 향유하며, 몰입을 통해 풍성한 만족감을 얻고, 자기보다 더 큰 무언가에 기여함으로써 의미를 창출하는 것으로 이루어진다. 앞서 언급된 세 가지 삶(즐거운 삶, 적극적인 삶, 의미 있는 삶)은 상호 배타적이거나 상호 제약적이지 않다. 가장 적극적인 삶은 의미가 가득한 삶인 것이다.

마찬가지로 상당한 사고와 행동을 요구하는 상위 쾌락(higher pleasure)은 열정이 될 수 있다. 열정은 매우 강렬하여 개인으로 하여금 몰입 경험을 하도록 이끈다. 마찬가지로 몰입 경험이 확립되고 지속되면 의미 있는 활동으로 진화한다. 예술가와 과학자가 오랜 시간 자신의 재능을 발휘하여 어떤 활동에 천착하는 모습은 자신과 자신의 활동 간 일체감과 연결감을 보여준다. Wrzesniewski 등(1997)이 진행한 개인과 직업의 관계에 대한 연구는 일(어떤 이에게는 직업으로, 어떤 이에게는 소명으로 해석되는 것)을 통해 즐거움, 몰입 및 의미가 완성되는 것을 시사한다. 요컨대, 충만한 삶에서는 개별적인 활동들 또는 단독 활동을 통해 즐거움, 몰입 및 의미를 함께 경험한다. 반면, 이 세 가지 요소, 특히 몰입과 의미가 결핍된 공허한 삶은 심리적 문제의 원인이 된다.

PPT의 작동원리

표 11.1에는 PPT의 회기별 주된 치료 내용이 제시되어 있다. PPT의 이론에 따라 즐거움과 몰입 및 의미의 주제가 치료 과정 전반에 반영되어 있다. PPT의 시작 부분에서 치료자는 내담자에

게 자신의 강점을 탐색하도록 격려한다. 내담자로 하여금 하나의 일화를 통해 자신을 소개하도록 한다. 이 실화는 내담자의 모습 중 최선의 것을 보여준다. 이 소개 시간을 통해서 즐겁고 긍정적인 치료관계가 형성된다. 이후, 치료자는 내담자로 하여금 자신의 강점을 찾고, 내담자에게 일, 사랑, 놀이, 우정 및 양육에서 내담자의 강점을 보다 자주 사용할 수 있는 실제적인 방법을 찾도록 조언한다.

아울러 내담자가 자신의 대표 강점을 문제를 해결하는 데 사용하도록 적극 권장한다. 내담자는 실생활 연습을 통해 대표 강점을 활용하고 증진시키는 것을 목표로 정한다. 내담자로 하여금 자신의 문제를 보다 균형 잡힌 관점에서 바라볼 수 있도록 하면서, 내담자의 생활에서 긍정적인 것에 주의를 두고 긍정적인 것을 기억하도록 하는 데 시간을 들인다. 내담자로 하여금 그의 마음 가운데에 삶의 긍정적인 측면을 간직하도록 하고, 타인으로부터 긍정적인 피드백을 이끌어내는 행동을 가르치며, 부정적인 측면을 재해석하도록 하기보다는 기존에 존재하는 긍정적인 측면들을 강화시키는 것이 치료의 목표다.

내담자가 부정 정서나 부정적인 문제를 보고하는 경우, 치료자는 공감적으로 관심을 기울이고 내담자가 대표 강점을 활용하여 그 문제를 다룰 수 있도록 적극적으로 제언한다. 이러한 균형 잡힌 과정을 통해 치료자는 단지 내담자의 왜곡된 생각, 부정 정서 및 부적응적 관계를 밝혀내는 권위적인 상이 아니라 내담자의 빼어난 긍정 성품을 증언하는 목격자가 될 수 있다. 내담자의 삶에서 그처럼 비판적인 사람들은 이미 많이 존재할 것이며, 이것이

바로 내담자가 치료 기관을 찾는 이유일지도 모른다. PPT는 내담자의 즉각적인 임상적 욕구(예: 중요한 타인과의 갈등, 연인과의 결별, 직장 문제)를 충족시킬 수 있도록 고객에게 맞추어져야 하며, 치료 기간과 연습 순서는 각 내담자가 처한 상황과 연습 완수의 가능성에 따라 변화 가능하다. 마찬가지로, 과제 할당은 표 11.1에 제시된 연습 중에서 치료자가 선택하여 내담자에 맞게 바꿀 수 있다.

| 표 11.1 | 긍정 심리치료의 회기별 치료 내용

회기와 주제	치료 내용
1 예비교육	긍정 심리치료 소개하기 긍정적 감정, 성격 강점, 인생의 의미를 지니지 못할 때 우울증과 공허감이 지속된다는 점을 논의한다. 긍정 심리치료의 구조, 그리고 치료자와 내담자의 역할에 대해서 논의한다. (과제: 내담자의 심리적 강점을 잘 나타내는 구체적인 사건을 한 페이지 정도로 기록한 자기소개서를 쓴다.)
2 몰입	대표 강점 발견하기 내담자는 자기소개서로부터 자신의 대표 강점을 찾아내고, 그러한 대표 강점을 통해서 도움을 받았던 사건들을 이야기한다. 행복에 이르는 세 가지 길, 즉 즐거운 삶, 적극적인 삶, 의미 있는 삶에 대해서 논의한다. (과제: 내담자는 온라인으로 VIA-IS 질문지에 응답하여 자신의 대표 강점을 확인한다.)
3 몰입/ 즐거움	대표 강점과 긍정적 감정 함양하기 대표 강점을 계발하고 활용하는 구체적인 방안에 대해서 논의하고 치료자로부터 코칭을 받는다. 아울러 긍정적 감정이 행복에 미치는 영향을 논의한다. (과제: 매일 일어난 세 가지 좋은 일을 기록하는 축복 일기를 쓰기 시작한다.)
4 즐거움	긍정적 기억과 부정적 기억 긍정적 기억과 부정적 기억이 우울증 유지에 미치는 역할을 논의한다. 내담자가 지니고 있는 분노와 원망의 감정을 표출하도록

	격려한다. 분노나 원망을 마음속에 지니고 있는 것이 우울증과 행복에 어떤 영향을 미치는지 논의한다. (과제: 내담자는 세 가지의 나쁜 기억들, 그와 관련된 분노, 그리고 그것이 우울증에 미치는 영향을 써본다.)
5 즐거움/ 참여	용서하기 용서와 그 방법에 대해서 논의한다. 용서하기는 분노와 원망을 중성 감정으로 변화시키거나 때로는 오히려 긍정적 감정으로 변화시킬 수 있는 강력한 도구로서 도입된다. (과제: 내담자는 피해를 입은 경험, 그와 관련된 감정 그리고 피해를 준 사람을 용서하는 내용을 담은 편지를 쓴다. 하지만 그 편지를 보내지는 않는다.)
6 즐거움/ 참여	감사하기 감사한 마음을 지니고 있지만 아직 제대로 감사함을 표현하지 못한 사람에 대해서 생각해본다. 감사하기가 긍정적 또는 부정적 기억에 어떤 영향을 주는지 살펴본다. (과제: 감사의 표현을 하지 못한 사람들에게 감사의 편지를 써서 보낸다.)
7 즐거움/ 참여	치료과정 점검하기 용서와 감사 과제를 함께 다루어주고 계속하도록 한다. 아울러 긍정적 감정을 더 많이 느끼는 것이 중요하다는 점을 논의한다. 내담자들로 하여금 축복 일기를 가져와서 그 효과를 논의하도록 격려한다.
8 의미/ 몰입	만족감 키우기 기대하는 최선의 결과가 아니더라도 '그만하면 괜찮은' 수준에서 만족할 수 있음을 논의한다. 최종적인 결과보다 즐거움과 열정을 지니고 임함으로써 만족을 얻도록 격려한다. (과제: 만족감을 증가시키는 방법들을 써보고 구체적인 실천계획을 세운다.)
9 즐거움	낙관주의와 희망 키우기 내담자로 하여금 과거에 겪은 상실, 실패, 거부 경험들을 생각해보도록 한다. 그런 다음 그러한 경험의 긍정적 측면이나 해결방법을 살펴보도록 요청한다. (과제: 내담자는 어떤 사건의 부정적 측면 세 가지와 긍정적 측면 세 가지를 찾아본다.)
10 몰입/ 의미	사랑과 친밀감 증진하기 다른 사람에 대해서 건설적이고 적극적으로 반응하는 방법에 대해서 논의한다. 내담자들로 하여금 자신에게 중요한 사람들의 대

	표 강점을 찾아보도록 한다. (과제 1: 다른 사람이 내담자에게 전달하는 긍정적 사건에 대해서 건설적인 반응을 해본다. 과제 2: 내담자는 자신의 강점과 더불어 중요한 타인의 강점을 함께 칭찬하는 만남을 주선한다.)
11 의미	강점의 가계도 만들기 가족 구성원의 대표 강점이 어떤 것인지를 살펴보는 동시에 그들의 대표 강점을 아는 것이 왜 그리고 얼마나 중요한지를 논의한다. (과제: 가족들이 온라인으로 VIA-IS를 해보도록 권유하고, 가족 모두의 대표 강점을 표시한 가계도를 그려본다. 가족 구성원의 강점을 논의하는 가족 모임을 주선해본다.)
12 즐거움	향유 및 음미하기 생활 속의 즐거움을 자각하고 그러한 경험이 지속될 수 있는 다양한 향유방법을 소개하고 논의한다. (과제: 즐거운 활동 계획을 세우고, 계획한 대로 그 일을 시행한다.)
13 의미	시간이라는 선물 선사하기 경제적 상황이 좋지 않더라도 내담자는 가장 소중한 '시간'을 선물로 줄 수 있는 능력을 지닌다. 자신보다 더 큰 어떤 것(가족, 직장, 지역사회 등)을 위해서 봉사하는 시간을 선물로 선사하기 위해서 대표 강점을 사용하는 방법을 논의한다. (과제: 아동에 대한 상담이나 과외지도, 사회봉사활동과 같이 대표 강점을 활용할 수 있는 어떤 일을 함으로써 시간이라는 선물을 선사한다.)
14 통합	충만한 삶 살아가기 즐거운 삶, 적극적인 삶, 의미 있는 삶이 통합되어 충만한 삶을 이루게 되는 점을 논의한다. 내담자에게 우울증 척도를 비롯한 심리검사를 실시한다. 아울러 앞으로의 적응과정을 다시 한 번 검토하고 치료효과와 그 유지를 위한 논의를 한다.

명칭에서 드러나는 것과는 달리 PPT는 오직 긍정적인 것에 대한 심리치료가 아니다. 또한 PPT를 제외한 여타 심리치료들이 모두 부정적인 것에 대한 심리치료라고 가정하는 것도 아니다. 부정적 경험이 없는 삶을 생각하는 것은 몽상에 가깝다. 따라서

PPT는 괴롭고 불쾌한 부정적 상태와 경험을 부인하지 않으며, 내담자로 하여금 장밋빛 안경을 통해 세상을 보도록 돕는 것을 목표로 하지도 않는다. PPT는 신체적 병리, 정신적 병리, 역기능적 가족, 무능한 사회기관에서 비롯된 내담자의 부정적인 경험을 충분히 타당화해준다(Gable & Haidt, 2005). PPT는 긍정 정서와 성격 강점 및 의미를 구축함으로써 증상을 치료하는 체계적인 치료적 노력이다. PPT는 그 과정에서 인간의 강점은 인간의 약점을 이해하지 않고서는 충분히 이해될 수 없음을 인정하는 동시에 부정적인 상태를 원래대로 되돌려 놓기 위한 방법으로서 긍정 상태와 긍정 특질을 강조한다. Folkman과 Moskowitz(2000)가 주장하듯 부정 정서와 부정 경험을 다루기 위해서는 긍정적인 재검토(일어나고 있거나 일어난 좋은 것에 집중하기)와 긍정 사건을 구축하는 것이 필요하다.

PPT는 내담자로 하여금 대표 강점에 주목하고 이를 최대로 활용하는 노력을 기울이도록 제안한다. 그렇지만 Schwartz와 Sharpe(2006)가 주장하였듯이 대표 강점을 활용함에 있어 필요한 실질적 지혜에 대해 내담자들은 코치를 받는다. 특히 내담자들은 다음의 세 가지 사항을 고려해야 한다는 점을 지도 받는다. 첫째, 그 상황이 대표 강점이나 여타 강점을 요구하는가? (관련성) 둘째, 진실성을 발휘해야 하는 상황인가, 아니면 친절성이 요구되는 상황인가? (상충) 셋째, 아무런 지침이 없는 상황에서, 대표 강점을 실제 행동으로 옮길 때 어떤 방식으로 개인의 대표 강점을 구체적인 행동으로 옮길 것인가? (특수성)

PPT에서는 내담자로 하여금 긍정적인 것에 주의를 기울임으로써 외상적인 상황에서 잠재적으로 존재하는 긍정적인 것을 발견하도록 돕는다. 이 방식이 개인적 성장뿐만 아니라 건강상 유익을 가져다준다는 사실이 이미 입증되었다(Calhoun & Tedeschi, 2006; King & Miner, 2000). PPT에서는 체계적이고 지속적인 노력을 통해 외상과 역경 및 상실로부터 성장할 수 있는 다양한 방법들을 탐색한다. 그렇지만 이때 치료자의 신중성이 요구된다. 예를 들어, 외상이나 상실, 역경이 가져다준 성장의 기회가 얼마나 놀라운지를 공허한 상투어로 기계적으로 말하는 것을 피해야 한다.

치료적 환경에서 조성된 온정과 이해, 호의 속에서 마음을 다해 내담자의 이야기를 경청한다면 내담자는 경험을 긍정적인 용어로 명명할 수 있으며, 긍정적인 것을 전면에 놓은 채 부정 상태와 부정 특성을 마주하는 방법들을 배울 수 있다. PPT 치료자는 내담자가 지니고 있는 진정한 긍정성을 심도 있게 명료화할 때 행복을 지나치게 낙천적으로 묘사하거나 긍정적 사고를 서투르게 모방하지 않는다. 아울러 치료자는 긍정적인 것의 이면에 존재하는 학대와 무시, 고통과 같은 부정적 사건과 경험을 최소화하거나 감추지 않고 표준화된 임상 프로토콜에서 다루도록 한다.

오랜 기간 사회화된 내담자의 믿음은 치료가 문제점에 대해 이야기하는 것이라는 점이다. 따라서 긍정적인 것에 초점을 맞추는 PPT의 방식이 자칫 자신의 문제가 진지하게 수용되지 않는 것으로 내담자에게 지각되어 라포를 손상시킬 수 있다. 이를 방지하기 위해 PPT는 보다 융통성 있는 접근법을 취하고 있다. 치료자는 내담자가 자신의 긍정성을 탐색하는 데 초점을 두더라도,

내담자가 부정적 정서와 경험을 논의하고 표현하는 것을 피할 수 없다. PPT에서 치료자는 내담자의 부정 정서의 표현을 막거나 긍정 정서로 대체하지 않는다. 오히려 부정 정서의 역할을 탐색하려는 입장을 취한다. PPT 연습 중의 하나는 쓰라린 기억이나 치미는 분노를 글로 적어본 뒤 여기에 매달렸을 때의 결과를 치료에서 논의하도록 하는 것이다. 이를 통해 기억과 연합된 인지적·정서적 압박감을 완화할 수 있다.

또한 어떤 경우에는 부정 정서가 적응적 기능을 갖기도 한다. 예컨대, 공포나 슬픔, 분노는 내담자로 하여금 자신의 지지 체계를 활용하도록 자극한다. PPT에서는 내담자 개인의 정서지능을 이용하여 정서적 자원을 적절히 배분하도록 함으로써 내담자가 적절한 시기에 알맞은 정도의 활동을 맡도록 격려한다. PPT는 이러한 방식으로 "과업에 적합하도록 행동지점을 선택하고 기분을 디자인하라."(p. 39)는 Seligman(2002)의 조언을 따르고 있다. 새로운 사회적 유대관계를 찾아내어 이를 확립할 때, 어려운 과제를 시도할 때, 창의적이고 관대하며 관용적인 사고가 필요한 과업을 맡을 때, 삶에서 사랑의 총합을 증대시킬 수 있는 방법을 찾을 때, 새로운 직업이나 취미, 비경쟁적인 스포츠에 대해 생각할 때, 창조적인 글쓰기를 할 때 긍정 정서가 최고로 활용될 수 있음을 내담자에게 교육한다. 반면, 부정적인 정서는 비판적인 생각을 활성화시키기 때문에(Alloy & Abramson, 1979; Norem & Chang, 2002), 중요한 시험을 치르는 일, 원고를 교정하는 일, 소득세를 내는 일, 누구를 해고하거나 어디로 이사 가야 할지 결정하는 일, 연애 실패에 대처하는 일, 경쟁적인 상황에서 중요한 결정을 내리는 일들은 다소 울적할 때 행하는 것이 더 나을 것이다.

PPT의 효과를 검증한 연구가 다수 보고되었다. 심한 우울증을 앓는 내담자들에게 개인 PPT를 시행했을 때 전통적 심리치료집단(Treatment As Usual)과 약물치료집단에 비해 우울 증상의 호전 정도가 유의미하게 더 컸다. 전통적 심리치료집단은 절충적 형태의 심리치료를 받았으며, 약물치료집단은 항우울제 투여와 더불어 전통적 심리치료를 함께 받았다(Seligman et al., 2006). 아울러 중등도 이하의 우울증을 겪고 있는 대학생들에게 집단 PPT를 시행했을 때 치료를 받지 않은 통제집단에 비해서 우울증이 현저하게 호전되었을 뿐만 아니라 삶의 만족도 역시 증가되었으며 이러한 효과는 치료가 끝난 뒤 최소 1년간 지속되었다.

중학생들에게 실시한 집단 PPT 역시 행복을 증가시켰으며 행복 증진의 효과 크기도 컸다(Rashid & Anjum, 2007). 개별 PPT 연습의 효과를 검증한 웹-기반 연구에서는 우울 증상과 행복에서 유의미한 변화를 보여주었고, 효과 크기는 중간 정도였다(Seligman et al., 2005). 종합하면, 연구에 따라 차이를 보이기는 하지만 PPT는 중간 혹은 높은 수준의 효과 크기를 지닌 것으로 검증되었다.

PPT의 변화 기제

부정적인 것을 기억하는 것은 자연스러운 인간의 성향이다. 그렇지만 심리적으로 불안한 사람들은 이 경향성을 보다 과장해서 표현하곤 한다. 그들은 삶에서 가장 부정적인 측면들에 주의를 기울이고 부정적인 내용을 기억하는 경향이 있다. 여러 PPT 연습들은 주의, 기억 및 기대가 부정적이고 파국적인 내용에서 벗어나 긍정적이고 희망적인 방향으로 향하도록 재교육하고자 한다. 예를 들어, 내담자가 축복 일기 연습(매일 잠자리에 들기 전 그날 일어난 세 가지 좋은 일을 기록하는 연습)을 하게 되면 좋지 않은 일만 반추하던 편향이 중화된다. 내담자는 문제점과 미완 사항이 아니라 긍정적 사건과 완성한 일을 떠올리면서 하루를 마무리할 수 있다. 마찬가지로, 감사하기는 과거 대인관계의 부정적 측면에서 벗어나 친구와 가족이 내담자에게 베풀어준 호의와 배려에 대해 향유하고 기억해보도록 한다.

주의, 기억 및 기대의 재교육은 일기 쓰기를 통해서뿐만 아니라 언어로도 이뤄진다. 이전에 언급되었다시피, 긍정 정서의 함양은 개인으로 하여금 번영하도록 돕는다. PPT 연습들은 삶의 수많은 영역에서 긍정 정서가 유발되도록 한다. 향유와 축복 일기 연습을 통해 현재의 긍정 정서를 자각하는 것, 과거 타인의 좋은 행동을 기억하는 것, 사랑하는 사람에게 건설적이고 적극적인 피드백을 제공하는 것 등의 연습을 통해 내담자는 긍정 정서의 역할이 모든 상황에 영향을 미칠 수 있도록 한다. 더구나 감사하기와 적극적이고 건설적인 피드백의 연습을 통해 생겨난 긍정 정서는 친밀한 대인관계를 강화시키고 내담자로 하여금 부정적인 측면에 침잠하지 않고 삶에서 긍정적인 것을 알아차리고 소중히 여기도록 돕는다. 내담자의 긍정 정서 레퍼토리가 확장되어 자기변환(self-transformation)을 불러일으키고, 내담자로 하여금 부정적인 생각과 행동 패턴을 알아차릴 수 있도록 돕는다.

다른 PPT 연습들의 기제는 보다 외적이고 행동적인 경향이 있다. 예컨대, 대표 강점에 관한 내담자의 자각이 증대되면 내담자는 자신의 능력을 한층 능숙하게 사용하여 과업에 접근하며 과업에 보다 효과적으로 전념할 수 있을 것이다. 과업을 수행할 때 보다 빈번히 몰입하고 보다 능숙하게 일하는 것은 즐거운 삶과 적극적인 삶의 선순환을 낳을 수 있다. 마찬가지로, 동료와 친구, 가족들에게 적극적이고 건설적인 방식으로 반응하도록 내담자를 교육하는 것은 다름 아닌 친밀한 관계를 포함한 다양한 대인 관계를 증진시킬 수 있는 사회적 기술을 훈련시키는 것이다 (Gable, Reis, Impett, & Asher, 2004).

PPT의 또 하나의 변화 기제는 강점을 지속적으로 강조하여 삶에 보다 많이 몰입하고 보다 많은 의미를 창출하는 것이다. 치료의 처음부터 끝까지 내담자가 자신의 대표 강점을 확인하도록 코치한다. 치료 시작 즈음에, 내담자의 최고 성격 강점에 대한 실화를 통해서 자신을 소개하도록 요청한다. 내담자의 대표 강점을 확인하기 위해 타당성이 입증된 검사인 VIA-IS(C. Peterson & Seligman, 2004)를 그때 실시한다. 치료자와 내담자는 일과 사랑, 우정, 양육 및 여가활동에서 대표 강점들을 활용하는 새로운 방식들을 상호 협력하여 고안한다. 치료자는 내담자가 능숙하게 할 수 있는 것에 관해 글을 쓰거나 보다 세부적인 내용을 표현하도록 요청하기도 한다. 내담자가 지니고 있을 '결함'에 대한 내담자의 염려를 무시하지 않으면서, 내담자가 이미 지니고 있는 핵심 긍정 특질들을 보다 자주 확인하고 주의를 기울이며 기억하고 활용하는 것이 강조된다. 이러한 방식을 통해서 내담자는 자신의 결함에 맞부딪치지 않고서 원하는 목적지까지 움직일 수 있다.

치료자는 내담자로 하여금 자신의 강점에 대한 자각을 증대하도록 노력하는 동시에 내담자가 증상에 맞서는 데 자신의 대표 강점을 사용하도록 코치한다. 예를 들어, 심한 우울증을 앓고 있는 내담자를 대상으로 한 개별 PPT 회기에서(Seligman, Rashid, & Parks, 2006), 한 내담자는 부정적인 기분을 다루기 위해 그녀의 대표 강점인 심미안을 활용할 수 있는 새로운 방식들을 고안하였다. 먼저, 그녀는 미적 즐거움을 경험할 수 있도록 침실을 재정돈하였다. 그녀는 자신이 좋아하는 화가의 작품으로 침실 벽을 장식하여 그녀가 아침에 일어나자마자 그 작품을 감상할 수 있도록 하였다. 그녀는 항상 시를 짓기를 원했지만 시작(詩作)에 필요한 시간이 주어지지 않았다. PPT를 통해 그녀는 시 동호회에 참여할 수 있는 기회를 갖게 되었다. 그녀는 일주일 동안 매일, 일기에 미(美)에 관한 세 가지 경험을 기록하였다. 아울러 그녀는 하이킹을 좋아했기 때문에 워싱턴 산을 오르기 위한 하이킹 여행을 떠났다.

PPT가 온정, 공감 및 진솔성이라고 하는 기본적인 치료자 태도와 함께 효과적으로 내담자에게 전달될 때, 긍정적인 것을 탐색하고 증진시키는 것은 진정한 치료적 관계를 확립시킬 수 있다. PPT의 치료적 관계는 치료자가 부정적인 것에만 주의를 기울이는 관계만큼이나 진실되고 참된 것이다. PPT의 치료자에게는 치료 계획에 집착하는 것보다도 치료적 동맹에 더 많은 관심을 기울이는 것이 요구된다. 내담자들이 증상 경감의 결과만을 얻으려 할 때 긴장과 오해가 발생할 수 있지만, 치료자는 적극적인 행복 증진으로 내담자들이 유익을 얻을 것으로 확신한다. 덧붙이자면, 스트레스로 지친 내담자는 몰입과 의미 만들기 연습보다는 즐거움을 유발하는 연습을 선호할 것이다. 치료 초기에 내담자의 정서적 고통이 너무 극심하여 몰입과 타인과의 연결감이 주는 유익에 대해 내담자가 즉시 인정하지 않을 수 있다. 그러므로 치료자는 초반에 강한 치료적 동맹을 확립하는 것에 집중해야 하며, 관계가 확립되면 자연스레 치료의 전반적 계획이 차질 없이 진행될 것이다.

PPT를 실시함에 있어 몇 가지 주의사항이 존재한다. 첫째, PPT는 규범적 접근법이 아니라 기술적 접근법에 근거한 심리치료다. 즉, 긍정적인 것의 유익을 명백히 입증한 과학적 증거가 수렴되어 PPT가 만들어졌다. 둘째, PPT는 만병통치약이 아니며, 모든 상황에서 모든 내담자에게 적절한 것도 아니다. PPT가 '한 사이즈가 모두에게 맞는' 접근법이 될 수는 없다. 셋째, 치료 과정 중에 내담자의 치료 동기가 일진일퇴하기 때문에 치료자는 선형적이고 직선적인 치료 효과를 매 회기 기대해서는 안 된다. 마지막으로 PPT에 대한 예비 연구의 결과들이 긍정적이기는 하지만 그 결과는 매우 신중하게 검토되어야 한다. 치료 효과에 영향을 미치는 매개 변인들의 역할을 살펴보기 위해서 추후 보다 엄밀한 성과 연구가 필요하다.

향후 방향

낭비된 강점은 음지에 있는 해시계와 같다고 벤저민 프랭클린(Benjamin Franklin)이 말하였다. 마찬가지로 전통적 심리치료는 내담자의 핵심적인 치료적 강점들을 활용하는 데 실패했다. PPT는 이러한 자원들을 체계적이고 계획된 치료 내에서 다루고 있다. 긍정심리학 연습이 지니는 효능, 우울한 내담자들을 대상으로 한 치료의 적합성, 치료 종료 이후 효과의 지속성, 숙련된 치료자가 실시했을 때 PPT의 효과 크기에서 드러나듯 긍정 심리치료는 유망하다. 이러한 결과들이 충분히 반복 검증된다면 우울증을 대상으로 한 미래의 심리치료는 새로운 형태를 갖게 될 것이다. 우울증에 대한 심리치료의 새로운 형태는 문제점을 공감적으로 논의하는 것과 긍정 정서, 몰입 및 의미를 구축하는 것이 결합된 모습일 것이다. 지금까지 PPT의 효과는 우울증 내담자에 한정되어 검증되었지만, 긍정 정서와 몰입 및 의미를 증대시키는 방식은 다양한 장애와 문제를 해결할 수 있는 방법이 될 것이라 기대된다.

최근 수년간 긍정심리학 연구들이 급증하면서, 행복, 성장 및 안녕에 기반한 심리치료가 이론적이고 실용적인 세(勢)를 얻고 있다(예: Joseph & Linley, 2005; Lent, 2004). 현재 Menningers Clinic에 있는 Lisa Lewis와 그녀의 동료들은 큰 환자 표집(N=100)을 대상으로 PPT와 전통 심리치료의 효과를 비교하는 연구를 진행 중이다. 이러한 시도들을 통해서 PPT의 일반화 가능성, 특수성

(specificity), 반응률(response rate)과 관련된 주요 질문들에 대한 해답을 얻을 수 있을 것이다. 행복과 안녕에 기반한 개입이 주류 임상실제에 포함되는 것의 정당성을 입증할 수 있는 보다 엄밀한 연구가 요구된다. 이러한 연구는 행복과 안녕의 결핍이 정신병리의 원인이라는 결과와 PPT가 치료 성과 측정치의 변화를 가져올 수 있다는 결과를 보여주는 시도일 것이다. 아울러 PPT가 효과적인 예방 전략으로서의 잠재력을 보유하고 있음을 입증하기 위해서는 종단적 연구와 전향적 연구가 고위험군에게 실시되어야 한다.

| 개인적인 작은 실험들 |

즐거움과 몰입, 의미를 증진시키기: 행복 추구를 위해

이 장은 긍정 심리치료(PPT)를 다루고 있다. PPT는 긍정 정서를 함양하고 대표 강점을 탐색하여 활용하며 삶 속에서 의미를 추구함으로써 행복을 증진하기 원하는 사람들에게 적합하다. 여러분의 행복 수준을 향상시키기 위해서는 여러분 스스로 작은 실험들을 실행해볼 것을 권장한다.

자신을 되돌아보기　부록 A를 사용해서 긍정 심리치료 질문지(PPTI)를 작성하십시오. 즐거운 삶과 적극적인 삶, 의미 있는 삶의 점수를 계산하십시오. 그다음, 다른 페이지에 당신에게 가장 즐겁고 몰입하게 하며 의미 있는 것, 당신을 가장 행복하게 만드는 것을 적으십시오. 예를 들어, 크렘브릴레[13] 를 먹는 것, 초콜릿, 오랫동안 못 만났던 가장 친한 친구를 만나는 것, 화해하는 것, 파도의 신비한 물결을 감상하는 것, 친구를 돕는 것, 시원한 나무 아래에서 쉬는 것, 우는 아이의 얼굴에 미소를 가져다주는 것, 기차 모형을 만드는 것, 좋아하는 작가의 책을 읽는 것 등이 이에 속합니다. 또한 매주 또는 매달 이러한 활동에 어느 정도의 시간을 쏟고 있는지 적으십시오. PPTI 점수를 확인하여 즐거움, 몰입, 의미의 이 세 요소가 적절히 균형을 이루고 있는지 확인하십시오. 만약 적절한 균형을 이루지 못한다고 느낀다면, 이 불균형으로 인하여 어떤 경험을 하고 있는지 적어보세요. 당신은 불행한가요, 슬픈가요, 불안한가요, 아니면 무기력한가요?

균형을 마음속에 그려보기 다음으로 이 균형을 마음속에 그려보겠습니다. 쉽지 않을 것입니다. 우선 다음의 내용을 명심하십시오. 구체적이고 물질적인 것(예: 소득, 가전제품, 매력적인 지위, 유형의 목표)을 상상하는 것이 우리의 행복을 실제로 증진시키는 심오한 정서적 체험(흥미, 환희, 열정, 이완, 몰입, 봉사)을 상상하는 것보다 쉽습니다. 그리고 물질적인 목표를 달성할 때 잠시 동안에만 행복해진다는 것을 보여주는 연구결과들을 상기하십시오. 이제 개인적으로 추구했던 몇 가지 목표를 적어보십시오. 그리고 목적지만큼이나 여정도 즐길 수

13 역자 주: 프랑스의 디저트.

있는 최적의 균형을 명확하고 생생하게 기술하십시오. 과거에 최적의 균형을 이루면서 추구했던 목표 한 가지를 기억하여 적어보십시오.

장애물을 제거하고 다루기 여러분이 상상한 최적의 균형감을 달성하지 못하도록 방해하는 내·외적 장애물의 목록을 만드십시오. 다음으로 각각의 장애물 옆에 이것을 제거할 수 있는 방법들을 적으십시오. 장애물 중 일부가 깊이 뿌리박힌 습관과 패턴이라면, 하룻밤 사이에 극적으로 변화할 것을 기대하지 마십시오. 오히려 현실적으로 다룰 수 있는 것에 집중하시고 이러한 장애물들을 점진적으로 제거하거나 보다 효과적으로 다룰 수 있는 실제적인 방법을 적어도 두 가지 정도 적으십시오. 이러한 장애물이 타인과 관련된다면, 그들의 협력을 이끌어내고 마찬가지 방식으로 타인에게 보답하십시오.

즐거움과 몰입, 의미를 향상시키기 여러분이 그려본 균형을 재검토하십시오. 이러한 균형을 구체적인 행동으로 옮기는 방법을 적어보십시오. 가령 5시간 적게 일하고 일의 효율성을 높이기, 당신과 당신의 소중한 사람의 성격 강점과 관련된 활동(예: 요리)에 참여하기, 정원 꾸미기, 보드게임 하기, 함께 문제 풀기, 지역사회 조직에 적어도 일주일에 한 번 봉사하기. 각 영역에 한두 가지 활동이 포함되도록 하고 각 활동마다 하나의 의식을 만드십시오. 이 의식에는 특정 시간에 규칙적으로 수행해야 할 특정 행동들이 포함될 것입니다. 매일 하지 못한다면 이러한 의식을 매주, 격주, 매달 지속하는 성실한 헌신을 보이십시오. 점진적이고 규칙적인 변화가 야심적인 실패보다 낫습니다. 아리스토텔레스가 "우리는 우리가 규칙적으로 한 것으로 평가받는다(we are what we do regularly.)."라고 한 말을 기억하십시오. 습관화를 피하기 위해서 난이도와 기술 수준을 변경하십시오.

지지집단 만들기　당신의 행복을 바라는 지지집단을 만드십시오. 이 집단에는 두 명 이상의 사람이 포함됩니다. 최적의 균형에 관한 당신의 비전, 의식, 의식을 규칙적으로 수행하기 위한 당신의 헌신을 지지집단과 공유하십시오. 당신이 이 과정을 지속할 수 있고 끝까지 헌신할 수 있도록 지지집단의 협력을 이끌어내십시오. 지지집단과 정기적으로 경과를 논의하십시오. 지지집단에 포함된 사람이 유사한 실험을 하고 있다면 그에게 격려를 통해 보답하십시오.

부록 A　긍정 심리치료 질문지

- 아래에 제시된 각 문장들을 주의 깊게 읽고, 여러분을 가장 잘 설명하는 하나의 문장을 선택하여 번호를 (　) 안에 기입해주십시오. 네 문장을 모두 읽고 나서 하나를 선택해야 합니다.

어떤 문항들은 여러분의 강점에 관한 것인데, 강점(strengths)이란 생각, 감정 그리고 행동을 통해 나타나는 긍정적인 성격적 특성으로서 자신과 타인에게 도움이 되는 것들을 말합니다. 강점의 예로는 낙관성, 열정, 공정성, 겸손, 사회성, 끈기, 호기심, 창의성, 리더십 등이 있습니다.

기쁨

1. (　　) 0) 나는 즐거울 때가 거의 없다.
1) 나는 가끔 즐거움을 느낀다.
2) 나는 즐겁지 않을 때보다 즐거울 때가 더 많다.
3) 나는 항상 즐겁다.

강점에 대한 인식

2. (　　) 0) 나는 내 강점이 어떤 것인지 잘 모른다.
1) 나는 내 강점이 어떤 것인지 약간 알고 있을 뿐이다.
2) 나는 내 강점이 어떤 것인지 어느 정도 알고 있다.
3) 나는 내 강점을 매우 잘 인식하고 있다.

사회적 영향

3. (　　) 0) 내가 하는 일은 사회에 거의 도움이 되지 않는 것이다.
1) 내가 하는 일은 사회에 약간 도움이 되는 것이다.
2) 내가 하는 일은 사회에 상당히 도움이 되는 것이다.
3) 내가 하는 일은 사회에 매우 도움이 되는 것이다.

타인에 의해 관찰된 긍정적 기분

4. (　　) 0) 다른 사람들은 내가 늘 행복해 보이지 않는다고 말한다.
1) 다른 사람들은 내가 가끔 행복해 보인다고 말한다.
2) 다른 사람들은 내가 자주 행복해 보인다고 말한다.
3) 다른 사람들은 내가 항상 행복해 보인다고 말한다.

강점을 발휘하는 활동을 추구하기

5. (　　) 0) 나는 내 강점을 발휘할 수 있는 활동들을 거의 하지 않는다.
1) 나는 내 강점을 발휘할 수 있는 활동들을 가끔 하고 있다.
2) 나는 내 강점을 발휘할 수 있는 활동들을 자주 하고 있다.
3) 나는 내 강점을 발휘할 수 있는 활동들을 항상 하고 있다.

연결감

6. (　　) 0) 나는 정기적으로 만나는 사람들과 거의 친밀감을 느끼지 못한다.
1) 나는 정기적으로 만나는 사람들과 가끔 친밀감을 느낀다.
2) 나는 정기적으로 만나는 사람들과 자주 친밀감을 느낀다.

3) 나는 정기적으로 만나는 사람들과 항상 친밀감을 느낀다.

감사

7. (　　) 0) 내 삶의 긍정적인 점들에 대해 생각할 시간을 거의 갖지 않는다.

1) 내 삶의 긍정적인 점들에 대해 종종 생각하며 감사함을 느낀다.

2) 내 삶의 긍정적인 점들에 대해 자주 생각하며 감사함을 느낀다.

3) 내 삶의 여러 가지 긍정적인 점들에 대해 거의 매일 생각하며 감사한다.

강점을 사용하여 문제를 해결하기

8. (　　) 0) 나는 문제를 해결할 때 내 강점을 거의 사용하지 않는다.

1) 나는 가끔 내 강점을 사용하여 문제를 해결한다.

2) 나는 자주 내 강점을 사용하여 문제를 해결한다.

3) 나는 평소에 늘 내 강점을 사용하여 문제를 해결한다.

삶의 의미 인식

9. (　　) 0) 내 삶에 어떤 중요한 목적이 있다고 거의 느끼지 못한다.

1) 내 삶에 어떤 중요한 목적이 있다고 가끔 느낄 때가 있다.

2) 내 삶에 어떤 중요한 목적이 있다고 자주 느낀다.

3) 내 삶에는 어떤 중요한 목적이 있다고 평소에 늘 느낀다.

편안함

10. ( ) 0) 나는 평소에 거의 편안함을 느끼지 못한다.
1) 나는 가끔 편안함을 느낀다.
2) 나는 자주 편안함을 느낀다.
3) 나는 평소에 늘 편안함을 느낀다.

강점을 발휘할 때의 집중력

11. ( ) 0) 내 강점을 발휘하는 활동을 할 때에도 집중을 잘 하지 못한다.
1) 내 강점을 발휘하는 활동을 할 때 집중을 잘 하기도 하고 그렇지 못하기도 하다.
2) 내 강점을 발휘하는 활동을 할 때 대체로 집중을 잘 하는 편이다.
3) 내 강점을 발휘하는 활동을 할 때 매우 집중을 잘 한다.

종교적 혹은 영적 활동

12. ( ) 0) 평소에 종교적 또는 영적 활동에 거의 참여하지 않는다.
1) 종교적 또는 영적 활동에 가끔 시간을 할애한다.
2) 종교적 또는 영적 활동에 자주 시간을 할애한다.
3) 종교적 또는 영적 활동에 거의 매일 시간을 할애한다.

향유

13. (　　) 0) 나는 매사를 급히 서둘러 하느라 느긋하게 즐기지 못한다.
1) 나에게 즐거움을 주는 일들을 가끔씩 하며 즐긴다.
2) 나에게 즐거움을 주는 일들을 매일 한 가지 이상 하며 즐긴다.
3) 나는 자주 즐거운 일에 흠뻑 심취하며 인생을 충분히 즐기곤 한다.

강점 활용 시 시간의 흐름

14. (　　) 0) 내 강점을 사용하는 활동을 할 때 시간이 느리게 지나간다.
1) 내 강점을 사용하는 활동을 할 때 시간이 평소처럼 지나간다.
2) 내 강점을 사용하는 활동을 할 때 시간이 빠르게 지나간다.
3) 내 강점을 사용하는 활동을 할 때 시간 감각을 상실한다.

친밀감

15. (　　) 0) 나는 가까운 사람들에게 거의 친밀감을 느끼지 못한다.
1) 나는 가까운 사람들에게 가끔 친밀감을 느낀다.
2) 나는 가까운 사람들에게 자주 친밀감을 느낀다.
3) 나는 가까운 사람들에게 거의 항상 친밀감을 느낀다.

미소/웃음

16. ( ) 0) 나는 평소에 잘 웃지 않는다.
1) 나는 활짝 웃는 일이 가끔 있다.
2) 나는 활짝 웃는 일이 자주 있다.
3) 나는 거의 매일 활짝 웃는 일이 여러 번 있다.

강점을 활용하여 업무를 수행하기

17. ( ) 0) 내 강점을 사용하는 일들을 잘 해내기가 항상 어렵다.
1) 내 강점을 사용하는 일들을 잘 해낼 때가 가끔 있다.
2) 내 강점을 사용하는 일들을 잘 해낼 때가 자주 있다.
3) 내 강점을 사용하는 일들을 잘 해내는 일이 내게는 매우 쉬운 일이다.

보다 큰 것을 위한 공헌

18. ( ) 0) 개인적인 것보다 더 큰 목적을 위한 일들을 거의 하지 않는다.
1) 개인적인 것보다 더 큰 목적을 위한 일들을 가끔 하고 있다.
2) 개인적인 것보다 더 큰 목적을 위한 일들을 자주 하고 있다.
3) 개인적인 것보다 더 큰 목적을 위한 일들을 항상 하고 있다.

활기

19. (　　) 0) 나는 거의 항상 활기를 느끼지 못한다.
1) 나는 가끔 활기를 느낀다.
2) 나는 자주 활기를 느낀다.
3) 나는 거의 항상 활기에 차있다.

강점을 활용할 때 경험하는 성취감

20. (　　) 0) 내 강점을 사용하는 일들을 하면서 거의 성취감을 느끼지 못한다.
1) 내 강점을 사용하는 일들을 하면서 가끔 성취감을 느낀다.
2) 내 강점을 사용하는 일들을 하면서 자주 성취감을 느낀다.
3) 내 강점을 사용하는 일들을 하면서 항상 성취감을 느낀다.

강점을 활용하여 타인을 돕기

21. (　　) 0) 내 강점을 사용하여 다른 사람들을 돕는 일을 거의 하지 않는다.
1) 주로 다른 사람들이 요청하는 경우에 가끔 내 강점을 사용하여 돕는다.
2) 내 강점을 사용하여 다른 사람들을 돕는 일을 자주 하고 있다.
3) 내 강점을 사용하여 다른 사람들을 돕는 일을 정기적으로 하고 있다.

점수를 합산하십시오.

즐거운 삶: 1, 4, 7, 10, 13, 16, 19번 총점

적극적인 삶: 2, 5, 8, 11, 14, 17, 20번 총점

의미 있는 삶: 3, 6, 9, 12, 15, 18, 21번 총점

전체 행복 점수(302명의 성인 규준 연구에 근거한 점수임)

삶(범위)	우울 성인집단	비우울 성인집단	당신의 점수
즐거운 삶(0~21)	8	1	3
적극적인 삶(0~21)	10	14	
의미 있는 삶(0~21)	9	12	
총점(0~63)	27	39	

참고문헌

Ackerman, S., Zuroff, D. C., & Moskowitz, D. S. (2000). Generativity in midlife and young adults: Links to agency, communion, and subjective well-being. *International Journal of Aging & Human Development, 50*, 17-41.

Alloy, L. B., & Abramson, L. Y. (1979). Judgment of contingency in depressed and nondepressed students: Sadder but wiser. *Journal of Experimental Psychology: General, 108*, 441-485.

American Psychiatric Association. (2000). *Diagnostic and statistical manual of mental disorders* (4th ed., text rev.). Washington, DC: Author.

Baumeister, R. F., Bratslavsky, E., Finkenauer, C., & Vohs, K. D. (2001). Bad is stronger than good. *Review of General Psychology, 5*, 323-370.

Ben-Shahar, T. (2007). *Happier*. New York: McGraw-Hill.

Bolte, A., Goschke, T., & Kuhl, J. (2003). Emotion and intuition. Effects of positive and negative mood on implicit judgments of semantic coherence. *Psychological Science, 14*, 416-421.

Burton, C. M., & King, L. A. (2004). The health benefits of writing about intensely positive experiences. *Journal of Research in Personality, 38*, 150-163.

Calhoun, L., & Tedeschi, R. (2006). *The handbook of posttraumatic growth: Research and practice*. Mahwah, NJ: Erlbaum.

Chesney, M. A., Darbes, L. A., Hoerster, K., Taylor, J. M., & Chamber, D. B. (2005). Positive emotions: Exploring the other hemisphere in behavioral medicine. *International Journal of Behavioral Medicine, 12*, 50-58.

Cottrell, C. A., & Neuberg, S. L. (2005). Different emotional reactions to different groups: A sociofunctional threat-based approach to "prejudice". *Journal of Personality and Social Psychology, 88*, 770-789.

Cris-Houran, M. (1996). Efficacy of volunteerism. *Psychological Reports, 79*, 736-738.

Csikszentmihalyi, M. (1990). *Flow: The psychology of optimal experience*. New York: HarperCollins.

Davidson, R, J., Kabat-Zinn, J., Schumacher, J., Rosenkranz, M., Muller, D., San-torelli, S. F., et al. (2003). Alterations in brain and immune function produced by mindfulness meditation. *Psychosomatic Medicine, 65*, 564-570.

Debats, D. L. (1996). Meaning in life: Clinical relevance and predictive power. *British Journal of Clinical Psychology, 35*, 503-516.

Diener, E., Sandvik, E., & Pavot, W. (1991). Happiness is the frequency, not the intensity of positive versus negative affects. In F. Strack, M. Argyle,

& N. Schwarz (Eds.), *Subjective well-being: An interdisciplinary perspective* (pp. 119-139). New York: Pergamon Press.

Diener, E., & Seligman, M. E. P. (2004). Beyond money: Towards an economy of well-being, *Psychological Science in Public Interest, 5*, 31-62.

Duckworth, A. L., Steen, T. A., & Seligman, M. E. P. (2005). Positive psychology in clinical practice. *Annual Review of Clinical Psychology, 1*, 629-651.

Easterbrook, G. (2004). *The progress paradox: How life gets better while people feel worse.* New York: Random House.

Emmons, R. A., & McCullough, M. E. (2003). Counting blessings versus burdens: Experimental studies of gratitude and subjective well-being in daily life. *Journal of Personality and Social Psychology, 84*, 377-389.

Faber, R. J. (2004). Self-control and compulsive buying. In T. Kasser & A. D. Kanner (Eds.), *Psychology and consumer culture: The struggle for a good life in a materialistic world* (pp. 169-187). Washington, DC: American Psychological Association.

Fava, G. A. (1996). The concept of recovery in affective disorders. *Psychotherapy and Psychosomatics, 65*, 2-13.

Fava, G. A., & Ruini, C. (2003). Development and characteristics of a well-being enhancing psychotherapeutic strategy: Well-being therapy. *Journal of Behavior Therapy and Experimental Psychiatry, 34*, 45-63.

Folkman, S., & Moskowitz, J. T. (2000). Stress, positive emotion, and coping. *Current Directions in Psychological Science, 9*, 115-118.

Fordyce, M. W. (1983). A program to increase happiness: Further studies. *Journal of Consulting Psychology, 30*, 483-498.

Frankl, V. E. (1963). *Man's search for meaning: An introduction to logotherapy.* New York: Washington Square Press.

Franklin, B. (1980). *Poor Richard's almanac.* Mount Vernon, NY: Peter Pauper Press. (Originally published 1733-1758).

Fredrickson, B. L., & Branigan, C. (2005). Positive emotions broaden the scope of attention and thought-action repertoires. *Cognition and Emotion, 19*, 313-332.

Fredrickson, B. L., & Losada, M. (2005). Positive affect and the complex dynamics of human flourishing. *American Psychologist, 60*, 678-686.

Freud, S. (1995). Civilization and its discontent. In P. Gay (Ed.), *The Freud reader*. London: Vintage. (Originally published 1930).

Frisch, M. B. (2006). *Quality of life therapy: Applying a life satisfaction approach to positive psychology and cognitive therapy*. Hoboken, NJ: Wiley.

Gable, S. L., & Haidt, J. (2005). What (and why) is positive psychology? *Review of General Psychology, 9*, 103-110.

Gable, S. L., Reis, H. T., Impett, E. A., & Asher, E. R. (2004). What do you do when things go right? The intrapersonal and interpersonal benefits of sharing positive events. *Journal of Personality and Social Psychology, 87*, 228-245.

Gladis, M. M., Gosch, E. A., Dishuk, N. M., & Crits-Christoph, P. (1999). Quality of life: expanding the scope of clinical significance. *Journal of Consulting & Clinical Psychology, 67*, 320-331.

Grant, G., Salcedo, V., Hynan, L., & Frisch, M. B. (1995). Effectiveness of quality of life therapy for depression. *Psychological Reports, 76*, 1203-1208.

Hadit, J. (2006). *The happiness hypothesis: Funding modern truth in ancient wisdom*. New York: Basic Books.

Inghilleri, P. (1999). *From subjective experience to cultural change*. Cambridge and New York: Cambridge University Press.

Ito, T. A., Larsen, J. T., Smith, N. K., & Cacioppo, J. T. (1998). Negative information weights more heavily on the brain: The negativity bias in evaluative categorizations. *Journal of Personality & Social Psychology, 75*, 887-900.

Jahoda, M. (1958). *Current concepts of positive mental health*. New

York: Basic Books.

Joseph, S., & Linley, A. P. (2005). Positive psychological approaches to therapy. *Counseling and Psychotherapy Research, 5*, 5-10.

Kabat-Zinn, J. (1991). *Full catastrophe living: Using the wisdom of your body and mind to face stress, pain, and illness.* New York: Dell Publishing.

Kahneman, D., Krueger, A. B., Schkade, D., Schwartz, N., & Stone, A. A. (2006). Would you be happier if you were richer? A focusing illusion. *Science, 312*, 1908-1910.

Kahneman, D., & Tversky, A. (1984). Choices, values, and frames. *American Psychologist, 39*, 341-350.

King, L., & Miner, K. (2000). Writing about the perceived benefits of traumatic events: Implications for physical health. *Personality and Social Psychology Bulletin, 26*, 220-230.

Lambert, M. J., Whipple, J. L., Hawkins, E. J., Vermeersch, D. A., Nielson, S. L., & Smart, D. W. (2003). Is it time for clinicians to routinely track patient outcome? A meta-analysis. *Clinical Psychology: Science and Practice, 10*, 288-301.

Larson, R. W. (2000). Toward a psychology of positive youth development. *American Psychologist, 55*, 170-183.

Lent, R. W. (2004). Towards a unifying theoretical and practical perspective on well-being and psychosocial adjustment. *Journal of Counseling Psychology, 5*, 482-509.

Lopez, S. J., Synder, C. R., & Rasmussen, N. H. (2003). Striking a vital balance: Developing a complementary focus on human weakness and strength through Positive psychological assessment. In S. J. Lopez & C. R. Snyder (Eds.), *Positive psychological assessment: A handbook of models and measures* (pp. 3-20). Washington, DC: American Psychological Association.

Luborsky, L., McLellan, A. T., Woody, G., & O' Brien, C. (1985). Therapist success and its determinants, *Archives of General Psychiatry*, *42*, 602-611.

Luu, P., Collins, P., & Tucker, D. M. (2000). Mood, personality, and self-monitoring: Negative affect and emotionality in relation to frontal lobe mechanisms of error monitoring. *Journal of Experimental Psychology, 129*, 43-60.

Lyubomirsky, S., Sheldon, K. M., & Schkade, D. (2005). Pursuing happiness: The architecture of sustainable change. *Review of General Psychology, 9*, 111-131

Maddux, J. E. (2002). Stopping the "madness": Positive psychology and the deconstruction of illness ideology and the DSM. In S. R. Snyder & S. J. Lopez (Eds.), *Handbook of positive psychology* (pp. 13-25). New York and Oxford: Oxford University Press.

Maslow, A. H. (1999). *Towards a psychology of being* (3rd ed.). New York: Wiley. (Originally published 1968).

Massimini, F., & Delle Fave, A. (2000). Individual development in a bio-cultural perspective. *American Psychologist, 55*, 24-33.

McWilliams, N. (1994). *Psychoanalytic diagnosis.* New York: Guilford.

Nakamura, J., & Csikszentmihalyi, M. (2002). The concept of flow. In C. R. Snyder & S. J. Lopez (Eds.), *Handbook of positive psychology* (pp. 89-105). New York and Oxford: Oxford University Press.

Nesse, R. M. (1991). What good is feeling bad? *The sciences, 31*, 30-37.

Nisbett, R. E. (2003). *The geography of thought: How Asians and Westerners think differently and why?* New York: The Free Press.

Nolen-Hoeksema, S., Parker, L. E., & Larson, J. (1994). Ruminative coping with depressed mood following loss. *Journal of Personality and Social Psychology, 67*, 92-104.

Norem, J., & Chang, E. (2002). The positive psychology of negative thinking. *Journal of Clinical Psychology, 58*, 993-1001.

Nozick, R. (1997). Value and pleasure. In T. L. Carson & P. L. Moser (Eds.), *Morality and the good life* (pp. 135-144). New York and Oxford: Oxford University Press.

Orlinsky, D. E., Ronnestad, M. H., & Willutzki, U. (2004). Fifty years of psychotherapy process-outcome research: Continuity and change.

In M. J. Lambert (Ed.), *Bergin and Garfield's handbook of psychotherapy and behavior change* (5th ed., pp. 307-389). New York: Wiley.

Pargament, K. I., & Mahoney, A. (2002). Spirituality: Discovering and conserving the sacred. In C. R. Snyder & S. J. Lopez (Eds.), *Handbook of positive psychology* (pp. 646-659). New York and Oxford: Oxford University Press.

Peterson, B. E., & Stewart, A. J. (1993). Generativity and social motives in young adults. *Journal of Personality and Social Psychology, 65*, 186-198.

Peterson, C., & Seligman, M. E. P. (2004). *Character strengths and virtues: A handbook and classification.* New York and Oxford: Oxford University Press and Washington, DC: American Psychological Association.

Rashid, T. (2005). *Positive psychotherapy inventory.* Unpublished manuscript. University of Pennsylvania. Philadelphia, PA.

Rashid, T., & Anjum, A (2007). Positive psychotherapy for children and adolescents. In J. R. Z. Abela & B. L. Hankin (Eds.), *Depression in children and adolescents: Causes, treatment and prevention.* New York: Guilford Press.

Rogers, C. R. (1951). *Client-centered therapy: Its current practice, implications, and theory.* Boston: Houghton Mifflin.

Rogers, C. R. (1959). A theory of therapy, personality and interpersonal relationships, as developed in the client-centered framework. In S. Koch (Ed.), *Psychology: A study of a science: Vol. 3. Foundations of the person and the social context* (pp. 184-256). New York: McGraw-Hill.

Russel, B. (1930). *The conquest of happiness.* New York: Liveright.

Ryan, R, M., Shedon, K. M., Kasser, T., & Deci, E. L. (1996). All goals are not created equal: An organismic perspective on the nature of goals and their regulation. In P. M. Gollwitzer & J. A. Bargh (Eds.), *The psychology of action: Linking cognition and motivation to behavior* (pp. 7-47). New York: Guilford Press.

Ryff, C. D., & Singer, B. (1996). Psychological well-being: Meaning, measurement, and implications for psychotherapy research. *Psychotherapy and Psychosomatics, 65*, 14-23.

Schwartz, B., Monterosso, J., Lyubomirsky, S., White, K., & Lehman, D. R. (2002). Maximizing versus satisficing: Happiness is a matter of choice. *Journal of Personality and Social Psychology, 83*, 1178-1197.

Schwartz, B., & Sharpe, K. E. (2006). Practical wisdom: Aristotle meets positive psychology. *Journal of Happiness Studies, 7*, 377-395.

Seligman, M. E. P. (1995). The effectiveness of psychotherapy: The Consumer Reports study. *American Psychologist, 50*, 965-974.

Seligman, M. E. P. (1999). The president's address. *American Psychologist, 54*, 559-562.

Seligman, M. E. P. (2002). *Authentic happiness: Using the new Positive Psychology to realize your potential for lasting fulfillment*. New York: Free Press.

Seligman, M. E. P. (2004, September). Positive interventions: More evidence of effectiveness. *Authentic Happiness Newsletter*, Retrieved January 9, 2007, from http://www.authentichappiness.sas.up-enn.edu/newsletter.aspx?id=45

Seligman, M. E. P., & Csikszentmihalyi, M. (2000). Positive psychology: An introduction. *American Psychologist, 55*, 5-14.

Seligman, M. E. P., Rashid, T., & Parks, A. C. (2006). Positive psychotherapy. *American Psychologist, 61*, 774-788.

Seligman, M. E. P., Steen, T. A., Park, N., & Peterson, C. (2005). Positive psychology progress: Empirical validation of interventions. *American Psychologist, 60*, 410-421.

Shadish, W. R., Navarro, A. M., Matt, G. E., & Phillips, G. (2000). The effects of psychological therapies under clinically representative conditions: A meta-analysis. *Psychological Bulletin, 126*, 512-529.

Teasdale, J. D., Segal, Z. V., & William, J. M., Ridgeway, V. A., Soulsby, J.

M., & Lou, M. A. (2000). Prevention of relapse/recurrence in major depression by mindfulness-based cognitive therapy. *Journal of Consulting and Clinical Psychology, 68*, 615-623.

Tugade, M. M., & Fredrickson, B. L. (2004). Resilient individuals use positive emotions to bounce back from negative emotional experiences. *Journal of Personality and Social Psychology, 86*, 320-333.

Wallace, A. B., & Shapiro, S. L. (2006). Mental balance and well-being: Building bridges between Buddhism and western psychology. *American Psychologist, 61*, 690-701.

Wampold, B. E. (2001). *The great psychotherapy debate: Models, methods, and findings.* Mahwah, NJ: Erlbaum.

Watts, A. (1966). *The book: On the taboo against knowing who you are.* New York: Vintage.

Weinberger, J. (1995). Common factors aren' t so common: The common factors dilemma. *Clinical Psychology: Science and Practice, 2*, 45-69.

William, A., Haber, D., Weaver, G., & Freeman, J. (1998). Altruistic activity. *Activities, Adaptation and Aging, 22*, 31-43.

Wright, B. A. (1988). Attitudes and the fundamental negative bias. In H. E. Yuker (Ed.), *Attitudes toward persons with disabilities* (pp. 3-21). New York: Springer.

Wrzesniewski, A., McCauley, C., Rozin, P., & Schwartz, B. (1997). Jobs, careers, and callings: People's relations to their work. *Journal of Research in Personality, 31*, 21-33.

역자 후기

요즘 한국사회의 키워드 중 하나는 '행복' 이다. 행복도시, 행복기업, 행복학교, 행복전철과 같이 행복이라는 단어가 홍보문안을 채우고 있다. 행복에 관한 많은 책이 베스트셀러 대열에 오르고, 대다수의 지방자치단체나 기업들이 추구하는 핵심가치로 행복을 내세우고 있다. 이러한 현상은 행복에 대한 한국인의 갈망이 그만큼 강하기 때문인지 모른다.

돌이켜보면, 한국사회의 지난 반세기는 사람다운 삶의 기본적 조건을 구축하기 위해 몸부림친 기간이었다. 일본의 강점에서 해방되어 한국전쟁을 치르고, 독재정권하에서 숨가쁘게 경제발전을 이루면서 가난에서 벗어나 의식주 문제를 해결할 수 있게 되었으며, 급기야 정치적 민주화까지 이루었다. 경제규모가 세계 10위권으로 성장한 한국은 20세기 후반에 경제발전과 정치민주화라는 두 마리 토끼를 모두 잡은 거의 유일한 나라로 여겨지고 있다.

그런데 과연 이러한 한국사회에서 살고 있는 한국인들은 행복한가? 1인당 GDP 2만불 시대를 살고 있는 한국인들은 그에 걸맞은 행복을 누리고 있는가? 여러 통계지표에 따르면, 그렇지 않다. OECD 국가 중 한국은 자살률 1위, 이혼율 2위, 직업 스트레스 1위, 국민행복도는 하위권(30개국 중 25위)으로 나타나고 있다. 이러한 지표들은 한국인이 경제적 발전수준에 비해 현저하게 불행한 삶을 살고 있다는 것을 보여주고 있다.

21세기 한국사회의 화두 중 하나는 물질적 풍요를 어떻게 정신적 행복과 성숙으로 승화시키느냐는 것이다. 우리 사회에 행복을 표방하는 슬로건은 난무하지만 행복에 대한 심도 있는 논의는 드물다. 아직도 물질적 풍요가 곧 행복이라고 여기는 인식이 우리 사회에 팽배해 있다.

최근에 심리학 분야에서 새롭게 부각되고 있는 긍정심리학은 한국사회가 주목해야 할 학문분야다. 자칫 추상적이고 사변적인 탁상공론으로 흘러갈 수 있는 행복의 주제에 대해서 과학적이고 체계적인 접근을 하고 있기 때문이다. 또한 행복을 증진할 수 있는 개인적 · 사회적 방법을 다양하게 제시할 뿐만 아니라 그 효과를 실증적으로 검증하는 장치까지 갖추고 있다. 더구나 최근에 이루어지고 있는 긍정심리학의 발전은 눈부시다. 연구뿐만 아니라 실제적 적용에 있어서도 다양한 접근이 시도되고 있다.

긍정심리학에 관한 최근의 문헌을 대학원생들과 함께 공부해 가던 중에 저명한 긍정심리학자인 Shane Lopez가 편집한 〈긍정심리학 시리즈〉를 발견하게 되었다. 네 권으로 구성된 이 시리즈는 긍정심리학의 네 가지 핵심주제, 즉 (1) 행복과 성공으로 인도하는 성격강점의 발견과 활용, (2) 주관적 행복의 핵심을 이루는 긍정 정서의 이해와 활용, (3) 인생의 고난과 역경을 통한 성장, (4) 개인과 조직이 잠재력을 최대한 발휘하며 번영하는 사회에 대한 최근의 연구결과들을 체계적으로 잘 소개하고 있다. 특히 다양한 주제를 집필한 집필자들이 긍정심리학 분야의 최고 전문가들로 구성되어 있어 최근의 핵심적 연구결과를 압축적으로 잘 소개하고 있다. 이 시리즈를 대학원생들과 함께 읽으면서 한국

독자들에게 소개하고 싶은 마음을 내게 되었다.

〈긍정심리학 시리즈〉의 각 장은 서울대학교 임상 · 상담심리학연구실의 여러 대학원생들에 의해서 초역되었다. 이들 중 책임번역자로 자원한 정지현 선생이 1권을, 임선영 · 김기환 선생이 2권을, 박선영 · 하현주 선생이 3권을, 그리고 임영진 · 신우승 선생이 4권을 맡아 초역된 문장을 원문과 대조하며 다듬었다. 이렇게 다듬어진 원고를 역자대표가 최종적으로 검토하고 수정하여 역서를 발간하게 되었다.

네 권의 역서를 준비하는 과정은 고난과 역경을 통해 성장하는 과정에 가까웠다. 일곱 명의 책임번역자 선생들에게는 더더욱 그러했을 것이다. 역자대표의 반복되는 수정 요구에 묵묵히 인내하며 각자의 강점을 발휘하면서 최선을 다해준 그들에게 감사의 마음을 전한다. 또한 2년 전에 이 책을 함께 공부하며 초역을 맡아주었던 김윤희, 김지영, 하승수, 서장원, 조혜진, 홍바울, 전주리, 이슬아 선생의 소중한 노력이 이 역서의 곳곳에 담겨 있음을 밝히며 모두에게 고마운 마음을 전한다. 아울러 이 역서의 발간을 위해 물심양면으로 지원해주신 학지사 김진환 사장님과 편집을 맡아주신 이지혜 차장님께도 감사드린다. 아무쪼록 이 역서가 긍정심리학을 공부하고자 하는 독자들의 갈증을 조금이라도 해소하는 데 도움이 되기를 소망한다.

2011년 8월
역자 대표 권 석 만

찾아보기

〈인 명〉

〈내 용〉

Shane J. Lopez Clifton 강점 연구소의 연구책임자이며 갤럽의 선임연구자다. *Journal of Positive Psychology*의 편집위원이자 디스커버리 채널의 입학 전 교육 프로그램인 'Ready, Set, Learn' 의 자문위원으로도 활동하고 있다. 현재 학교장면에서 희망 훈련 프로그램의 효과를 연구하고 있으며, 심리학적 용기 모델을 발전시키고 있을 뿐만 아니라 교육, 직업, 건강, 가족의 기능에 있어서 삶의 기술이 어떤 결과를 산출하는지 그 연결고리를 탐색하고 있다. 저서로는 C. R. Snyder와 공저한 *The Handbook of Positive Psychology, Positive Psychological Assessment: A Handbook of Models and Measures, Positive Psychology: Scientific and Practical Explorations of Human Strength*가 있다.

Virginia Miller Ambler 버지니아의 William & Mary 대학교에서 교육계획, 교육 정책, 리더십 전공으로 박사 학위를 취득하였으며, 현재 동 대학 학생처의 조수부장으로 근무하고 있다. 그녀는 박사학위논문인 「Who Flourishes in College? Using Positive Psychology and Student Involvement Theory to Explore Mental Health among Traditional Aged Undergraduates」는 전국학생행정연합에서 수여하는 2007 Melvene D. Hardee Dissertation of the Tear Award를 수상하였다.

Bruce J. Avolio Nebraska 대학교의 Clifton 리더십 센터의 소장이며 Global Leadership Institute의 책임자다. 리더십 관련 영역에서 9권의 저서를 저술하였으며 다수의 논문을 발표하였다. 그의 최근 저서는 *Leadership Development in Balance: Made/Born, The High Impact Leader, Psychological Capital: Developing the Human Competitive Edge*(Fred Luthans, Carolyn M. Youssef 공저) 등이 있다.

Matthew Buckman Kentucky 대학교 사회심리학 프로그램의 대학원생이다. 학생과 교사 사이 집단 괴롭힘(bullying)에 대한 지각 차이와 동료 희생시키기(peer victimization)가 그의 주된 연구 주제다.

Bart Duriez 벨기에 Leuven 가톨릭 대학교 발달심리학 센터에서 박사후 과정 연구자로 활동하고 있다. 그의 주된 연구 관심사는 청소년기 편견 성향의 발달 과정과 편견 성향과 집단 과정/환경적 특성의 상호작용이 부정적인 외집단 태도 발달에 미치는 영향이다.

John Eagle Rhode Island 대학교 학교심리학 프로그램의 조교수로 재직 중이다. 그의 저작 활동과 강연 활동은 교육에 있어 부모의 영향, 학교–가정–지역사회 교류협력, 학교 기반 상담 등의 내용을 위주로 하고 있다. 그는 2006년 학교심리학 연구회에서 수여하는 Early Career Scholar를 획득하였다.

Richard Gilman 오하이오 주(州) Cincinnati 어린이 병원 발달 및 행동 소아과의 심리학 및 특수교육 프로그램 부교수 겸 조정자로 활동하고 있다. 그는 또한 Cincinnati 대학교의 소아과 학부 구성원이기도 하다. 그는 청소년의 긍정적 발달에 대한 많은 저작을 저술하였다. 미국 심리학회 제16분과에서는 그에게 early career contributions를 수여하여 그의 연구 업적을 인정하였다. 그는 *Handbook of Positive Psychology in Schools*의 공동 편집장이기도 하다.

James K. Harter Gallup 기관에 소속된 Workplace Management & Well-Being 연구의 수석 연구자다. 그는 1985년부터 개인 강점, 작업장 생산성, 행복 등에 초점을 맞춘 연구들의 저자 혹은 공저자로 활동해왔으며, *New York Times* 베스트셀러인 『12: 위대한 경영의 요소』의 공저자이기도 하다. 2002년 Organizational Behavior for the Academy of Management에서 'outstanding publication' 으로 꼽히기도 한 서적의 공저자다.

E. Scott Huebner South Carolina 대학교 학교심리학 프로그램의 교수이자 감독자다. 그의 주된 연구 관심사는 학교 장면에서 아동과 청소년을 대상으로 긍정심리학을 개념화하고 측정하며 적용하는 일이다. 그는 미국 심리학회(16분과)와 International Society for Quality of Life Studies의 fellow이며 Society for the Study of School Psychology의 선임 회원이다.

Barbara A. Kerr Kansas 대학교 상담심리학의 Williamson Family Distin-guished Professor다. 그녀의 연구 주제는 창의성, 재능, 소질의 환경적 요인과 생래적 요인을 찾는 것이다. *Smart Girls: A New Psychology of Girls, Women, and Giftedness*와 *Smart Boys: Talent, Manhood, and the Search for Meaning*의 저자이기도 한 그녀는 과학적 재능을 진작시키는 프로젝트인 National Science Foundation 프로젝트의 수석 연구자로 활동하였고, 재능에 대한 연구 성과로 인하여 미국 심리학회의 Presidential Citation과 APS Esther Katz award를 수상하였다.

Jaime L. Kurtz Pomona 대학교 심리학과의 방문 조교수다. 펜실베이니아 Millersville 대학교에서 석사학위를 취득하였고 Virginia 대학교에서 박사학위를 취득하였다. 박사학위 연구인 향유에 대한 연구는 미국 국립정신건강협회에서 National Research Service Award를 지급받아 이루어졌으며, 그녀는 행복에 대한 세미나를 개설하고 강의하였다. Virginia 대학교 심리학과로부터 Distin-guished Teaching Fellowship, Graduate Teaching Award, Rebecca Boone Teaching Award 등을 받았다.

Amber Lynn Larson Kansas 대학교 상담심리학의 석사학위 취득자다. 그녀의 연구 관심사는 다문화주의, 긍정심리학, 친사회성 행동, 창의성 등이다.

James W. Lauckhardt Fordham 대학 응용발달 심리학 프로그램의 박사과정 2년차 학생이다. 그의 연구영역은 긍정적 청소년 발달이며 특히 지역사회나 도시의 관여에 대해 관심을 갖고 있다.

Sonja Lyubomirsky California 대학교 Riverside 캠퍼스의 심리학 교수다. Stanford 대학에서 사회 및 성격 심리학으로 박사학위를 취득했다. 그녀는 2002년 Templeton Positive Psychology Prize를 받았으며, 현재 *Journal of Positive Psychology*의 공동 편집장이다. 아울러 지속적인 행복증진 연구에 대하여 미국 국립정신건강협회로부터 5년간 백만 불의 연구비를 지급받았으며, 아울러, 강사와 멘토로서의 역량을 인정받아 Faculty of the Year, Faculty Mentor of the Year Awards를 수여받았다. 또한 그녀의 최근 저서, 『행복도 연습이 필요하다』는 매스컴의 주목을 받았다.

David G. Myers Hope 대학교의 심리학 교수다. 그는 심리학 개론과 사회심리학 강의를 통해서 학생들과 교류하며, 그의 저서 *The Pursuit of Happiness*와 몇몇 잡지를 통해서 일반인과 소통하고 있다.

Tayyab Rashid Pennsylvania 대학교의 긍정심리학 센터의 임상 자문위원이자, 캐나다 온타리오의 토론토 지부 학교위원회에서 일하고 있다. 뉴저지 주(州) Teaneck 시(市)에 있는 Fairleigh Dickinson 대학교에서 임상심리학 박사학위를 취득했고 Pennsylvania 대학교에서 박사후 과정 특별 연구원으로 있으면서 Martin Seligman과 긍정 심리치료(PPT)라 불리는 우울증의 새로운 심리치료를 개발하였다. 그는 널리 알려진 일화인 '물이 반이나 담긴 컵' 에 대해 적극적으로 연구하고 강의하고 있다.

Lonnie R. Sherrod Fordham 대학교 응용발달 심리학 프로그램의 심리학 교수이자 Society for Research in Child Development의 임원이사다. 그는

1978년 Yale 대학교에서 박사학위를 취득하였다. 그는 The Social Policy Reports의 편집인이기도 하다. 아울러, 그는 미국 심리학회와 American Psychological Society의 fellow이며 그의 연구영역은 청소년의 정치적 발달이다.

Bart Soenens 벨기에 Ghent 대학교의 발달/사회/성격 심리학과 박사후 연구원으로 활동하고 있다. 그의 주 연구관심사는 청소년기 부모양육 과정과 부모자녀 관계다. 특히 역기능적이고 통제적인 양육방식을 주로 연구하고 있다.

Maarten Vansteenkiste 벨기에 Ghent 대학교의 교수다. 그는 자기결정 이론을 다양한 방면에 적용하고 있으며 자기결정 이론을 여타 동기이론에 접목시키는 연구 과제를 수행하고 있다. 아울러 안녕, 수행, 사회적 기능에 미치는 자기결정 이론의 영향에 대해 관심을 갖고 있다.

Tara S. Wernsing 마드리드의 Instituto de Empresa 대학교의 조교수다. 그는 Nebraska 대학교의 Global Leadership Institute에서 박사학위를 취득하였다. 그의 주 연구관심사는 자기인식과 리더십 발달이다.

역자 소개

권석만

서울대학교 대학원에서 임상심리학 전공으로 석사학위를 받았으며 호주 Queensland 대학교에서 박사학위를 받았다. 현재 서울대학교 심리학과 교수로 재직하고 있으며, 한국임상심리학회 회장과 서울대학교 대학생활문화원장을 역임하였다. 주요 저서로는 『긍정 심리학: 행복의 과학적 탐구』『현대 이상심리학』『인간관계의 심리학』『인생의 2막 대학생활』『우울증』『자기애성 성격장애』(공저), 『이상심리학 총론』(공저) 등이 있으며, 역서로는 『마음읽기: 공감과 이해의 심리학』『인지치료의 창시자: 아론 벡』『인생을 향유하기: 행복체험의 심리학』(공역), 『심리도식치료』(공역), 『정신분석적 사례이해』(공역), 『정신분석적 심리치료』(공역) 등이 있다.

임영진

서울대학교 심리학과를 졸업하고 동 대학원에서 임상 · 상담심리학 전공으로 석사와 박사 학위를 받았다. 삼성서울병원에서 임상심리 수련과정을 수료하였으며, 임상심리전문가와 정신보건임상심리사(1급) 자격을 취득하였다. 서울대학교 대학생활문화원에서 전임상담원으로 근무하였으며, 현재 대구대학교 심리학과 교수로 재직하고 있다. 긍정심리학과 불안장애에 관한 다수의 논문이 있다.

신우승

서울대학교 대학원에서 임상 · 상담심리학 전공으로 석사학위를 받았으며, 박사과정 중에 있다. 서울아산병원에서 임상심리 수련과정을 수료하였으며 임상심리전문가와 정신보건임상심리사(1급) 자격을 취득하였다. 현재 서울대학교 대학생활문화원에서 전임상담원으로 재직하고 있으며, 우울과 자기초점적 주의, 주의력결핍 과잉행동장애에 관한 논문이 있다.

긍정심리학: 인간의 최고 상태에 대한 탐구 4

인간의 번영 추구하기

2011년 9월 20일 1판 1쇄 인쇄
2011년 9월 30일 1판 1쇄 발행

엮은이 • Shane J. Lopez
옮긴이 • 권석만, 임영진, 신우승
펴낸이 • 김진환
펴낸곳 • (주) 학지사
121-837 서울특별시 마포구 서교동 352-29 마인드월드빌딩 5층
대표전화 • 02)330-5114　　팩스 • 02)324-2345
등록번호 • 제313-2006-000265호

홈페이지 • http://www.hakjisa.co.kr
커뮤니티 • http://cafe.naver.com/hakjisa

ISBN 978-89-6330-764-0 94180
978-89-6330-760-2 (Set)

정가 15,000원

긍정심리학 시리즈

• 인간의 최고 상태에 대한 탐구 •

1권: 인간의 강점 발견하기

인간의 강점을 발견하는 것이 왜 중요한지를 보여주는 사례와 함께 강점을 측정 대표적인 척도들을 소개하고 있다. 아울러 대표적인 세 가지 강점, 즉 지혜, 용기 관성이 제공하는 여러 가지 이득과 더불어 긍정심리학이라는 선물을 어떻게 전 로 전달할 수 있을지를 제시하고 있다.

2권: 정서적 경험 활용하기

긍정적인 정서 경험을 어떻게 생산적인 방식으로 최대한 활용할 수 있는지를 제시하고 있다. 긍정 정서의 확장 및 축적 이론, 긍정 정서와 장수의 관계에 대한 연구, 그리고 다양한 사례를 통해서 긍정 정서를 증진하는 감사하기, 나눔, 정서 지능, 타인애(allophilia)가 우리의 삶에 제공하는 이득에 관해 소개한다.

3권: 역경을 통해 성장하기

인생에서 겪게 되는 역경과 상실 경험을 통해서 성장하게 된 개인적인 사례들과 어 역경이 우리의 삶에 도움을 주게 되는 과정의 설명체계를 제시하고 있다. 아 사랑의 갈등과 실연, 지적인 장애와 같은 특수한 역경, 직업 장면에서 겪는 역경을 복하는 방법뿐만 아니라 역경으로부터 긍정적인 의미를 발견하는 방법을 소개한

4권: 인간의 번영 추구하기

인간이 자신의 능력을 최대한 발휘하며 성공적인 삶을 영위하는 번영(flourishing)을 다양한 측면에서 제시하고 있다. 완전한 정신건강의 의미, 행복에 기여하는 요인과 행복의 지속 가능성, 물질주의가 지니는 부정적인 역할과 아울러 가족, 학교, 직업 상황에서 사람들이 어떻게 리더로서 또는 구성원으로서 최적의 기능 상태를 발휘하며 번영하고 있는지를 소개한다.